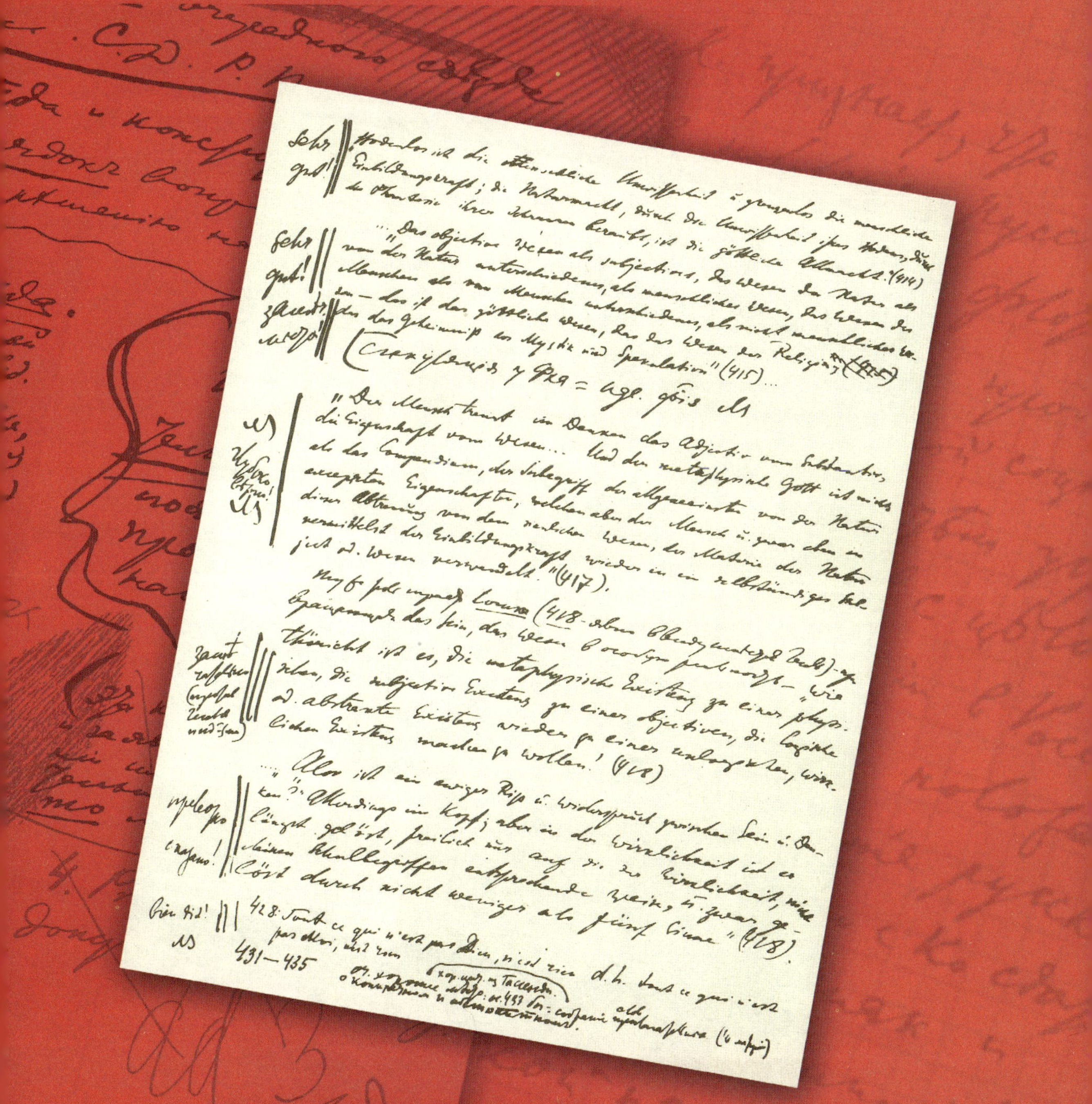

Sehr gut! „Wundervoll ist die übersinnliche Unwissenheit u. grenzenlos die menschliche Einbildungskraft; die Naturmacht, durch die Unwissenheit ihres Bodens, durch die Phantasie ihrer Schranken beraubt, ist die göttliche Allmacht." (414)

Sehr gut! … „Das objective Wesen als subjectives, das Wesen der Natur als von der Natur unterschiedenes, als menschliches Wesen, das Wesen des Menschen als vom Menschen unterschiedenes, als nicht menschliches Wesen — das ist das göttliche Wesen, das das Wesen der Religion, das das Geheimniß der Mystik und Spekulation" (415)…

[illegible]

„Der Mensch trennt im Denken das Adjectiv vom Substantiv, die Eigenschaft vom Wesen… Und der metaphysische Gott ist nichts als das Compendium, der Inbegriff der allgemeinsten von der Natur abgezogenen Eigenschaften, welchen aber der Mensch u. zwar eben in dieser Abtrennung von dem sinnlichen Wesen, der Materie der Natur vermittelst der Einbildungskraft wieder in ein selbständiges Subject od. Wesen verwandelt." (417).

[illegible] (418 [illegible])

„Thöricht ist es, die metaphysische Existenz zu einer physischen, die subjective Existenz zu einer objectiven, die logische od. abstrakte Existenz wieder zu einer unlogischen, wirklichen Existenz machen zu wollen!" (418)

… „Also ist ein ewiger Riß u. Widerspruch zwischen Sein u. Denken im Kopf; aber in der Wirklichkeit ist er längst gelöst, freilich nur auf eine der Wirklichkeit, nicht deinen Schulbegriffen entsprechende Weise, u. zwar gelöst durch nicht weniger als fünf Sinne." (418).

428: Tout ce qui n'est pas Dieu, n'est rien d.h. tout ce qui n'est pas moi, n'est rien

431–435 [illegible]

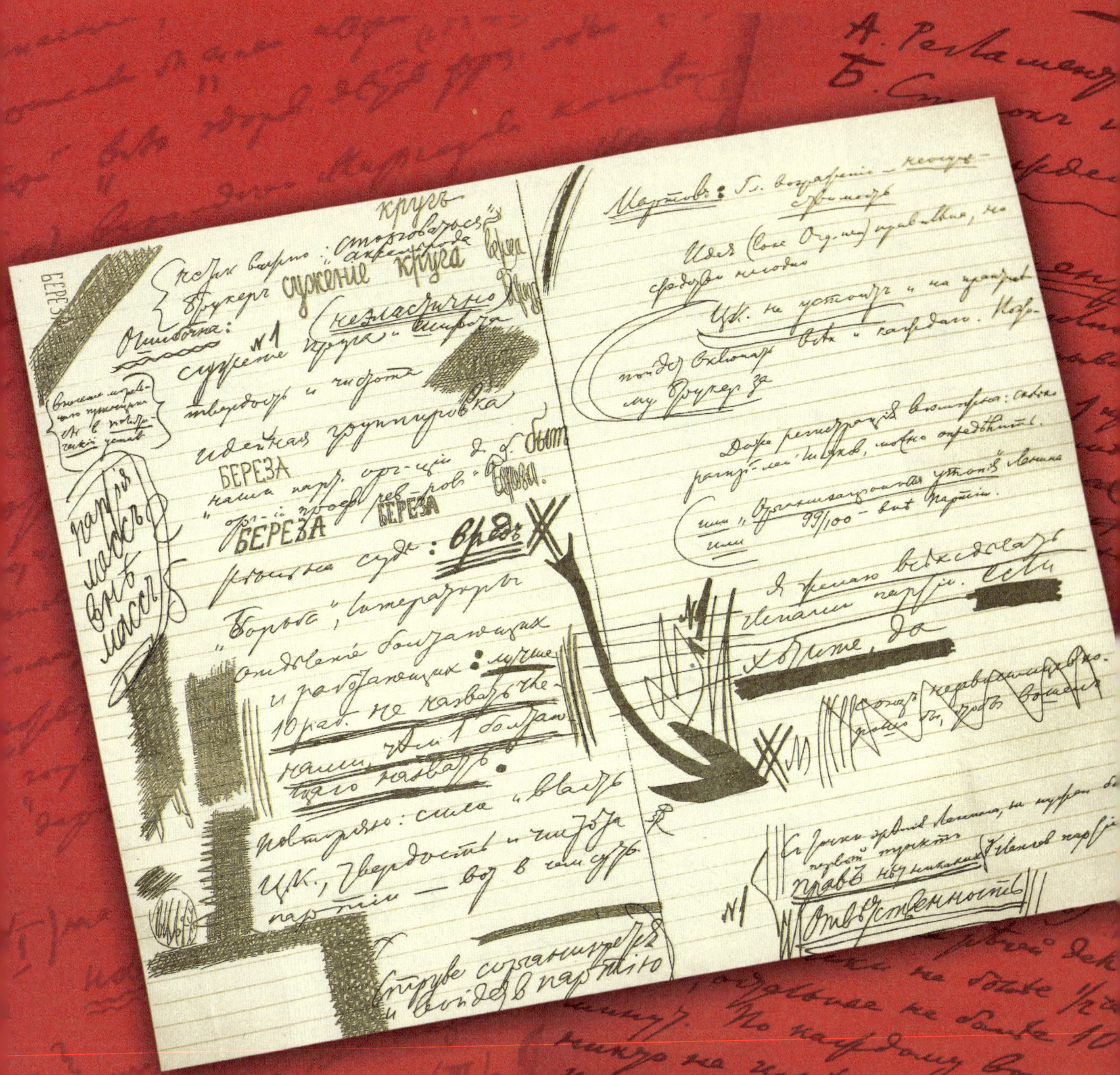
сужение круга
БЕРЕЗА
БЕРЕЗА
БЕРЕЗА

列宁生平画传

事件与回忆

俄罗斯联邦共产党中央委员会组织编写
中央编译局马列著作编译部　译

中央编译出版社
CCTP Central Compilation & Translation Press

B.T.科波波夫

领袖列宁

1988 年

乌里扬诺夫斯克列宁纪念馆

目录

第二章　斗争协会

第三章　世界上最偏僻的地方是舒沙……

第四章　俄国的星星之火

第五章　红色街垒

第六章 日食

第七章 布拉格转折

第八章 给茅屋和平，对宫殿宣战

第九章 权力归苏维埃！

第十章 镰刀和锤子

第十一章 快把那炉火烧得通红，趁热打铁才能成功……

第十二章 赶走沙皇比较容易……

第十三章 苏联

引言

俄国
资本主义的
早晨

B. B. 普基列夫
修筑铁路
1871 年
下诺夫哥罗德国家艺术博物馆

聚敛财富

到 19 世纪中叶，俄国的工业资产阶级已经形成，无产阶级也在产生之中。1 万家工厂（不算波兰王国和芬兰）共有 50 多万工人[1]。因为国家才得以产生的俄国工业，本身也开始创造国家的历史。

卡尔·马克思和弗里德里希·恩格斯所写的《共产党宣言》（1848 年）——第一份科学共产主义纲领性文件，已在伦敦出版。宣言中说："但是，难道雇佣劳动、无产者的劳动，会给无产者创造出财产来吗？没有的事。这种劳动所创造的是资本，即剥削雇佣劳动的财产，只有在不断产生出新的雇佣劳动来重新加以剥削的条件下才能增值的财产。"[2]

1861 年的农民改革成为划分俄国贵族—农奴制时代和资产阶级—工业时代的象征性界线。弗拉基米尔·伊里奇·列宁在其著作《俄国资本主义的发展》（1899 年）中说明了这两种经济结构的本质差别："前资本主义生产方式的规律，是生产过程在原有规模上、原有技术基础上的重复。地主的徭役经济、农民的自然经济和手工业者的手艺生产就是如此。相反，资本主义生产的规律，是生产方式的经常改造和生产规模的无限扩大。"[3]

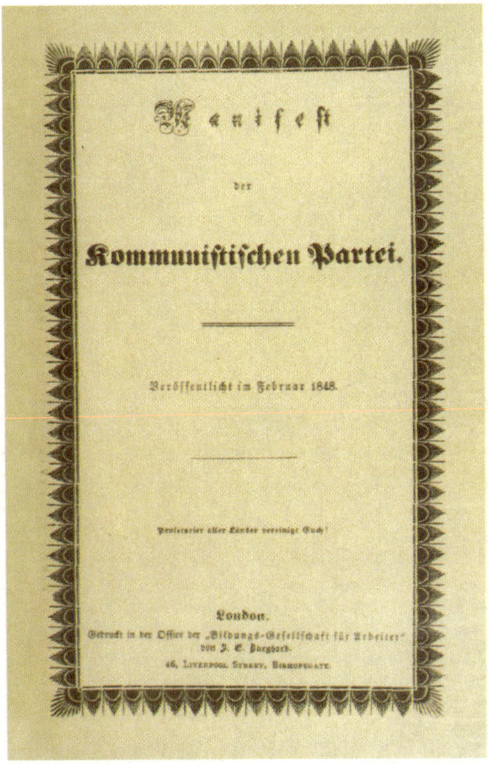

《共产党宣言》（1848 年）
俄罗斯国家历史公共图书馆
社会政治史研究中心

资本原始积累的俄国途径与这种积累在英国的"典型形式"（卡·马克思曾以该形式为例推论出资本主义社会发展的一般规律）相类似，但也具有自身的特点。

俄罗斯大地的统治者们（包括早期的那些大公）增加财富的主要手段就是土地。土地引发了争夺性的远征，引发了对村社的掠夺以及对小私有者

Б. В. 约翰逊
在昔日的乌拉尔工厂里（乌拉尔 杰米多夫工厂）
1937 年
国立特列嘉柯夫美术馆

的驱赶。斯维亚托斯拉夫大公（公元 10 世纪）曾想将他的首都从第聂伯河迁往多瑙河，那里距君士坦丁堡——主要的奴隶市场近一些。

公元 11 世纪后，罗斯出现了阶级：以大公为首的富人和受其压迫的贫民。到 13 世纪，封建制度已经产生——全部土地连同那里的居民都处于少数军人及其武装家仆的控制之下。

伊凡三世吞并了雅罗斯拉夫尔公国、罗斯托夫公国、特维尔公国、梁赞公国以及诺夫哥罗德的大贵族世袭领地。伊凡四世时期，喀山汗国、阿斯特拉罕汗国、诺盖汗国、西伯利亚汗国先后臣服于莫斯科，从而为其开辟了通往东方和南方的道路。肆无忌惮地进行掠夺，用酒精麻醉当地土著人，征收毛皮贡税（赋税），拿“玻璃项链”换取珍贵毛皮，种种行径并不逊于英国和美国争夺世界的“田园诗”。

彼得大帝时期和后彼得大帝时期在中亚的争战，尼古拉一世时期的战争，19 世纪在外高加索和中亚的殖民地掠夺，都是为了得到新的土地。

在封建主靠家丁和农奴——当地的奴隶就能耕种其土地的时候，农民也有时间在无边无际的森林里开垦自己的耕地。然而，随着能够盈利的三区轮作经营的出现，农奴变得紧缺了，于是这一劳役便被千方百计地摊到了农民身上。起初采取的是代役租方式——以产品或货币缴纳贡赋，后来采取的是徭役租方式——每周在农奴主家里强制劳动几天。

土地成了莫斯科国家同“公职人员”（原分封公、原大贵族和贵族家族、

С. В. 伊万诺夫
外国人来到莫斯科（17 世纪）
1901 年
国立特列嘉柯夫美术馆

大贵族杜马秘书）结算的主要形式。土地按所担任职务分配，有条件占有。于是便产生了领地：普通领地为150公顷，一般城市贵族领地——150—750公顷，大臣领地——1500—3000公顷。[4]

17世纪初被推上皇位的罗曼诺夫王朝第一位沙皇米哈伊尔·费多罗维奇，为犒赏在选举中给予帮助者，分发了超过5万公顷的世袭领地。[5]

在长达3个世纪的时间里，罗曼诺夫王朝一直占有大量的金矿、工厂、葡萄园和其他地产，其总价值在10亿卢布以上。[6]

彼得大帝和他之后的几位继任者一直保持着对出口和贸易的最主要项目——多脂软革、焦油、油脂、大黄、生丝、鱼子的垄断。像金属、珍珠、织物这类特别贵重的商品通常是从外国商人那里抢来，然后加价转卖。当时不准许外国人从事零售贸易，在城外也不行，通往波斯和中国的道路禁止外国人通行。

在对外贸易量很小的情况下，各个阶层的人——农民、公职人员、商人、神职人员、大贵族、沙皇——都参与到国内商业中来。莫斯科的店铺比阿姆斯特丹还多。开创了商业资本的还有诺夫哥罗德的封建主和地主，他们在对北方的（现沃洛格达州的）土地进行拓殖的过程中，用掠夺来的财物换取货币，然后将其提供给其他商贩和商人。

资本积累的最大收益来源是彼得大帝所实行的包收酒税——将白酒和红酒的销售权拍卖给私人。40度伏特加酒的工厂采购价为1维德罗*40—45戈比，酒税包税人按1维德罗10—12卢布出售，而在小酒馆里则卖到20卢布。到19世纪中叶，酒税包税人的年利润已达到6亿—7.8亿纸卢布，所以，就连那些公爵家族的代表——多尔戈鲁基公爵、加加林公爵、波将金公爵、库拉金公爵、舒瓦洛夫伯爵以及一些大工业家，也都肯屈尊去做酒税包税人。[7]

在安娜女皇、伊丽莎白女皇、叶卡捷琳娜二世女皇时期，为换取忠诚而设的“食邑”转变为固定的宠幸。宫廷赏赐人口较多并有数千农奴的领地，拨给大笔补助金并免除税费，以极低的售价出售矿场。缅希科夫、沃龙佐夫家族、波将金、切尔内绍夫家族、鲁缅采夫家族、德米特里耶夫-马莫诺夫家族、被彼得大帝派到乌拉尔的图拉铁匠尼基塔·杰米多夫，都成为最大的工厂主、矿场主，成为国家供货人。叶卡捷琳娜的宠臣们在波兰、利夫兰、瑞典进行的战争给他们带来了数以百万计的财富。

在欧洲，除掠夺了大量殖民地的英国和荷兰之外，再也没有哪个国家比俄国的财富更多。在彼得大帝时期，斯特罗加诺夫家族拥有12万农奴，缅希科夫拥有9万农奴；在伊丽莎白·彼得罗夫娜时期，拉祖莫夫斯基家族拥有12万农奴；在叶卡捷琳娜二世时期，这位女皇的主要宠臣波将金的财富总计为5000万卢布。[8]

---

* 德·费·特列波夫1905年任彼得堡总督。——俄文编者注

不知名画家
在酒馆旁
19世纪50年代
国立俄罗斯博物馆

В.И. 苏里科夫
斯捷潘·拉辛
1906 年
国立俄罗斯博物馆

П. 平基谢维奇
叶梅利扬·伊万诺维奇·普加乔夫
1974 年

商业资本不断流入工业资本。三分之一的纺织企业是由商人和农民创建的。莫罗佐夫家族、赫卢多夫家族、科诺瓦洛夫家族、普罗霍罗夫家族那些资产多达数百万的企业均起步于手工业农民“小屋”。到 19 世纪 60 年代，商人已经在经济上超越贵族，尽管他们还未获得较高的社会政治地位。

俄国剧作家亚·尼·奥斯特洛夫斯基在 1881 年是这样描写莫斯科资产阶级的：“在这代人的父辈和祖辈发迹的那个时代，商人的出现不仅被认为是多余的，而且是不体面的，甚至是一种思想放纵。此外，一些富商认为，不受科学制约的自由是本阶层的特权、优越之处和独有幸运。孩子们所继承的，除了数以百万计的财富，还有一个未经滋养、不能迅速理解种种抽象事物的头脑，他们所受的是这样的教育：思想上的慵懒和不经劳动而获得、不受纪律和各种责任所约束的好处是一种幸福。这是思想上和道德上萎靡不振的一代人。”[9]

战争使得农民贫困潦倒，饥饿和疾病致使整个整个的村庄空无一人，大贵族集团的权力之争导致瑞典人和波兰人入侵，官僚—警察机器从农民身上榨取着地主已无法单独榨取的东西——这一切逐渐激起了“底层”的抗争。

1670 年由斯捷潘·拉辛领导的哥萨克“穷鬼”和外来农民的战争是千百年来第一次反对农奴主的大规模起义。它席卷了顿河、伏尔加河、乌拉尔河流域及里海沿岸地区，一直波及辛比尔斯克，但后来被多尔戈鲁科夫公爵的军队镇压下去。数千起义者遭到处决，拉辛被凌迟处死。

与农奴制和商人资本并驾齐驱的是俄国教会。由于拥有地产，再加上教徒捐赠，教会积聚了大量财富。神职人员通过向地主购买土地、以苛刻的条件借给他们钱，使自己的土地连成一片。圣三一大修道院在 15 世纪率先谋求到了不放农民离开该修道院土地的权利，教会逐渐成为像部或衙门那样的世俗机关。

亚历山大·尼古拉耶维奇·拉季舍夫

俄国帝王们的“历史印迹”是由他们对贵族—商业资本的功绩确定的。叶卡捷琳娜二世占领黑海北岸地区，将从波罗的海到黑海的整个东欧平原统一为一个国家，参与瓜分波兰，竭尽全力维护农奴制。她残酷地镇压了 1773—1775 年由叶梅利扬·普加乔夫领导的乌拉尔地区和伏尔加河流域哥萨克、农民和各民族的起义。

H. B. 涅夫列夫
在商人命名日高呼长生不老的大辅祭
1866 年
国立特列嘉柯夫美术馆

作家亚·尼·拉季舍夫因写了《从彼得堡到莫斯科旅行记》一书而被叶卡捷琳娜二世判处死刑，后改判为流放西伯利亚，书中有这样一段话：

“贪婪的野兽，贪得无厌的吸血鬼，我们给农民留下了什么？只有我们无法夺走的空气。是的，只有空气！我们不仅剥夺农民地里的产物、粮食和水，而且往往要他们的命。法律是不准夺走他们的生命的。但那只是禁止一下子弄死他们。有多少方法可以把他们慢慢折磨死啊！一方面几乎拥有无限的权力，另一方面却是毫无保障的弱者。”[10]

大铁链

确实不知道有没有一份确定农奴制以及农奴买卖权的主要法律文件。16 世纪和 17 世纪的几个沙皇诏令只是决定了逃亡农民诉讼案的时效期以及这些农民对土地的依附。在彼得大帝时期，凡丁口登记时在农户中发现并被登记入丁口名册的人均被视为农奴。但是，每个人对这种丁口登记都有各自的理解。

作家亚·伊·赫尔岑在《受洗礼的所有制》一文（1856 年）中指出："彼得一世在给参政院的一个诏令中说，将人'像牲口似的'卖来卖去是俄国的一大耻辱，并且命令起草一项'尽可能'完全禁止出卖人口或者至少禁止不将人口连同土地一起出卖的法律。在各方面都惯于谄媚逢迎的参政院这次不听话了，没有提出任何法律。

由此可以看出，彼得一世不认为'成为农奴'就是成为商品、物品。"[11]

到 1858 年，7400 万人口的俄国有 2270 万人即近三分之一人口为农奴。他们所缴纳的税款在国家税收收入中所占比重最大。国家的直接税有 70%

C. P. 切尔卡斯基
地主的农奴
1860 年
弗拉基米尔－苏兹达利文物保护区博物馆

A. A. 波波夫
19 世纪 50 年代皇家亚历山德洛夫手工工场全景图
1997 年
"涅瓦关卡"博物馆
列宁格勒

Г. Г. 米亚索耶多夫
阅读 1861 年 2 月 19 日法令
1873 年
国立特列嘉柯夫美术馆

是向农民征收的（人头税和代役租税），而与此同时，对手工业和有产阶级不动产的征税总共不超过 10%—15%。[12]

所有工厂工人中约有一半不是自由人——他们在地主的工厂、国家土地和农奴占有者（从政府那里获得土地、森林和人力等形式的津贴的私有者）的工厂做工。其实，当农奴的是官营工厂的工人——在这些工厂注册的农民和新招收人员，或者被流放服苦役者。

但是，农奴劳动抑制了工业的发展。19 世纪中叶，加工制品和半加工制品在俄国对欧洲出口总值中所占比重极低——9%。新生的工业资本主义需要自由工人，所以它本身便成为这个专制制度—贵族国家的掘墓人。

俄国皇帝亚历山大二世感觉到了这一点。有一天他向国务会议询问，为什么农奴不是连同土地一起出卖。"国务会议根本不了解这方面的法律，于是就去问参政院"，亚·伊·赫尔岑继续写道。"参政院的档案被翻腾了不知多少遍，什么也没有找到。不管我们的参政员们有多么愚笨，但他们在这种情况下并没有慌乱，并且呈送了一份安娜·伊万诺夫娜在位时发布的税率表。这份税率表中写有进行农奴买卖交易应征收多少税，于是参政院由此断定，当时出卖人口是法律允许的。但这个法律在哪里呢？参政院对此只字未提。参政院的这种衙门伎俩非常拙劣，国务会议都知道买卖人口毫无法律依据，它起草了一

B.M. 马克西莫夫
简单的晚餐
1879 年
伊尔库茨克 B.Π. 苏卡乔夫艺术博物馆

份禁止从事受洗礼动物交易的法律草案并将其送交内务部。

无论国务会议也好，内务大臣也好，皇帝也好，都未再重提此事。”[13]

在实行农民改革之前的 30 年间，每年都记录有两三次大规模起义。亚历山大二世决定“最好自上而下解放农民”，并于 1861 年 2 月 19 日签署了“解放农奴宣言”。当时宣言一直迟迟未敢公布，并曾询问各个总督，“如果人民要求自由的期望没有实现”将会发生什么。还给各近卫团分发了弹药。

宣言公布后，农民立即摆脱了种种极其野蛮的农奴制现象，地主不再有权出卖和迁移农民、使他们与家人分离、把他们送进改造机关。

农民得到了地主的部分土地，但面积与其在改革前即 1859 年拥有的土地面积标准相同。后来，这些“标准”一次也没有修改过。结果，在 14 个黑土地省份，农民的份地都减少了，平均每一个登记丁口从改革前的 3.83 公顷减少到 2.72 公顷。只是在那些有林地的非黑土地工业省份，农民的份地增加了。[14]

卖给农民的土地并非归其所有，而是让其“无限期使用”，以便为其规定各种贡赋。属于徭役地租制地产的高级份地，每年要以 40 个男性劳动日和 30 个女性劳动日来抵偿；属于代役租制地产的份地，每年征收 8—12 卢布的代役租。

为了赎买土地并成为其所有者，农民欠下政府 49 年分期偿还、6.5% 年利率的债务。到赎地手续完成时（1906 年），农民已偿付 20 亿卢布的巨额债务。

地主在改革后立即拥有了面积巨大的大地产和以“割地”形式得到的相当大一部分农民土地。当时每个农户平均占有土地 6.32 公顷，而每个地主的地产平均为 3450 公顷。在第一次俄国革命发生前，属于农民的土地只占全部私有土地的五分之一，其余土地归贵族、商人、小市民所有。[15]

列宁在《农奴制崩溃五十周年》一文（1911 年）中写道：“在俄国，‘解放’农民的是地主自己，是专制沙皇的地主政府和它的官吏。这些‘解放者’是**这样**安排的：农民被剥夺得一无所有才获得‘自由’，他们虽不再当地主的奴隶，却仍然受同样一些地主和地主走狗的盘剥。”[16]

诗人尼·阿·涅克拉索夫在长诗《谁在俄罗斯能过好日子》（1863—1877 年）中，通过 7 个到处漫游的暂时义务农之口，转述了他们同地主“饭桶耶夫”的交谈。这位地主在回忆完自己过去得意自在的生活后，突然号啕痛哭起来，于是

善良的庄稼汉们
心里思量起自己，
也禁不住一阵心酸：
“一条大铁链扯断了，
猛地向两边崩开：
一头打中了老爷，
另一头打中了庄稼汉！……”[17]

彼得堡 冬宫

K. A. 特鲁托夫斯基
在乡村征收税款
1886 年
鞑靼斯坦共和国国立造型艺术博物馆

解放的思想

年轻的贵族革命家——十二月党人在直抵巴黎的胜利进军中看到，专制制度已在许多欧洲国家被消灭，他们怀着让新生的工业资本主义自由发展的同样激情返回家乡。

一些秘密组织——“北方协会”、“斯拉夫人联合会”、“南方协会”于1825年12月在彼得堡和俄国南部（切尔尼戈夫团）发动了反对沙皇制度的武装起义。起义被镇压下去。5位著名的起义策动者——帕·伊·佩斯捷利、孔·费·雷列耶夫、谢·伊·穆拉维约夫-阿波斯托尔、彼·格·卡霍夫斯基、米·巴·别斯图热夫-留明遭到处决，100多名十二月党人被判处监禁和流放西伯利亚。

十二月党人的政治目标是消灭专制制度。在《俄国的真理》这部十二月党人的集体著作中，佩斯捷利提出要消灭农奴制，并将土地视为全民的财

И.М. 马蒙托夫
在兹梅伊诺戈尔斯克矿场服苦役的重刑犯
1987年
阿金菲·杰米多夫采矿生产发展史博物馆
阿尔泰边疆区

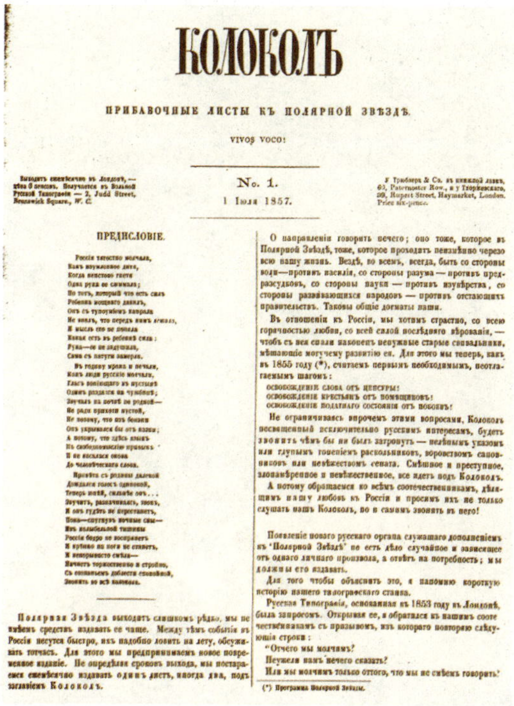
КОЛОКОЛЪ

ПРИБАВОЧНЫЕ ЛИСТЫ КЪ ПОЛЯРНОЙ ЗВѢЗДѢ.

VIVOS VOCO!

No. 1.

1 Іюля 1857.

ПРЕДИСЛОВІЕ.

《钟声》杂志创刊号（1857年）（左图）

Н. Н. 格

赫尔岑像（右图）

1867 年

国立特列嘉柯夫美术馆

富。他认为，“解放”一方面应当通过和平的途径进行，不剥夺贵族的地产；另一方面也应当使农民拥有“好于现在的地位，而不是赐予他们虚假的自由”。[18]

许多十二月党人认为土地是地主不可剥夺的财产。尼·米·穆拉维约夫的“宪法”草案建议解放无地或有少量可耕作份地的农民。尼·伊·屠格涅夫在《试论税收理论》中提出了农民的“无土地解放”这一观点，认为这样才能使农业较快地走上资本主义发展道路。

帕维尔·伊万诺维奇·佩斯捷利

尽管十二月党人的思想存在种种矛盾，但给农民分配土地是使他们走到一起的共同理想，他们认为实现这一理想的途径是军事政变和教育。列宁在多年后（1912 年）写道：“这些革命者的圈子是狭小的。他们同人民的距离非常远。但是，他们的事业没有落空。十二月党人唤醒了赫尔岑。赫尔岑开展了革命鼓动。

响应、扩大、巩固和加强了这种革命鼓动的，是平民知识分子革命家，从车尔尼雪夫斯基到‘民意党’的英雄们。”[19]

尼古拉·普拉托诺维奇·奥加辽夫

俄国作家、哲学家亚·伊·赫尔岑（1812—1870 年）和他的朋友诗人、政论家尼·普·奥加辽夫（1813—1877 年）在青少年时代就发誓要继续十二月党人的事业。成为莫斯科大学的学生之后，他们组织了具有自由思想的社会政治小组，这导致了他们的被捕和流放。

赫尔岑于 1840 年回到莫斯科后，完成了使其获得文学上广泛赞誉的长

В.Е.马科夫斯基
娱乐晚会
1875—1897年
国立特列季柯夫美术馆

米哈伊尔·亚历山德罗维奇·巴枯宁

彼得·拉甫罗维奇·拉甫罗夫

篇小说《谁之罪？》的创作。1847年他前往国外，1853年定居伦敦，在那里创办了自由俄国印刷所。赫尔岑以其在《北极星》文集和《钟声》杂志上发表的艺术—政论作品，使俄国社会思想为世界各国所知晓。

起初，赫尔岑的观点受到亚当·斯密的古典政治经济学的影响，后者认为资产阶级的自由是防止种种社会弊害的最佳保证。但赫尔岑没有接受亚当·斯密之后“变质的”政治经济学：“贵族政治总的说来就是一种多多少少带有文明色彩的吃人现象。野蛮人吃掉被其俘获者，地主从土地上疯狂获利，工厂主靠工人的血汗发财致富——这同样都是吃人行为，只不过表现不同。”[20]

赫尔岑把俄国村社农民视为社会主义改造的主要推动力，认为政府就是要给予农民土地权。他对亚历山大二世的改革活动表示欢迎，字里行间洋溢着赞美之情：“你胜利了，加利利人！”但不久他就改变了自己对改革的自由主义态度，转而对其采取极端否定的态度。

赫尔岑的革命鼓动被民主党人和民意党人所接受。

19世纪60年代，特维尔省首席贵族的儿子、当过炮兵军官的米·亚·巴枯宁（1814—1876年）曾参加赫尔岑的《钟声》杂志的工作。他因在布拉格和德累斯顿参加1848—1849年革命而被奥地利政府引渡给俄国，后被发送到西伯利亚永久流放，从那里逃往伦敦。

1867—1868年，巴枯宁进入国际和平与自由同盟中央委员会，他曾提出该同盟加入由卡·马克思创建（1864年）的国际工人协会——第一国际的申请。但国际领导人拒绝接受他的无政府主义观点。

巴枯宁认为，国家是人类的主要压迫者，所以权威原则应当被排除于各国人民的生活之外。他在《国家制度和无政府状态》（1873年）这一著作中写道：“对人民劳动的任何剥削，不管用什么样的虚假的人民统治和虚假的人民自由的政治形式装饰起来，对人民都是痛苦的。就是说，任何人民，不管它的天性多么温顺，不管它对政权唯命是从已成为一种习惯，它也是不想甘愿服从的；要让它服从，就必须有经常的强制和暴力，即必须有警察监视和军事力量。”[21]

革命民粹主义理论家、哲学家、社会学家彼·拉·拉甫罗夫（1823—1900年）的政论活动起步于在赫尔岑的《钟声》杂志上发表反政府诗歌。他曾在彼得堡的军事教学部门工作，事业发展一帆风顺。19世纪60年代初，拉甫罗夫与车尔尼雪夫斯基交往密切，参加了秘密革命组织“土地和自由社”，成为《国外通报》的非公开编辑。他于1866年被捕，受到审判并被流放到沃洛格达省。

拉甫罗夫在流放中写了《历史信札》——“土地和自由社”的详细纲领，其中谈到，现代制度“必然会引起不平等和对大多数人自由的限制。它不可避免地造成一些阶级对另一些阶级的统治。它通过经济上的竞争引发、加强人类个体之间的敌对因素以及集团之间和集团内部的斗争，并使其合法化。它压制千百万人的个性发展，只使少数人得以发展，同时又使他们的发展变得扭曲，使他们完全陷入所有人反对所有人的战争”。[22]

同时，拉甫罗夫认为，各个历史事件都是唯一的、不可重复的，因而不可能有共同的规律。

从1870年起，即在亚·伊·赫尔岑和格·亚·洛帕廷（马克思的《资本论》俄文本的首位译者）的帮助下逃出流放地之后，拉甫罗夫曾担任“民意党”在巴黎和伦敦的代表，参加过巴黎公社和第一国际。他的主观唯心主义观点曾受到马克思和恩格斯的批评。但马克思去世（1883年）后，恩格斯让拉甫罗夫参加了整理马克思科学遗产的工作。

萨拉托夫神甫的儿子尼·加·车尔尼雪夫斯基（1828—1889年）在31岁时曾去伦敦拜访赫尔岑，后来成为俄国革命民主主义的最有影响的思想家。农民改革宣布后，他写了革命传单《领地农民的同情者告领地农民书》，这份被警察截获的传单中写道：“你们是地主的农奴，而地主是沙皇的奴才，沙皇是站在地主之上的地主。这就是说，沙皇也好，地主也好，都是一路货色。而你们自己知道，狗是不吃同类的。所以说，沙皇是支持地主一方的。他颁布宣言和法令，给予你们自由，这样做只是为了迷惑人。他为什么这样做，就是由于这个原因。法国人和英国人那里没有做农奴的人，他们的话使沙皇很难堪，他们说，你的人民在受奴役。他在他们面前感到羞

И.Е.列宾
宣传者被逮捕
1880—1889、1892年
国立特列嘉柯夫美术馆

彼得·阿列克谢耶维奇·克鲁泡特金

耻。于是便说了句让他们不知真假的话：这样做是为了自我炫耀，是为了迷惑他人。”[23]

革命和社会主义不仅是车尔尼雪夫斯基的文学创作方向，而且也是他毕生的事业。在农民改革前夕，他建立了有“革命”倾向者中心，并选出了秘密“五人小组”成员，这些人在作家被捕后加入了“土地和自由社”。

1862年，车尔尼雪夫斯基被逮捕并被指控犯有从事反政府宣传鼓动罪。在囚禁中，在彼得保罗要塞的阿列克谢耶夫三角堡里，他完成了长篇小说《怎么办？》的写作，这部小说通过手稿的复制流传开来，后来在日内瓦再版并被译成多种文字。作家被判处终身流放西伯利亚，在矿场和牢狱中度过了19年，后来到阿斯特拉罕在警察公开监视下居住，临终前回到故乡——萨拉托夫。

车尔尼雪夫斯基认为，俄国社会不经资本主义、通过村社即可过渡到社会主义，但这需具备一些条件：“西方正在力求通过艰难而又漫长的道路达到的那种秩序，在我们农村日常生活的影响力巨大的民俗中已经存在……我们知道村社土地所有制的丧失在西方造成多么不幸的后果，知道西方各国人民恢复自己丧失的东西有多么困难。”[24]

使无政府（无国家）共产主义理论得到发展的是民粹主义者、地理学家彼·阿·克鲁泡特金（1842—1921年）。1872年，身在瑞士的他曾参与无政府主义者的活动，并加入了第一国际。在俄国，他领导过民粹派无政府主义者小组联合会，在工人中进行过宣传。为此，克鲁泡特金受到政府迫害，被关进彼得保罗要塞，1876年从那里逃往国外。1882年，他同里昂的几位无政府主义者一道被捕，在法国的监狱里度过了3年。

在国外期间，克鲁泡特金写出了理论著作《一个反抗者的话》（1885年），这实际上就是无政府共产主义的构想：“有各种各样的看法，形形色色的观点，然而在一片混乱之中越来越凸显出两种主要思想：一方面是消灭私有制，实现共产主义；另一方面是消灭国家，建立自由公社，建立劳动人民的国际联盟。两条道路通向一个目标——平等。但这并不是资产阶级描绘在他们的旗帜上、书写进他们的法典中的虚伪的平等，他们也有一个目标——奴役生产者。

这是真正的平等：土地、资本和劳动属于所有人。”[25]

1867年，卡尔·马克思自19世纪40年代中期直到去世都一直在致力写作的其主要著作——《资本论。政治经济学批判》的第1卷出版。弗里德里希·恩格斯整理出版了第2卷（1885年）、第3卷（1894年），卡尔·考茨基整理出版了第4卷（1905—1910年）。《资本论》俄译本于1872年问世。

马克思在《资本论》中把资本主义生产方式作为一种社会经济形态进行了全面分析，揭示了其产生、发展和灭亡的规律。他证明，资本主义生产方式在一定程度上是进步的，因为它能刺激生产力的发展。但是，这种发展是靠

H.C.尼洛夫
尼·加·车尔尼雪夫斯基
1939年
萨拉托夫尼·加·车尔尼雪夫斯基故居博物馆

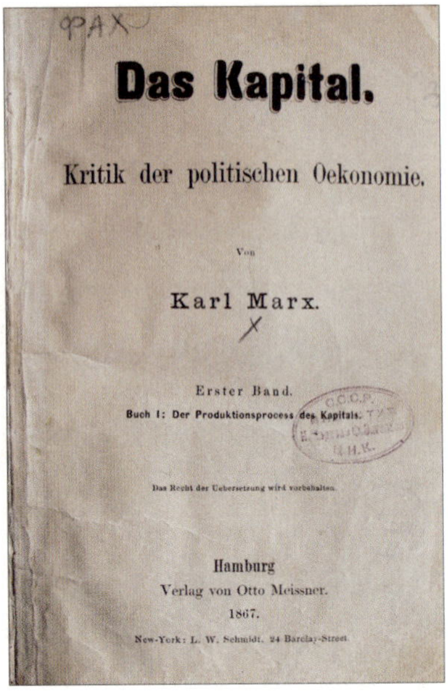

И.Х. 格林施泰因
大学生卡尔·马克思（1836年）（左图）
1961年
俄罗斯国家社会政治历史档案馆

《资本论》（1867年）（右图）
俄罗斯国家历史公共图书馆社会政治史研究中心

对无产阶级劳动力和自然力的野蛮耗费而获得的。资本主义的主要矛盾——生产的社会性质与生产成果的资本主义私人占有形式之间的矛盾不断增长和加剧。

马克思揭示了资本主义社会各阶级存在的基础：工人所创造商品的价值与工人的工资之间的全部差额被资本家阶级以剩余价值形式占有，并构成资本家收入的基本来源。列宁指出："剩余价值学说是马克思经济理论的基石。"[26]

资本主义本身正在产生着导致其必将灭亡的社会力量。无产阶级正在通过革命夺取政权，建立自己的专政，并且剥夺剥夺者。

……1867年4月，卡尔·马克思亲自将已写好的《资本论》第1卷手稿带到汉堡，并把它交给了出版商卡尔·迈斯纳。

整整3年后，在距离莫斯科830俄里，拥有包括小市民、贵族、商人、农民和军人在内的27000居民的省城辛比尔斯克，在这座不通铁路、从未发生过社会动荡的城市，诞生了弗拉基米尔·伊里奇·乌里扬诺夫。

注　释

1. 米·伊·杜冈－巴拉诺夫斯基:《俄国工厂的今昔》第1卷，圣彼得堡1907年第3版，第76—77页。
2. 《马克思恩格斯文集》，人民出版社2009年版，第2卷第45—46页。
3. 《列宁全集》中文第二版增订版第3卷第49页。
4. 彼·伊·利亚先科:《苏联国民经济史》(三卷本)，莫斯科1947—1956年版，第1卷第232页。
5. 彼·伊·利亚先科:《苏联国民经济史》(三卷本)，莫斯科1947—1956年版，第1卷第292页。
6. 米·尼·波克洛夫斯基:《俄国历史概要》，莫斯科1934年第5版，第85页。
7. 彼·伊·利亚先科:《苏联国民经济史》(三卷本)，莫斯科1947—1956年版，第2卷第13页。
8. 米·尼·波克洛夫斯基:《俄国历史概要》，莫斯科1934年第5版，第85页。
9. 《亚·尼·奥斯特洛夫全集》，莫斯科1952年版，第12卷第118页。
10. 亚·尼·拉季舍夫:《从彼得堡到莫斯科旅行记》，外国文学出版社1982年版，第209页。
11. 《亚·伊·赫尔岑文集》(三十卷本)第12卷，莫斯科1957年版，第102页。
12. 彼·伊·利亚先科:《苏联国民经济史》(三卷本)，莫斯科1947—1956年版，第1卷第485、579页。
13. 《亚·伊·赫尔岑文集》(三十卷本)第12卷，莫斯科1957年版，第102页。
14. 彼·伊·利亚先科:《苏联国民经济史》(三卷本)，莫斯科1947—1956年版，第1卷第594页。
15. 彼·伊·利亚先科:《苏联国民经济史》(三卷本)，莫斯科1947—1956年版，第1卷第607页、第2卷第83页。
16. 《列宁全集》中文第二版增订版第20卷第142页。
17. 尼·阿·涅克拉索夫:《谁在俄罗斯能过好日子》，上海译文出版社1979年版，第147页。
18. 帕·伊·佩斯捷利:《俄国的真理》，圣彼得堡1906年版，第89页。
19. 《列宁全集》中文第二版增订版第21卷第267页。
20. 《亚·伊·赫尔岑文集》(三十卷本)第6卷，莫斯科1955年版，第56页。
21. 《巴枯宁言论集》，生活·读书·新知三联出版社1978年版，第305页。
22. 彼·拉·拉甫罗夫:《历史信札》，圣彼得堡1906年第3版，第319页。
23. 《尼·加·车尔尼雪夫斯基全集》(十五卷本)第7卷，莫斯科1950年版，第521页。
24. 《尼·加·车尔尼雪夫斯基全集》(十五卷本)第4卷，莫斯科1948年版，第743页。
25. 彼·阿·克鲁泡特金:《一个反抗者的话》，圣彼得堡1906年版，第2页。
26. 《列宁全集》中文第二版增订版第23卷第46页。

第一章

“……我们要走的不是这条路”

（1870 年—1893 年 8 月）

中学时期的弗拉基米尔·乌里扬诺夫（辛比尔斯克 1887 年）

家庭和学业

辛比尔斯克—科库什基诺

弗拉基米尔·伊里奇·乌里扬诺夫 1870 年 4 月 10（22）日 * 生于辛比尔斯克（今为乌里扬诺夫斯克），这里最初是 17 世纪中叶在陡峭的伏尔加河右岸修建的辛比尔斯克城堡。

Е. И. 杰沙雷特
辛比尔斯克鸟瞰（射手街）
1970 年
乌里扬诺夫斯克列宁纪念馆

乌里扬诺夫家于 1869 年来到辛比尔斯克。瓦洛佳出生时，一家人住在射手街（如今已不存在）普里比洛夫斯卡娅家的耳房中。几经搬家之后，于 1878 年 8 月以玛丽亚·亚历山德罗夫娜的名义买下了莫斯科街的一所独栋房屋——一座带有阁楼的木质单层建筑 **，有 4 个窗子朝街上开的小房间。

弗拉基米尔的父亲伊里亚·尼古拉耶维奇出身于贫穷的阿斯特拉罕小市民家庭。从小就不惧贫困，发奋学习，中学毕业时获得了银质奖章，后毕业于喀山大学物理数学系，获得了副博士学位。先后任教于奔萨贵族学院和下诺夫哥罗德男子中学。1869 年起任国民教育视察员，1874 年起任辛比尔斯克省国民教育总监。

伊里亚·尼古拉耶维奇 30 岁时娶了一位医生的女儿玛丽亚·亚历山德罗夫娜·布兰克为妻。生长于农村的她只得到了家庭教育，因为父亲要养活一大家子人。玛丽亚·亚历山德罗夫娜通晓德语、英语和法语，熟悉俄国和欧洲文学，喜爱音乐，会弹钢琴。1863 年她在萨马拉通过了小学教师资格考试，但为大家庭的操劳耗去了她所有的时间。

И. 索科利尼科娃
玛·亚·乌里扬诺娃
1970 年
乌里扬诺夫斯克列宁纪念馆

* 以下所有日期均为旧历，直至 1918 年 2 月 1 日旧历被废除。——俄文编者注

** 1929 年此处开设了列宁故居博物馆。——俄文编者注

伊・尼・乌里扬诺夫倾向于俄国启蒙派的思想，主张对所有人实行全面的和平等的教育。他分管的学校不靠国库划拨经费，经费来自于地方自治局和农村村社以及民间捐款。这要求备加关注改善学校的经营，组织教师培训班和教师代表大会。在伊里亚・尼古拉耶维奇任教育总监的12年中，建起了150所学校，他大部分时间都在东奔西跑，与家人聚少离多。

乌里扬诺夫家有6个孩子——安娜、亚历山大、弗拉基米尔、奥丽珈、德米特里和玛丽亚。除了19岁在彼得堡夭亡的奥丽珈，他们后来都成为了革命者。

德米特里・乌里扬诺夫对家里的景象作了这样的描述：“父亲坐在自己的书房里工作。在上面的阁楼里，萨沙和瓦洛佳兄弟俩在各自的房间里看书。在下面的餐厅里，妈妈坐在一张大桌子旁边缝缝补补或干其他活计。阿尼娅和奥利娅姐妹俩则坐在妈妈旁边看书和写作业，我们两个小的（米嘉和玛尼娅）也在这里，安静地干着什么。喧哗和妨碍长者做事是绝对不允许的。有时候，只要我们有人叫喊或是瓦洛佳做完功课跑下楼去发出声响，父亲即刻就会出现并严厉说道：‘干什么这么吵？不要再让我听到！’——于是又静了下来。极个别情况下父亲会把吵嚷者带到自己的书房，让他在身边做些事情。

总的来说规矩是严厉的。”[1]

据安娜・乌里扬诺娃讲述，家里的陈设“非常简单，就像在寻常平民

O. 维什尼亚科夫
在家人中间
1968年
乌里扬诺夫斯克列宁纪念馆

В. И. 马茨克
辛比尔斯克 乌里扬诺夫一家 1871—1875 年居住的房屋（左图）
1965 年
乌里扬诺夫斯克列宁纪念馆

А. И. 拉伊舍夫斯基
科库什基诺村的耳房（右图）
鞑靼斯坦共和国国家博物馆

知识分子家里常常看到的那样，许多家具都是碰上买来的，没有一件是特意购置的。墙上没有悬挂肖像和画作，总之，家具陈设具有清教徒式的风格。这一方面是由于伊里亚·尼古拉耶维奇的兴趣爱好和生活方式，由于没钱添置，另一方面是由于当时在辛比尔斯克还根本没有艺术教育”。[2]

孩子们的暑假通常是在距离喀山 43 俄里的喀山省莱舍夫县科库什基诺村度过的，他们住在玛丽亚·亚历山德罗夫娜的父亲的家中。据瓦洛佳的表弟尼·伊·韦列田尼科夫回忆，在科库什基诺村，“一切都破旧不堪：大房子里的火炉坏了——无法取暖，房顶漏雨，小船有洞，浴棚塌陷，通往浴棚的小桥塌了。没有钱把一切都维护好。

我们常常拿这些困顿之事开玩笑，但这些事丝毫没有使我们感到沮丧。当时我们所有人都觉得没有比科库什基诺更美丽的地方。如果有人看到新的地方，我们就会问道：是不是不如科库什基诺？”[3]

1879 年 8 月，弗拉基米尔·乌里扬诺夫进入辛比尔斯克中学一年级学习，作为国民教育工作者的儿子，他不用交学费。从低年级起他就表现出了自律性和组织性。早饭前他在家中复习功课，8 点半到校，这一习惯从未中断过。

“他学习起来轻松愉快”，安娜·乌里扬诺娃回忆说。“从低年级起他就是优等生，而作为优等生，他每年升级都获得一等奖。当时的一等奖是一本封面

Б. И. 列别杰夫
阅读车尔尼雪夫斯基的书
1964 年
乌里扬诺夫斯克列宁纪念馆

E. 库马尼科娃
中学 窗口
1969 年

上烫有'品学兼优'金字的书和一张奖状……

我记得，他念低年级的时候，往往很快就把功课做完了，接着就淘气起来，翻筋斗、打虎跳，妨碍在同一间屋子里学习的哥哥和姐姐。父亲有时就把他领到自己的书房里去检查他的功课，照着本子从头到尾考问他拉丁语的单词，瓦洛佳通常都能答出。"[4]

语文教员、同时也是中学校长的费·米·克伦斯基常常给弗拉基米尔的作文打 5 +。德米特里·乌里扬诺夫说，哥哥总是把作文草稿写在一张一裁为四的纸片上，并且一定要用铅笔："而且他特别喜欢把铅笔削得尖尖的，这样写出来的字母跟一条条细线条一样。铅笔写粗了或者笔芯断了，他总是不厌其烦地一次一次地削，削到合乎心意再使用。"[5]

瓦洛佳的中学同学 Д.М. 安德列耶夫也谈到了迷恋铅笔的事：

"考试后不久我的父亲突然去世，我成了父母双亡的孤儿，由姑姑照管。父亲安葬之后我来到班上，置身于我不认识的同学们中间，我更加强烈地感受到自己的孤独。我愁眉苦脸地坐在课桌后，勉强控制住自己的眼泪，这时瓦洛佳·乌里扬诺夫突然走到我的身边。

'我知道，你的父亲去世了。你不要太难过！'

看到我的眼睛里含满泪水，他又说道：

'要不要我把你的铅笔削好？'"[6]

弗拉基米尔·乌里扬诺夫不仅在学习上名列前茅，而且在诸如老鹰捉小鸡、棒球、哥萨克强盗等课外游戏中也表现出众，玩哥萨克强盗时他总是被推举为首领。他还是人所共知的游泳、滑冰、下棋的好手。

费多尔·米哈伊洛维奇·克伦斯基（1887 年）
俄罗斯国家社会政治历史档案馆

弗拉基米尔的观点是在父母、革命民主主义文学的影响下形成的。Д.М. 安德列耶夫回忆说："尽管有种种严苛的规定，我们还是能找到时间阅读杜勃罗留波夫、皮萨列夫、别林斯基、赫尔岑和车尔尼雪夫斯基的遭到查

电影《乌里扬诺夫一家》(导演 B.涅夫佐罗夫)中的镜头：瓦洛佳·乌里扬诺夫(B.科罗温饰)和弟弟米嘉(Б.布尔利亚耶夫饰)在中学里。莫斯科电影制片厂摄制 1957年

禁的书，并对这些书着了迷。我们还读过《事业》、《同时代人》、《祖国纪事》等杂志。市卡拉姆津图书馆已不能满足我们的要求，于是学生们想办法从自己亲属的私人藏书中找书读。”[7]

乌里扬诺夫家的朋友、女教师B.B.卡什卡达莫娃时常发现，弗拉基米尔非常喜欢倾听成人的谈话：“直到现在我依然看到他活生生地站在那里，穿着没有系上面几个扣子的蓝色学生装。他快乐而活跃，向人们讲述一天之中的趣闻，使得所有人都笑了起来……

但当成人之间的谈话涉及某个严肃的问题时，坐在我对面的瓦洛佳的表情即刻就会发生变化：他甚至会在椅子上坐得更牢靠一些，身子略微前倾，皱起眉头看着讲话者，一缕头发从前面落到了他的额头上，全神贯注地听着。”[8]

在学校的11门功课中，弗拉基米尔只有逻辑学是4分，其余的都是5分。他把自己不接受逻辑学课的原因归结为教科书的性质，而教科书是作为中学和正教学校领导机构的教育部和圣正教院批准的。他说：“逻辑学教科书不能促进正确思维的发展，相反，只会束缚和模糊正确的思维。”

乌里扬诺夫的神学也得了“5分”。校长的儿子A.Φ.克伦斯基后来在描述教堂祈祷的情景时写道：“我不会忘记我第一次看到被钉在十字架上的耶稣的形象的震撼一刻，耶稣在落在其身上的光线的映衬下似乎是透明的，这一刻他完全是活生生的。弗拉基米尔·乌里扬诺夫小时候大概也看到过被钉在十字架上的耶稣的形象，也许他在心里窃笑，但脸上依然是一副虔诚的表情，——当然，如果你相信他自己关于14岁时把其贴身十字架扔到垃圾桶里的讲述的话。”[9]

1887年5月，弗拉基米尔出色地通过了毕业考试并获得了金质奖章。他这个优等生的名字没有被刻在学校的大理石板上，原因仅仅在于他是“国事犯”的弟弟。

哥哥亚历山大

彼得堡—辛比尔斯克

“瓦洛佳什么都学哥哥的样，甚至我们都取笑他，因为无论问他什么问题，他的回答始终只有一个：‘跟萨沙一样’”，安娜·乌里扬诺娃回忆说。“如果说在童年时代榜样总是很重要的，那么，年龄稍大一些的兄长的榜样比成年人的榜样更为重要。”[10]

娜捷施达·康斯坦丁诺夫娜·克鲁普斯卡娅讲述了亚历山大·伊里奇的情况：“他最后一次回家度夏天时，正在准备写关于环节动物的学位论文，一天到晚看显微镜。为了最大限度地利用日光，他天一亮就起床开始工作。弗拉基米尔·伊里奇说：‘当时我认为哥哥不会成为一个革命家，革命家不可能用这么多的时间来研究环节动物。’不久，他就发觉自己的看法错了。”[11]

弗拉基米尔从哥哥那里第一次知道了马克思主义书籍，在他的书桌上看见了卡尔·马克思的《资本论》。

1886年1月，54岁的伊里亚·尼古拉耶维奇因脑溢血而猝然逝世。直到最后一天，他还在总监的岗位上工作。不久之后，这个家庭又遭受了新的不幸——1887年3月1日，亚历山大因参与策划暗杀沙皇亚历山大三世而在彼得堡被捕。随后，在彼得堡上学的安娜·乌里扬诺娃也被逮捕。

亚历山大和安娜被捕的消息是乌里扬诺夫家的一位女亲属带到辛比尔斯克的，但由于怕玛丽亚·亚历山德罗夫娜着急，她写了一封信给 B.B. 卡什

彼得堡大学

И. Е. 列宾
沙皇亚历山大三世在莫斯科彼得罗夫斯克宫前接见乡长们
1886 年
国立特列嘉柯夫美术馆

卡达莫娃。后者把弗拉基米尔从中学里叫出来，让他看了这封信。"事情很严重"，他说，"结果对萨沙可能不利。"

亚历山大·乌里扬诺夫在彼得堡大学学习时成绩出色，三年级时因动物学作业而获得金质奖章。家里人对他参加革命青年小组和"民意党"的恐怖主义组织一无所知，这个组织中的自然学科大学生能够制造黄色炸药。亚历山大不认为自己是民粹主义者，但也不认为俄国存在社会民主主义发展道路。

Н. П. 卡拉恰尔斯科夫
乌里扬诺夫兄弟
1969—1970 年
楚瓦什国立艺术博物馆

在预定的日子里，亚历山大不顾最初的计划，自己承担起领导暗杀沙皇的任务。

"尽管他明显年轻"，同案的同志米·瓦·诺沃鲁斯基回忆亚历山大时说，"但因为自己的成熟而明显比其他人出众。宪兵在逮捕他时拍摄的照片说明他的状况非常不好。照片上他脸色苍白甚至有些忧郁，整个人'很瘦'，这种情况实际上从未出现过。相反，他那张灿烂和真诚的脸总是容光焕发，这不仅是由于寻常年轻人的魅力，也由于特别理性的表情。这是我们所说的那些光彩照人的人的一种表情。”[12]

1887 年 4 月，亚历山大·乌里扬诺夫在出庭时说："我们知识分子体力极差，也没有组织，以致目前不可能进行公开的斗争，因此只能通过恐怖手段来维护自己的思想权利和凭智力参与社会生活的权利。恐怖手段是 19 世纪创造的一种斗争形式，是少数人可能采取的唯一自卫形式，这些人的力量仅仅在于精神上的强大，在于他们看重自身行为的正义性，而不是像多数人那样看重体力。”[13]

玛丽亚·亚历山德罗夫娜参加了庭审并听到了这些话。

母亲与儿子的最后一次见面是在彼得保罗要塞。安·伊·乌里扬诺娃－叶利扎罗娃* 回忆说，母亲讲述了“这次隔着两层栅栏、宪兵在他们之间走来走去的见面的难堪情景”。“但她还说，这一次她是满怀希望来看望哥哥的。有传言说不会判处死刑，于是母亲的心自然很容易就相信了这种传言。在严苛的会见条件下她无法转告这个消息，但她想把自己的希望和迎接他所面临的一切考验的勇气部分地传递给哥哥，于是她在分别时对他说了两遍：

‘鼓起勇气来！’

由于她的希望没有实现，结果她的这句话成了与他分别、送他赴死的永诀之言。”[14]

1887 年 5 月 8 日拂晓，在施吕瑟尔堡监狱的院子里，亚历山大·乌里扬诺夫和他的战友彼·雅·舍维廖夫、瓦·斯·奥西帕诺夫、瓦·杰·格涅拉洛夫、帕·伊·安德列尤什金被处死。所有 15 名被告本来都面临这样的命运，但其余的人被改判为苦役和流放西伯利亚。约·杰·卢卡舍维奇和米·瓦·诺沃鲁斯基被终身监禁在施吕瑟尔堡要塞。

玛·伊·乌里扬诺娃写道，哥哥弗拉基米尔在听到这个消息时说：“不，我们要走的不是这条路，不应该走这条路。”[15]

一个月之后，弗拉基米尔·乌里扬诺夫见到了来到辛比尔斯克的伊·尼·切博塔廖夫——哥哥的大学同学。据伊万·尼古拉耶维奇讲，他“……向我

А. П. 采谢维奇

亚·伊·乌里扬诺夫被关押在彼得保罗要塞时的囚室

1971 年

乌里扬诺夫斯克列宁纪念馆

В. И. 伊万诺夫

亚历山大·乌里扬诺夫被处死后的乌里扬诺夫家

1957 年

克拉斯诺亚尔斯克国立 В. И. 苏里科夫艺术博物馆

---

* 1889 年安·伊·乌里扬诺娃嫁给马·季·叶利扎罗夫。——俄文编者注

施吕瑟尔堡要塞

打听我与亚历山大共同度过的最后几天的情况，打听我在预审时和在最高法院受审的情况，他尤为关注亚历山大在被告席上给我留下的印象。他在向我打听这些情况时心情很平静，甚至显得条理性过强，但显然他不是出于一般的好奇心。他特别想知道的是哥哥的革命情绪”。[16]

……7年之后，当德米特里·乌里扬诺夫与弗拉基米尔一起住在叶利扎罗夫家位于莫斯科郊外的柳布利诺的别墅中时，他问哥哥：

“‘我们有许多熟悉的老同志，为什么不着手建立一个恐怖主义的组织呢？’这是因为在我头脑里还有着民意党人思想的影响。

弗拉基米尔·伊里奇猛地停住脚步说：

‘干吗要建立这种组织？就算谋刺成功了，杀死了一个沙皇，这又有什么意义呢？’

‘怎么没有什么意义，这将对社会产生巨大的影响。’

‘对什么样的社会？你指的是什么样的社会？是那个打打牌、吃吃洋姜鲟鱼、对残缺不全的宪法抱有幻想的自由派的社会吗？你指的是那个社会吗？你不应该对这个社会发生兴趣，我们对它不感兴趣，我们应当想到工人，考虑工人们的舆论。卡尔·马克思在西欧起来领导工人阶级，正是因为工人是资本主义制度下最革命的因素。’

我就再也不提这件事了。”[17]

中学校长在乌里扬诺夫的鉴定中写道：“乌里扬诺夫的优良操行体现了家庭教育的美好结果。近距离地观察乌里扬诺夫的家庭生活方式和他的性格，我不可能不发现他过于孤僻，甚至与熟人也不愿来往，而在学校以外与同学根本不相往来。乌里扬诺夫的母亲不想让儿子在整个大学学习期间与自己分离。”[18]

И. Е. 列宾
贵族会议的音乐会
1888年
国立俄罗斯博物馆

第一次被捕

喀山—科库什基诺

弗拉基米尔听从母亲不考首都的大学的建议，决定进入喀山帝国大学学习。玛丽亚·亚历山德罗夫娜卖掉了莫斯科街的房子，于1887年7月底和玛丽亚、德米特里、奥丽珈和弗拉基米尔从辛比尔斯克来到喀山，在这里，她在姐姐安·亚·韦列田尼科娃家住了几天，而后前往科库什基诺。女儿安娜因3月1日案件已经在这里流放。

7月底，弗拉基米尔向喀山大学递交了进入法律系一年级学习的申请，8月25日开始学习。乌里扬诺夫一家返回喀山，住在索洛维约娃位于新军需局街的家中。

入学后，乌里扬诺夫在一份责任书上签了字，保证"不加入和不参与任何组织，例如同乡会等，不经直接主管的专门批准，甚至连法律准许的协会也不参加"。尽管如此，弗拉基米尔还是参加了革命的大学生小组和萨马拉—辛比尔斯克同乡会。

"他是沙皇政权及其制度的无情的、坚决的敌人"，喀山大学的学生、后成为医生的 H.H. 阿列克谢耶夫回忆说。"我和他在小组里见过几回面，他给人留下了温文尔雅的青年的印象，从不与谁生硬地讲话，但他在对某人进行尖锐的批评时，他的冷嘲热讽总是一针见血。"[19]

1887年11月底，莫斯科爆发的反对警察暴行的大学生风潮也波及喀山。大学同乡会确定了自己的行动日期——12月4日。大学生们聚集在大礼堂

喀山大学

不知名画家

喀山大学的大学生聚会

鞑靼斯坦共和国国家博物馆

И.М. 哈利卢洛夫
第一次被捕
鞑靼斯坦共和国国家博物馆

尼古拉·叶夫格拉福维奇·费多谢耶夫

俄罗斯国家社会政治历史档案馆

里，要求召回被开除的同学们，有权集会和集体递交请愿书，有权开办自己的图书馆、阅览室、互助储蓄会和小食堂。

集会的积极组织者（48人）均被逮捕并被押送到警察局，而后被解往喀山转押监狱。在这里，弗拉基米尔·乌里扬诺夫上书校长，要求把他从大学除名。12月7日，由母亲的表姐柳·亚·阿尔达舍娃“作保”，他前往科库什基诺流放，处于警察的公开监视之下，玛丽亚·亚历山德罗夫娜和几个年幼的孩子也来到了这里。

“瓦洛佳过着孤独的生活，大部分时间都在读从喀山得到的书籍”，尼·伊·韦列田尼科夫写道。“很少有人来看他，因为冬天从喀山来这里一个单程就需要五六个小时，而且是在天气好的情况下。

在积雪覆盖的田野上有一条小路，只能骑一匹马在这条路上艰难地行走，两匹马需排成‘雁阵’前行，即一匹走在另一匹的前面。在风雪交加时路就会被雪覆盖，没有路，很可能在人烟稀少的地方转上好几个小时。”[20]

在科库什基诺，弗拉基米尔专注于大学课程，阅读了大量报刊。重读他所热爱的作家尼·加·车尔尼雪夫斯基和尼·亚·杜勃罗留波夫的著作。后来他回忆说：“后来在我的一生中，甚至在彼得堡的监狱中和在西伯利亚，从来没有像我从喀山被流放到农村后的这一年读的书多。当时是从早到晚不停地读。”[21] 弗拉基米尔在14岁时第一次阅读了车尔尼雪夫斯基的小说《怎

喀山

B.A.库普里扬诺夫
"土地和自由社"沃罗涅日代表大会（1879年）
1977年
利佩茨克方志博物馆

Н.И.丹申
格·瓦·普列汉诺夫像
20世纪60年代
利佩茨克方志博物馆

么办？》，后来又读过好几次。

1888年5月，弗拉基米尔向国民教育大臣递交了关于重新进入喀山大学学习的申请，但申请被拒绝。玛丽亚·亚历山德罗夫娜向警察司司长彼·尼·杜尔诺沃也提出了同样的申请，但得到的答复是："未必能采取什么有利于乌里扬诺夫的决定。"

9月6日，弗拉基米尔致信内务大臣，请求准许其出国继续学业，但这一请求也被拒绝。

9月上半月，乌里扬诺夫获准返回喀山。玛丽亚·亚历山德罗夫娜向住在第一山街（今为乌里扬诺夫－列宁大街）58号的奥尔洛夫家租了新的房子。乌里扬诺夫全家和保姆瓦尔瓦拉·格里戈里耶夫娜·萨尔巴托娃都住在这里，分住在两层。

在喀山有几个在尼·叶·费多谢耶夫领导下的马克思主义小组，费多谢耶夫因参加革命活动被学校开除。他是秘密流传的《俄国农奴制衰落的原因》一书的作者，他在书中证明，1861年改革的发生不是由于上层的"自由主义情绪"，而是由于统治阶级的经济利益。

当时住在喀山的作家阿列克谢·马克西莫维奇·高尔基在谈到费多谢耶夫时说：

"他与我在田间散步时问我在工人中有没有熟人，问我在读什么书，有没有空闲时间，后来又顺带说道：

М.И.贾纳什维利
黎明前
卡尔·马克思和弗里德里希·恩格斯在伦敦
1957年
俄罗斯国家社会政治历史档案馆

‘我听说您开了这间面包店，——您干这种杂事真让人纳闷。您是为了什么？’

从某个时候起我自己也觉得我不应当干这样的事，我把自己的想法跟他说了。他听了我的话很高兴，紧紧地握住我的手，开朗地笑了，他告诉我，一天以后他要出去两三个星期，回来以后他会告知我们见面的地点和方式。”[22]

维拉·伊万诺夫娜·查苏利奇

俄罗斯国家社会政治历史档案馆

弗拉基米尔·乌里扬诺夫在费多谢耶夫小组待了大约半年，但不认得他，因为小组成员都隐瞒了自己的真实姓名。

1889 年 7 月，尼·叶·费多谢耶夫及其所组织的马克思主义小组的成员在喀山被捕。“伊里奇当时没有被捕，是因为我们家已在 1889 年 5 月迁到了萨马拉省阿拉卡耶夫卡村附近的田庄。这个田庄是我母亲托马·季·叶利扎罗夫买下来的”，安·伊·乌里扬诺娃 - 叶利扎罗娃回忆说。[23]

后来（1923 年），弗拉基米尔·伊里奇为革命家回忆录文集撰写费多谢耶夫回忆文章时说：“我记得，我和费多谢耶夫在通信中谈到当时产生的关于马克思主义世界观或社会民主主义世界观的问题。我记得特别清楚的是，费多谢耶夫作为一个对自己的事业无限忠诚的旧时代革命家的典型，博得了所有认识他的人的好感；可能是他的某些言论或对宪兵的不慎举动使自己的境遇恶化了。”[24]

弗拉基米尔·乌里扬诺夫研究马克思主义文献，阅读了卡尔·马克思的《资本论》第 1 卷（俄国经济学家尼·弗·丹尼尔逊的译本）并作了摘要，还读了查·达尔文、亨·巴克尔、大·李嘉图及其他思想家的著作。那些年传播马克思主义思想的还有格·瓦·普列汉诺夫在国外创建的“劳动解放社”。

格奥尔吉·瓦连廷诺维奇 1856 年出生于一个小地产贵族—军官家庭，青年时想从事军人职业，但后来与革命民粹派小组关系密切，并在 1876 年 12 月在喀山大教堂附近举行的俄国第一次政治示威中号召与专制制度作斗争。他加入了秘密组织“土地和自由社”，后成为反对恐怖战略的团体“土地平分社”的领导人。

普列汉诺夫从 1881 年起住在瑞士，在那里他把马克思和恩格斯的《共产党宣言》译成了俄文，建立了“劳动解放社”和“国外俄国社会民主党人联合会”。他在《我们的意见分歧》（1884 年）一书中认为，提出关于避开资本主义可能性问题本身就是毫无意义的：“俄国从废除农奴制之后就明显走上了资本主义发展的道路。主观主义者先生们对此看得十分清楚，他们自己认为，旧的经济关系在我国正以令人吃惊的、越来越快的速度在瓦解。但这没有关系，——他们自我解释说，我们要让俄罗斯乘上我们理想的小船，这样俄罗斯将离开这条道路，经过千山万水，驶向遥远的国度。”[25]

弗里德里希·恩格斯 1885 年在写给“劳动解放社”成员维拉·伊万诺夫娜·查苏利奇的信中说：“得知在俄国青年中有一派人真诚地、无保留地

A.H.沙波什尼科夫、A.M.库罗夫
1885 年莫罗佐夫工厂罢工
1961 年
奥列霍沃－祖耶沃方志史博物馆
莫斯科州

接受了马克思的伟大的经济理论和历史理论，并坚决地同他们前辈的一切无政府主义的和带点泛斯拉夫主义的传统决裂，我感到自豪。如果马克思能够多活几年，那他本人也同样会以此自豪的。这是一个对俄国革命运动的发展将会具有重大意义的进步。”[26]

到 19 世纪 80 年代末，俄国的资本主义工厂战胜了手工工场并压倒了小手工业。大机器生产大大降低了商品的价格。原先的手工业者放弃了小作坊并变成了雇佣工人。出现了新的工业部门——英国人尤兹在克里沃罗日耶矿区的冶金工厂，顿涅茨煤田的煤炭企业，诺贝尔在巴库的石油股份公司，等等。

工人立法实际上是个空白，工人们遭受到工厂主的恣意妄为。* 根据地方自治局卫生委员会 1880 年的调查，赫卢多夫家族在斯摩棱斯克省的亚尔采沃纺纱织布厂“成为各种传染病的源泉……同时也是残酷剥削的典型”，该厂纯收入的 45% 给了资本家。1880 年为对付罢工工人而动用了军队，“主

谋者"被逮捕。[27]

萨瓦·莫罗佐夫在弗拉基米尔省尼科利斯科耶的纺织厂，以罚款的名义从每一卢布工资中克扣了30—50戈比。1885年1月，8000名纺织工人要求提高工资和改善生活。军队将罢工镇压下去，600名工人被逮捕，数十人被送交法庭审判。

"这一次大规模的罢工给予政府很深的印象，它看见当工人一致行动的时候，特别是当一致行动的工人群众直接提出自己要求的时候，他们就成为一支可怕的力量"，乌里扬诺夫后来在《对工厂工人罚款法的解释》一文（1895年）中写道。"厂主们也感觉到了工人的力量，因而比较谨慎些了。"[28]

工人运动开始具有组织形式，在敖德萨建立了"南俄工人协会"（1875年），在彼得堡建立了"俄国北方工人协会"（1878年）。几年之后，普列汉诺夫在《我们的意见分歧》中确定了社会党人的任务："他们应当向工人展示他们自己的、工人的旗帜，从工人队伍中为他们推举领导者，简而言之，他们应当注意不要让资产阶级'社会'，而要让秘密的工人组织具有对工人头脑的决定性影响。"[29]

* 资本家用来对抗童工劳动调节法（1882年）、禁止妇女和儿童上夜班法（1885年）、劳动雇佣和工资法（1886年）的是罚款制度。——俄文编者注

在民粹派中间

阿拉卡耶夫卡—萨马拉

1889年5月初，乌里扬诺夫一家搬到了萨马拉省阿拉卡耶夫卡村附近的一个有磨坊的田庄，这是玛丽亚·亚历山德罗夫娜用卖辛比尔斯克房子的钱购置的。这所木质大房子还是1850年由村子创始人的继承者丹涅恩贝格一家建成的，设计合理，房间很大。*

夏天，住在阿拉卡耶夫卡村的房子里的有玛丽亚·亚历山德罗夫娜，三个女儿——安娜、玛丽亚、奥丽珈，马尔克·叶利扎罗夫，弗拉基米尔和德米特里。弗拉基米尔在绿茵如盖的椴木下为自己安排了书房，他一整天及午饭休息时间都在这里度过。夜幕降临后他就回到自己灯光照耀下的房间。

阿拉卡耶夫卡村的农民 П.И. 费杜洛夫租了地主丹涅恩贝格的土地和草场，他说："弗拉基米尔·伊里奇与丹涅恩贝格就两家地产的地界展开了争论，他当时对这位地主说：'您不会永远是地主，您的橡木屋和界标也不会永远立在那里。'他们说话时我在场，因此我记得很清楚……

丹涅恩贝格向警察告发了弗拉基米尔·伊里奇；警察对弗拉基米尔·伊里奇及其全家进行观察，他们都处于监视之下。"[30]

Ю.П. 博罗达乔夫
阿拉卡耶夫卡 乌里扬诺夫一家在阿拉卡耶夫卡的住所（左图）
1988年
萨马拉 П.В. 阿拉宾方志史博物馆

Ю.П. 博罗达乔夫
萨马拉 警察广场 库拉金的家——乌里扬诺夫一家在萨马拉的第一个住所（1889年）（右图）
1988年
萨马拉 П.В. 阿拉宾方志史博物馆

* 1935年这里成立了无产阶级文化馆，里面设有列宁纪念馆，1940年设为列宁故居，1970年设为列宁博物馆。——俄文编者注。

П.И.萨巴诺夫
弗·乌里扬诺夫在阿拉卡耶夫卡
1964年
鞑靼斯坦共和国国家博物馆

阿拉卡耶夫卡村的居民 К.Д. 菲力波夫（后为当地列宁故居纪念馆馆长）回忆说：

“有一天来了一个宪兵并问父亲：

‘弗拉基米尔·伊里奇的情况怎么样，有没有给你们什么书看？’

父亲说，给过我儿子一本。

‘去，小伙子，把给你的书拿来’，宪兵吩咐我说。

我拿来了书。宪兵看了看说：‘这是识字课本。这样的书可以看。’

‘他没有给过你们别的书吗？’

‘没有，没给过’，父亲回答说。”[31]

晚上的时候，乌里扬诺夫常常去拜访距离阿拉卡耶夫卡村3俄里的沙尔涅利田庄的农业垦殖团的参加者阿·安·普列奥布拉任斯基，后者回忆说：“争论主要涉及农民问题。我提出的看法大概是，资本主义很少或根本没有触及到农民……

弗拉基米尔·伊里奇向我证明，能够领导革命运动的只有工人阶级，而不是农民，只有无产阶级能够领导农民。”[32]

在萨马拉度过流放生活最后几年的民粹派政论家瓦·瓦·沃多沃佐夫回忆说，乌里扬诺夫对饥民（1891—1892年伏尔加河流域发生饥荒）援助委员会进行了猛烈抨击。他讲述了弗拉基米尔·伊里奇的看法：“饥荒摧毁了农民经济，把农夫从农村赶到了城市，从而造就了无产阶级，并促进了边远地区的无产阶级化，——这是具有进步意义的现象。然而饥荒不仅仅在经济领

Б. 列别杰夫
准备考试（在阿拉卡耶夫卡）
1969 年

域有可能并应当成为进步因素。它迫使农夫思考资本主义制度的基础，打碎了他们对沙皇和沙皇制度的信任，从而在适当的时候促进革命的胜利。”[33]

乌里扬诺夫从阿拉卡耶夫卡村上书喀山省省长，请求发给他护照以便出国治病。随信附有诊断书，医嘱为饮用“维希”（法国）碱性水治疗。但请求被拒绝，“因为他可以去高加索（叶先图基 17 号）”。

1889 年 9 月，乌里扬诺夫一家迁往萨马拉，住在位于警察广场的库拉金家里，后搬到位于复活街的卡特柯夫家里。

在萨马拉有几个秘密的民粹派小组，其中最有影响的是阿·巴·斯克利亚连科小组，斯克利亚连科被中学开除并在彼得堡“十字架”监狱服满刑期。乌里扬诺夫通过马·季·叶利扎罗夫与斯克利亚连科相识并加入该小组。他要求小组成员们学习马克思《资本论》第 1 卷、《共产党宣言》、德国社会民主党人的《爱尔福特纲领》和格·瓦·普列汉诺夫的著作。

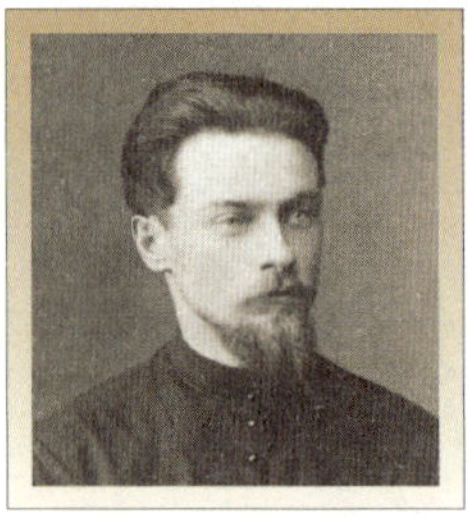

阿列克谢·巴甫洛维奇·斯克利亚连科（1895 年）
俄罗斯国家社会政治历史档案馆

小组学员 M.И. 谢苗诺夫回忆说，让反对乌里扬诺夫的人始料未及的“是阶级理论，借助于这个理论迅速而简明地揭示了诸如‘人民’、‘人民的福祉’、‘一切为了人民和一切通过人民’这样一些概念的真实意义。弗拉基米尔·伊里奇证明，在民粹派的解释中‘人民’的概念成了虚无的东西，因为他们在这个概念中把不同的阶级集团——富农、雇农和工人混为一谈”。[34]

根据谢苗诺夫的观察，民粹派对弗拉基米尔·伊里奇的态度不太友好，因为他们不赞同他关于俄国资本主义的发展是不可避免的观点。民粹派政论家尼·康·米海洛夫斯基在《工业家代表大会上的俄国工人问题》一文中断言：“工人问题在欧洲是一个革命问题，因为在那里这个问题要求由工人来掌握劳动条件，要求剥夺现有的所有者。工人问题在俄罗斯是一个保守问题，因为在那里只要求由工人掌握劳动条件，依旧保证现有的所有者持有自己的财产。”[35]

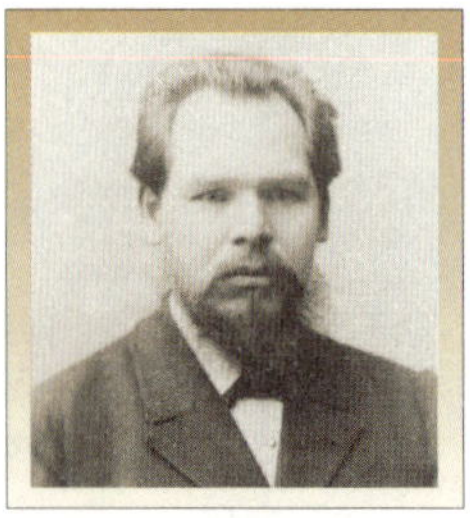

马尔克·季莫费耶维奇·叶利扎罗夫（1898 年）
俄罗斯国家社会政治历史档案馆

卡尔·马克思 1877 年在给《祖国纪事》杂志编辑部的信中反驳了米海洛夫斯基对《资本论》的错误解释：“假如俄国想要遵照西欧各国的先例成为一个资本主义国家，——它最近几年已经在这方面费了很大的精力，——它不先把很大一部分农民变成无产者就达不到这个目的；而它一旦倒进资本主义怀抱以后，它就会和尘世间的其他民族一样地受那些铁面无情的规律的支配。”[36]

把俄国村社看做资本主义对立物的还有政论家瓦·巴·沃龙佐夫（笔名瓦·沃·），他在《俄国资本主义的命运》(1882年）一书中写道：“我们过去的历史给我们留下了村社这个遗产，村社在资本主义及资本主义所产生的生产和流通条件的压迫下，在加工工业与农业分离的影响下，已经没有能力保证自己的成员获得生活资料。因此在现有条件下村社的灭亡是不可避免的。但同时村社地产是生产的基本物质条件之一，在村社地产上可以建成未来社会经济的大厦。”[37]

尼古拉·康斯坦丁诺维奇·米海洛夫斯基

乌里扬诺夫几年之后在莫斯科见到了沃龙佐夫并与他进行了争论，而见到米海洛夫斯基是在其在萨马拉的讲座上。小组成员、农村教师阿·亚·别利亚科夫叙述了弗拉基米尔·伊里奇的答词：“请允许我只提一个问题：我们有可以立即跨向社会主义的农村村社吗？我和您都不得不遗憾地说，实际上我们的农村没有这样的村社，这样的村社只存在于民粹派的热情想象中。”[38]

多年之后列宁在《在第二届国家杜马中关于土地问题的发言稿》中借助数字得出结论说，在土地改革一周年之际，农民土地的五分之一割给地主了，而在赎买土地时农民不得不付出高于地价的代价：

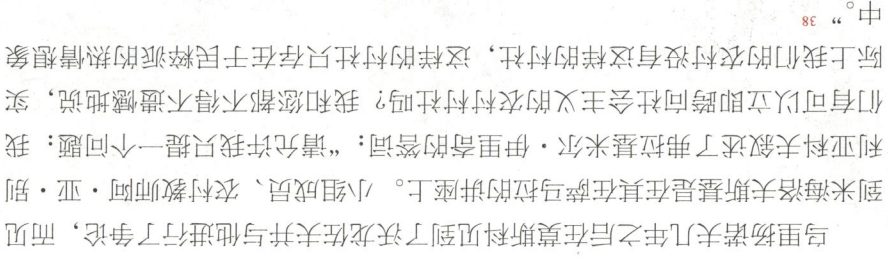

А.Б.莫拉沃夫
列宁1893年在萨马拉小组中
1937年
国家历史博物馆

П.П. 索科洛夫
关于土地的争论
19 世纪 70 年代
图拉艺术博物馆

“1861年对农民的‘解放’**使得**农民一下子就落入了地主的**圈套**。农民由于土地被地主夺去而走投无路，以致不是饿死，就是接受奴役。”[39]

农民的支付负担变得越来越重。在整个农业的2.08亿卢布税款中，农民缴纳了1.95亿卢布，地主——1300万卢布。在份地少的省份（萨马拉、辛比尔斯克、哈尔科夫等省），农民缴纳的税款超过农户的收入0.5—1倍以上。牲畜的总数减少了，到1900年无马户的数量增加到三分之一。[40]

据在辛比尔斯克省巡视的官员们报告，该省“农民的土地由于质量差而没有收成”并被放弃。在切尔尼戈夫地区，农民们常常“不是把粮食作为食物，而是当做不被饿死的救命药”，“粮食常常掺上莠草和饼渣食用，有时掺了三分之二”。利夫内县（奥廖尔省）的贵族代表在谈到当地的农业时说，“每一个旁观者都会想，这个地方被敌人给毁了，荒凉至极，惨不忍睹。”这样的景象在普斯科夫、特维尔、彼得堡等省也可以看到。

在改革后的30年中，大多数农民完全失去了支付能力，濒于破产的边缘，不得不去工厂做工和打零工。在改革后的第37个年头，在乌里扬诺夫将要度过流放期的“富裕的”舒申斯克村，他与商人П.Т.斯特罗加诺夫进行过一次谈话（根据后者的讲述）：

“有一天他来到了我的小铺。‘喂’，他说，‘给我来一些做灯笼裤的料子，我要去打猎。’于是我给了他3俄尺鼠皮布，在安兜的地方割开并在上面钉了两个扣子。他看了看笑了。

‘为什么钉两个？——少了。难道有两个扣子就可以穿裤子吗？’

‘得啦’，我说，‘您是个学者，可您不知道俄国有5000万人穿的是有一个扣子的裤子。而我甚至给了您两个。’”[41]

校外生

萨马拉—彼得堡

春天，随着降雨的开始，小组成员们进行了“环球旅行”——乘船顺流而下到达萨马拉湾的尽头，接着沿乌萨河顺流向北——在那里乌萨河流入伏尔加河萨马拉上游，而后返回家中。在船上，在野外宿营地，在农民的小木屋中，他们进行争论并交流各种报告。别利亚科夫对这样的一次旅行作了描述：

“暮色降临之前我们登上了崖顶，尽情欣赏辽阔的伏尔加河美景，向给予我们如此多快乐时光的乌萨河投去告别的目光，而在暮色降临后开始了同回声的‘谈话’。我只记得这次同回声的精彩对话的个别地方。

大臣们找你们去了吗？
回声回答：去了吗……
你们的需要研究了吗？……研究了吗……
你们对他们是什么态度？……态度……
最高长官找你们去了吗？……去了吗……
所有问题都弄清了吗？……弄清了吗……
谈话最后说了什么？……说了什么！

Б. И. 列别杰夫
捕鱼
1962 年
乌里扬诺夫斯克列宁纪念馆

Б. М. 奥列什尼科夫
列宁在彼得堡大学应试（右页图）
1947 年
国立列宁格勒大学

每句话说完之后，回声都清楚地重复了我们愉快的无忧无虑的笑声，声音是那样清楚和洪亮，是那样夸张地响亮和和谐，以致最后要开始使劲地分辨。

所有这些儿童游戏弗拉基米尔·伊里奇玩得不比任何一个参加者少，他的笑声和说的笑话不比其他人少。”[42]

当谈话涉及“深奥的宗教话题”时，别利亚科夫写道，“弗拉基米尔·伊里奇就会非常通俗、极其雄辩和简单明了地解释说：‘信仰是不能想象和杜撰的。即使能够像托尔

A.Б.瓦涅齐安
安·巴·契诃夫的小说《第六病室》的插图
1954年
国立契诃夫文学文物保护区博物馆
莫斯科州

斯泰伯爵那样想出哪怕非常好的信仰，这一信仰也改变不了人的关系。这样的信仰在生活中是无能为力的，而市场则可以使任何信仰为自己所用。生活有自己的规则、规律。'"[43]

1889年10月，乌里扬诺夫请求国民教育大臣准许他以校外生的资格参加任何一所高等学校的法学学士的考试。大臣考虑了警察司的意见，称申请者是"一个有劣迹的人"。1890年5月，玛丽亚·亚历山德罗夫娜自己给大臣写了信，得到的答复是：准许作为校外生在1884年章程涉及的大学中进行选择。弗拉基米尔·伊里奇选择了彼得堡大学。

1890年8月底，乌里扬诺夫来到首都，商讨参加考试事宜。为了赶上原先喀山的同班同学，他要在一年半之内修完4年制大学的全部课程。他制订了学习计划并严格遵守。

1891年，弗拉基米尔·伊里奇以校外生的资格分两次，春季和秋季，通过了大学法律系所有课程的国家考试。

"校外生通过考试困难重重，教授们对他们也极不信任和抱有成见，对他们的考问比对在校大学生严格得多，此外，校外生不可能对当地的情况十分熟悉，他们要想作出与在校大学生一样的回答，就必须进行比后者多得多的准备工作"，历史学家、列宁格勒大学教师M.M.茨维巴克写道。"校外生在考试时极少能获得好的分数。"[44]

乌里扬诺夫总共通过了13门口试和1门笔试，所有科目都获得了高分。1891年11月15日，他被授予“享有章程第92条所规定、沙皇1884年8月23日批准的国务会议呈文第5条所列的一切权利和优先权的”一级毕业证书，并于1892年1月14日收到该证书。

1892年1月底，弗拉基米尔·伊里奇被录用为律师助理，3月起在萨马拉地方法院任职。在1892—1893年间，他大约出庭15次，他的被辩护人主要是贫苦农民。

“我还记得，我同瓦洛佳就这年冬天安·契诃夫在一份杂志上发表的新作《第六病室》作过一次谈话”，安·伊·乌里扬诺娃-叶利扎罗娃讲述道。“总的说来，瓦洛佳很喜爱契诃夫的作品。他谈到了这篇小说的天才构思和他所获得的强烈印象，并用下面这番话十分深刻地形容他的感受：‘当我昨天晚上读完这篇小说时，我简直觉得可怕，我无法待在自己的房间里，就起身走了出去。我感到好像我自己也是被禁锢在第六病室里一样。’当时已经是深夜了，大家都已回到自己的卧室里或者已经睡了。他找不到可以谈心的人。

瓦洛佳的这番话向我揭示了他内心的秘密：对他来说，萨马拉已经成了‘第六病室’，他就像契诃夫笔下那个不幸的病人一样急于离开那里。他毅然决定就在第二年的秋天离开这个地方。”[45]

1893年8月，乌里扬诺夫到了彼得堡。全家迁到了莫斯科，德米特里在那里进入大学学习。阿拉卡耶夫卡的房子卖掉了。

注 释

1. 《红色处女地》杂志，1938 年第 5 期，第 145 页。
2. 《列宁与辛比尔斯克》，萨拉托夫 1982 年版，第 431—432 页。
3. 尼·韦列田尼科夫：《瓦洛佳·乌里扬诺夫》，莫斯科 1939 年版，第 9 页。
4. 《回忆列宁》，人民出版社 1982 年版，第 1 卷第 9—10 页。
5. 《回忆列宁》，人民出版社 1982 年版，第 1 卷第 101 页。
6. А.И. 伊万斯基：《列宁的青年时代》，莫斯科 1957 年版，第 82 页。
7. А.И. 伊万斯基：《列宁的青年时代》，莫斯科 1957 年版，第 146—147 页。
8. 乌里扬诺夫斯克列宁故居博物馆档案馆 К.П.—10897， А—69。
9. А.ф. 克伦斯基：《处于历史转折中的俄国》，莫斯科 1993 年版，第 6 页。
10. 《回忆列宁》，人民出版社 1982 年版，第 1 卷第 9 页。
11. 《回忆列宁》，人民出版社 1982 年版，第 1 卷第 258 页。
12. 安·伊·乌里扬诺娃－叶利扎罗娃：《回忆亚历山大·伊里奇·乌里扬诺夫》，莫斯科和列宁格勒 1930 年版，第 14 页。
13. 《亚历山大·伊里奇·乌里扬诺夫和 1887 年 3 月 1 日案件》，莫斯科和列宁格勒 1927 年版，第 291—292 页。
14. 安·伊·乌里扬诺娃－叶利扎罗娃：《回忆亚历山大·伊里奇·乌里扬诺夫》，莫斯科和列宁格勒 1930 年版，第 171—172 页。
15. 《回忆列宁》（五卷本），莫斯科 1968 年版，第 1 卷第 138 页。
16. 乌里扬诺夫斯克列宁故居博物馆档案馆 К.П.—6978，第 32—33 张。
17. 《回忆列宁》，人民出版社 1982 年版，第 1 卷第 136—137 页。
18. 《列宁与辛比尔斯克》，萨拉托夫 1982 年版，第 64—65 页。
19. 乌里扬诺夫斯克列宁故居博物馆档案馆 К.П.—30924，第 19 号卷宗，第 115 张。
20. 尼·韦列田尼科夫：《瓦洛佳·乌里扬诺夫》，莫斯科 1955 年版，第 61 页。
21. 《文学问题》月刊，1957 年第 8 期，第 133 页。
22. 《高尔基全集》（三十卷本），莫斯科 1951 年版，第 13 卷第 566 页。
23. 《回忆列宁》，人民出版社 1982 年版，第 1 卷第 21 页。
24. 《列宁全集》中文第二版增订版第 43 卷第 317 页。

25. 格·瓦·普列汉诺夫(恩·别尔托夫):《论一元论历史观之发展》,莫斯科 1949 年版,第 1 卷第 262 页。
26. 《马克思恩格斯文集》,人民出版社 2009 年版,第 10 卷第 532 页。
27. 彼·伊·利亚先科:《苏联国民经济史》(三卷本),莫斯科 1947—1956 年版,第 2 卷第 110 页。
28. 《列宁全集》中文第二版增订版第 2 卷第 31 页。
29. 格·瓦·普列汉诺夫:《哲学著作选集》(三卷本),莫斯科 1956 年版,第 1 卷第 361 页。
30. 乌里扬诺夫斯克列宁故居博物馆档案馆第 18 号卷宗,К.П.—30902,第 52 页。
31. 乌里扬诺夫斯克列宁故居博物馆档案馆第 18 号卷宗,К.П.—30902,第 53 页。
32. 《列宁在伏尔加河流域》,莫斯科 1956 年版,第 1 卷第 121—122 页。
33. 《异国他乡》,布拉格 1925 年第 1 期,第 177 页。
34. М.И. 谢苗诺夫(М. 布兰):《80—90 年代的革命的萨马拉》,古比雪夫 1940 年版,第 57 页。
35. 《民粹派经济著作》,莫斯科 1958 年版,第 1 卷第 174—175 页。
36. 《马克思恩格斯全集》中文第一版第 19 卷第 130 页。
37. 瓦·巴·沃龙佐夫:《俄国资本主义的命运》,圣彼得堡 1882 年版,第 26 页。
38. 阿·亚·别利亚科夫:《领袖的青年时代》,莫斯科 1960 年版,第 105—106 页。
39. 《列宁全集》中文第二版增订版第 15 卷第 126 页。
40. 彼·伊·利亚先科:《苏联国民经济史》(三卷本),莫斯科 1947—1956 年版,第 2 卷第 68—70 页。
41. Г. 乌沙科夫:《列宁在舒申斯克》,舒申斯克 2015 年版,第 40 页。
42. 阿·亚·别利亚科夫:《领袖的青年时代》,莫斯科 1960 年版,第 53—54 页。
43. 阿·亚·别利亚科夫:《领袖的青年时代》,莫斯科 1960 年版,第 58 页。
44. 《红色年鉴》,1925 年第 1(12)期,第 139—142 页。
45. 《回忆列宁》,人民出版社 1982 年版,第 1 卷第 30—31 页。

第二章

斗争协会

（1893 年 9 月—1897 年 1 月）

弗·伊·乌里扬诺夫在被捕期间（彼得堡 1895 年底）

施吕瑟尔堡大街

彼得堡

1893 年 8 月 23 日，弗拉基米尔·乌里扬诺夫在从萨马拉去首都的途中来到下诺夫哥罗德，从当地社会民主党人手中得到在彼得堡的接头地址。下诺夫哥罗德人谢·伊·米茨凯维奇回忆说："我们交谈的时候情绪十分兴奋。当时在俄国，马克思主义者还很少，我们只有几个人，但是我们明白，马克思的伟大学说一定会教给我们解决'老大难问题'的方法，未来一定是属于我们的。"[1]

米哈伊尔·亚历山德罗维奇·西尔文

俄罗斯国家社会政治历史档案馆

格列勃·马克西米利安诺维奇·克尔日扎诺夫斯基

俄罗斯国家社会政治历史档案馆

第二天，乌里扬诺夫来到弗拉基米尔与尼·叶·费多谢耶夫会面，他本应在彼得堡"十字架"监狱服满两年多刑期后到这里居住，但由于释放推迟，会面没能举行。

弗拉基米尔·伊里奇在莫斯科住在大帕拉绍夫斯基巷 6 号的亲戚家中。他广泛结交莫斯科的马克思主义者，在鲁勉采夫博物院图书馆的阅览室里查阅资料。

乌里扬诺夫于 1893 年 8 月 31 日抵达彼得堡。他在谢尔吉街 58 号租了住处后，立刻去沃尔科沃墓地为妹妹奥丽珈扫墓。

9 月初，弗拉基米尔·伊里奇注册为 М.Ф. 沃尔肯施泰因律师的律师助理。一个月后彼得堡律师公会发给他诉讼案件承办证书。

Н.Н. 茹科夫

列宁在彼得堡

1969 年

"列宁的哥尔克"文物保护区博物馆

乌里扬诺夫结识的第一位彼得堡地下工作者是彼得堡大学一年级学生、下诺夫哥罗德人米·亚·西尔文。弗拉基米尔·伊里奇在 10 月份加入马克思主义小组，该小组的骨干是工艺学院的学生。

小组成员格·马·克尔日扎诺夫斯基回忆道："弗拉基米尔·伊里奇前额宽阔，学识渊博，从而使他得了个'老头'的外号。这个外号同他年轻好动的性格和他身上焕发出来的青春活力形成了鲜明的对照。然而，这个青年

Л. В. 格尔维茨
开端（列宁第一次到彼得堡）
1987 年
“列宁的哥尔克”文物保护区博物馆

B.C.申杰利
在板棚里
1971年
顿涅茨克共和国艺术博物馆

人具有运用自如的深湛的知识，善于有分析地、恰如其分地处理重大问题和对待各式人物，他在与工人接触时善于把自己放在适当的位置，正如娜捷施达·康斯坦丁诺夫娜·克鲁普斯卡娅正确地指出的，他不是以盛气凌人的老师身份，而首先是以朋友和同志的身份去对待工人，这一切使我们起的那个外号在他身上生了根。”[2]

19世纪90年代初，俄国无产阶级中95%的人是农民出身。工人数量比农民改革那一年增加了一倍多，达到140万人。俄国工业在工人的集中程度方面超过了德国，并且以异常残酷的剥削形式为特点。[3]

中部工业区纺织厂的工作日为14—15小时，平均工资却比冶金工人低50%。有家室的工人住在板棚里，其他人在车间和作坊里过夜。

顿涅茨煤田的矿工住在矿井附近的窝棚里，他们衰老得很快，通常在35—40岁年纪上就会落下残疾。工作日长度从不调整，达12—13小时。在工伤情况下给工人一笔微不足道的赔偿金并将其解雇。

在巴库的小采油点干活的有俄罗斯人、亚美尼亚人、波斯人、鞑靼人和

И. Н. 涅费多夫
革命前染坊里的童工劳动
1944 年
伊万诺沃博物展览中心

列兹金人，工作日长达 16—17 小时，并且是在对健康最有害的工作条件下。

即使在彼得堡，在最好的铸铁厂和机器制造厂，“正常”工作日也有 11—12 小时，加班则为 15—16 小时。

用安·伊·乌里扬诺娃 - 叶利扎罗娃的话说，弗拉基米尔·伊里奇努力寻找与他持同样观点的人做朋友：“他寻找的是这样一些人，他们也跟他一样，坚信俄国革命将由工人阶级来实现，否则就根本没有革命（普列汉诺夫语）。这样的人，也即社会民主主义者，当时只是少数。多数怀有革命情绪的受过教育的人都持民粹派和民意党的观点，但由于组织已遭破坏，无所事事，所以很少有人积极行动，大都是空喊一阵和发表一通议论完事。”[4]

1893 年出版了尼·弗·丹尼尔逊的《我国改革后的社会经济概况》一书，这本书预言村社在资本主义的压力下必然灭亡。“但同时”，作者写道，“村社地产是生产的基本物质条件之一，在村社地产基础上可以建成未来社会经济的大厦。”[5]

乌里扬诺夫认为，马克思主义者应当表明自己对《概况》的态度。10 月底他向小组成员宣读了《论所谓市场问题》的报告文章（发表在 1937 年的《布尔什维克》杂志上）。

“在人民大众很穷而且愈来愈贫穷的时候，资本主义能否在我们俄国发展并充分发展起来呢？”——乌里扬诺夫在文章开头提出这个问题。“须知

В. Г. 舍甫琴柯
工人小组会议
1987 年
“涅瓦关卡”博物馆
列宁格勒

不知名作者
插图（右页图）
20 世纪 60 年代
“列宁的哥尔克”文物保护区博物馆

斯捷潘·伊万诺维奇·拉德琴柯
俄罗斯国家社会政治历史档案馆

资本主义的发展是需要广大的国内市场的，而农民的破产却在破坏这个市场，大有使市场完全停闭、资本主义制度无法建立之势。”[6]

弗拉基米尔·伊里奇在统计资料的基础上证明，“‘人民大众的贫穷化’（这是民粹派所有关于市场的议论的不可或缺的组成部分）不仅不阻碍资本主义的发展，相反，它本身就反映了资本主义的发展，是资本主义的条件并且在加强资本主义。资本主义需要‘自由工人’，而贫穷化也就在于小生产者变为雇佣工人。”[7]

10 月初乌里扬诺夫搬到亚姆斯克街 4 号的住所，开始在施吕瑟尔堡工业大街、彼得堡区和维堡区的工人小组中讲课。他编了一份手写的四开纸的问卷，分发给工人。得到的回答出人意料：“厂里停止供应开水，大家为此焦躁不安”；“计件工资减少了 5 戈比，为这 5 戈比估计要罢工”。

“这些‘开水’、‘5 戈比’之类的事挂在大家的嘴边上，到后来开展了鼓动工作以后，给我们惹了不少麻烦”，米·亚·西尔文回忆道。“反对地下工作新方法的人，主要是斯·伊·拉德琴柯和格·波·克拉辛，提出了反对意见，说我们是在鸡毛蒜皮的小事上耗费精力，把革命工作归结为要求开水的斗争……

怎样实际运用调查所获得的材料的问题我们还没有解决，弗拉基米尔·伊里奇又提出了新的主张：要以‘合法’要求为依据开展鼓动工作。”[8]

娜·康·克鲁普斯卡娅写道，她到后来，在侨居期间才意识到根据工人的日常需要进行鼓动的重要性，“在巴黎邮电工人大罢工的时期，法国社会党袖手旁观，根本不参与这一罢工，认为这是工会的事，而党只是进行政治斗争。那时候，他们完全不懂得必须把经济斗争与政治斗争结合起来”。[9]

马克思主义者——“工艺师们”被迫转入地下。“警察局的走狗、密探是很狡猾的”，玛·伊·乌里扬诺娃回忆道，“常常有这样的事：一个密探尾随着你，为了不让你发觉有人盯梢，就把你转给另一个密探，过一会儿再重新露面。弗拉基米尔·伊里奇不得不去考察那些穿堂院，并随时保持警惕，注意是否有人盯梢。他特别有办法把尾巴甩掉。”[10]

娜捷施达·康斯坦丁诺夫娜认为，弗拉基米尔·伊里奇比小组中任何人都会做保密工作：“他熟悉穿堂院，善于巧妙地愚弄暗探，教我们怎样用化学方法在书上写字，怎样在书上加点，怎样作暗号，还想出了许多绰号。总之，他熟练地掌握了民意党人的那一套本事。”[11]

1893 年 12 月，乌里扬诺夫把概述农村资本主义化问题的《农民生活中新的经济变动》一文寄给了斯拉夫派的《俄国思想》杂志。但文章没有发表。几年后弗拉基米尔·伊里奇在莫斯科郊外把这篇文章的手稿交给了米茨凯维奇，保安处在其住处搜查时把它抄走。30 年后文章在原警察局档案中被发现，于 1923 年发表。

对“人民之友”的回答

莫斯科—彼得堡

1894年1月的假期乌里扬诺夫在莫斯科的亲戚家中度过。在1月9日以晚会为名举行的秘密集会上讨论了瓦·巴·沃龙佐夫（瓦·沃·）《俄国资本主义的命运》一书，他发了言，但不知道书的作者在场。

“他的发言充满了他所特有的非凡勇气，以其丰富的知识为依据，有极大的说服力，引起了全体与会者的重视”，安娜·伊里尼奇娜写道。“对方的拥护者感到这位不知名的青年人十分傲慢无礼，所有怀有马克思主义情绪的青年则对这一意外的支援极为兴奋。他们感到遗憾的是这位陌生人在批驳瓦·沃·之后就迅速离开了会场。”[12]

莫斯科保安处处长在汇报同瓦·沃·争论的大学生达维多夫的情况时说，“出席晚会的著名民粹主义理论奠基人、作家瓦·沃·（瓦西里·巴甫洛维奇·沃龙佐夫医生）以自己的论据驳得达维多夫哑口无言，因而有个姓乌里扬诺夫的人（似为被判处绞刑的乌里扬诺夫之弟）起而为后者的论点辩护，此人的辩护极为深刻有力。”

乌里扬诺夫就是以这个报告出现在下诺夫哥罗德的马克思主义者面前的。

瓦西里·安德列耶维奇·舍尔古诺夫

俄罗斯国家社会政治历史档案馆

罗伯特·爱德华多维奇·克拉松

莫斯科

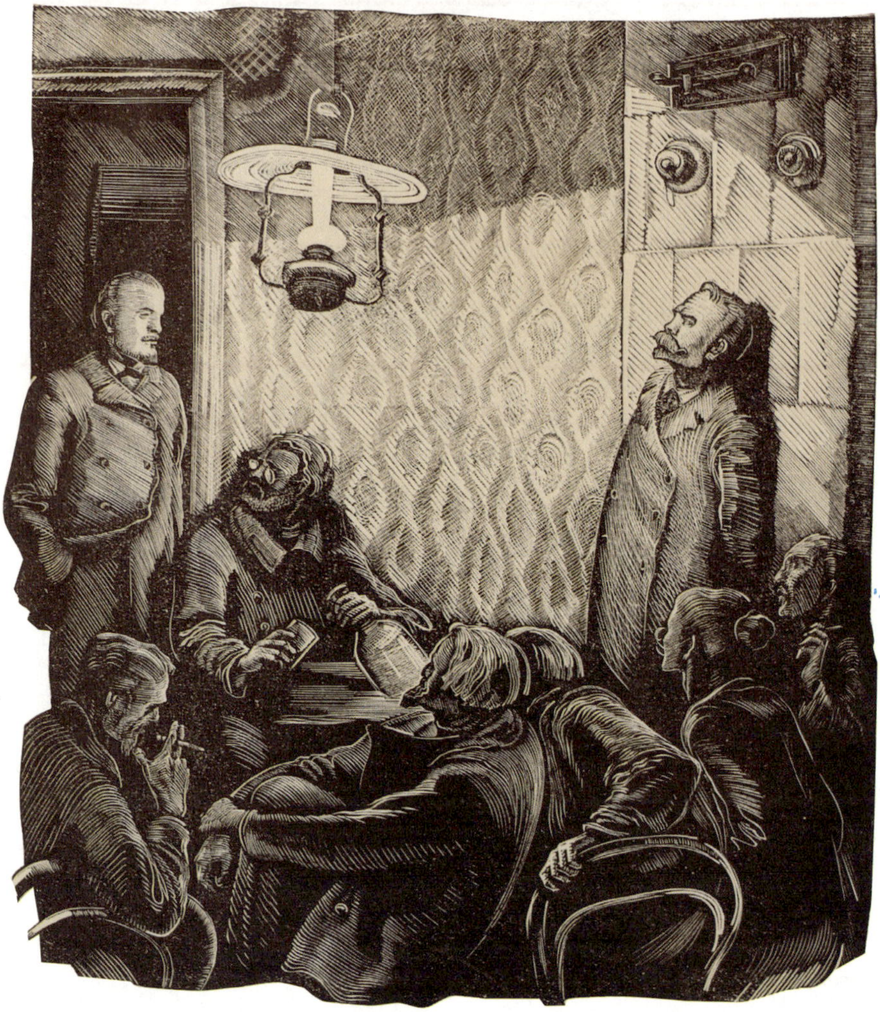

П.Н.斯塔罗诺索夫
列宁批驳民粹派分子“瓦·沃·”（1894年）
1936年

娜捷施达·康斯坦丁诺夫娜·克鲁普斯卡娅
俄罗斯国家社会政治历史档案馆

康斯坦丁·伊格纳季耶维奇·克鲁普斯基
俄罗斯国家社会政治历史档案馆

亚历山大·尼古拉耶维奇·波特列索夫

弗拉基米尔·伊里奇在1月中旬回到彼得堡，在利戈夫卡街41号住了几天，随后搬到列什图科夫巷15号，2月中旬又搬到大哥萨克巷7/4号。他把德国作者布鲁诺·舍恩兰克的《工业辛迪加、卡特尔和托拉斯》一书翻译成俄文，决定把这本书介绍给波罗的海厂的工人瓦·安·舍尔古诺夫，于是请他到自己的住处来。

“读完以后，他给我提了一些问题”，舍尔古诺夫回忆道。“在他提问题、甚至要求对某些问题作出书面回答时，我发觉他读这本书不是为了宣传，而是为了用这本书来考考我。当他问我‘在彼得堡您的熟人中间像您这样的工人有多少’时，这一点就更加清楚了。我把中心组同志们的姓名报给他听，他立刻要求我把他们介绍给他。”[13]

1894年2月底，在以“谢肉节饼会”为名在工程师罗·爱·克拉松位于奥赫塔的住处举行的彼得堡马克思主义者见面会上，乌里扬诺夫认识了娜捷施达·克鲁普斯卡娅。她出身于怀有革命情绪的知识分子家庭，父亲康斯坦丁·伊格纳季耶维奇·克鲁普斯基是军官，他在波兰担任县长时曾反对宪兵制度，被认为是“政治上不忠顺的人”。娜捷施达已是第四个年头在施吕瑟尔堡大街上的斯摩棱斯科耶村工人星期日夜校教书，乌里扬诺夫的许多小组成员都上过她的课。弗拉基米尔·伊里奇以后经常看望娜捷施达·康斯坦丁诺夫娜，她当时和母亲伊丽莎白·瓦西里耶夫娜住在涅瓦大街 97 号。

彼得·伯恩哈多维奇·司徒卢威

克鲁普斯卡娅讲了在克拉松住处见面时的一件事：“大家谈起应当走什么道路的问题。意见不知怎的不一致。有人——似乎是舍弗利亚金——说识字委员会的工作非常重要。弗拉基米尔·伊里奇笑了，他的笑声有点儿辛辣和无情，后来我再也没有听见他这样笑过：

‘那好吧，谁乐意在识字委员会里拯救祖国，我们决不干涉。’”[14]

在克拉松住处的见面会上乌里扬诺夫结识了合法马克思主义者亚·尼·波特列索夫、彼·伯·司徒卢威和米·伊·杜冈-巴拉诺夫斯基，他们是反对沙皇制度和农奴制、但肯定资本主义进步性的流派的代表人物。后来弗拉基米尔·伊里奇曾不止一次地批评他们的资产阶级主观主义与阶级矛盾缓和论，但当时为了和民粹派作斗争而同合法马克思主义者结成了暂时联盟。

1894 年 4 月中旬，彼得堡的马克思主义者分头来到皇村“庆祝复活节”。在这里，在乌里扬诺夫的坚持下，为保持秘密联系选定了“继承者”——不

Г.С. 梅兹尼科夫

五一节聚会

1964 年

谢尔普霍夫历史艺术博物馆

莫斯科州

B. A. 谢罗夫
加冕礼 在圣母安息大教堂为尼古拉二世举行的敷油仪式
1897 年
国立俄罗斯博物馆

受警察监视的小组成员。娜捷施达·康斯坦丁诺夫娜被选中。

1894年春夏，弗拉基米尔·伊里奇撰写《什么是“人民之友”以及他们如何攻击社会民主党人？（答〈俄国财富〉杂志反对马克思主义者的几篇文章）》一书，用来反对自由主义民粹派。在回击杂志编辑谢·尼·克里文柯关于组织“企业主不能获利”的大生产的纲领时，乌里扬诺夫提出一个问题：民粹派想要怎样做到这一点——并且无法找到答案：

“他们甚至没有提到要消灭商品经济：显然，他们的远大理想决不会超出这个社会生产体系的框子。其次，要消灭企业主的获利，就得剥夺企业主，因为他们的‘获利’正是由于他们垄断了生产资料…… 显然，他们一点也不想认真反对‘企业主的获利’：克里文柯先生不过是偶尔失言罢了。”[15]

乌里扬诺夫请住在莫斯科的谢·伊·米茨凯维奇帮助出版这本书，后者对书的问世作出以下评价：“俄国马克思主义者感到迫切需要这样一部著作，它要既能回击民粹派批评家们的猖狂进攻，又能揭露他们的小资产阶级实质，还能把马克思主义哲学、经济、政治的思想归结为一个统一的体系，运用到现代俄国的具体环境中去。

这样一部著作终于出现了。可以说这部著作是俄国革命的马克思主义的宣言书，是布尔什维主义的第一个纲领性文件。”[16]

米茨凯维奇找来自己在莫斯科高等技术学校的同学印刷这本书，他们安排好石版印刷的工作，高兴地干起来。

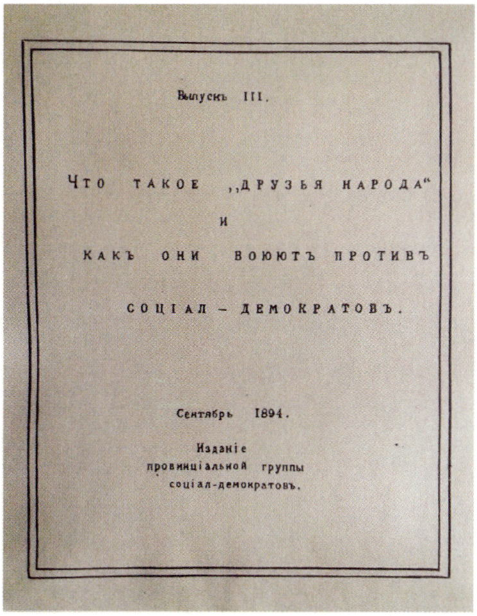

Выпускъ III.

Что ТАКОЕ „ДРУЗЬЯ НАРОДА“
И
КАКЪ ОНИ ВОЮЮТЪ ПРОТИВЪ
СОЦІАЛ-ДЕМОКРАТОВЪ.

Сентябрь 1894.

Изданіе
провинціальной группы
соціал-демократовъ.

列宁的《什么是“人民之友”以及他们如何攻击社会民主党人？》一书封面（1894年）

1894年6月，弗拉基米尔·伊里奇来到位于库尔斯克铁路柳布利诺车站附近的亲戚家的别墅。他在这里把卡尔·考茨基的小册子《爱尔福特纲领解说》翻译成俄文，小册子曾用18种语言出版，被认为是社会民主党的要理问答。

考茨基是成立于1889年的社会党国际联合组织——第二国际的领袖之一，以一系列充满革命马克思主义精神的著作而闻名，曾编辑德国社会民主党的理论刊物《新时代》杂志。但他在第一次世界大战期间走上与修正主义妥协的道路，同革命马克思主义一刀两断，提出超帝国主义论（在资本主义形态内部克服帝国主义）。列宁不止一次地在自己的著作（《无产阶级革命和叛徒考茨基》等）中揭露考茨基的叛变。

乌里扬诺夫几次为书的印刷从柳布利诺去找米茨凯维奇的“工艺师们”。1894年秋天将在莫斯科、彼得堡和弗拉基米尔省佩列斯拉夫利的哥尔克镇印刷50—100册《什么是“人民之友”》一书的三编。为保密封面上标明：“社会民主党地方小组刊印”。

米哈伊尔·伊万诺维奇·杜冈-巴拉诺夫斯基

乌里扬诺夫的这本书不容易找到，不仅是因为印数少，而且还因为流传着大量形形色色的作者粗制滥造的与米海洛夫斯基的论战书籍。“有人跟我谈起过两三篇答复文章”，安·伊·乌里扬诺娃-叶利扎罗娃回忆道，“他们边谈边议说：‘有一篇的论据更为充分，只是措辞太过火了。’我连忙问道：‘举个例子，哪些措辞？’‘喏，例如，米海洛夫斯基的处境大为不妙。’我已经完全断定，这篇文章一定出于瓦洛佳的手笔，便说：‘就请把这篇文章拿来给我看看吧。’”[17]

卡尔·考茨基

社会民主党组织在彼得堡、莫斯科、基辅、哈尔科夫、顿河畔罗斯托夫、托木斯克等城市传播这本书。“劳动解放社”和俄国流亡者也开始知道这本书。

乌里扬诺夫在8月底回到首都后，重新投入小组工作中，把施吕瑟尔堡大街上的麦克斯韦尔纺织厂和谢米扬尼科夫机械厂的工人集合起来。讲课地点是在瓦·安·舍尔古诺夫在亚历山大村的家里，或是在斯摩棱斯科耶村伊万·瓦西里耶维奇·巴布什金的住处，他是克鲁普斯卡娅星期日学校的学

伊万·瓦西里耶维奇·巴布什金

俄罗斯国家社会政治历史档案馆

生，俄国早期的工人布尔什维克之一。

“主讲人用口授的方式给我们讲解这门科学，没有任何书面材料”，巴布什金讲道。“他常常想办法引导我们发表不同的意见，或者启发我们要求开展辩论，这样一来他就可以用激将法叫一个人向别人证明自己对某一问题的观点为什么是正确的。”[18]

1894年10月21日，在亚历山大三世死后第二天，26岁的尼古拉二世（罗曼诺夫）登上皇位，他是俄国最后一个皇帝。

弗拉基米尔·伊里奇在年底领导了工人运动指导中心小组的工作，小组在纳利奇纳亚街71号（“港湾组”）或为此租下的房顶阁楼里开会。他建议在不放弃小组工作的同时，着手在无产阶级中间展开广泛的鼓动。

1895年2月中旬，彼得堡、莫斯科、基辅和维尔诺（今为维尔纽斯）的社会民主党小组的代表在首都聚会，以便讨论群众性的政治鼓动任务。决定同国外的“劳动解放社”建立联系，并派彼得堡社会民主党人代表弗·伊·乌里扬诺夫和莫斯科社会民主党人代表叶·伊·斯庞季去国外。

“在开始发展的工人运动的影响下，在‘劳动解放社’的文章和书籍的影响下，在彼得堡的社会民主党人的影响下，波特列索夫左倾了，司徒卢威也一度左倾过”，娜·康·克鲁普斯卡娅写道。“经过一连串初步的磋商，找到了同他们进行共同工作的基础。”[19]

亚·尼·波特列索夫负责合法马克思主义者的出版活动，他在1895年春天组织出版了《说明我国经济发展状况的资料》文集，其中也收入了乌里扬诺夫（笔名克·土林）的文章《民粹主义的经济内容及其在司徒卢威先生的书中受到的批评》。这篇文章既是对彼得堡大学编外副教授彼·伯·司徒卢威的《俄国经济发展问题的评述》一书的答复，也是对自由主义民粹派纲领的答复。

“民粹派那种幼稚地信赖‘村社’的严整学说只剩下残缺不全的片段了”，弗拉基米尔·伊里奇写道。“在实践方面，空想已为提出小资产阶级‘进步办法’的决非空想的纲领所代替，只有冠冕堂皇的词句，还使人想到这些可怜的妥协办法和那些希望祖国走更好的独特道路的幻想有着历史上的联系。我们看到，现在不是同自由派社会疏远，而是十分令人感动地同它亲近。”[20]

大臣委员会取缔了文集，发现其中有“有害的倾向，主要是在克·土林的文章中”。该书几乎被全部（2000册）销毁。

П. Н. 斯塔罗诺索夫
列宁在工人中宣传（1895 年）
1936 年

出国

瑞士—法国—德国

1895 年 3 月中旬，弗拉基米尔·伊里奇领到出国护照，却意外得了肺炎。直到 4 月 24 日他才与从“十字架”监狱放出来的伊·克·拉拉扬茨（因喀山案入狱 10 个月）一起前往莫斯科，他在那里住在亲戚家中。

帕维尔·波里索维奇·阿克雪里罗得
俄罗斯国家社会政治历史档案馆

5 月 1 日乌里扬诺夫出了国境。他在去瑞士的途中在奥地利萨尔茨堡逗留了几小时，从那里前往洛桑，在工程师克拉松的亲属那里得到格·瓦·普列汉诺夫在日内瓦的地址。与格奥尔吉·瓦连廷诺维奇或是在他家里，或是在俄国社会主义者常去的日内瓦兰多尔特咖啡馆里会面。

乌里扬诺夫从日内瓦去了苏黎世，在那里结识了“劳动解放社”成员帕·波·阿克雪里罗得。他们设法躲开秘密警察的监视，在离苏黎世 20 公里处的阿福尔泰恩村度过了一周，商讨在国外出版《工作者》文集的可能性。

据在 1904 年前曾是布尔什维克的尼·弗·沃尔斯基-瓦连廷诺夫（尼·瓦连廷诺夫）回忆，普列汉诺夫这样讲述了与弗拉基米尔·伊里奇的相识：

伊萨克·克里斯托福罗维奇·拉拉扬茨
俄罗斯国家社会政治历史档案馆

Г. 日沃托夫
拉法格夫妇在德拉韦尔的宅第

M. A. 维诺格拉多夫
20 世纪 50 年代的日内瓦
利佩茨克方志博物馆

"阿克雪里罗得因为要见到从那边来的、并且是处于彼得堡工人运动最核心的人物而高兴得不得了，使劲儿说服我一定要对乌里扬诺夫－土林客客气气的，他可是当时在俄国工作的屈指可数的社会民主党人的最著名的代表。我们确实对乌里扬诺夫极尽礼数，呵护有加。然而我却不属于那种令人尊敬的人的类型，因此立马觉察出，我们的 25 岁的小伙子乌里扬诺夫完全是块生料，被马克思主义这把斧子砍削得非常粗糙。他甚至不是用木工的斧头、而是用砍柴工的大斧劈出来的。"[21]

然而格奥尔吉·瓦连廷诺维奇却在给彼·伯·司徒卢威的信里承认，在他侨居国外期间，有许多从俄国来的人到过他那里，但他还没有对任何人像对年轻的乌里扬诺夫一样寄予厚望。"我还记得"，了解普列汉诺夫信的内容的格·马·克尔日扎诺夫斯基写道，"他在这封信里提到了弗拉基米尔·伊里奇惊人的学识、完备的革命世界观和用之不尽的精力。"[22]

乌里扬诺夫在 5 月底来到法国。他在巴黎城郊的德拉韦伊拜访了法国工人党创建人之一、卡尔·马克思的次女劳拉的丈夫保尔·拉法格。拉法格以著有反对改良主义和修正主义的著作而为乌里扬诺夫所熟知。多年以后，他在《唯物主义和经验批判主义》(1909 年）一书中引用了拉法格的文章《马克思的唯物主义和康德的唯心主义》中的一段话：

"观念像客体一样，也是实在的，它是客体在头脑中的反映……

保尔·拉法格

Г. 日沃托夫
普列汉诺夫在康多尔街 6 号的住宅

柏林　菩提树下大街

柏林　亚历山大广场

一个吃着香肠、每天收入 5 个法郎的工人很明白：他被老板掠夺，他吃的是猪肉；老板是强盗，香肠好吃而且对身体有营养。资产阶级的诡辩家（不管他叫皮浪也好，叫休谟或者康德也好，反正都一样）说道：完全不是这样，工人的这种看法是他个人的看法，也就是主观的看法；他可以有同样的理由认为，老板是他的恩人，香肠是由剁碎的肉皮做成的，因为他不可能认识**自在之物**……”[23]

保尔·拉法格在会见时问到俄国社会民主党人的实际工作。尤·奥·马尔托夫，当时是维尔纽斯的地下革命者，后来转述乌里扬诺夫的话说道：

“‘你们在这些小组里干什么呢？’拉法格问。乌里扬诺夫解释说，从通俗的讲座开始，在能力强的工人小组里研究马克思。

‘他们读马克思的书吗？’拉法格问。

“以法的名义！” 驱散莱比锡社会民主党会议（站在桌子左首的是威廉·李卜克内西，他左边站着的是奥古斯特·倍倍尔）

图片选自莱比锡《家园》杂志

1881 年

‘读。’

‘读得懂吗？’

‘读得懂。’

‘喏，你们这就错了’，刻薄的法国人总结说。‘他们什么也读不懂。我们这里在社会主义运动开展20年之后还没有谁读得懂马克思。’”[24]

弗拉基米尔·伊里奇在7月初返回苏黎世，从那里给母亲写信说，“在瑞士的一个疗养院里住下来了，因为我决定利用这个机会把讨厌的病（胃病）好好治疗一下，而且有人竭力向我推荐，说开办这个疗养院的大夫是个精通本行业务的专家。”[25]

乌里扬诺夫从瑞士到了德国，住在柏林城郊的莫阿比特。他在普鲁士国立图书馆的阅览室里查阅资料，阅读马克思主义书刊，参加工人集会。空闲时间逛逛动物园，在施普雷河里游泳。

弗拉基米尔·伊里奇在9月初与德国社会民主党领导人之一威廉·李卜克内西见了面。普列汉诺夫曾事先知会李卜克内西：“向您介绍我们最好的俄国朋友之一。他要回俄国，因此他去夏洛滕堡*的事不能让任何人知道。他会对您讲一件对我们来说非常重要的事。我相信，所有关系到您的事您都会去做。他还会告诉您关于我们的近况。”

许多年后，列宁在《奥古斯特·倍倍尔》一文（1913年）中，对19世纪60年代德国自由主义的“春天”作出如下评述：“当时马克思的敌人散布了一些恶毒的言论，说什么马克思的党由3个人组成：党的首领是马克思，他的秘书是恩格斯，他的‘代理人’是李卜克内西。尽管某些糊涂人对李卜克内西这个侨民或流亡者的‘代理人’避之不及，但倍倍尔却从李卜克内西身上找到了自己所需要的东西，即找到了同马克思在1848年的伟大活动的活生生的联系，找到了同当时建立起来的虽然很小但却是真正无产阶级的政党的活生生的联系，找到了马克思主义的观点和马克思主义的传统的活生生的代表人物。据说，年轻的旋工倍倍尔是这样评论李卜克内西的：‘在这个人身上真能学到点东西！’”[26]

弗拉基米尔·伊里奇没能见到生病的弗里德里希·恩格斯。

尤利·奥西波维奇·马尔托夫

俄罗斯国家社会政治历史档案馆

威廉·李卜克内西

“不是儿戏……”

彼得堡

乌里扬诺夫在1895年9月7日返回莫斯科，用夹底箱带回违禁的马克思主义书刊。他从莫斯科去了维尔诺和奥列霍沃－祖耶沃，同当地的社会民主党人小组商谈支持《工作者》文集的问题。9月29日到达彼得堡，住进塔伊罗夫巷和花园街转角处6/44号的一间便宜屋子。

乌里扬诺夫一直受到监视。据娜捷施达·康斯坦丁诺夫娜讲述，她的堂妹在住址问询所工作，夜里来了个暗探，翻弄着住址卡：“我们发觉了重要的国事犯乌里扬诺夫的踪迹，他的哥哥被绞死了，他是从国外回来的，现在已逃不出我们的手心了。”[27]

“弗拉基米尔·伊里奇对这次旅行感到非常满意”，安娜·伊里尼奇娜指出，“而旅行对他也有重大的意义。普列汉诺夫在他的心目中始终享有很高的威望。他同阿克雪里罗得在当时就结成了很好的朋友。回国后他告诉我们说，同普列汉诺夫虽然建立了很好的关系，但相当疏远，同阿克雪里罗得则建立了十分亲密友好的关系。对他们两人的意见弗拉基米尔·伊里奇都非常重视。”[28]

1895年10月，彼得堡的马克思主义者在维堡区斯·伊·拉德琴柯的住所内集会，成立了全市社会民主党组织“工人阶级解放斗争协会”。协会同彼得堡的70家工厂有联系，其中三分之一有1000名以上工人。弗拉基米尔·伊里奇被选进领导核心并被确定为协会一切出版物的编辑。

“他性情非常温和，同别人谈话时十分亲切，他是个赤诚的同事，在待人接物方面既朴实又爽朗。当同志们偶尔聚在一起乐一下的时候，他一点也不拘束，总是非常高兴”，西尔文关于乌里扬诺夫写道。“有两三次在彼得堡，有几次在我家里和在流放地，我看见他对朋友们是那么亲密，那么随和。但他作为一个政治家，却完全是另外一个样子：思想集中，寸步不让，极端严峻，从不温情。

他说：‘革命不是儿戏，来不得半点庸俗。’”[29]

在同斗争协会接近的人中，娜·康·克鲁普斯卡娅特别提到在涅瓦关卡外教书的亚·米·卡尔梅柯娃，她在利季约大街开了一家书店：“那时候弗拉基米尔·伊里奇与亚历山德拉·米哈伊洛夫娜也很熟。司徒卢威是她的学生，司徒卢威中学时代的同学波特列索夫也常去她那里。后来，亚历山德拉·米哈伊洛夫娜用自己的钱支持旧《火星报》，直到第二次代表大会为止。

亚历山德拉·米哈伊洛夫娜·卡尔梅柯娃

A.P.埃伯林
列宁 1895 年在彼得堡
“斯莫尔尼宫”历史纪念馆

司徒卢威转向自由派的时候，她没有跟司徒卢威走，而坚决地同《火星报》组织联系在一起。她的绰号是大婶。她对弗拉基米尔·伊里奇很好。”[30]

1894—1895 年在彼得堡掀起了罢工浪潮：在谢米扬尼科夫和普梯洛夫机器制造厂，在海港，在托伦顿制呢厂和拉菲尔姆卷烟厂，在克尼希棉纺厂和列别捷夫织布厂都发生了罢工。罢工从彼得堡蔓延至莫斯科、伊万诺沃 - 沃兹涅先斯克、弗拉基米尔工业区、尼科利斯科耶的莫罗佐夫纺织厂、特维尔的工厂等等，席卷了乌拉尔、波兰、波罗的海沿岸边疆区的企业。

斗争协会开始定期出版传单，总共出了 60 期。其中一份早期的传单是乌里扬诺夫写给托伦顿工厂的工人的：“他们想折磨我们织工，某些织工的工资簿上已经写明，半个月只能拿到 1 卢布 62 戈比的工资，这可能很快就成为织布车间普遍的工资…… 同志们，你们也希望得到厂主的这种宠爱吗？如果你们不希望，如果你们对同你们一样的穷人所受的苦难还不是完全无动于衷，那就同心协力地团结在我们织工的周围，提出我们的共同要求，并且一有适当机会就向我们的压迫者争取较好的待遇。”[31] 在传单中提出了一系列对工厂主的要求。

安娜·伊里尼奇娜回忆起与弟弟关于怎样同“毫无知识的工人”去讲政治问题的谈话：

“弗拉基米尔·伊里奇当时向我指出，问题全在于如何去接近他们。

当然啰，要是马上就谈到反对沙皇和现有制度，那只能把工人吓跑。但是，要知道，整个日常生活是同‘政治’交织在一起的。警察、警察局长和宪兵作威作福，在同工厂主发生任何冲突时，他们必然为工厂主撑腰，还有所有当权人物对罢工持什么态度，这一切都会迅速地表明，他们是站在哪一边的。在传单和文章中每次都要提到这一点，要指出当地的警察和宪兵扮演的角色，这样，已经逐渐引导到这方面去的思想就会深入下去。”[32]

1895 年秋天合法出版的乌里扬诺夫的小册子《对工厂工人罚款法的解释》是直接写给工人的：“有时还有这样的情形，厂主并没有遭受任何损失，

H.M. 科尔恰金
又是罚款
20 世纪 60 年代
奥列霍沃－祖耶沃方志博物馆
莫斯科州

А. И. 科尔祖欣
在一小块儿面包旁
1890 年
国立俄罗斯博物馆

也规定了要罚款：例如吸烟罚款。罚款是一种处分，而不是赔偿损失。例如，有一个工人在吸烟时不小心烧毁了厂主的布匹，那厂主不仅要对他处以吸烟罚款，还要扣他一笔工钱来赔偿烧毁的布匹。从这个例子可以明显地看出罚款和赔偿损失的区别。

罚款的目的不是为了赔偿损失，而是为了建立纪律，也就是使工人服从厂主，强迫工人执行厂主的命令，上工的时候听从厂主。”[33]

小册子受到格·瓦·普列汉诺夫和帕·波·阿克雪里罗得的高度评价。几年后，乌里扬诺夫在西伯利亚流放期间，在发往苏黎世的信中写道：“我最大的希望和幻想得最多的就是能够为工人写作。”[34]

第 193 号囚室

彼得堡

1895 年 11 月底，乌里扬诺夫为躲避监视，从花园街搬到韦列亚街 5 号，两天后搬到戈罗霍瓦亚街 61 号。当时正在筹办秘密报纸《工人事业报》*——工人阶级解放斗争协会机关报的创刊号，弗拉基米尔·伊里奇为创刊号撰写社论《告俄国工人》，文章《我们的大臣们在想些什么？》、《1895 年雅罗斯拉夫尔的罢工》，并编辑全部稿件。

阿纳托利·亚历山德罗维奇·瓦涅耶夫
俄罗斯国家社会政治历史档案馆

12 月初，在拉德琴柯的住所和克鲁普斯卡娅的住所对完成两个版样的《工人事业报》创刊号进行了讨论。12 月 8 日夜里，弗拉基米尔·伊里奇和他的同志们——地下工作者 - “工艺师”阿·亚·瓦涅耶夫、彼·库·扎波罗热茨、格·马·克尔日扎诺夫斯基、瓦·瓦·斯塔尔科夫等被捕。警察在瓦涅耶夫的住所查抄了准备付排的稿件。乌里扬诺夫被押送到拘留所第 193 号单人囚室。

亲人们前来探视：安娜·伊里尼奇娜每逢星期四，专程来到彼得堡的玛丽亚·亚历山德罗夫娜以及玛丽亚·伊里尼奇娜每逢星期一，弟弟德米特里也来探望。食品每周可送三次，书和杂志可送两次。

1896 年 1 月的头几天还有几位斗争协会的成员被捕，其中包括伊·瓦·巴布什金，晚些时候还有娜捷施达·康斯坦丁诺夫娜。玛·伊·乌里扬诺夫娜描写了弗拉基米尔·伊里奇为了打听谁没被捕所采取的方式：“瓦涅耶夫和西尔文两个是下诺夫哥罗德人，前者叫地雷，后者叫烈火。他写道：‘请把《混乱时期英雄传》寄来。’格列勃·马克西米利安诺维奇·克尔日扎诺夫斯基的化名叫黄鼠。探问他的情况时，要求寄一本布雷姆的《论小啮齿类动物》。娜捷施达·康斯坦丁诺夫娜的绰号是鱼，他就

П. Н. 斯塔罗诺索夫
列宁在狱中放风（1896 年）
1936 年

* 1899—1902 年在日内瓦出版了国外俄国社会民主党人联合会的同名杂志，该杂志成为经济主义的国外中心。——俄文编者注

H.H. 布宁
军官和狗
1886 年
顿涅茨克共和国艺术博物馆

写要一本麦因·李德的《鳗鱼》。

同志们回答他的是：‘地雷取走了，烈火仍在烧。’或者是：‘只有第一卷，没有第二卷。’这样，他就了解到小组中谁安然无恙，谁被捕了。”[35]

乌里扬诺夫借助书页和尚未被捕的斗争协会成员通信，在上面用点和线标出字母组成词语，或是用牛奶写成文字，在烘烤下显出字迹。他还掌握了监狱的暗语——敲墙壁。

弗拉基米尔·伊里奇在狱中开始写《俄国资本主义的发展》一书。他在给亚·基·切博塔廖娃（亚历山大·乌里扬诺夫的知交伊·尼·切博塔廖夫的妻子）的信中写道：“我很久以来就在研究一个经济问题（关于国内加工工业品的销售问题），搜集了一些书刊，订了研究计划，甚至还写了一些东西。我曾打算：如果我写的东西超过了一篇杂志论文的篇幅，那就出一个单

H.E 斯韦尔奇科夫
冬天的小酒馆外
1891 年
萨拉托夫国立 A.H 拉季舍夫艺术博物馆

彼得·库兹米奇·扎波罗热茨
俄罗斯国家社会政治历史档案馆

瓦西里·瓦西里耶维奇·斯塔尔科夫
俄罗斯国家社会政治历史档案馆

谢尔盖·尤利耶维奇·维特

行本。我很不愿意丢下这个工作，可是现在看来必须作出选择：要么在这里把它写完，要么干脆放弃。”[36]

早些时候，乌里扬诺夫在《什么是“人民之友”》这一著作中曾提出理论工作的必要性，理论工作“应当**把我国现实作为一定生产关系的体系给以完备的说明，应当指明劳动者在这个体系下遭受剥削和剥夺的必然性，指明经济发展所昭示的摆脱这个制度的出路**”。[37]

为俄国经济掌舵的是1892—1906年任财政大臣、大臣委员会主席和大臣会议主席的谢·尤·维特伯爵。他完成了其前任伊·阿·维什涅格拉茨基所开创的加强财政预算事业——大力吸引西方资本，积累黄金，关税保护主义，对农民课以重税，加快粮食出口，用维什涅格拉茨基的话说是“不要吃光，而要运光！”，从而酿成1891年在广大农业地区的饥荒。

维特时期俄国国库大力发展自身产业。1.56亿公顷的庞大土地量（占欧俄面积三分之一以上），铜、黄金、白金和银的开采及加工企业，工具和武器、弹药、机车、舰队装备的生产厂都归国库所有。酒类专卖（1897年起）以及庞大的酿酒厂和精馏厂囤购了国内生产的所有酒精制品。[38]

不征收所得税，而间接税在国家预算中占40%—45%（酒类专卖，煤油、火柴、糖和烟草买卖，农民的土地税、赎金税和其他税负等等）。海关对煤、矿石、生铁、钢轨、机器和火车头、棉花、纱线等商品征收高税，买家不得不为这些俄国“同类”产品支付相当于它们在西方所值两三倍的价钱。[39]

受专制制度压制的工业资产阶级不敢冲破限制，而同沙皇制度结成联盟。晚些时候列宁在《总解决的时刻临近了》一文（1905年）中写道：“沙皇许给资产阶级的东西愈来愈多，用以试探各有产阶级到底是不是会普遍转过来支持‘秩序’。可是当这个‘秩序’体现为特列波夫*及其黑帮分子的横暴的时候，沙皇的号召就有成为旷野里的呼声的危险。无论维特还是特列波夫，对沙皇来说都是同样需要的：需要维特是为了引诱一部分人；需要特列波夫是为了抑制另一部分人；需要维特是为了口头许诺，需要特列波夫是为了实际行动；需要维特是为了对付资产阶级，需要特列波夫是为了对付无产阶级。”[40]

打算合法出版的《俄国资本主义的发展》是公开写的。其他文字是弗拉基米尔·伊里奇用牛奶写成的。用这种方式撰写了《社会民主党纲领草案及其说明》和传单《告沙皇政府》，在后一篇中谈到谢·尤·维特政府企图把罢工的责任推卸到社会主义者头上。

“这真滑稽！”乌里扬诺夫感叹道。“社会主义者给罢工加上政治的性质！要知道政府本身却先于任何社会主义者采取了一切措施给罢工加上政治

---

* 德·费·特列波夫1905年任彼得堡总督。——俄文编者注

H. A. 卡萨特金
在区法院走廊上
1897 年
塞瓦斯托波尔 M.Π. 克罗希茨基艺术博物馆

的性质。像捉拿罪犯似地捉拿和平工人、逮捕他们、驱逐他们的不是政府吗？”[41]

弗拉基米尔·伊里奇在狱中为自己规定了严格的起居时间。过些时候他在从流放地写给母亲的信中，询问在 1897 年因“同乡会联合会”和“工人协会”案被捕的德米特里·伊里奇的健康情况：“第一，他在狱中是否遵守他的饮食制度？恐怕没有。而依我看，在那里是必须遵守的。第二，他是否做体操？大概也没有。这也是必须做的。至少根据我自己的经验，**每天**临睡以前做做体操是很愉快、很有益处的。即使在最冷的天气，在整个牢房里寒气袭人的时候，只要活动活动，也会感到暖和，过后睡觉也舒服多了。我可以介绍给他一种最简便的体操（虽然是引人发笑的）：行 50 次鞠躬礼。我给自己规定的就是这种课程。看守从窗洞中望进来，看见一个从来不肯到拘留所的教堂里去的人，突然变得如此虔诚起来，使他不胜惊异，而我并不感到难为情。”[42]

1896 年 12 月，玛丽亚·亚历山德罗夫娜向警察司申请将儿子的流放地点指定在克拉斯诺亚尔斯克或米努辛斯克。

……格·马·克尔日扎诺夫斯基在描写同乌里扬诺夫的相识时写道：“弗拉基米尔·伊里奇穿上粗呢外衣，也很容易同伏尔加河流域的任何一群农民融为一体。这是因为，在他的外貌中，就有一种像是直接来自人民底层并同他们血肉相连的东西。但是，只要瞧一下弗拉基米尔·伊里奇的眼睛，瞧一下他那双不寻常的、敏锐的、充满内在力量和坚强毅力的深褐色的眼睛，你就会开始感觉到，在你面前的决不是一个平常的人。”[43]

德米特里·费多罗维奇·特列波夫

注 释

1. 《回忆列宁》，人民出版社 1982 年版，第 2 卷第 62 页。
2. 《回忆列宁》，人民出版社 1982 年版，第 2 卷第 13 页。
3. 彼·伊·利亚先科:《苏联国民经济史》(三卷本)，莫斯科 1947—1956 年版，第 2 卷第 149、168、170 页。
4. 《回忆列宁》，人民出版社 1982 年版，第 1 卷第 32 页。
5. 尼·弗·丹尼尔逊:《我国改革后的社会经济概况》，圣彼得堡 1893 年版，第 344 页。
6. 《列宁全集》中文第二版增订版第 1 卷第 56 页。
7. 《列宁全集》中文第二版增订版第 1 卷第 81 页。
8. 《回忆列宁》，人民出版社 1982 年版，第 2 卷第 56 页。
9. 《回忆列宁》，人民出版社 1982 年版，第 1 卷第 261 页。
10. 《回忆列宁》，人民出版社 1982 年版，第 1 卷第 169 页。
11. 《回忆列宁》，人民出版社 1982 年版，第 1 卷第 262 页。
12. 《回忆列宁》，人民出版社 1982 年版，第 1 卷第 34—35 页。
13. 《回忆列宁》，人民出版社 1982 年版，第 2 卷第 40 页。
14. 《回忆列宁》，人民出版社 1982 年版，第 1 卷第 256—257 页。
15. 《列宁全集》中文第二版增订版第 1 卷第 213 页。
16. 《回忆列宁》，人民出版社 1982 年版，第 2 卷第 68 页。
17. 《回忆列宁》，人民出版社 1982 年版，第 1 卷第 37 页。
18. 《回忆列宁》，人民出版社 1982 年版，第 2 卷第 37—38 页。
19. 《回忆列宁》，人民出版社 1982 年版，第 1 卷第 264 页。
20. 《列宁全集》中文第二版增订版第 1 卷第 359 页。
21. 尼·弗·瓦连廷诺夫:《列宁的继承者》，莫斯科 1991 年版，第 189 页。
22. 《回忆列宁》，人民出版社 1982 年版，第 2 卷第 15 页。

23. 《列宁全集》中文第二版增订版第 18 卷第 210 页。
24. 尤・马尔托夫:《社会民主党人札记》，莫斯科 1924 年版，第 266 页。
25. 《列宁全集》中文第二版增订版第 53 卷第 12 页。
26. 《列宁全集》中文第二版增订版第 23 卷第 384 页。
27. 《回忆列宁》，人民出版社 1982 年版，第 1 卷第 265 页。
28. 《回忆列宁》，人民出版社 1982 年版，第 1 卷第 41 页。
29. 《回忆列宁》，人民出版社 1982 年版，第 2 卷第 52 页。
30. 《回忆列宁》，人民出版社 1982 年版，第 1 卷第 264 页。
31. 《列宁全集》中文第二版增订版第 2 卷第 14 页。
32. 《回忆列宁》，人民出版社 1982 年版，第 1 卷第 39—40 页。
33. 《列宁全集》中文第二版增订版第 2 卷第 25—26 页。
34. 《列宁全集》中文第二版增订版第 44 卷第 13 页。
35. 《回忆列宁》，人民出版社 1982 年版，第 1 卷第 186 页。
36. 《列宁全集》中文第二版增订版第 53 卷第 18 页。
37. 《列宁全集》中文第二版增订版第 1 卷第 260—261 页。
38. 彼・伊・利亚先科:《苏联国民经济史》(三卷本)，莫斯科 1947—1956 年版，第 2 卷第 190—191 页。
39. 彼・伊・利亚先科:《苏联国民经济史》(三卷本)，莫斯科 1947—1956 年版，第 2 卷第 196—197、199 页。
40. 《列宁全集》中文第二版增订版第 12 卷第 70 页。
41. 《列宁全集》中文第二版增订版第 2 卷第 97 页。
42. 《列宁全集》中文第二版增订版第 53 卷第 84—85 页。
43. 《回忆列宁》，人民出版社 1982 年版，第 2 卷第 7 页。

第三章

世界上最偏僻的地方是舒沙……

（1897年2月—1900年1月）

弗·伊·乌里扬诺夫
（彼得堡1897年）
俄罗斯国家社会政治历史档案馆

第一年的流放生活

在济里亚诺夫家

弗拉基米尔·伊里奇在监狱度过了 14 个月多。在流放东西伯利亚三年的命令签署两周后，也就是 1897 年 2 月中旬，他离开了监狱。乌里扬诺夫有几天的自由时间来处理个人事务，他与同志们在韦森贝格照相馆合影留念，与“工人阶级解放斗争协会”没有被捕的同志们开了会。

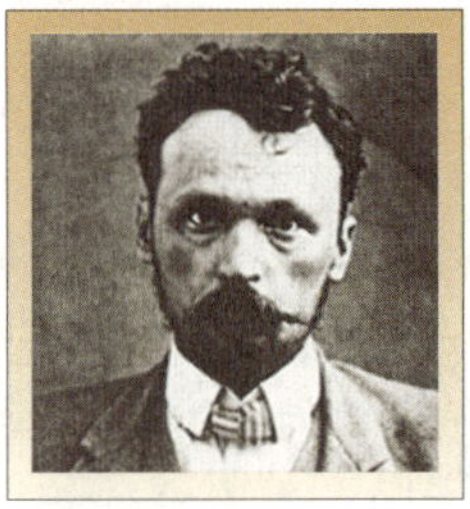

彼得·阿纳尼耶维奇·克拉西科夫

俄罗斯国家社会政治历史档案馆

乌里扬诺夫来到莫斯科后，住在阿尔巴特街索巴奇亚广场 18 号的亲戚家里。玛丽亚·亚历山德罗夫娜为儿子争取到了凭通行证自费前往流放地的许可，这样他就不用在转押监狱之间辗转了。2 月 23 日中午，弗拉基米尔·伊里奇登上了莫斯科—库尔斯克铁路的列车。他在火车站告别了弟弟德米特里，母亲、妹妹安娜和玛丽亚以及马·季·叶利扎罗夫送他到图拉。

3 月 4 日，乌里扬诺夫抵达克拉斯诺亚尔斯克。他在这里写信给伊尔库茨克总督，请求在叶尼塞斯克省的克拉斯诺亚尔斯克专区或米努辛斯克专区内给他指定一处流放地。乌里扬诺夫暂时住在了克·加·波波娃（一位庇护政治流放犯的著名人士）家里，并结识了当地的和被流放的社会民主党人，其中有彼·阿·克拉西科夫、一些波兰革命家和民意党人。乌里扬诺夫常去克拉斯诺亚尔斯克一位商人和藏书家根·瓦·尤金的图书馆读书。

“工人阶级解放斗争协会”成员（从左至右：瓦·瓦·斯塔尔科夫、格·马·克尔日扎诺夫斯基、亚·列·马尔琴科、弗·伊·乌里扬诺夫、彼·库·扎波罗热茨、尤·奥·马尔托夫、阿·亚·瓦涅耶夫）

1897 年 2 月中旬

俄罗斯国家社会政治历史档案馆

С. В. 伊万诺夫
送别被捕的人（1889 年）
1905 年
国立中央俄罗斯现代史博物馆

米努辛斯克专区的舒申斯克村被指定为弗拉基米尔·伊里奇的流放地，这个村有人口 1500 人，是乡政府所在地。4 月 4 日，列宁在克拉斯诺亚尔斯克火车站迎来“工人阶级解放斗争协会”的同志们：瓦涅耶夫、克尔日扎诺夫斯基、马尔托夫和斯塔尔科夫，他们是和一批流放犯人公费来到这里的。随着通航期的到来，4 月 30 日，乌里扬诺夫与克尔日扎诺夫斯基和斯塔尔科夫（他们的流放地是捷辛斯克村）一起乘坐“圣尼古拉”号轮船从克拉斯诺亚尔斯克出发，一周后来到米努辛斯克市，5 月 8 日从米努辛斯克被解送到村里。

古老的舒申斯克村是 18 世纪在阿巴坎城和萨彦城的影响下形成的，当时流传着这样的说法：“世界上最偏僻的地方是舒沙，比舒沙更远的是萨彦岭，萨彦岭外就是天尽头……”弗拉基米尔·伊里奇在第一封信中告诉母亲和妹妹玛丽亚·伊里尼奇娜：“舒—舒—舒这个村子不坏。的确，地方很荒凉，但是离这儿不远（一俄里半到两俄里），就有一片树林（虽然树木已被砍掉不少）。没有直通叶尼塞河的路，但是舒什河就在村旁流过；不远的地方（一俄里到一俄里半）还有叶尼塞河的一条很大的支流，那里可以游泳。远远可以望见萨彦岭或它的支脉；有些山峰全是白色的，山上的积雪几乎长

В.И.梅什科夫
波波娃在克拉斯诺亚尔斯克的家
克拉斯诺亚尔斯克国立В.И.苏里科夫艺术博物馆

年不化。”[1]

关于捷辛斯克村，他（借用瓦·瓦·斯塔尔科夫的话）说：“捷辛斯克是一个很糟糕的地方，一片荒凉，附近既没有树林，也没有河流（两俄里以外才有，对他来说是太远了！）；既不能打猎，又不能钓鱼。所以，要是换地方的话，那他们应当到这里来，而我一点也不想到他们那里去。”[2]

安娜·伊里尼奇娜觉得流放的条件还挺好，“同案的几个同志被分别送到别的村子里。尤·奥·策杰尔包姆（后来叫马尔托夫）显然因为是犹太人的缘故，所处的环境最为恶劣。他被流放到最北部的图鲁汉斯克，那里被难以通行的泥泞和沼泽地带阻隔，他在整个流放期间都与同志们隔绝。”[3]

乌里扬诺夫住在家境殷实的农民阿·德·济里亚诺夫家。按规定，流放犯每月有8卢布的补贴。这些钱足够乌里扬诺夫在农民家的吃住了。他住的小房间里放了一张木床、一张桌子和四把椅子。

格尔曼·格里戈里耶维奇·乌沙科夫（1930年）

研究乌里扬诺夫在舒申斯克村流放情况的格·格·乌沙科夫*写道：“济里亚诺夫家的新房客刚开始几天并没有表现出什么特别之处。这个人精力充沛，性格开朗。他认识了斯图利金斯基老头，跟他一起下棋，老头的小铺子就在路对面。济里亚诺夫说：‘后来，他就变了，变得很闷。躺着什么也不

* 他1927年来过舒申斯克村，他的手稿于1982年在马列研究院被发现。——俄文编者注

Б.Я.里亚乌佐夫
旧时的克拉斯诺亚尔斯克 列宁从克拉斯诺亚尔斯克到舒申斯克村时乘坐的轮船
1968年
克拉斯诺亚尔斯克国立В.И.苏里科夫艺术博物馆

干。'这让房东很担心，列宁对济里亚诺夫坦白说想念自己的未婚妻了，他得到了消息，说不允许未婚妻来探望。"[4]

原来舒申斯克村没有人订报纸。从仲夏开始，乌里扬诺夫开始收到《俄罗斯新闻》、《俄罗斯财富》和《财政通报》等报刊，但都是晚了很久的。克尔日扎诺夫斯基回忆了弗拉基米尔·伊里奇读"新"报的方法："他把报纸按收到的顺序分配在每天阅读，但只读某一天的那几份。这样一来，他就像是每天都收到报纸似的，不过要晚得多。当我要打乱他读报的节奏，故意抽出一张新到的报纸读起新闻时，他就会捂住耳朵，使劲维护他的方法的好处。"[5]

乌里扬诺夫在流放期间写的第一篇公开发表的文章《评经济浪漫主义》分四期发表在合法马克思主义者的《新时代》杂志上（1897年4—7月），署

В. А. 茨韦特科夫
在西伯利亚流放时的列宁
1954 年
“舒申斯克”文物保护区博物馆
克拉斯诺亚尔斯克边疆区

В. И. 梅什科夫
鹤山
1987 年
“舒申斯克”文物保护区博物馆
克拉斯诺亚尔斯克边疆区

В.И.佩列亚佳涅茨
舒申斯克村的夜晚
1994年
"舒申斯克"文物保护区博物馆
克拉斯诺亚尔斯克边疆区

名是克·土林。文章是针对瑞士经济学家让·德·西斯蒙第及其追随者——俄国民粹派的"中等农民"思想而写作的。

像弗拉基米尔·伊里奇在流放时期为合法出版而写的其他文章一样，这篇文章也使用了伊索式的语言，他没有说"马克思的理论"、"马克思主义理论"而是说"最新理论"，不说"马克思"而是说"著名的德国经济学家"，不说"马克思主义者"而是说"现实主义者"，不说"资本论"而是说"论文"。在较晚的版本中，他又修改了这些说法或加脚注作了说明。

1897年夏天和秋天，针对新颁布的工业部门工作日和休息日的法律，乌里扬诺夫写了《新工厂法》一文。他在文中写道："为了合法榨取工人的加班工作，规定厂主要把所有这些种类的加班登记在专用的本子上。一本登记他们'有权'从工人身上榨取来的；另一本登记在'特殊情况'下榨取来的；第三本登记按'特殊协定'榨取来的（一年不超过120小时）；第四本登记在'非常情况'下榨取来的…… 他们现在还会廉价雇用国外的代理人，让这些人在'欧洲'所有的十字街头吹嘘，说我们已经有了多么关心工人的法律。"[6]

这篇文章后来由"劳动解放社"以单行本的形式在国外出版。

1897年，乌里扬诺夫还写了几篇反驳民粹派理论的文章：《1894—1895

不知名画家
尼古拉·米哈伊洛维奇·马尔季亚诺夫像

年度彼尔姆省手工业调查以及"手工"工业中的一般问题》、《俄国社会民主党人的任务》、《民粹主义空想计划的典型》、《我们拒绝什么遗产？》，等等。

在《俄国社会民主党人的任务》一文中，弗拉基米尔·伊里奇列举了政府对社会主义者加紧镇压的事实。但是，他确信，宪兵关于摧毁了彼得堡革命者的吹嘘是谎话："尽管迫害重重，'斗争协会'还是屹然不动。我们非常满意地指出，大规模的逮捕已经发生了自己的作用，它已成为向工人和社会主义者知识分子进行鼓动的有力工具，一批革命者倒下去，另一批新的人又带着新的力量站到为俄国无产阶级和全体俄国人民而战的战士队伍里。"[7]

1897 年 9 月底，经警察局长许可，弗拉基米尔·伊里奇去了米努辛斯克两天，然后去了捷辛斯克村五天。此行的目的是要结识那里的民意党人、民权党人和社会民主党人。11 月，乌里扬诺夫再次来到米努辛斯克，这一次是秘密去的，他结识了在那里开办博物馆的尼·米·马尔季亚诺夫，当时每个被流放的人都要来看望这个人。

济里亚诺夫说，乌里扬诺夫秘密进城常是出人意料的："有一天他又要去，说'听我的，去套车吧'。我说：'怎么去啊，没有批准吧？'他说：'那也要去，必须去，套车吧。'"[8] 在这种情况下去城里的时候，弗拉基米尔·伊里奇都被藏在雪橇里，盖上毛皮大衣，或者深夜才出发。

Г.С.赫列布尼科夫
革命前的米努辛斯克
1972 年
米努辛斯克 Н.М. 马尔季亚诺夫方志博物馆
克拉斯诺亚尔斯克边疆区

В.И.梅什科夫
列宁的深夜来客
1987年
“舒申斯克”文物保护区博物馆
克拉斯诺亚尔斯克边疆区

П.И. 塔拉年科
在舒申斯克村滑冰
1985年
米努辛斯克 Н.М. 马尔季亚诺夫方志博物馆
克拉斯诺亚尔斯克边疆区

在舒申斯克村的第二年

在彼得罗娃家

1898 年 2 月，因“工人阶级解放斗争协会”案被捕的娜・康・克鲁普斯卡娅的刑期将满。她作为乌里扬诺夫的未婚妻被准许把流放地从乌法改为舒申斯克村。1898 年 5 月初，克鲁普斯卡娅与母亲伊丽莎白・瓦西里耶夫娜一起来到了舒申斯克村。

莉迪亚・米哈伊洛夫娜・克尼波维奇
俄罗斯国家社会政治历史档案馆

“西伯利亚米努辛斯克专区农民的家里都非常干净，地上铺着花花绿绿的自制地毯，墙壁粉刷得很白，还装饰着冷杉”，娜捷施达・康斯坦丁诺夫娜讲述自己的印象时说。“弗拉基米尔・伊里奇的房间虽然不大，但也很干净。主人*把家里剩下的房间让给我和妈妈。屋子里挤满了房主的家人和邻居，他们都不停地打量我们，还问了很多。终于，弗拉基米尔・伊里奇打猎回来了。他看到自己的屋子里有灯光感到很奇怪。主人说，奥斯卡尔・亚历山德罗维奇（被流放的彼得堡工人）喝醉了来过这里，把他的书给扔了一地。伊里奇快步跑上台阶。这时我从屋子出来迎他。”[9]

Б.Я. 里亚乌佐夫
清晨
1970 年前
克拉斯诺亚尔斯克国立 В.И. 苏里科夫艺术博物馆

* 阿・德・济里亚诺夫。——俄文编者注

乌里扬诺夫从娜捷施达·康斯坦丁诺夫娜的口中得知，1898 年 3 月初在明斯克召开了俄国社会民主工党第一次代表大会。与会的九位代表中有五位很快就被逮捕，俄国社会民主工党宣布的机关报《工人报》的印刷所也被警察破获了。党作为统一的组织实际上没有建立起来。

如果娜捷施达·康斯坦丁诺夫娜不想回乌法，警察当局给她提出的条件就是要结婚。婚礼是按照农村的习俗办的。新婚夫妇起初住在阿·德·济里亚诺夫家，后来以 4 卢布租下了农民普·阿·彼得罗娃家带菜园的半栋房子*。他们种了黄瓜、胡萝卜、甜菜、南瓜，还用啤酒花装饰了花园。

乌沙科夫是这样描述乌里扬诺夫的新生活的："弗拉基米尔·伊里奇从单身汉变成了有家室的人。年轻的妻子为他操持家里的一应事务。家庭生活是这样安排的：弗拉基米尔·伊里奇在角落里有一个单独的房间，完全不受家事干扰，环境非常有利于他的科学研究。整个家庭的作息安排都要服从于弗拉基米尔·伊里奇写作的那个房间。娜捷施达·康斯坦丁诺夫娜的母亲伊丽莎白·瓦西里耶夫娜承担着家务活。"[10]

乌里扬诺夫与上连斯克的费多谢耶夫、图鲁汉斯克的马尔托夫、维亚特卡省的波特列索夫、阿尔汉格尔斯克省的马尔琴科、阿斯特拉罕的莉·米·克尼波维奇等被流放的社会民主党人以及米努辛斯克专区的许多人保持频繁的通信联系。克尔日扎诺夫斯基、斯塔尔科夫、瓦涅耶夫、西尔文等曾在不同的时间来过舒申斯克村，有时他们还带着家人。

З.В.科兹洛夫
舒申斯克村的春天
"舒申斯克"文物保护区博物馆
克拉斯诺亚尔斯克边疆区

* 1930 年在这座房子里开设了列宁博物馆。——俄文编者注

Б. Я. 里亚乌佐夫
1898 年的舒申斯克村 列宁在此生活过（彼得罗娃的家）
“舒申斯克”文物保护区博物馆
克拉斯诺亚尔斯克边疆区

И. И. 秋季科夫
列宁为舒申斯克村的农民提供法律咨询
20 世纪 30 年代
“舒申斯克”文物保护区博物馆
克拉斯诺亚尔斯克边疆区

与被流放的民意党人没有建立关系，尤其是在“劳动解放社”的代表谢·格·赖钦意外逃跑之后。民意党人（“老头子们”）指责社会民主党人为了逃跑在秘密集钱，这可能引来警察大范围的搜查，弗拉基米尔·伊里奇对发生的一切忧心忡忡。克鲁普斯卡娅后来回忆：“没有比这种流放纠纷更糟的了，这种纠纷最误事，老头子们的神经有毛病，因为他们服过苦役，还有什么事情没体验过呢。不应当让这种纠纷折磨自己，很多工作还等着去做，不应当在这种纠纷上耗费精力。”[11]

潘捷莱蒙·尼古拉耶维奇·勒柏斯基

5月，在米努辛斯克召开的大会上，社会民主党人与民意党人公开决裂。

1898年7月，喀山的马克思主义者尼·叶·费多谢耶夫在上连斯克自杀身亡。他把自己的手稿留给了克尔日扎诺夫斯基。在这一悲剧发生前几个月，弗拉基米尔·伊里奇对母亲说：“尼·叶·费·没有写信给我，我已经写过两封信给他了，但他都没有回信。假如你给他写信，可以责备他一下。关于上连斯克‘纠纷’，我听说了，那里有一个攻击过尼·叶·的可恶的坏蛋。不，可别让我在舒舒再有知识分子同志了！”[12]

1898年9月初，经省长批准，乌里扬诺夫以就医为名来到克拉斯诺亚尔斯克。他住在彼·阿·克拉西科夫家里，会见了一些政治流放犯，帮助建立铁路工人小组，还在图书馆看书。

每逢周末，弗拉基米尔·伊里奇在舒申斯克秘密进行法律咨询服务。第一次他是帮助一位金矿工人赢了告矿主的官司，这件事迅速传开了。“从对方的叙述里，有时根本弄不清楚是怎么回事，因此弗拉基米尔·伊里奇总是

П.И.塔拉年科
列宁、彼·阿·克拉西科夫和Л.Н.斯科尔尼亚科夫在克拉斯诺亚尔斯克的根·瓦·尤金图书馆（1898年）
1988年
乌里扬诺夫斯克列宁纪念馆

Г.С. 梅兹尼科夫
社会民主党人
1979 年
萨哈林艺术博物馆

B.M.巴索夫
列宁在舒申斯克村的农民中间
“舒申斯克”文物保护区博物馆
克拉斯诺亚尔斯克边疆区

要求对方把判决书的副本给他”，克鲁普斯卡娅回忆说。“有一次一个有钱人的公牛把一个孤苦农妇的母牛顶伤了。乡法院判决公牛的主人给农妇10卢布。农妇对判决提出抗议，并且要一份判决书的‘副本’。陪审官嘲笑这个农妇说：‘怎么，你是要一份那只白母牛的副本吗？’愤怒的农妇跑来找弗拉基米尔·伊里奇。经常是受屈的人只要说找乌里扬诺夫去申诉，就能让欺负他的人让步。”[13]

空闲的时候弗拉基米尔·伊里奇就争取去打猎，有时候还带着娜捷施达·康斯坦丁诺夫娜。她描述了见到森林草原的情景：“黄昏时，天鹅在春天的水塘里游水。站在树林边时，能听到小河流水潺潺，黑琴鸡在咕咕叫。弗拉基米尔·伊里奇常到树林里去，让我带着‘任卡’*。牵着‘任卡’的时候，它兴奋得蹦跳，你能感觉到自己被大自然生机勃勃地围绕着。弗拉基米尔·伊里奇非常爱打猎，只是他性急。秋天我们去远处的林中小路。弗拉基米尔·伊里奇说：‘知道吗，如果有兔子我也不会打，我没带皮带，不好往回拿。’但兔子刚跑出来，弗拉基米尔·伊里奇就开枪了。”[14]

流放期满的前一年，乌里扬诺夫收到了弟弟德米特里寄来的礼物——一支猎枪。

---

* 小狗。——俄文编者注

弗拉基米尔·伊里奇与当时住在叶尔马科夫斯克村的彼得堡流放者潘·尼·勒柏辛斯基定期通信下棋。克鲁普斯卡娅回忆说："弗拉基米尔·伊里奇摆好了棋盘，就开始思考。有一段时间他非常着迷，甚至梦中还在喊：'他如果把马跳到这儿，我的车就放到那儿。'"[15]

勒柏辛斯基自己也说，他的手下败将斯塔尔科夫和克尔日扎诺夫斯基希望两位象棋"大师"交手。"我自己也想打败这个新对手。但第一局、第二局、第三局，直到第四局，我都输了，我应当老实地承认对手明显比我强，我同意在他进行补偿即在开盘时让我一个轻子（一个象或马）的情况下接着下，这样我才能有赢一局的机会。"[16]

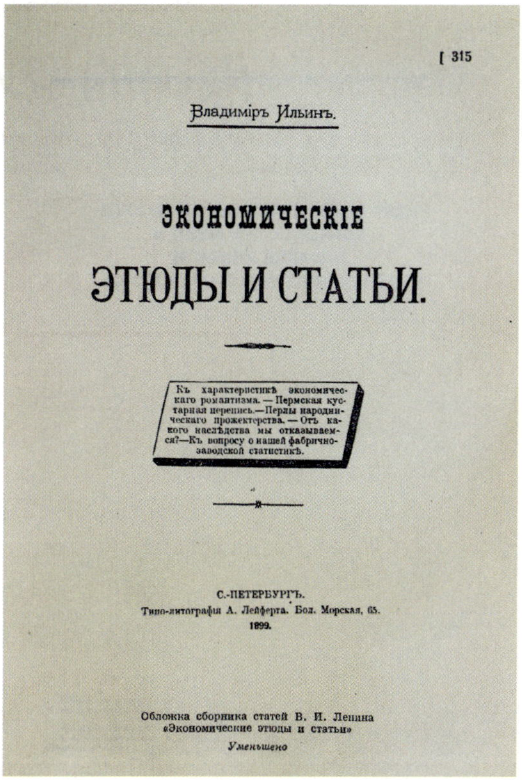
[315

Владимiръ Ильинъ.

ЭКОНОМИЧЕСКIЕ

ЭТЮДЫ И СТАТЬИ.

Къ характеристикѣ экономическаго романтизма. — Пермская кустарная перепись.—Перлы народническаго прожектерства. — Отъ какого наслѣдства мы отказываемся?—Къ вопросу о нашей фабрично-заводской статистикѣ.

С.-ПЕТЕРБУРГЪ.
Типо-литографiя А. Лейферта. Бол. Морская, 65.
1899.

Обложка сборника статей В. И. Ленина
«Экономические этюды и статьи»
Уменьшено

列宁的《经济评论集》一书封面（1899年）

彼得罗娃家每星期都会收两个大邮包。克鲁普斯卡娅回忆说："俄国寄来信件和书籍。安娜·伊里尼奇娜常来信，她对一切都写得很详细，彼得堡也常有来信。尼娜·亚历山德罗夫娜·司徒卢威也来信讲她的宝贝儿子：'已经能抬头了，每天我们把他抱到达尔文和马克思像前，告诉他：给达尔文爷爷鞠躬，给马克思鞠躬，他就很好玩地鞠躬。'……通信的内容无所不包——俄国的各种消息、对未来的计划、书、新的派别和哲学等。"[17]

舒申斯克与彼得堡、莫斯科、下诺夫哥罗德、沃罗涅日和其他城市的工人运动组织建立了联系。安娜·伊里尼奇娜在国外期间，受哥哥委托，与"劳动解放社"也建立了联系。

1898年10月，乌里扬诺夫的第一部文集《经济评论集》在彼得堡出版，署名"弗拉基米尔·伊林"。彼得堡的保安部门给警察司的报告说："知道作者真名的人不多，因为社会民主党人对此严格保密，把这个人当做自己的领导人来保护。实际上，他是政治流放犯弗拉基米尔·伊里奇·乌里扬诺夫，是1887年被处决的恐怖分子亚历山大·乌里扬诺夫的弟弟。"

弗拉基米尔·伊里奇的《俄国资本主义的发展》一书的写作接近尾声。每一章都抄在单独的笔记本上，除了娜捷施达·康斯坦丁诺夫娜，米努辛斯克的流放者也都看过，并寄来了各自的看法。1898年11月，玛丽亚·亚历山德罗夫娜在波多利斯克收到了这本书的前两章和给"阿纽塔"的关于出版和校订程序的信，12月，收到了第三章和第四章。

俄国的资本主义

米努辛斯克—舒申斯克

弗拉基米尔·伊里奇和妻子在米努辛斯克迎接新的一年—1899年，全米努辛斯克县*被流放的社会民主党人都聚集到这里，从12月24日到1月2日他们在这里度过。

克尔日扎诺夫斯基家和斯塔尔科夫家住的房子里常常聚集很多人。弗拉基米尔·伊里奇认识了一些彼得堡的工人，如非常了解拉赫塔（彼得堡郊区）地下印刷厂情况的布尔什维克亚·西·沙波瓦洛夫。乌里扬诺夫详细询问了印刷技术和体积小效率高的新型印刷机。

1月3日，他在给母亲的信中写道："昨天我同娜嘉从米努萨回来了。在米努萨，我们在格列勃和巴季尔**那里非常愉快地过了一个星期，并且跟同志们一块儿迎接了新年。在迎接新年的时候，大家频频举杯祝贺，其中一个同志提议'为埃尔维拉·埃内斯托夫娜***和不在场的母亲们的健康'干杯，这个提议受到大家特别热烈的欢迎。

H.A.卡萨特金
有轨电车来了
1894年
伊万诺沃州艺术博物馆

---

* 1899年由专区改为县。——俄文编者注

** 瓦·瓦·斯塔尔科夫在党内的绰号。——俄文编者注

*** 克尔日扎诺夫斯基的母亲。——俄文编者注

В. И. 佩列亚佳涅茨
旧时的舒申斯克村
“舒申斯克”文物保护区博物馆
克拉斯诺亚尔斯克边疆区

В. И. 佩列亚佳涅茨
冬天
“舒申斯克”文物保护区博物馆
克拉斯诺亚尔斯克边疆区

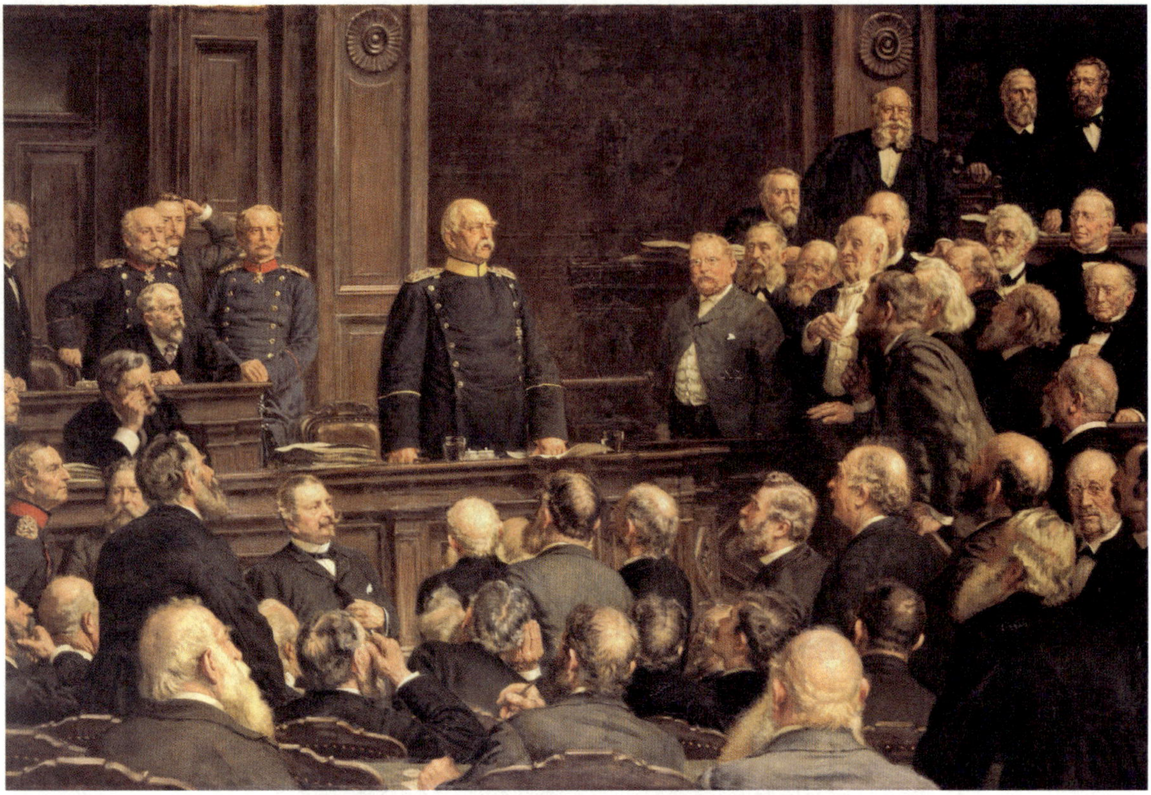

恩斯特·亨泽勒
奥托·冯·俾斯麦（1815—1898）首相1888年2月6日在帝国国会会议上
1901年
德国历史博物馆

今天，我们的生活还没有能够走上常轨，从明天起，要重新开始工作了。”[18]

1899年1月中旬，弗拉基米尔·伊里奇往波多利斯克寄去了《俄国资本主义的发展》一书的第五章和第六章，2月初，寄去了最后的第七章和第八章。

这本书以广泛的统计资料（500多种资料来源——书、文集、研究成果、概论和文章等）为基础得出结论：无论是在工业中还是在农村，俄国资本主义都在发展，甚至在落后的农业地区，农民也受到市场规律的影响。

“旧的农民不仅在‘分解’，并且在彻底瓦解和消亡，被完全新型的农村居民所排挤。这种新型的农村居民是商品经济和资本主义生产占统治地位的社会的基础。这些新的类型就是农村资产阶级（主要是小资产阶级）和农村无产阶级，即农业中的商品生产者阶级和农业雇佣工人阶级。”[19]

针对民粹派关于俄国资本主义发展速度缓慢、从而使这种发展变得“不可能”的说法，弗拉基米尔·伊里奇指出，在当代的技术和文化水平下，“俄国当前的资本主义发展是缓慢的。它不能不是缓慢的，因为没有一个资本主义国家内残存着这样多的旧制度，这些旧制度与资本主义不相容，阻碍资本主义发展，使生产者状况无限制地恶化，而生产者‘不仅苦于资本主义生产的发展，而且苦于资本主义生产的不发展。’”[20]

不知名画家
工作中的铜厂
1891 年
德国历史博物馆

在 19 世纪的最后 10 年中，俄国的经济大步前进，发展速度几乎超过了世界上所有国家。生铁产量增加两倍，钢铁生产增加一倍，煤的开采量增长一倍多，纱锭数量增加 50%。但俄国没有自己的机器制造业，依然是德国、英国以及后来法国的工业扩张的目标。蒸汽机、内燃机、蒸汽机车、锅驼机、汽车、加工木材和金属的电动机械、纺织和印刷等机器，几乎所有的农业机械，从蒸汽机到犁，都要进口。

在俄国的股份制公司中，外国的股份在增加。10 年中，化工行业的外国股份增长 2 倍多，采矿业的增长了 4 倍多，冶金行业的增长了 8 倍多，陶瓷行业的增长了 12 倍（平均增长率将近 400%）。其中占首位的是法国—比利时的资本，然后是英国、德国和美国的资本。[21]

从 19 世纪 60 年代开始，德国就把俄国当做一个广阔的半移民区。德国人给俄国的铁路建设、工业建设、电力工业公司、私人银行都提供了大量资本。每年普鲁士的农场主们都能获得 30 万廉价农业工人大军。

俄国的进步报刊对德国外交政策忐忑不安。尽管“铁血首相”奥托·冯·俾斯麦说：“全部东方问题都不值一名波美拉尼亚近卫军的命”，但在他之前很久，德国的政界和著作界就开始鼓吹德国东进的理论。

在《俄国资本主义的发展》中，乌里扬诺夫列举了马克思的“移民区”概念的政治经济意义：“（1）移民容易获得的未被占据的闲地的存在；（2）

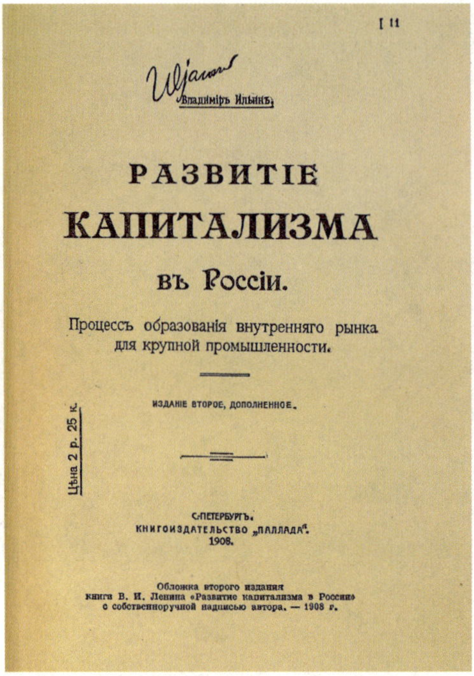

列宁的《俄国资本主义的发展》一书第二版封面（有作者签名 1908 年）

业已形成的世界分工即世界市场的存在，因而移民区可以专门从事农产品的大宗生产，用以交换现成的工业品，即'在另外的情况下必须由他们自己制造的那些产品。'"[22]

到 1913 年俄国成为"欧洲最大的粮仓"时，外国资本的总额是 13.4 亿卢布，占俄国所有股份公司固定资本的三分之一。随着第一次世界大战爆发，这些资本就变成了 138 亿卢布的外债（国债、战争及其他债券和各种工业投资），债权人首先是法国、英国和比利时。[23]

弗拉基米尔·伊里奇的书于 1899 年 3 月底面世，发行量达 2400 册。乌里扬诺夫早期著作的出版商玛·伊·沃多沃佐娃说："我最近几本书的出版取得了异常成功，我说的是伊林的《俄国资本主义的发展》一书。我是春天出版的，尽管夏天到了，复活节前年轻人也都离开首都了，这本书还是以惊人的速度迅速卖光…… 不能不怀着最大的兴趣来读这本书。"

这本书在 1908 年再版。书中有些受审查时用的词"学生们"、"劳动人民的拥护者"和"新理论"，列宁直接换成了马克思主义者、社会主义者、马克思和马克思主义。

十七人抗议书

捷辛斯克—叶尔马科夫斯克—舒申斯克

1899年7月中旬，弗拉基米尔·伊里奇和娜捷施达·康斯坦丁诺夫娜来到萨菲亚诺夫斯克村（距离米努辛斯克5公里），克尔日扎诺夫斯基一家和斯塔尔科夫一家正在这里度夏。他们又从这个小村庄去了捷辛斯克，在这里乌里扬诺夫结识了“工人阶级解放斗争协会”的成员弗·威·林格尼克，林格尼克是从北方的叶尼塞河畔的卡扎钦斯科耶村转到这里继续流放生涯的。

俄国开始出现的经济主义成为当时讨论的热点。乌里扬诺夫最近一次收到的邮件——“经济派”宣言即自由派活动家叶·德·库斯科娃所谓的《信条》，认为俄国无产阶级的任务是组织罢工和合法团体的“经济派”报纸《工人思想报》增刊以及其他文章，都证明了这一点。

《信条》认为，俄国社会民主党人争取政权的斗争没有前途，应该参加到工人和其他民主力量的经济斗争中来。

潘·尼·勒柏辛斯基写道：“名为‘工人思想派’*的经济派（在党的组织中公认的绰号是“青年派”，他们自称是取代弗拉基米尔·伊里奇领导的那一派即“老年派”的思想家）完全露出了真面目…… 伊里奇立刻写信给在米努辛斯克县流放的社会民主党人，并定下了在叶尔马科夫斯克村召开大会的日期，以便集体起草反对俄国伯恩施坦派这个《信条》的抗议书。”[24]

弗里德里希·威廉莫维奇·林格尼克

俄罗斯国家社会政治历史档案馆

叶卡捷琳娜·德米特里耶夫娜·库斯科娃

叶尔马科夫斯克村的大会是在1899年8月20—22日举行的，先是在勒柏辛斯基家（借口是给他女儿过生日），后因瓦涅耶夫患肺结核而改在他家里。17名政治流放犯签署了乌里扬诺夫起草的《俄国社会民主党人抗议书》，这是革命马克思主义者反对修正主义的第一个集体性文件。

《抗议书》说：“《信条》作者们自己提出的纲领，显然是想使工人阶级‘沿着阻力最小的路线’前进，局限于经济斗争，而让‘自由主义反对派’在马克思主义者的‘参加’下去争取‘法的形式’。”[25]

叶尔马科夫斯克的会议是瓦涅耶夫与战友们最后一次见面，不久他就去世了。同志们在阿巴坎铁制品厂订制了一个铁的墓碑，上面写着：“阿纳托利·亚历山德罗维奇·瓦涅耶夫。政治流放者。1899年9月8日去世，卒年27岁。同志，愿你的灵魂安息！”弗拉基米尔·伊里奇在墓前讲了话。瓦涅耶夫的遗孀多米尼卡·瓦西里耶夫娜于9月28日生下一子。

* 这个词来源于《工人思想报》的名称。——俄文编者注

М.Ф. 格拉杜诺夫
列宁去过两次的捷斯克村
1975 年
克拉斯诺亚尔斯克国立
В.И. 苏里科夫艺术博物馆

9月，乌里扬诺夫收到了改良主义和机会主义理论家、德国社会民主党中央机关报《社会民主党人报》编辑爱德华·伯恩施坦的《社会主义的前提和社会民主党的任务》一书。作者认为无产阶级对抗剥削的主要工具就是工人协作社。“眼前就有一个工具，有了它工人阶级不用直接消灭现有的东西，不用诉诸暴力（我们都看到了，使用暴力不是简单的事情），就能掌握很大一部分社会财富，否则，这部分财富就会扩大并因此而加强所有者阶级。”[26]

弗拉基米尔·伊里奇认为这本书反映了费边主义即资本主义社会“渐进式地演变为”社会主义的思想，并预言这本书会失败。他给母亲写信说：“伯恩施坦的书我和娜嘉马上就着手阅读了，现在已读完一半以上，但书的内容愈来愈使我们吃惊。理论上太差了；尽重复别人的思想。都是些空洞的批评，连认真地进行独立的批评的尝试都没有。”[27]

在德国只有格·瓦·普列汉诺夫和卡尔·考茨基在《新时代》杂志上批评伯恩施坦主义。11 月，乌里扬诺夫和克鲁普斯卡娅用两个星期翻译完考茨基的《伯恩施坦与社会民主党的纲领。反批评》一书，该书反对把社会民主党变成社会改良的党。译文用小字写在学生练习本上，并在各流放者移民区传看。

1899 年末，弗拉基米尔·伊里奇和娜捷施达·康斯坦丁诺夫娜完成了英国社会活动家悉尼·韦伯及其妻子比阿特里萨·韦伯的《英国工联主义的理论和实践》一书的翻译。几年后，列宁在《反对抵制。摘自英国社会民主党政论家的札记》（1907 年）中写道：“愚蠢地赞美英国小市民的韦伯夫妇力图把宪章运动这个英国工人运动的革命时期说成不过是傻呵呵的幼稚，是‘幼年的罪孽’，是不值一提的天真，是偶然的反常的越轨。而德国的资产阶级历史学家也是这样藐视德国的 1848 年。”[28]

И.И.秋季科夫

17 名被流放的社会民主党人在叶尔马科夫斯克村开会

可以认出的人从左至右为：维·康·库尔纳托夫斯基（**穿红衬衫的站立者**）格·马·克尔日扎诺夫斯基（**坐在桌子左侧**）、米·亚·西尔文（**背靠窗户站立者**）、叶·瓦·巴拉姆津（**西尔文前面穿白衬衫者**）、弗·伊·乌里扬诺夫、瓦·瓦·斯塔尔科夫（**乌里扬诺夫右侧**）、А.М.斯塔尔科娃（**茶炊前面穿红色上衣者**）、潘·尼·勒柏辛斯基（**抱孩子者**）、季·巴·克尔日扎诺夫斯卡娅－涅夫佐罗娃（**前排半侧身者**）、娜·康·克鲁普斯卡娅、奥·波·勒柏辛斯卡娅（**拿茶杯者**）*

1955 年

米努辛斯克 Н.М.马尔季亚诺夫方志博物馆

克拉斯诺亚尔斯克边疆区

---

* 这里画的是 1899 年 8 月来到叶尔马科夫斯克的 15 名被流放的社会民主党人。作者描绘的可能是他们在勒柏辛斯基家的第一次会面。由于阿·亚·瓦涅耶夫病重，瓦涅耶夫夫妇没有出席这次会议。因 1899 年 8 月 22 日在瓦涅耶夫家最终签署《抗议书》时，有 17 人在场，这幅画的名字也采用了这个数字。——博物馆注

爱德华·伯恩施坦

弗拉基米尔·伊里奇继续进行在彼得堡监狱中开始的制定党纲的工作，并把“劳动解放社”的草案作为这个纲领的基础。列宁在《我们的当前任务》一文中建议：“我们认为现在最迫切的任务是着手解决这些问题，为此就必须把**创办一个能正常出版而且同各地方小组有密切联系的党的机关报**作为我们的当前目标。我们认为，社会民主党人应当把这个工作作为最近期间的全部活动内容。没有这样的机关报，地方工作仍然是狭隘的‘手工业方式’的。”[29]

秘密报纸只能在国外出版。娜·康·克鲁普斯卡娅回忆道：“弗拉基米尔·伊里奇睡不着觉，瘦得很厉害。在失眠的夜里，他周密思考自己的计划，同克尔日扎诺夫斯基和我讨论，同马尔托夫和波特列索夫通信商量，跟他们也谈论出国的事。”[30]

在流放的34个月中，乌里扬诺夫写了30多篇著作。据安娜·伊里尼奇娜回忆，流放生活扼杀了很多人。她引用了马尔托夫在图鲁汉斯克写的几行诗：

在那俄罗斯，人们奔放热情，
有英雄的服饰相配。
但经年的流放将其消磨，
看吧，去时英雄豪迈，
归时低入尘埃。[31]

全速前进！（火车头上写着：八小时工作制）
图片选自德国《实话》杂志
1892年

П.И.塔拉年科
送殡 1899 年 9 月 10 日在叶尔马科夫斯克村举行的阿·亚·瓦涅耶夫的葬礼
乌里扬诺夫斯克列宁纪念馆

在流放快结束时，列宁担心由于 1899 年春家里被搜查可能会延长流放期。当时宪兵得到了一封写给乌里扬诺夫的关于为费多谢耶夫纪念碑集资的信的收据，于是就来翻查列宁书柜里面的东西。宪兵翻看那些统计资料累得不得了，就没有看书柜的底层，而按照一般的保密习惯那里放的正好是秘密通信。

1900 年 1 月，警察司通知乌里扬诺夫流放期满，但禁止他住在两个首都和有大学的城市及大工业中心。弗拉基米尔·伊里奇选择了与彼得堡联系最方便的普斯科夫。

格·马·克尔日扎诺夫斯基写道："我还记得在宽广的叶尼塞河边与弗拉基米尔·伊里奇最后一次散步的情景。那是一个寒冬的月夜，我们面前是西伯利亚冰雪覆盖的辽阔大地。他雄心勃勃地跟我讲述返回欧俄后的计划和设想。组织印刷党报，转移到国外出版，利用这个中央机关报来建党，这样，这个机关报就成了建造整个无产阶级革命大厦的特殊脚手架，这就是他

В. П. 拉夫罗娃－索尔达托娃
1899 年 5 月 2 日列宁在舒申斯克村的家遭到搜查
20 世纪 50 年代
"舒申斯克"文物保护区博物馆
克拉斯诺亚尔斯克边疆区

Р. Р. 弗伦茨
列宁和克鲁普斯卡娅流放归来
拉兹利夫历史文化博物馆中心
列宁格勒

A.M. 兹纳克
列宁离开西伯利亚流放地
1980 年
克拉斯诺亚尔斯克国立
В.И. 苏里科夫艺术博物馆

的主要论据要点。”[32]

1900 年 1 月 29 日晨，弗拉基米尔·伊里奇、娜捷施达·康斯坦丁诺夫娜和伊丽莎白·瓦西里耶夫娜离开了舒申斯克村，晚上到达米努辛斯克，并在那里过夜。第二天早晨，瓦·瓦·斯塔尔科夫、O.A. 西尔文娜与他们汇合。所有人都穿上毡靴和毛皮大衣，踏上了 300 公里的路程，一路上沿着叶尼塞河前行，在驿站很少停留。2 月 2 日清晨，他们在阿钦斯克坐上了伊尔库茨克—莫斯科的邮政客车。

注　释

1. 《列宁全集》中文第二版增订版第 53 卷第 41 页。
2. 《列宁全集》中文第二版增订版第 53 卷第 46 页。
3. 《回忆列宁》，人民出版社 1982 年版，第 1 卷第 56 页。
4. 格·乌沙科夫：《列宁在舒申斯克村》，舒申斯克 2015 年版，第 8 页。
5. 《回忆列宁》，人民出版社 1982 年版，第 2 卷第 22 页。
6. 《列宁全集》中文第二版增订版第 2 卷第 377 页。
7. 《列宁全集》中文第二版增订版第 2 卷第 449 页。
8. 格·乌沙科夫：《列宁在舒申斯克村》，舒申斯克 2015 年版，第 28 页。
9. 《回忆列宁》，人民出版社 1982 年版，第 1 卷第 273 页。
10. 格·乌沙科夫：《列宁在舒申斯克村》，舒申斯克 2015 年版，第 28 页。
11. 《回忆列宁》，人民出版社 1982 年版，第 1 卷第 284 页。
12. 《列宁全集》中文第二版增订版第 53 卷第 83 页。
13. 《回忆列宁》，人民出版社 1982 年版，第 1 卷第 275—276 页。
14. 《回忆列宁》，人民出版社 1982 年版，第 1 卷第 279 页。
15. 《回忆列宁》，人民出版社 1982 年版，第 1 卷第 281 页。
16. 潘·尼·勒柏辛斯基：《转折》，莫斯科 1984 年版，第 8—9 页。
17. 《回忆列宁》，人民出版社 1982 年版，第 1 卷第 281 页。

18. 《列宁全集》中文第二版增订版第 53 卷第 148 页。
19. 《列宁全集》中文第二版增订版第 3 卷第 147 页。
20. 《列宁全集》中文第二版增订版第 3 卷第 552—553 页。
21. 彼・伊・利亚先科:《苏联国民经济史》(三卷本),莫斯科 1947—1956 年版,第 2 卷第 162—163 页。
22. 《列宁全集》中文第二版增订版第 3 卷第 545—546 页。
23. 彼・伊・利亚先科:《苏联国民经济史》(三卷本),莫斯科 1947—1956 年版,第 2 卷第 376—377 页。
24. 潘・尼・勒柏辛斯基:《转折》,莫斯科 1984 年版,第 10—11 页。
25. 《列宁全集》中文第二版增订版第 4 卷第 153 页。
26. 爱・伯恩施坦:《社会主义的前提和社会民主党的任务》,圣彼得堡 1906 年版,第 133 页。
27. 《列宁全集》中文第二版增订版第 53 卷第 207 页。
28. 《列宁全集》中文第二版增订版第 16 卷第 21 页。
29. 《列宁全集》中文第二版增订版第 4 卷第 168 页。
30. 《回忆列宁》,人民出版社 1982 年版,第 1 卷第 285 页。
31. 《回忆列宁》,人民出版社 1982 年版,第 1 卷第 64—65 页。
32. 《回忆列宁》,人民出版社 1982 年版,第 2 卷第 23 页。

第四章

俄国的星星之火

（1900 年 2 月—1904 年）

▶ 弗·伊·乌里扬诺夫
（莫斯科 1900 年）
俄罗斯国家社会政治历史档案馆

革命的代办员

普斯科夫—里加—彼得堡—乌法

乌里扬诺夫同家人一道从舒申斯克村出发，经过八天的行程后，于1900年2月6日来到了乌法，很快在旅馆住了下来。娜捷施达·康斯坦丁诺夫娜还要在乌法流放13个月，她和母亲伊丽莎白·瓦西里耶夫娜租下了秋列姆街78号顶层的房子和普里尤特街20号的房子。

弗拉基米尔·伊里奇结识了包括亚·德·瞿鲁巴在内的一些乌法社会民主党人，向他们透露了出版秘密报纸《火星报》的计划。克鲁普斯卡娅领导办报据点的工作，以便同俄国无产阶级中心取得联系。瞿鲁巴按照乌里扬诺夫的建议，作为《火星报》的代办员去了哈尔科夫。

2月中旬，德米特里·伊里奇·乌里扬诺夫在距莫斯科50公里的波多利斯克站接到了哥哥。他回忆说："我在长途列车的三等车厢里找到他。从各个方面都可以看出，这些旅客是从寒冷的地方来的：皮大衣啦、翻皮大氅啦、西伯利亚式的护耳暖帽啦、毡靴啦、镶皮毡靴啦，等等，在车厢里比比皆是。弗拉基米尔·伊里奇看上去显得比以前健壮一些，结实一些，跟放出'拘留所'的时候当然大不相同了。他首先询问家里人的情况，询问母亲的健康状况，随后就打听起消息来。但很快就发现，尽管他从流放地回来，而我住在莫斯科附近，可是他知道的消息却比我多得多。"[1]

乌法

乌里扬诺夫在莫斯科停留了四天左右，住在巴赫梅季耶夫街25号安娜·伊里尼奇娜家里。他会见了莫斯科的一些社会民主党人、俄国社会民主工党叶卡捷琳诺斯拉夫委员会的代表伊·克·拉拉扬茨和地下工作者列·波·克拉辛，在位于马车队大街的公共艺术剧院里观看了格·豪普特曼的话剧《马车夫亨舍尔》。

К. И. 格拉西莫夫
列宁和娜·康·克鲁普斯卡娅会见《火星报》代办员亚·德·瞿鲁巴
1955 年
乌法列宁故居博物馆

2月下旬，弗拉基米尔·伊里奇秘密前往下诺夫哥罗德，然后从那里去了彼得堡。他从火车站一出来就换乘马车，直奔利捷伊大街60号社会活动家亚·米·卡尔梅柯娃家。他在这里同秘密回到俄国的维·伊·查苏利奇就格·瓦·普列汉诺夫的“劳动解放社”参与出版《火星报》和科学政治杂志一事进行了商议。

1900年2月26日，弗拉基米尔·伊里奇到了普斯科夫。他先后在大卢基街40号统计员弗·安·奥博连斯基家和斯捷普街拉德琴柯夫妇家住了几天，最后从住在阿尔汉格尔斯克街3号*的药剂师 K.B.卢里亚那里租到住所——一间陈设简朴的屋子：一张写字台，一个摆满书的书架，一张简易床，一个小沙发和几把椅子。

乌里扬诺夫从舒申斯克村运来400册藏书，经常工作至深夜，所以总有一个热茶炊陪伴着他。

《火星报》的出版筹备工作当时正在德国进行，于是弗拉基米尔·伊里奇给《普斯科夫城市小报》发去一则启事：“有人愿意雇有学问的德国人教德语课（理论课和实践课）。愿意者请函复：阿尔汉格尔斯克街，切尔诺夫楼，卢里亚宅，转弗·乌·。”

他在给母亲的信中说：“我的生活如常，健康状况很好，今天已在试着不喝‘矿泉水’……

娜佳恐怕仍在养病。大夫认为（约一个星期以前她来信说），她的病（妇女病）需要耐心治疗，得静养**2—6个星期**。我又给她寄了一点钱（我从沃多沃佐娃那里收到100卢布），因为治病需要相当多的费用（我的钱暂

---

* 1930年此处开设了列宁故居博物馆。——俄文编者注

А.Д.基里洛夫
旧普斯科夫
普斯科夫列宁故居博物馆

А.Д.基里洛夫
列宁在普斯科夫
普斯科夫列宁故居博物馆

M. C. 卡赞斯基
列宁和亚·米·斯托帕尼
1969 年
普斯科夫列宁故居博物馆

时够用，如若用完，我就写信给你）。这样一来，即使被批准了（我至今仍未得到回音，我现在几乎不想再等了），她现在也不能来我这里。今年春天，即再过一个半月以后，我想去看看她，也可能提前。”[2]

当时住在普斯科夫的有同德国社会民主党人保持广泛联系的亚·尼·波特列索夫，女革命者柳博芙·尼古拉耶夫娜·拉德琴柯，雅罗斯拉夫尔的马克思主义者亚历山大·米特罗范诺维奇·斯托帕尼。乌里扬诺夫经常同他们商讨诸如《〈火星报〉和〈曙光〉杂志编辑部声明草案》、这两个出版物的组织出版工作等事宜。后来弗拉基米尔·伊里奇曾边笑边给克鲁普斯卡娅讲“拉德琴柯的两个年幼的女儿热纽尔卡和柳达怎样模仿他和波特列索夫的动作。两个孩子背着手，并排在屋里踱着步，一个说‘伯恩施坦’，另一个就回答‘考茨基’……”[3]

乌里扬诺夫把《火星报》和《曙光》杂志的出版计划告诉了来过他那里的尤·奥·马尔托夫和亚·米·卡尔梅柯娃。

亚历山大·克里耶温什
列宁在里加（1900 年）
1969 年
里加列宁博物馆

奥博连斯基专门在彼得罗夫斯基镇租的房子* 也是秘密会面的地点，1900 年 3 月底在这里开了“普斯科夫会议”——革命马克思主义者同前来的合法马克思主义者司徒卢威和杜冈 - 巴拉诺夫斯基的会面。来者对出版《火星报》的计划态度谨慎，但是同意参与其中，并且给了第一笔资助金。

4 月初，受普斯科夫统计局委派，乌里扬诺夫去了普斯科夫省伊兹博尔斯克，然后应在里加工作的“彼得堡工人阶级解放斗争协会”战友米·亚·西尔文的邀请，秘密前往里加。

西尔文回忆说：“我得知他真的打算出国后，感到很失望。‘但是，您将同国内、同运动失去联系，您已经看到“劳动解放社”的情况，——它最终在组织上与我们几乎毫无关系；在这里做建党工作不是更重要吗？’

弗拉基米尔·伊里奇更加详细地对我阐述了他的想法，但是他的理由并没有打消我的忧虑。

弗拉基米尔·伊里奇试图用幽默的方式说服我：‘去流放一次还可以，但再去流放一次就愚蠢了；在国外，我们的作用会更大。’”[4]

西尔文看到，乌里扬诺夫在同拉脱维亚社会民主党人交谈时，曾试图搞清他们有多么热衷于“批评”马克思主义：“弗拉基米尔·伊里奇受到拉脱维亚人极度喜爱——他们不可能不为他的超群智慧、组织才能和宏韬伟略所折服，他本人也始终对他们怀有好感，尤其是在拉脱维亚社会民主运动进一步发展、很快就颇具规模的情况下。”[5]

---

* 1938 年此处开设了列宁故居博物馆（“《火星报》小屋”）。——俄文编者注

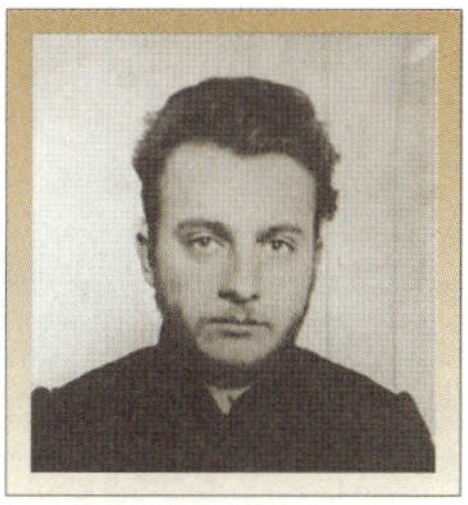

弗拉基米尔·亚历山德罗维奇·诺斯科夫
俄罗斯国家社会政治历史档案馆

Д. С. 海金
在轮船上
乌里扬诺夫斯克列宁纪念馆

4月底，乌里扬诺夫向警察司申请去乌法看望生病的妻子，期限为一个半月。5月5日，他被拒绝前往乌法，却顺利地得到了出国护照。直到5月中旬，由于玛丽亚·亚历山德罗夫娜的请求，他的乌法之行才获批准。

在普斯科夫的最后一天，也就是5月19日，乌里扬诺夫从当地的社会民主党人 Н. Ф. 洛帕廷那里收到了用于资助报纸出版的约一万卢布，把一箱书寄给了在波多利斯克的弟弟德米特里，然后同马尔托夫一道乘坐夜间火车去了彼得堡。5月20日夜，他住在首都哥萨克巷“彼得堡工人阶级解放斗争

M.H. 叶菲姆金
列宁在波多利斯克
“波多利耶”历史纪念文物保护区博物馆
莫斯科州

协会”会员亚·列·马尔琴科的母亲家里，但是21日早上被警察发现，并被逮捕。

德米特里·乌里扬诺夫提起哥哥的这次出行，是这样说的：“弗拉基米尔·伊里奇是同马尔托夫（当时还跟他志同道合）一起出发去彼得堡的。他们觉得，去华沙车站上车，也就是直接前往彼得堡，是有危险的，于是决定不留痕迹，从另外一个没有密探守候他们的车站乘车到彼得堡去……他们把他传去审讯，问他：‘您来干什么？您不是知道禁止您到首都来吗？’接着又问：‘您挑的路线可真不错啊！经过皇村！难道您不知道那里的一草一木我们都有人监视吗？’”[6]

据安·伊·乌里扬诺娃-叶利扎罗娃说，弗拉基米尔·伊里奇非常担心使用化学方式写给格·瓦·普列汉诺夫的一封信：“这封信里谈到了出版全俄报纸的计划，因此可能会使他暴露。整整三个星期他都不知道这封信是否显影出来了。他最担心的是，时间一长化学墨水有时会自动显影出来。结果总算平安无事：他们没有注意这张信笺，原封不动地退还给弟弟了。”[7]

5月31日，乌里扬诺夫在保安处官员的监视下被押解到莫斯科省波多利斯克，玛·亚·乌里扬诺娃在那里，住在谢尔普霍夫街克德罗娃家*。6月7日，三人——乌里扬诺夫与姐姐安娜·伊里尼奇娜和母亲玛丽亚·亚历山德

* 1924年此处开设了列宁故居博物馆。——俄文编者注

罗夫娜——一道坐火车离开波多利斯克前往下诺夫哥罗德，然后乘轮船沿伏尔加河、卡马河和别拉亚河去乌法。

弗拉基米尔·伊里奇在娜捷施达·康斯坦丁诺夫娜的住所里待了两周多。得知乌里扬诺夫来到了省里，由弗·亚·诺斯科夫领导成立的“北方工人协会”的一些代表从沃罗涅日赶到了这里。同沃罗涅日代表们的谈话是“在马奶酒的芬芳中”——在普里尤托沃村附近巴什基尔人叶海亚·图卡耶夫的园子里进行的，弗拉基米尔·伊里奇在这里给协会起了个秘密名称“谢苗·谢苗诺维奇”。诺斯科夫后来领导设在维尔诺的《火星报》运输局。

在返回波多利斯克途中，乌里扬诺夫去了萨马拉和塞兹兰。

К. И. 格拉西莫夫
列宁与家人在一起（1900年夏）
1955 年
乌法列宁故居博物馆

俄国人街48号

苏黎世—日内瓦—慕尼黑—莱比锡

1900年7月16日，弗拉基米尔·伊里奇动身前往国外。他曾在斯摩棱斯克停留，会见伊·瓦·巴布什金，于7月20日抵达苏黎世。

“劳动解放社”的帕·波·阿克雪里罗得前来迎接弗拉基米尔·伊里奇。两天后，他们出发去了日内瓦普列汉诺夫那里。格奥尔吉·瓦连廷诺维奇支持出版马克思主义出版物的想法，但是他表示自己在编辑部中要享有特权。

8月初，谈判在伯勒里夫（穆尔滕湖畔）和科尔谢（日内瓦湖畔）继续进行，参与谈判的有：维·伊·查苏利奇、亚·尼·波特列索夫、从流放地回来的彼得堡革命者尼·埃·鲍曼。在科尔谢，分歧越发尖锐。在谈判中断期间，弗拉基米尔·伊里奇同波特列索夫探讨了返回俄国、不出版报纸而是出版小册子的可能性。他们电告莱比锡的印刷所，暂停筹备工作。

慕尼黑

电视剧《分裂》(导演 C.科洛索夫)中的镜头:
讨论《火星报》提出的纲领,从左到右依次为:弗·伊·乌里扬诺夫(**B.罗曼诺夫饰**)、帕·波·阿克雪里罗得(**A.吉加尔尔哈尼扬饰**)、维·伊·查苏利奇(**E.尼基希希娜饰**)、格·瓦·普列汉诺夫(**P.阿多迈季斯饰**)、亚·尼·波特列索夫(**A.哈里托诺夫饰**)。
莫斯科电影制片厂摄制
1993年

在阿克雪里罗得和查苏利奇的坚持下,谈判恢复了,8月中旬在日内瓦举行了最后的会谈。乌里扬诺夫在写给娜捷施达·康斯坦丁诺夫娜的信《"火星"怎么会差一点熄灭了?》(这封信是他在等候去德国的火车时,在苏黎世的一家咖啡馆的桌旁写的)中谈到了这次会谈:

"格·瓦·进来叫我们到他的房间里去。在那里他声明说,他最好还是做一个撰稿人,普通的撰稿人,否则老是要发生摩擦,他对问题的看法显然跟我们不同,他理解和尊重我们党的观点,但是他不能采取这个观点。最好我们做编辑,他做撰稿人。我们一听都愣了,真是愣了,表示不同意。这时格·瓦·就说:好吧,如果在一起,那么我们怎么表决呢?一共几个人?——六个人。——六个人不合适。维·伊·*帮腔说,'那么就算格·瓦·两票,否则他总是孤立,策略问题上两票'。我们同意了。这样权柄就落入了格·瓦·手中,他立刻以编辑的口吻来分配杂志的各个专栏和文章,以不容反驳的口吻要在场的这个人或那个人负责这一栏或那一栏。我们都很沮丧地坐着,无可奈何地一概同意,还来不及弄清楚眼前发生的一切。"[8]

尼古拉·埃内斯托维奇·鲍曼(1895年)
俄罗斯国家社会政治历史档案馆

结果,所有六个人——乌里扬诺夫、普列汉诺夫、查苏利奇、阿克雪里罗得、马尔托夫和波特列索夫——都是编辑,普列汉诺夫分得了两票。

1900年8月中旬,乌里扬诺夫在去慕尼黑的途中曾在纽伦堡停留,同安

阿道夫·布劳恩

---

* 维·伊·查苏利奇。——俄文编者注

不知名画家
克拉拉·蔡特金像
20世纪20年代
国立中央俄罗斯现代史博物馆

娜·伊里尼奇娜和德国社会民主党领导人之一阿道夫·布劳恩会面。然后他去了布拉格，在那里同当地的印刷厂商定在俄国和德国之间的转寄信件事宜。8月25日，弗拉基米尔·伊里奇抵达慕尼黑，没有使用护照，而是使用迈耶尔这个姓在施瓦宾区皇帝大街53号一家酒馆的老板、社会民主党人格·里特迈耶尔那里住了下来。

在报纸和杂志的组织安排方面，乌里扬诺夫得到了后来的德国共产党创建者之一克拉拉·蔡特金、阿道夫·布劳恩、波兰革命者尤利安·马尔赫列夫斯基、斯图加特一家社会民主党大出版社领导人约翰·狄茨、医学博士卡尔·列曼的帮助。

弗拉基米尔·伊里奇在筹备出版《火星报》时，不止一次去翻阅往期的《新莱茵报》——1850年出版的评论合订本。这份由卡尔·马克思和弗里德里希·恩格斯于1848—1849年在科隆编辑出版的报纸，拥有广泛的通讯员网和大约6000份的印数。恩格斯评价说，没有一份德文报纸具备这样的能量和影响力。多年后，列宁在《卡尔·马克思》一文（1915年）中指出，马克思在这个“到现在还是革命无产阶级最好最卓越的机关报”[9]上发表的许多文章没有出版。

尤利安·马尔赫列夫斯基

1900年12月，乌里扬诺夫有八天时间是在莱比锡的俄国人街48号一所院子*深处的小“板棚”——格尔曼·劳的印刷厂里度过的。他编辑材料、审读校样、挑选铅字。弗拉基米尔·伊里奇离开莱比锡的第二天，也就是12月11日，《火星报》创刊号出版，题词为“十二月党人答赠”普希金的诗句：“星星之火将燃成熊熊烈焰！”该号刊载了列宁的下列文章：《我们运动的迫切任务》（社论）、《对华战争》和《国外俄国社会民主党人联合会的分裂》。

在《对华战争》一文中，弗拉基米尔·伊里奇对义和团运动和其他人民起义予以声援，支持他们反抗包括俄国政府在内的八国资产阶级政府的把中国变成殖民地的政策。

卡尔·列曼

“它‘毫无私心地’占领了中国旅顺口，并且在俄国军队保护下开始在“满洲”修筑铁路”，弗拉基米尔·伊里奇写道。“欧洲各国政府一个接一个拼命掠夺（所谓‘租借’）中国领土，无怪乎出现了瓜分中国的议论。如果按照真实情况，就应当说：欧洲各国政府（最先恐怕是俄国政府）已经开始

---

* 1956年此处开设了《火星报》纪念馆。——俄文编者注

E.H.沙皮罗
卡尔·马克思和弗里德里希·恩格斯在《新莱茵报》编辑部
1961年
俄罗斯国家社会政治历史档案馆

瓜分中国了。不过它们在开始时不是公开瓜分，而是像贼那样偷偷摸摸进行的。它们盗窃中国，就像盗窃死人的财物一样，一旦这个假死人试图反抗，它们就像野兽一样猛扑到他身上。它们把一座座村庄烧光，把老百姓赶进黑龙江中活活淹死，枪杀和刺死手无寸铁的居民和他们的妻子儿女。”[10]

在位于库尔兰省波兰根（今为立陶宛的帕兰加）的俄国边境，印数为8000份的《火星报》被扣押了3000份。后来的各号（截至1902年6月）是在另一家印刷厂——慕尼黑塞内费尔德大街4号马克西穆斯·恩斯特印刷厂印的。

1901年3月10日，斯图加特狄茨出版社出版了《曙光》杂志第1期，这一期刊登了弗拉基米尔·伊里奇的总标题为《时评》的三篇文章。杂志总共（截至1902年）出版了四期。

在柏林和巴黎发行《火星报》的安娜·伊里尼奇娜3月看望了弟弟。此时，因从事地下活动被捕的妹妹玛丽亚·伊里尼奇娜身处莫斯科的塔甘监狱中，关押七个月后将被流放到萨马拉。安娜·伊里尼奇娜的丈夫马·季·叶利扎罗夫因莫斯科社会民主党委员会的案子也身陷囹圄，他也将被流放到塞兹兰两年。

纲领之争

慕尼黑

1901 年 4 月初，流放期满的娜捷施达·康斯坦丁诺夫娜来到慕尼黑并很快投入秘书工作。

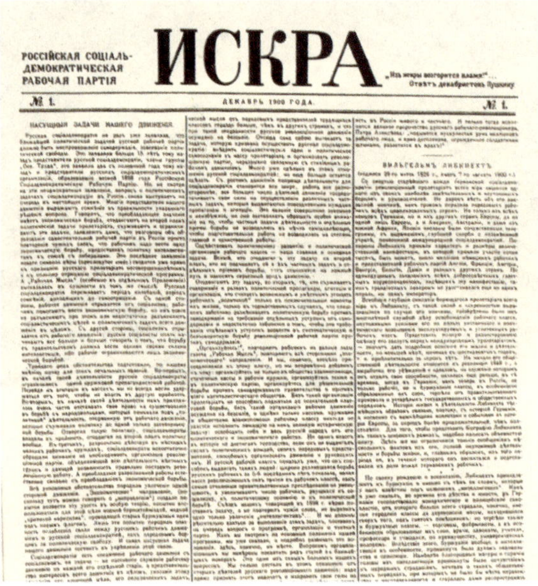
РОССІЙСКАЯ СОЦІАЛЬ-ДЕМОКРАТИЧЕСКАЯ РАБОЧАЯ ПАРТІЯ

ИСКРА

„Изъ искры возгорится пламя!"... Отвѣтъ декабристовъ Пушкину

№ 1. ДЕКАБРЬ 1900 ГОДА. № 1.

НАСУЩНЫЯ ЗАДАЧИ НАШЕГО ДВИЖЕНІЯ.

ВИЛЬГЕЛЬМЪ ЛИБКНЕХТЪ.

《火星报》创刊号

“弗拉基米尔·伊里奇的房间是不太好的，他过着单身汉的生活，每天在一个德国女人那里吃饭，她给他吃面食”，娜捷施达·康斯坦丁诺夫娜回忆说。“早晨和晚上用白铁杯子喝茶，用完后自己细心地刷洗干净，挂到水龙头旁边的钉子上。”[11]

随着妻子的到来，弗拉基米尔·伊里奇的日常生活步入正轨。他们通过发启事租了施莱斯海姆街 106 号 Г.凯泽尔家的一间屋子，这是个由六口人组成的工人家庭。入住登记用的是保加利亚法学博士约尔丹·К.约尔丹诺夫及其妻子玛丽察的护照。娜捷施达·康斯坦丁诺夫娜“决定让弗拉基米尔·伊里奇吃家里做的饭，就自己做起饭来了。做饭是在房东的厨房里，但必须在自己的房间里把一切东西都准备好。我竭力少弄出一些响声，因为弗拉基米尔·伊里奇这个时候已经开始写《怎么办？》了”。[12]

叶列娜·德米特里耶夫娜·斯塔索娃（1904 年）
俄罗斯国家社会政治历史档案馆

1901 年春天，乌里扬诺夫在慕尼黑第一次同德国和国际工人运动活动家罗莎·卢森堡会面，请她参加《曙光》杂志的出版工作。夏天，他以个人身份结识了路过慕尼黑的卡尔·考茨基。

5 月初，乌里扬诺夫和克鲁普斯卡娅搬入施瓦宾区锡格弗力德街 14 号一幢新建的楼房，有了自己的住宅，他们在房间里摆上了旧家具。不久后，伊丽莎白·瓦西里耶夫娜来到他们这里。

A.B.瓦涅齐昂
工人在读《火星报》
1947年
国立中央俄罗斯现代史博物馆

安娜·伊里尼奇娜·乌里扬诺娃（1900—1902年）
俄罗斯国家社会政治历史档案馆

罗莎丽亚·萨莫伊洛夫娜·捷姆利亚奇卡
俄罗斯国家社会政治历史档案馆

《火星报》是用高强度薄纸印的，经维尔诺运往彼得堡，经维也纳运往大不里士，经利沃夫运往基辅，经瓦尔纳运往敖德萨，经马赛运往巴库以及高加索地区、伏尔加河流域和乌拉尔地区。少量的报纸藏在行李箱的夹层、衣服"铠甲"和书的硬书皮里。基什尼奥夫和巴库的秘密印刷所根据寄来的纸型确定报纸的印数。

俄国有分散各地的《火星报》代办员——叶·德·斯塔索娃、尼·埃·鲍曼、格·马·克尔日扎诺夫斯基、玛·伊·乌里扬诺娃、弗·威·林格尼克、莉·米·克尼波维奇、潘·尼·勒柏辛斯基、罗·萨·捷姆利亚奇卡、米·伊·加里宁、彼·格·斯米多维奇、米·亚·西尔文等人。巴布什金从奥列霍沃－祖耶沃来信说："我们这里大家都争相阅读《火星报》，不管运来多少，都能散发出去。由于有了这份报纸，现在感觉工人们热情高涨。大家对第3号上刊登的关于农民问题的文章议论得特别多，所以都要求运来这一号报纸。"

不知名画家
罗莎·卢森堡像
20 世纪 20—30 年代
国立中央俄罗斯现代史博物馆

《火星报》的出版正值 1901—1903 年欧洲经济危机高峰，这场危机表现为生产急剧下降、失业人数增加、银行相继倒闭。此前，西欧各国曾拥有大量过剩的货币资本，以致巴黎和伦敦的贴现率下滑到 2% 以下。西方资本竞相流向俄国以获取 15%—30% 的红利，这引发了金融和工业投机风潮（纷纷创办投机企业热潮）。[13]

甚至连政府的出版物也引用这样的事实：募集起来 850 万法郎股份资本，只分给企业 150 万法郎，其余的钱都落入创办人和经纪人的腰包。工厂和矿场没有周转资金，贷款利率越来越高，仓库里货物积压，价格下跌。一些工业巨头，例如布良斯克厂、顿涅茨克 - 尤里耶夫冶金公司、巴库油田等，资产贬值 1/2—2/3。

俄国有近 3000 家大中型企业关闭。同盟歇业和失业现象导致彼得堡、莫斯科、伊万诺沃 - 沃兹涅先斯克、雅罗斯拉夫尔、下诺夫哥罗德、敖德萨、梯弗利斯、萨拉托夫、乌拉尔地区、顿涅茨克煤田、弗拉季高加索铁路爆发声势浩大的罢工运动。仅 1901 年就爆发了 120 次罢工，每次都有数千工人参加。

乌里扬诺夫在《危机的教训》一文（载于 1901 年 8 月《火星报》）中指出了产生罢工风潮的深层次原因："资本主义的生产，只能跳跃式地发展，即进两步退一步（有时两步都退回来）。我们已经指出，资本主义的生产，是为销售而生产，是为市场生产商品。而管理生产的是单个的资本家，他们各干各的，谁也不能准确知道市场上究竟需要多少产品和需要哪些产品……对情况不明的新市场的这种世界性的疯狂追逐，引起了巨大的破产，这是没有什么可奇怪的。"[14]

米哈伊尔·伊万诺维奇·加里宁
俄罗斯国家社会政治历史档案馆

弗拉基米尔·伊里奇在载于《火星报》的文章《新的激战》（1901 年 6 月）中写道，危机会破除关于经济斗争的幻想，经济斗争"最多也只能使出卖劳动力这种商品的条件略微有利一些。当这种'商品'由于危机而找不到销路时，行业工会和罢工就无能为力了，它们不能改变使劳动力变为商品、使劳动群众极端贫困和陷于失业的条件"。[15]

这篇文章记述了 1901 年 5 月 7 日彼得堡郊区奥布霍夫炼钢厂工人大罢工的经过，这次罢工导致同军队发生冲突，几百名五金工人遭到镇压。

彼得·格尔莫格诺维奇·斯米多维奇

1903 年，提出政治要求的大规模罢工和示威游行席卷了俄国南部（巴库、梯弗利斯、基辅、敖德萨、叶卡捷琳诺斯拉夫、尼古拉耶夫）。俄国社会民主工党叶卡捷琳诺斯拉夫委员会的传单上提出这样的口号："废除专制制度！民主共和国万岁！"基辅社会民主党人致信《火星报》说："感觉我们正处在街垒战前夕。"

后来列宁评价这些年的工人运动时说："无产阶级第一次作为阶级同其

余的一切阶级相对峙，同沙皇政府相对峙。”[16]（《最初的几点教训》（1905年2月））

电视剧《分裂》（导演 C.科洛索夫）中的镜头：
弗·伊·乌里扬诺夫（**B.罗曼诺夫饰**）和格·瓦·普列汉诺夫（**P.阿多迈季斯饰**）。
莫斯科电影制片厂摄制
1993年

1901年12月，弗拉基米尔·伊里奇第一次使用尼·列宁这个笔名署名（载于《曙光》杂志的《土地问题和“马克思的批评家们”》一文前四章）。

年底，获准离开特维尔流放地出国的彼·伯·司徒卢威来到慕尼黑。几个月后，他开始出版《解放》杂志，宣传“立宪制度”和对地方自治机关的依靠，接近后来成为立宪民主党核心的“解放社”的创始人。

克鲁普斯卡娅提到司徒卢威时这样写道：“这时，他已经从社会民主主义阵营投到自由派阵营里去了。最后来的那次，同他发生了剧烈的冲突。维拉·伊万诺夫娜送了他一个绰号：‘钉了掌的牛犊子’。弗拉基米尔·伊里奇和普列汉诺夫认为他不可救药。维拉·伊万诺夫娜认为他还不是毫无希望。她和波特列索夫因而被戏称为‘司徒卢威的朋党’……

弗拉基米尔·伊里奇拒绝见他。我曾到维拉·伊万诺夫娜的住宅里去看他。见面是很沉闷的。司徒卢威非常恼怒。令人感觉到有一种沉闷的陀思妥耶夫斯基式的情绪。”[17]

《火星报》编辑部当时正在制定俄国社会民主工党纲领草案，以提交即

B.C.斯瓦罗格
伏罗希洛夫同警察战斗
1938年
诺夫哥罗德文物保护区博物馆旧鲁萨分馆

И.Г.德罗兹多夫
奥布霍夫厂自卫
俄罗斯政治史博物馆

将召开的党代表大会。对革命动力的估计、无产阶级政党的策略和土地国有化的口号，在火星派中间引起了极大的分歧。

1902年1月8日在锡格弗力德街列宁的住处开了一次编委会会议。弗拉基米尔·伊里奇对第一个纲领草案提出了自己的意见。例如，他不赞成普列汉诺夫的这一表述："现代社会的主要经济特点，是**资本主义生产关系**在其中占统治地位……"并写上了注解："资本主义不是现代社会的'特点'，而是它的经济**制度**，经济**结构**等等。"[18]

克鲁普斯卡娅回忆说，格奥尔吉·瓦连廷诺维奇"对列宁起草的纲领初稿中的几个地方进行了攻击。维拉·伊万诺夫娜不是十分同意列宁的意见，但也不完全同意普列汉诺夫的意见。阿克雪里罗得在某些地方也同意列宁的意见。会开得很沉闷。维拉·伊万诺夫娜想反驳普列汉诺夫，但普列汉诺夫摆出一副不可侵犯的样子，交叉着两手瞪着她，把维拉·伊万诺夫娜弄得不知所措。问题弄到非表决不可的地步了。表决之前，在这个问题上赞成列宁意见的阿克雪里罗得声称自己头疼得厉害，想去散步"。[19]

弗拉基米尔·伊里奇着手起草自己的草案（所谓的弗雷草案），在初稿中作了一百多处改动，修改了理论部分、关于土地和工厂的章节，并把它寄给了设在苏黎世的协商委员会。

同改良主义者斗争

伦敦

1901年，火星派分子尼·列·美舍利亚科夫离开俄国来到列宁这里，他写道，住在宁静的慕尼黑的俄国侨民们忽视了那里的俄国青年："大学生们得知市内住着几位大革命家，就对他们产生了兴趣，于是在火星派分子的后面总是尾随着一些大学生。每当火星派分子到饭馆或者其他地方去，大学生们就跟在他们后面。大学生们的这些行动当然也引起了警察的注意。这样一来，火星派分子不得不放弃慕尼黑这个较小的城市，在那里，每一个多少有点名气的人大家都会知道他……"[20]

《火星报》编辑部决定迁往伦敦，于是，1902年3月30日弗拉基米尔·伊里奇和妻子离开了慕尼黑。他们中途曾在科隆、列日、布鲁塞尔短暂停留。在伦敦，火星派分子尼·亚·阿列克谢耶夫博士来接他们，并把他们送到了临时住的房子里。4月中旬，列宁和克鲁普斯卡娅使用里希特这个姓在霍尔福广场30号楼*伊欧夫人家里住了下来（二楼的两个没有家具的房间，煤和水在一楼）。编辑部成员阿列克谢耶夫、马尔托夫和查苏利奇住在较为偏僻的西德茅斯街上的一套五居室住宅，其中两个房间作为餐厅和客厅。

列宁住在伦敦时，娜捷施达·康斯坦丁诺夫娜亲自用煤油炉做饭和擦洗地板，他们的住处的干净程度让客人感到惊奇。美舍利亚科夫看到："他爱整洁，他的书房和卧室总是很整洁。与此不同的是，就拿马尔托夫的房间来说，那里总是乱七八糟，毫无秩序，烟头和烟灰到处乱扔，食糖和烟草混放一处，因而，每当马尔托夫请来访者喝茶，他们取糖的时候往往难以下手。维拉·查苏利奇的住处也是同样的凌乱不堪。"[21]

弗拉基米尔·伊里奇和娜捷施达·康斯坦丁诺夫娜通过乘坐公共马车出行或散步来了解伦敦的生活。他们去过海德

列宁和克鲁普斯卡娅1902年4月—1903年4月住过的伦敦霍尔福广场30号楼

俄罗斯国家社会政治历史档案馆

*　1942年3月，这栋楼挂上了纪念标牌；1942年4月，这栋楼对面竖立起英国建筑师用白色大理石雕刻而成的列宁半身雕像。——俄文编者注

公园的公开辩论会、博物馆、大众食堂、阅览室以及“七姊妹”教堂（这些地方在工作结束后都有社会党人发言）。4 月底，列宁拿到了世界上藏书最丰富的英国博物馆阅览室的借阅证，同妻子一起跟三名伦敦的职员学习英文，交换条件是教他们俄文。

当时阿列克谢耶夫博士正同英国社会民主党周报《正义报》的编辑哈里·奎尔奇就出版《火星报》事宜进行谈判，后者起初曾以场地紧张为由拒绝印刷俄文报纸。列宁只得请格·瓦·普列汉诺夫利用其威望给予帮助。《火星报》第 21 号（刊有俄国社会民主工党纲领的最终草案）还是在慕尼黑出版的，从 7 月的第 22 号起，报纸每两周在《正义报》位于克勒肯韦尔草坪 37A 号*附近的地下印刷所印刷一次。《火星报》在伦敦出版到了第 38 或 39 号（没有弄清究竟是哪一号）。

尼古拉·列昂尼多维奇·美舍利亚科夫

俄罗斯国家社会政治历史档案馆

哈里·奎尔奇

《前进报》封面：列宁和克鲁普斯卡娅参加的 1901 年慕尼黑五一示威游行

* 1933 年此处开设了卡尔·马克思工人图书馆，并挂上了纪念标牌。——俄文编者注

伦敦

多年后，弗拉基米尔·伊里奇在简讯《哈里·奎尔奇》（1913 年）中写道：“以奎尔奇为首的英国社会民主党人非常乐意地让出自己的印刷所。奎尔奇本人不得不因此‘挤一挤’，在印刷所里用薄木板给他隔出一个小角落作为编辑室。在这个小角落里安放了一张非常小的写字桌，桌子上方的墙上有一个摆满书的搁板，还有一把椅子。当时，当笔者到这个‘编辑室’拜访奎尔奇的时候，已经没有地方再摆另外一把椅子了……”[22]

列宁发现了英国社会民主党那些年的特点：“这种垄断使英国资本获得难以置信的巨额利润。因此有可能从这些利润中拿出一点点给工人贵族——熟练的工厂工人。

这些当时有较为可观的工资收入的工人贵族，封闭在狭隘的、自私的行会性的联合会中，与无产阶级群众隔绝，在政治上站在自由派资产阶级一边。甚至到目前为止，世界上大概还没有任何地方像英国那样在先进工人中有这么多的自由派。”[23]

英国建筑工会宣传画：“工人们为了共同的事业走到一起。团结就是胜利。”
1889 年
曼彻斯特民间史博物馆

为《火星报》提供资助的有国内外协助小组，还有阿·马·高尔基、亚·米·卡尔梅柯娃、工程师罗·爱·克拉松、出版商玛·伊·沃多沃佐娃、工厂主萨·莫罗佐夫（他请求在报纸上斥责他，以制造其未参与资助的假象）。汇给报纸的还有列宁的报告酬金，读者和俄国社会民主工党国内各委员会的捐款。到 1903 年仲夏，在俄国 100 多个城市中都能看到《火星报》。

1902 年 3 月，斯图加特狄茨出版社出版了列宁的《怎么办？我们运动中的迫切问题》一书，书中对种种机会主义派别进行了批判。这些派别在法国表现为米勒兰主义，在英国表现为工联主义，在德国表现为伯恩施坦主义，而在俄国社会民主党中则表现为“经济主义”。

B.C.申杰利
暴动
1979 年
顿涅茨克共和国艺术博物馆

列宁同《工人事业》杂志——俄国“经济派”在日内瓦的中心进行论战时指出，亚·萨·马尔丁诺夫说的“‘赋予经济斗争本身以政治性质’这句漂亮话，听起来‘极端’深奥，‘极端’革命，其实却掩盖着那种力求把社会民主主义的政治降低为工联主义的政治的传统意图！”[24] 弗拉基米尔·伊里奇断言，“我们的任务不是要为把革命家降低为手工业者辩护，而是要把手工业者提高为革命家。”[25]

当时，“警察社会主义”已经深入到彼得堡的工人中，深入到茶馆、戒酒协会和讲演厅中，负责政治侦查的谢·瓦·祖巴托夫上校说：“如果说革命运动的目标是创立意识形态理论，那么工人运动的目标就是得到一戈比。”继莫斯科和其他城市之后，祖巴托夫的爪牙们又在圣彼得堡组建了“机械工人互助协会”，其目的是鼓吹政府和工人的“合作”，而且年轻的神父格奥尔吉·加邦也与鼓吹者沆瀣一气。

格奥尔吉·阿波罗诺维奇·加邦

1903 年 1 月《火星报》第 1 号（总第 31 号）转载了《莫斯科新闻》上刊登的“工人 Ф.А.斯列波夫”的信，他呼吁同“在人民群众中引起骚乱，散播内讧的种子，削弱对历代崇尚的故训的忠诚、对最高权力的尊重和敬仰的我们祖国的敌人”作斗争。

列宁对此评论道：“政府对工人的需要的一切支持，一切同情，归根结底就是在工人中组织集团来反对社会主义。这才是实情。除了皮鞭和监狱、流放和监禁之外，祖巴托夫分子工人先生们还要培养工人'对最高权力的尊重和敬仰'，这对工人来说倒是很有意思的。"[26]

《火星报》共刊登了列宁的40多篇文章和檄文。文学批评家、职业革命家米·斯·奥里明斯基评价他的作品说："这里几乎全是辩论文章。这些文章的风格几乎完全一样：作者从论敌的文章中摘出引文，然后仔细地加以分析……这种犀利的分析不止一次地令一些假马克思主义者声名狼藉（只要回忆一下彼·司徒卢威和亚·波特列索夫的情况就够了），在这些假马克思主义者的面目暴露以前很久就已令其声名狼藉了……"[27]

1902年9月，从叶卡捷琳诺斯拉夫监狱逃出且不懂外语的伊万·瓦西里耶维奇·巴布什金来到伦敦。弗拉基米尔·伊里奇多次同他谈话，建议他写革命活动回忆录。10月巴布什金返回俄国，在那里他再次被捕，并被流放到雅库特。1906年1月，在给伊尔库茨克工人运送武器时，他和同志们在斯柳江卡站遭遇沙皇讨伐队，被枪杀。

Б. Е. 弗拉基米尔斯基
散发传单（1890—1900年）
1934年
国立中央俄罗斯现代史博物馆

不知名画家
伊·瓦·巴布什金像（1905年）
国立中央俄罗斯现代史博物馆

1902年秋列宁作过关于俄国社会民主工党土地纲领的报告的洛桑民众文化馆礼堂
俄罗斯国家社会政治历史档案馆

米哈伊尔·斯捷潘诺维奇·奥里明斯基
俄罗斯国家社会政治历史档案馆

电视剧《分裂》（导演 C.科洛索夫）中的镜头：
弗·伊·乌里扬诺夫（**B.罗曼诺夫饰**）和列·达·托洛茨基（**B.奥西普丘克饰**）在伦敦。
莫斯科电影制片厂摄制
1993年

列宁在《伊万·瓦西里耶维奇·巴布什金》一文（1910年12月）中写道：“伊·瓦·巴布什金是在革命前**10年**就开始创建**工人**社会民主党的先进工人之一。没有**这样的**先进分子在无产阶级群众中进行不倦的、英勇顽强的工作，俄国社会民主工党别说10年，就是10个月也存在不下去。”[28]

伦敦

10月底，列宁去瑞士的几个城市进行了为期10天的讲演之行。他在洛桑、日内瓦和苏黎世作了关于社会革命党人（1901—1923年间的小资产阶级左派政党）的纲领和策略的报告。返回伦敦后，他在怀特查珀尔工人区作了同一题目的报告。

1902年秋，从伊尔库茨克流放地逃出的列·达·托洛茨基一出火车站，便直奔列宁的住处，他受格·马·克尔日扎诺夫斯基的推荐，前来同《火星报》开展合作。托洛茨基是赫尔松省移民土地所有者的儿子，参加过尼古拉耶夫城早期革命小组，1897年曾参与创建南俄工人协会，他在1923年以前，也就是在领导俄共（布）左翼反对派以前，一直是列宁最直接的反对者，同时也是列宁最亲密的盟友。

弗拉基米尔·伊里奇邀请来客参观了伦敦。“他带我看了威斯敏斯特大桥和其他闻名的建筑”，托洛茨基回忆说。“他的原话我不太记得了，但是有这样的意味：‘这是他们有名的威斯敏斯特大桥。’‘他们’显然不是指英国人，而是统治阶级。这种意味不是故意强调而是自然流露的，更多以声音表现出来。在列宁谈到文化遗产、当代成就、英国博物馆的丰富藏书、欧洲广大报界的新闻，以及很久以后谈到的德国的大炮和法国的飞机时，总会充满这种意味：虽然他们势力强大、财富无限，能创造奇迹，但敌人终究是敌人！”[29]

俄国社会民主工党第二次代表大会

日内瓦—布鲁塞尔—伦敦

“劳动解放社”坚持把《火星报》编辑部迁到瑞士。1903 年 4 月底，弗拉基米尔·伊里奇、娜捷施达·康斯坦丁诺夫娜和伊丽莎白·瓦西里耶夫娜来到日内瓦，在所有来日内瓦的党员的栖身处——“莫拉尔”旅馆住了下来，5 月初又搬到郊区卡鲁日，住在科林街 2 号。

6 月，列宁同家人租了日内瓦郊外塞舍龙区工人村的一幢独立的小楼（位于福瓦耶小路 10 号）。关于新住处，克鲁普斯卡娅这样写道：“我们占了整个一幢小楼：楼下是一间铺着石板的大厨房，楼上是三个小房间。厨房兼作我们的会客室。家具不够，就用装书和装碗碟的箱子来凑合。伊格纳特（克拉西科夫）有一次开玩笑地把我们的厨房叫做‘走私者隐身之处’。我们这儿马上就挤得不能再挤了。当我们必须同谁单独谈谈时，就到邻近的公园或者到湖边去。”[30]

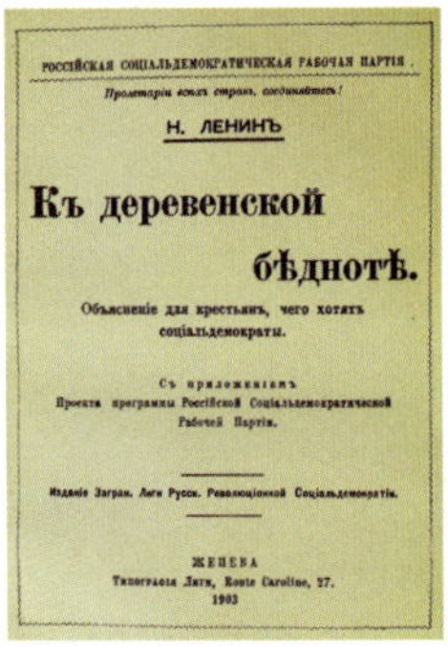

РОССІЙСКАЯ СОЦІАЛЬДЕМОКРАТИЧЕСКАЯ РАБОЧАЯ ПАРТІЯ.

Пролетаріи всѣхъ странъ, соединяйтесь!

Н. ЛЕНИНЪ

Къ деревенской бѣднотѣ.

Объясненіе для крестьянъ, чего хотятъ соціальдемократы.

Съ приложеніемъ Проекта программы Россійской Соціальдемократической Рабочей Партіи.

Изданіе Заграи. Лиги Русск. Революціонной Соціальдемократіи.

ЖЕНЕВА
Типографія Лиги, Route Caroline, 27.
1903

列宁的《告贫苦农民》小册子封面（1903 年）

塞舍龙区福瓦耶小路 10 号
日内瓦图书馆

5 月，列宁的小册子《告贫苦农民。向农民讲解社会民主党人要求什么》在日内瓦出版。他直接对农民说，消灭贫穷唯一的办法“就是彻底改变全国的现存制度，建立**社会主义制度**，就是说：剥夺大土地占有者的田产、厂主的工厂、银行家的货币资本，消灭他们的**私有财产**并把它转交给全国劳动人民”。[31]

这本小册子被秘密运给俄国的工人小组、农村、军队，在国外重印了一万册。

K. A. 特鲁托夫斯基
在乡村征收税款
1886 年
鞑靼斯坦共和国国立造型艺术博物馆

1903 年夏初，组委会完成了召开俄国社会民主工党第二次代表大会的筹备工作。“组委会在筹备代表大会方面的联络工作，实际上全落在弗拉基米尔·伊里奇的肩上”，娜捷施达·康斯坦丁诺夫娜写道。“波特列索夫那时病了，他的肺适应不了伦敦的雾，他到什么地方治病去了。马尔托夫讨厌伦敦，讨厌伦敦的隐居生活，一去巴黎就留在那里了。”[32]

俄国社会民主工党第二次代表大会于 1903 年 7 月 17 日在布鲁塞尔开幕，共有来自 26 个组织的 43 名代表前来参加。议程的第一项是决定代表大会的组成。崩得代表团团长米·伊·李伯尔坚持要求把崩得作为立陶宛、波兰和俄国的犹太无产阶级在代表大会上的唯一代表。代表们否决了这一要求，认为它破坏社会民主党的国际团结，于是崩得分子不久便退出大会，以示抗议。

布鲁塞尔的会议开到第七天就暂停了。“代表大会必须秘密举行”，娜捷施达·康斯坦丁诺夫娜讲道。“比利时的党为保密起见，想出了一个办法：把代表大会安排在一个大面粉仓库里面开。我们的光临不仅惊动了老鼠，而且也惊动了警察。人们都在谈论俄国革命家在召开什么秘密会议。”[33]

代表大会在伦敦继续进行，代表们是乘坐轮船经比利时的奥斯坦德于 7 月 29 日抵达那里的。代表大会代表、在敖德萨担任《火星报》代办员的罗·萨·捷姆利亚奇卡这样描述他们遭遇的风暴：“我们都按照英国人的习

Ю. Е. 维诺格拉多夫

俄国社会民主工党第二次代表大会（列宁在第二次代表大会伦敦会议上发言）

1952 年

国家历史博物馆

惯被捆在圈椅上，用方格毛毯裹着身子，而伊里奇则坚决拒绝这种做法。此刻在我眼前又出现列宁那结实的体形，他在同风浪搏斗，偶尔还向这个或那个水手问些什么。”[34]

在伦敦进行的代表大会会议讨论了党的纲领草案。“经济派”反对在其中加入关于党在工人运动和无产阶级专政中的领导作用的条款。经过激烈的争论后，代表大会几乎一致通过了《火星报》编辑部制定的纲领，因为它既提出了无产阶级在资产阶级民主革命中的近期任务（最低纲领），也提出了旨在取得社会主义革命胜利和建立无产阶级专政的远期任务（最高纲领）。

在制定党章时，马尔托夫（按照阿克雪里罗得、查苏利奇和托洛茨基的意思）建议写入这样一条：凡承认党纲、在物质上支持党、亲自协助党的人，都可以成为党员。

列宁对此持反对意见，并坚持党员要亲自参加党的一个组织这一点：“宁可十个办实事的人不自称为党员（真正办实事的人是不追求头衔的！），也不让一个说空话的人有权利和机会当党员。这样一条原则在我看来是毋庸置疑的，它迫使我同马尔托夫作斗争。”[35]

弗拉基米尔·伊里奇得到了普列汉诺夫的支持，但讨论的结果还是“经济派”、崩得分子和“温和的”火星派分子占优势，他们通过了马尔托夫的条文。

《火星报》被承认为党的中央机关报，但是选举编辑部时产生了分歧。“坚定的”火星派坚持选举“三人”，而马尔托夫的拥护者则支持留用过去的“六人”。弗拉基米尔·伊里奇表明，过去的编辑部不能胜任工作：阿克雪里罗得只为报纸写了四篇文章，查苏利奇和波特列索夫就没有做过编辑工作。

据克鲁普斯卡娅证明，查苏利奇和阿克雪里罗得为“六人”的命运感到担忧，尽管以前，也就是在慕尼黑时，他们不认为《火星报》具有特别的意义：“‘你们的《火星报》可不高明’，维拉·伊万诺夫娜起初开玩笑地说。这当然是一句玩笑话。但在这句话里也透露出她对整个事业的某种估计不足。”[36]

娜捷施达·康斯坦丁诺夫娜认为，列宁其实很尊重查苏利奇：“‘你将看到维拉·伊万诺夫娜’，弗拉基米尔·伊里奇在我到慕尼黑的第一天晚上对我说。‘她是一个水晶般纯洁的人。’是的，确实是这样的。

‘劳动解放社’里只有维拉·伊万诺夫娜一人接近了《火星报》。她同我们一起在慕尼黑和伦敦生活过。她非常关心《火星报》编辑部的生活，与它同甘苦共患难，非常关心从俄国来的消息。

‘《火星报》变得有出息了’，她在《火星报》的影响增长和扩大后开玩笑地说。维拉·伊万诺夫娜不止一次讲述过漫长的、冷清的国外侨居生活。”[37]

在克鲁普斯卡娅看来，《火星报》编辑部成员阿克雪里罗得比普列汉诺夫和查苏利奇更适合做组织者：“他与俄国通信，知道秘密联系的方法。一个俄国的组织者和革命者在侨居瑞士的漫长岁月里能有什么样的感觉，是可以想象得到的！帕维尔·波里索维奇的工作能力失去了四分之三，他彻夜不能入睡，写作时非常吃力，几个月写不完一篇文章，他的笔迹几乎不能辨认，因为他写字时激动得很厉害。

电视剧《分裂》（导演 C. 科洛索夫）中的镜头：
弗·伊·乌里扬诺夫（**B. 罗曼诺夫饰**）和尤·奥·马尔托夫（**E. 德沃尔热茨基饰**）在去伦敦途中。
莫斯科电影制片厂摄制
1993 年

阿克雪里罗得的笔迹总是给弗拉基米尔·伊里奇留下强烈的印象。弗拉基米尔·伊里奇不止一次说过：‘要是一个人搞成阿克雪里罗得那副样子，那可真是不得了。’”[38]

列宁、普列汉诺夫和马尔托夫被选进了中央机关报。亚·尼·波特列索夫认为，三个人都具备超强的对党施加影响的能力，但“不管是普列汉诺夫还是马尔托夫，抑或是其他什么人，都不掌握列宁身上施放出的对人的简直是魔力般影响的秘诀，我可以说，是对人加以控制的秘诀。人们敬重普列汉诺夫，人们爱戴马尔托夫，但是唯独把列宁作为唯一的、无可争议的领袖而无条件地追随”。[39]

弗·亚·诺斯科夫、格·马·克尔日扎诺夫斯基、弗·威·林格尼克通过无记名投票被选入党的中央委员会。俄国社会民主工党的最高机构是由以格·瓦·普列汉诺夫为首的五名委员组成的党总委员会。

代表大会召开前夕，列宁根据参会代表对《火星报》原则所采取的立场拟定了初步的代表名单：火星派 33 票，反火星派 8 票，不坚定分子（中派，即“泥潭派”）10 票。这个估算同代表大会的实际过程差不多，选举中央机关时，列宁的拥护者获得了 24 票，得到一名反火星派分子和“泥潭派”的 10 票支持的马尔托夫派获得了 20 票。

党刚一成立就分裂为两派，即后来所称的布尔什维克和孟什维克。一开始，它们都遵循同一个理论和同一个纲领。弗拉基米尔·伊里奇不久后谈到 1905 年时写道：“社会民主党内在‘革命旋风’时期所表现的团结和思想上的一致，也比过去加强而不是削弱了。”[40]［《立宪民主党人的胜利和工人政党的任务》(1906年)]。但是在反动时期，孟什维克转向取消秘密的无产阶级政党并赞成经济主义，在第一次世界大战时期支持社会沙文主义，而在1917年则彻底同布尔什维克决裂，认为资产阶级民主革命的推动力量是资产阶级，而不是夺权为时尚早的无产阶级。

8月10日代表大会结束后，弗拉基米尔·伊里奇同代表们一起参谒了海格特公墓内的卡尔·马克思墓，不久就返回了日内瓦。

Б.И.列别杰夫
俄国社会民主工党第二次代表大会代表们在卡尔·马克思墓前
1963年
乌里扬诺夫斯克列宁纪念馆

普列汉诺夫的另一面
日内瓦

1903年10月中旬，俄国革命社会民主党人国外同盟代表大会在日内瓦召开。列宁作为同盟出席俄国社会民主工党第二次代表大会的代表在会上作了报告。克鲁普斯卡娅讲述道："在同盟代表大会即将召开的时候，弗拉基米尔·伊里奇骑自行车时陷入沉思，撞到电车上去了，几乎把眼珠撞出来。他扎着绷带、脸色苍白地出席了同盟代表大会。孟什维克怀着仇恨心疯狂地攻击他。我记得一个野蛮的场面——那里都是唐恩、克罗赫马尔和其他人的怒气冲冲的面孔，他们跳起来，拿着托书架疯狂地乱敲。"[41]

布尔什维克代表团对马尔托夫歪曲俄国社会民主工党第二次代表大会的结果表示抗议，并退出了同盟代表大会。

普列汉诺夫请列宁和林格尼克到他那里协商，建议对马尔托夫的拥护者作出让步，允许他们加入《火星报》编辑部。弗拉基米尔·伊里奇不同意，并且写了声明，表示自己要退出中央机关报和党总委员会。《火星报》从第52号起落入孟什维克手里，而且他们在党总委员会里也占多数。11月上旬，列宁被增补为中央委员。

1904年初，再次被流放到西伯利亚的潘·尼·勒柏辛斯基在逃离流放地后来到日内瓦，他不知道列宁的住址，就直接去了普列汉诺夫那里："他待我很客气，请我喝奶油咖啡，但是在谈话当中一下子把我弄懵了，真可谓晴天霹雳。

'哎，老弟，你大概还不知道代表大会以后在我们这儿大干过一场吧，那两拨人都快要把对方吃掉了，他们都

B. H. 米纳耶夫
列宁在日内瓦
1979年
乌里扬诺夫斯克列宁纪念馆

快要只剩下尾巴了。'

原来是造化弄人，我遇到的不是自己人，不是列宁，而是敌人的营垒……”[42]

没有了报纸，弗拉基米尔·伊里奇便采用广泛地通信和在日内瓦民众文化馆“手工业”厅演讲等方法。据协助娜·康·克鲁普斯卡娅开展工作的俄国布尔什维克支部工作人员莉·亚·福季耶娃统计，与俄国的通信一个月多达 300 封：“它包括这样几个步骤：首先，收到的信件要分拣；每封信都要显影；信中用密码写的部分要解译出来并加以重抄。其次，寄到俄国去的信要拟好内容，把最机密的部分译成密码，再把整封信用化学方法写在事先准备好的用普通墨水书写、内容不会引起保安机关怀疑的信件的行间。”[43]

1904 年 5 月，列宁针对党内问题所写的《进一步，退两步（我们党内的危机）》一书出版。他在一处脚注中指出：“说到这里，我不能不想起我在

П. Н. 斯塔罗诺索夫
列宁和克鲁普斯卡娅在瑞士的山区散步
1936 年

С. И. 克列缅托娃
列宁在《前进报》编辑部
"斯莫尔尼宫"历史纪念馆

代表大会上同'中派'某一个代表的谈话。他向我抱怨说：'我们的代表大会充满了多么沉重的气氛啊！这是残酷的斗争，这是鼓动互相反对，这是激烈的论战，这是非同志式的态度啊！……'我回答他说：'我们的代表大会太好了！公开地、自由地进行斗争。各种意见都得到发表。各种色彩都暴露出来。各种集团都显现出来。手举过了，决议通过了。一个阶段度过了。前进吧！——这一切太好了。这才是生活。这并不是知识分子那种无休无止的讨厌的无谓口角，他们停止这种无谓口角，并不是因为他们已经解决了问题，而只是因为他们说得疲倦了……'"[44]

布尔什维克、医学博士帕·格·达乌盖转述了自己1904年夏天在日内瓦遇到的"带电"状态："对于列宁同志来说，这几个月过得很痛苦。同他一向无比敬重的普列汉诺夫发生的激烈冲突、无穷无尽的会议、一趟趟实实在在的宣传鼓动之行、大量的出版工作、为巩固所持立场而进行的广泛研究工作——所有这一切让列宁强壮的身体倍感疲劳。因此他认为必须给自己安排'假期'。"[45]

弗拉基米尔·德米特里耶维奇·邦契-布鲁耶维奇（1918年）
俄罗斯国家社会政治历史档案馆

6月中旬，弗拉基米尔·伊里奇和娜捷施达·康斯坦丁诺夫娜出发去进行长时间山地旅行。他们到过洛桑，背着背囊穿过法国和瑞士交界的尤拉山区，在纳沙泰尔湖畔看望克鲁普斯卡娅青年时期的朋友，通过山口到达布里恩茨湖，在伯尔尼州伊塞尔特瓦尔德村住了一周。

玛丽亚·莫伊谢耶夫娜·埃森
俄罗斯国家社会政治历史档案馆

7月底，列宁在日内瓦附近召开了有22名布尔什维克参加的会议，会议通过了《告全党书》，决定开始为召开俄国社会民主工党第三次代表大会做宣传工作。

列宁和克鲁普斯卡娅休假的最后几天是在洛桑附近布雷湖畔的一个小村子度过的，这里住着党的一些著作家。他们支持弗拉基米尔·伊里奇提出的成立党的出版社的计划。娜捷施达·康斯坦丁诺夫娜发觉：“伊里奇完全高兴起来了。每天晚上，他从波格丹诺夫夫妇那里回来的时候，外边就传来尖厉的狗叫声，那是伊里奇在走过用链子拴着的狗的身旁时逗狗玩。”[46]

9月2日返回日内瓦后，弗拉基米尔·伊里奇和妻子住在离市中心较近的卡鲁日街91号，然后又搬到大卫·迪富尔街3号。91号门的两个房间用做俄国社会民主工党档案库和中央的俄文图书室。旁边的93号门里是列宁和“劳动解放社”创建参与者、火星派分子弗·德·邦契－布鲁耶维奇成立的社会民主党书刊出版社，还有合作印刷所、勒柏辛斯基夫妇开的侨民餐馆—俱乐部。一批社会革命党人和《革命俄国报》就藏身于这里，藏身于卡鲁日街。

11月底，弗拉基米尔·伊里奇获得了日内瓦“读者协会”拥有丰富藏书的图书馆的借阅证，他可以占用整个一间屋子。他有四年时间可以出入这个图书馆。

临近1905年新年时，根据列宁的倡议，在日内瓦成立了全俄党的中心——多数派委员会常务局，其任务是筹备俄国社会民主工党第三次代表大会。卡鲁日街的印刷所开始印刷布尔什维克的周报《前进报》，这也是常务局的机关报（在日内瓦出版了18号）。列宁在《俄国社会民主工党分裂简况》（1905年）中阐述了该报的原则：“《前进报》的方针就是旧《火星报》的方针。《前进报》为了捍卫旧《火星报》正在同新《火星报》进行坚决的斗争。”[47]

……俄国社会民主工党中央委员会俄国局成员玛·莫·埃森写道：“普列汉诺夫是想装腔作势吓唬人吗？当然不是。但他这样为人处世就在自己和其他党员之间设下了一道鸿沟。他仿佛是在说：‘我是《一元论历史观》的作者，还写过一系列学术著作和报告，而你们只不过是些学生和听众。’……

列宁不是这样。他专心致志地投身于组织工人阶级的工作，他的人生目标是建立起真正能领导无产阶级战胜专制制度和资本主义的政党，他一砖一瓦地建设着这样的党。列宁通过千万条线与党、与工人阶级联系在一起。”[48]

列·达·托洛茨基在回忆录中提到自己同查苏利奇谈话时这样写道：“维拉·伊万诺夫娜亲口告诉我，她对列宁说：‘格奥尔吉（普列汉诺夫）是只猎犬，抓住东西撕咬一阵就算了，而您是只军犬，抓住就不松口了。’维拉·伊万诺夫娜后来给我转述这段对话时，还补充说：‘他（列宁）很喜欢这个比方。“抓住就不松口了？”他高兴地又问了一遍。’维拉·伊万诺夫娜善意地模仿了列宁问话时的语调和发不准一些字母的口音。”[49]

本杰明·沃蒂埃
卡鲁日老街
1934 年
日内瓦历史和艺术博物馆

注 释

1. 《回忆列宁》，人民出版社 1982 年版，第 1 卷第 143 页。
2. 《列宁全集》中文第二版增订版第 53 卷第 215—216 页。
3. 《回忆列宁》，人民出版社 1982 年版，第 1 卷第 288 页。
4. 米・亚・西尔文:《政党创建时期的列宁。回忆》，列宁格勒 1958 年版，第 219 页。
5. 米・亚・西尔文:《政党创建时期的列宁。回忆》，列宁格勒 1958 年版，第 223 页。
6. 《回忆列宁》，人民出版社 1982 年版，第 1 卷第 144、145 页。
7. 《回忆列宁》，人民出版社 1982 年版，第 1 卷第 68 页。
8. 《列宁全集》中文第二版增订版第 4 卷第 300 页。
9. 《列宁全集》中文第二版增订版第 26 卷第 84 页。
10. 《列宁全集》中文第二版增订版第 4 卷第 320—321 页。
11. 《回忆列宁》，人民出版社 1982 年版，第 1 卷第 294 页。
12. 《回忆列宁》，人民出版社 1982 年版，第 1 卷第 302 页。
13. 彼・伊・利亚先科:《苏联国民经济史》(三卷本)，莫斯科 1947—1956 年版，第 2 卷第 232 页。
14. 《列宁全集》中文第二版增订版第 5 卷第 73—74 页。
15. 《列宁全集》中文第二版增订版第 5 卷第 12 页。
16. 《列宁全集》中文第二版增订版第 9 卷第 233 页。
17. 《回忆列宁》，人民出版社 1982 年版，第 1 卷第 302 页。
18. 《列宁全集》中文第二版增订版第 6 卷第 184 页。
19. 《回忆列宁》，人民出版社 1982 年版，第 1 卷第 306 页。
20. 《回忆列宁》，人民出版社 1982 年版，第 2 卷第 107—108 页。
21. 《回忆列宁》，人民出版社 1982 年版，第 2 卷第 109 页。
22. 《列宁全集》中文第二版增订版第 23 卷第 465 页。
23. 《列宁全集》中文第二版增订版第 23 卷第 464 页。
24. 《列宁全集》中文第二版增订版第 6 卷第 59 页。

25. 《列宁全集》中文第二版增订版第 6 卷第 121 页。
26. 《列宁全集》中文第二版增订版第 7 卷第 73 页。
27. 《回忆列宁》，人民出版社 1982 年版，第 2 卷第 266、267 页。
28. 《列宁全集》中文第二版增订版第 20 卷第 81 页。
29. 《托洛茨基自传》，中国社会科学出版社 2003 年版，第 151 页。
30. 《回忆列宁》，人民出版社 1982 年版，第 1 卷第 325 页。
31. 《列宁全集》中文第二版增订版第 7 卷第 123 页。
32. 《回忆列宁》，人民出版社 1982 年版，第 1 卷第 322 页。
33. 《回忆列宁》，人民出版社 1982 年版，第 1 卷第 327 页。
34. 《回忆列宁》，人民出版社 1982 年版，第 2 卷第 96 页。
35. 《列宁全集》中文第二版增订版第 7 卷第 272 页。
36. 《回忆列宁》，人民出版社 1982 年版，第 1 卷第 294 页。
37. 《回忆列宁》，人民出版社 1982 年版，第 1 卷第 295 页。
38. 《回忆列宁》，人民出版社 1982 年版，第 1 卷第 298 页。
39. 《亚・尼・波特列索夫文选》，莫斯科 2002 年版，第 283—284 页。
40. 《列宁全集》中文第二版增订版第 12 卷第 294 页。
41. 《回忆列宁》，人民出版社 1982 年版，第 1 卷第 337 页。
42. 《回忆列宁》，人民出版社 1982 年版，第 2 卷第 84—85 页。
43. 《回忆列宁》，人民出版社 1982 年版，第 2 卷第 169 页。
44. 《列宁全集》中文第二版增订版第 8 卷第 345 页。
45. 《回忆列宁》，莫斯科 1984—1985 年版，第 2 卷第 134 页。
46. 《回忆列宁》，人民出版社 1982 年版，第 1 卷第 343 页。
47. 《列宁全集》中文第二版增订版第 9 卷第 217 页。
48. 《回忆列宁》，人民出版社 1982 年版，第 2 卷第 131 页。
49. 《托洛茨基自传》，中国社会科学出版社 2003 年版，第 162—163 页。

第五章

红色街垒

（1905—1907 年）

H. H. 茹科夫
在瑞士
1964 年
乌里扬诺夫斯克列宁纪念馆

旅顺口回声

日内瓦

列宁经常去“读者协会”图书馆，查阅西方报刊对日俄战争事件的反响。他从报刊上作摘录，研究有关日本、“满洲”的书籍和伊·斯·布利奥赫的多卷本著作《从技术、经济和政治视角看未来战争》。

后来，在列宁的《关于帝国主义的笔记》里出现下列记录：

“1895：（中日战争。）掠夺（‘瓜分’）**中国**。（日本 + **俄国** + 英国 + 德国 + 法国）。

1898：英国差一点同法国作战（法索达）。掠夺（‘瓜分’）**非洲**。

1904/5：（日俄战争。）掠夺（‘瓜分’）**中国和朝鲜**（俄国和日本）。”[1]

Н.П.波格丹诺夫－别利斯基
读报 来自战场的消息
1905 年
国立特列嘉柯夫美术馆

世界列强展开了对太平洋霸权的争夺。日本、英国、德国、法国、美国的觊觎目标是中国和朝鲜。俄国也加入到这场战争之中，在1898年就夺取了日本也一直在打主意的辽东半岛及要塞港口旅顺口，攻占了“北满”。

彼得堡的报刊预见俄国会获胜。帝国武装力量战时共有375万人，而日军有36万人（临近战争结束时达150万人）。俄国海军有23艘装甲舰，日本有6艘。俄国国家预算为20亿卢布，日本的国家预算为27.5万卢布。但是，由陆军大臣阿·尼·库罗帕特金和御前波罗的海舰队德裔将军们率领的俄国军队，在战略上和战术上都没有作好战争准备。[2]

1904年2—12月，日军对旅顺口（今中国旅顺）要塞进行了长时间围困，并发动四次强攻，结果俄国2.3万驻防军全部投降。1905年1月初，列宁在《旅顺口的陷落》一文（载于《前进报》）中写道：“军政界的官僚像农奴制时代一样寄生成性、贪污受贿。军官们都是些不学无术、很不开展、缺乏训练的人，他们和士兵没有密切的联系，而且也不为士兵所信任。”[3]

在同日军又进行了几次交战——1905年2月的奉天陆地战役和5月的对马海战后，俄国陆军和海军战败已成定局。1905年8月23日在美国的朴次茅斯签署了和平条约。俄国承认其在朝鲜的大多数利益归日本所有，让出自己对包

B. B. 梅什科夫
普梯洛夫工厂罢工（1905年1月）
1932年
国立中央俄罗斯现代史博物馆

П. Т. 马尔采夫
“瓦良格”号巡洋舰（1904年2月9日俄国“瓦良格”号巡洋舰为向旅顺口突击与日本舰队作战）
1955年
М. Б. 格列科夫军队美术家画室

括旅顺口和大连在内的辽东半岛、中东铁路南线和萨哈林岛南部的租赁权。

在战争中，俄国损失了（根据官方数据）约12万人、几乎整个海军、部分领土和26亿卢布的“军耗”。国民经济总损失达40亿—50亿卢布。[4]

……1905年1月3日晨，普梯洛夫工厂的车间里一片沉寂。1.2万工人宣布罢工，他们要求实行8小时工作制、提高工资、改善医疗条件。普梯洛夫工厂工人罢工发展为全市总罢工，席卷了174个工厂，罢工总人数达到9.6万人。首都聚集了成千上万的士兵和警察。

“圣彼得堡俄国工厂工人大会”头领格·阿·加邦神父号召工人去向沙皇请愿。1月9日，星期日的早晨，14万人组成的队伍举着神幡、圣像和尼古拉二世的肖像，从城市的各个角落前往宫廷广场。在宫廷广场，军队突然向人群开火。1000多人被打死，约5000人受伤。

工人区筑起了街垒。人们口中唱着《华沙之歌》——一首波兰革命赞歌，采用的是1863年波兰起义歌曲（弗洛德兹米尔斯·沃尔斯基创作的《朱阿夫兵进行曲》，1883年由伐茨拉夫·斯文齐斯基填词）的旋律。这首歌的俄文词是格·马·克尔日扎诺夫斯基1897年前往西伯利亚流放地途中在布

Huitième Année — N° 20　Le numéro 5 centimes　Mardi 24 Janvier 1905

RÉDACTION : Cité, 21
Téléphone 3565
PARTIE FINANCIÈRE :
26, Rue des Allemands, 26
Adresse Télégraphique :
Journalsse Genève
ABONNEMENTS : Cité, 23

	Suisse	Etranger
1 mois	1.—	2.50
3 »	3.—	7.50
6 »	6.—	14.—
Un an	12.—	27.—

La Suisse

DERNIÈRES NOUVELLES DE LA NUIT

ANNONCES : la ligne Fr. 0.30
RÉCLAMES : » » 1.—
Rabais pour insertions répétées
AVIS MORTUAIRES :
Familles, la ligne, Fr. 0.25
Sociétés, 1 insertion, » 1.—
» 2 insertions » 1.50
Les annonces sont reçues à l'Administration, Cité, 23.
Téléphone 3563

NOS FEUILLETONS

« Mon Cousin Guy » devant finir sous peu, LA SUISSE commencera la publication d'une œuvre d'émotion intime et douce, une nouvelle exquise :

LE LAC NOIR

du romancier très apprécié de notre public
Henry BORDEAUX

Nous prévoyons que ce feuilleton méritera tous les suffrages et que

Le Lac Noir

sera très favorablement accueilli par nos lecteurs.

LES MASSACRES EN RUSSIE

Le 16 septembre 1831, M. Sébastiani, ministre du roi Louis Philippe, prononçait, à la Chambre des députés, ces paroles tristement célèbres :

" L'ordre règne à Varsovie ! "

L'ordre règne à Varsovie : cela voulait dire la Pologne est morte, assassinée par la soldatesque russe !

Le sang avait coulé à flots : des femmes, des enfants avaient été massacrés. La résistance des Polonais fut héroïque. On s'était battu corps à corps, à coups de sabre et de faulx. Des centaines d'officiers s'étaient tués au premier rang, l'épée à la main, en chantant le chant national : *La Varsovienne*.

Héroïsme inutile ! Le czar victorieux par le massacre établit dans le sang sa domination, et les vaincus durent répéter une fois encore le mot tragique de Kosciusko : « Finis Poloniæ. »

On chanta des Te deum dans toute l'Europe et les monarques envoyèrent des félicitations au souverain « leur bon frère », qui avait fait assassiner la Pologne...

Aujourd'hui ce n'est pas à Varsovie que sévissent spécialement les massacres : c'est surtout à Pétersbourg. Des ouvriers, sans travail et sans armes, tombent sous les balles ou sous les fouets des soldats et des policiers de l'empereur Nicolas. Des femmes, des enfants sont piétinés, meurtris par les chevaux des cosaques. Le sang, dans les rues, rougit la neige. Oh ! les belles victoires remportées sur des troupeaux d'affamés, sur des bourgeois, des étudiants, des ouvriers qui ne demandaient qu'un peu de justice, un peu de liberté et le droit de ne pas mourir de misère ! Quelle revanche glorieuse des défaites infligées par les Japonais ! Le czar peut rendre grâce à Dieu et monter au Capitole. Il a cueilli des lauriers : il les a ramassés dans le sang des femmes égorgées et des enfants dont la mitraille a fracassé les membres. Bien gardé à vue, à l'abri dans les profondeurs de son palais, il attend les résultats magnanimes des combats où des gens sans armes luttent contre des hommes armés.

Les résultats qui peut les prévoir ? Il semble que la colère, dans toute la Russie, fait place à l'antique résignation. De tous les côtés on signale de l'agitation, on annonce des bouleversements.

Est-ce un peuple qui marche à la délivrance ou des martyrs qui vont à la mort ? Est-ce l'ère de Danton qui commence ? Sera-ce la résignation à la Tolstoï qui prévaudra ?

On peut espérer beaucoup ; on doit tout craindre.

Si les soldats, las du rôle odieux qu'on leur impose, renoncent au métier de bourreaux et pactisent avec les grévistes, qui veulent vivre en travaillant, nous assisterons à une insurrection où la force armée s'unira au droit désarmé. Cette association des soldats et du peuple peut aboutir à un changement de dynastie, à l'établissement d'un gouvernement d'équité et de liberté. Elle peut aussi avoir pour conséquence une sorte de ...

AU JOUR LE JOUR

NOUVELLE A LA MAIN

LA RÉVOLUTION EN RUSSIE

LA JOURNÉE DE DIMANCHE

La version officielle

En faveur des ouvriers

Nouveaux détails

Un appel de Gapon

Que fait le Tsar?

Intransigeance du gouvernement

载有关于俄国革命的报道的1905年1月24日《瑞士日报》

蒂尔卡转押监狱写的：

> 仇恨的风在头上咆哮怒吼，
> 黑暗的势力向我们下毒手，
> 快团结紧和敌人决一死战，
> 也不必问有什么在前头。
> 勇敢地起来，骄傲地起来，
> 要为了工人的事业去战斗，
> 高高举起全人类战斗旗帜，
> 为新世界早来到，人人自由！

第二天早晨，列宁获悉1月9日事件。娜捷施达·康斯坦丁诺夫娜回忆道："我们前往勒柏辛斯基夫妇开的侨民餐馆，凡是听到彼得堡事件的消息的布尔什维克都本能地纷纷赶到那里去。大家都希望聚在一起。聚在一起的人们彼此都不怎么说话，那时大家都太激动了。"[5]

1月11日，《前进报》用大号铅字刊登了列宁写的短文《俄国革命》："起

Н.И. 韦尔霍图罗夫
1905 年 1 月 9 日后的宣传员大会
1905 年
国立中央俄罗斯现代史博物馆

义开始了。武力和武力对峙。巷战正酣，街垒林立，枪声四起，大炮轰鸣。血流成河，争取自由的内战的烽火燃烧起来了。莫斯科和南方，高加索和波兰都决定加入彼得堡的无产阶级的队伍。工人们的口号是：不自由毋宁死！”[6]

彼得堡的各个工厂都自发成立了工人代表苏维埃，它们后来联合成由格·斯·赫鲁斯塔廖夫－诺萨尔统一领导的工人代表苏维埃。

邮局送来了带有“列宁亲启”字样的俄国社会民主工党彼得堡委员会书记谢·伊·古谢夫的信，古谢夫确认加邦是“世界上最大奸细或者其背后有奸细”。

弗拉基米尔·伊里奇在《革命的日子》一文（载于1月18日的《前进报》）里阐述了自己的观点，他指出，在俄国青年僧侣中间也存在着改良运动：“因此，不能绝对排除这种想法：加邦神父可能是虔诚的基督教社会主义者，正是流血星期日把他推上完全革命的道路。”[7]

2月初，加邦来到日内瓦。同他的谈话是在一个“中立”咖啡馆进行的。娜捷施达·康斯坦丁诺夫娜转述了列宁对这次见面的印象，当时加邦“充满了对沙皇及其走狗的愤怒。这种愤怒相当幼稚，但却是直率的。这种愤怒是和工人群众的愤怒一致的。‘只不过他还需要学习’，弗拉基米尔·伊里奇说。‘我告诉他：“您呀，老兄，不要去听那些恭维话，学习吧！不学习您就会到那儿去的”，——我对他指了指桌子下边’”。[8]

后来，加邦的奸细活动真相大白：他与沙皇保安机关有联系，与1905年1月9日枪杀工人事件脱不开干系。1905年10月，从英国向俄国转运武器的尝试失败后，他返回了彼得堡。1906年3月底，人们在郊外的一座房子里发现他已被绞死。报纸上是这样写的：同社会革命党较量对群众影响力的加邦，被一名社会革命党人杀死。

扣动的扳机

伦敦—日内瓦

1905 年 4 月 12—27 日在伦敦举行了俄国社会民主工党第三次代表大会，有 38 名代表出席，大会讨论了在俄国举行革命起义和组建临时政府的可能性。弗拉基米尔·伊里奇同娜捷施达·康斯坦丁诺夫娜提前一天来到这里，住在巴斯圆形广场 16 号。代表们聚集在城市各工人区咖啡馆不大的厅里。孟什维克拒绝参加代表大会，而在日内瓦召开了自己的代表会议。

列宁主持代表大会，作关于武装起义的发言。大会通过了列宁提出的关于俄国社会民主工党对武装起义的态度的决议。

代表们关于临时革命政府的意见不一致。列宁批驳了普列汉诺夫关于马克思“根本不认为无产阶级的政治代表可以同小资产阶级的代表共同致力于创建新的社会制度”[9] 的说法。

列宁指出：“马克思**并没有提出**社会民主党参加临时革命政府的问题，而普列汉诺夫却把事情描绘成这样，好像**马克思对这个问题的回答是否定的**。马克思说：我们社会民主党人过去总是被人支配，我们组织得较差，我们应当独立地组织起来，以防小资产阶级民主派在发生新的变革后执政。”[10]

伦敦 圆形广场

弗拉基米尔·伊里奇列举了社会民主党人能够参加政府的种种条件：党对自己派出的全权代表进行严格监督，保持独立性，致力于实现社会主义变革的终极目标。

代表大会通过了列宁修订的关于党员资格的党章第1条条文，取消了“马尔托夫的表述”，代表大会选出俄国社会民主工党唯一的领导中心即以列宁为首的中央委员会来取代原来的三个领导中心（中央委员会、中央机关报和党总委员会）。列宁被任命为中央委员会驻国外代表、新的布尔什维克秘密报纸《无产者报》责任编辑。该报于1905年5—11月在日内瓦出版了26号。

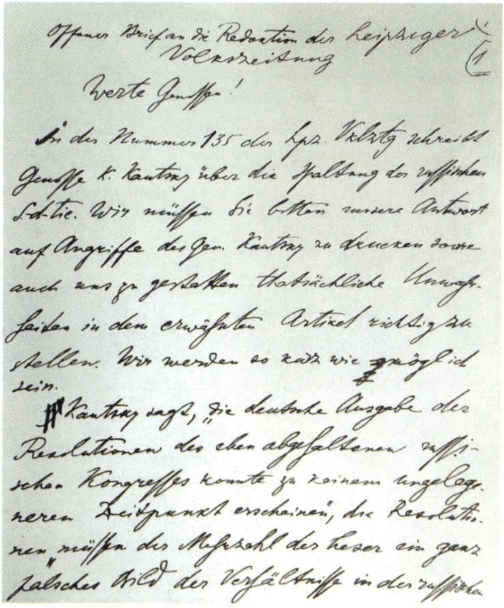

Offener Brief an die Redaction der Leipziger Volkszeitung

Werte Genossen!

In der Nummer 135 der Lpz. Volkztg. schreibt Genosse K. Kautsky über die Spaltung der russischen S.d.Partie. Wir müssen Sie bitten unsere Antwort auf Angriffe des Gen. Kautsky zu drucken sowie auch uns zu gestatten thatsächliche Unwahrheiten in dem erwähnten Artikel richtig zu stellen. Wir werden so kurz wie möglich sein.

Kautsky sagt, die deutsche Ausgabe der Resolutionen des eben abgehaltenen russischen Kongresses konnte zu keinem ungelegeneren Zeitpunkt erscheinen; die Resolutionen müssen der Mehrzahl der Leser ein ganz falsches Bild der Verhältnisse in der russischen

载于《莱比锡人民报》的列宁关于报刊载文歪曲第三次代表大会决议的信的开头部分：

“敬爱的同志们！卡·考茨基同志在《莱比锡人民报》第135号上写了一篇文章谈俄国社会民主党的分裂…… 假如你们真正认为俄国社会民主工党是兄弟党，那么，对那些所谓不偏不倚的德国人向你们讲的关于我们党分裂的情况，就一句话也不要相信。”

代表大会闭幕后，代表们再次来到卡尔·马克思的墓前。“墓地的经理戴着高高的大礼帽等在大门口”，来自高加索的布尔什维克米·格·茨哈卡雅回忆道。“这个墓地像个大公园，里面有几条狭长的林荫道，有很多价值不菲的名贵墓碑，甚至还有某勋爵或者某贵妇人心爱的狗的浮雕……我们在

米哈伊尔·格里戈里耶维奇·茨哈卡雅（1898—1900年）

俄罗斯国家社会政治历史档案馆

В.С.申杰尔

尤佐夫卡平安无事

1979年

顿涅茨克共和国艺术博物馆

Н. А. 卡萨特金
工人战斗队员（右图）
1905 年
国立中央俄罗斯现代史博物馆

Р. А. 季坚科
悼念 列宁在巴黎公社社员墙前（右页图）
1981 年
乌里扬诺夫斯克列宁纪念馆

卡米耶·胡斯曼

奥古斯特·倍倍尔

墓前站立了很久，然后坐下来，不急于离去。伊里奇当时带着讽刺的口吻提到这位经理（大概他看见我们在一个他所不熟悉的人的坟墓旁边待了很久而感到不安）：

‘这个可怜的资产阶级分子不会想到，马克思和恩格斯的一切不朽的、永生的东西我们都继承下来了；这些东西甚至在落后的沙皇俄国我们都要使之实现，这使各国资产阶级都怕得要命。’”[11]

在返回日内瓦的途中，列宁和一些代表在巴黎稍事停留，参谒了巴黎公社社员被枪杀的地方——贝尔·拉雪兹神父墓地的公社战士墙。

普列汉诺夫不承认第三次（伦敦）代表大会的合法性。列宁通知第二国际社会党国际局书记卡米耶·胡斯曼，普列汉诺夫不再是俄国社会民主工党驻社会党国际局的代表。列宁提议由德国社会民主党和第二国际的领导人之一奥古斯特·倍倍尔担任布尔什维克和孟什维克之间的“仲裁人”。

列宁曾对出身于贫穷家庭、在工人中间长大的倍倍尔作过评价，他在《奥古斯特·倍倍尔》一文（1913年）中写道：“他把自己全部充沛的精力毫无保留地用来为社会主义的目标服务，数十年来他一直同日益成长和发展的德国无产阶级携手并进，他成了欧洲最有才干的国会议员、最有天才的组织家和策略家，成了反对改良主义和机会主义的国际社会民主运动中最有威信的领袖。”[12]但是，对于社会党国际局坚持要召开的统一代表会议，列宁则认为只有在布尔什维克思想上保持独立性的情况下才能够召开。

克鲁普斯卡娅讲过，整个1905年，弗拉基米尔·伊里奇都专注于起义的军事技术问题：“‘读者协会’的职员亲眼看到：一个俄国革命家每天清早穿着一条质地粗劣的裤子走来，为了怕溅上泥泞而跟瑞士人似地卷起裤腿；他常常忘记把裤腿放下来，就拿起昨天留下的那本谈街垒战、谈进攻技术的书。他坐在靠近窗户那张桌子旁边的老位子上，以一种习以为常的手势把他谢顶的头上稀疏的头发梳弄平顺，然后就埋头读了起来。”[13]

早在1905年3月，《前进报》以“论巷战（公社的一个将军的意见）”为题发表了经列宁校阅的巴黎公社将军古斯塔夫·克吕泽列的书中一章的俄译文。在为其写的前言中，弗拉基米尔·伊里奇号召人们针对俄国的情况领会这些回忆材料，因为克吕泽列“所说的完全是无产阶级反对一切有产阶级的革命，而现在我们在俄国所经历的革命在很大程度上是反对政府集团的全民革命”。[14]

据克鲁普斯卡娅说，列宁研究武装起义的技术问题“远比旁人所知道的多得多，他的关于游击战争时期的突击小组、关于‘五人小组和十人小组’的谈话，决不是外行人的瞎扯，而是经过全面考虑的计划”。[15]

第一次革命

日内瓦

1905 年 5 月中旬，伊万诺沃 - 沃兹涅先斯克（今为伊万诺沃）的数万名织布工宣布罢工 70 天并提出政治要求：言论、结社、出版自由。他们推举 151 名工人代表组成工人大会——国内第一个苏维埃，其中三分之一的人是布尔什维克。在 6 月 3 日塔尔卡河畔集会期间，军队向前来参加集会的手无寸铁的工人开枪射击。

列宁在《莫斯科流血的日子》一文（1905 年 9 月）中写道："伊万诺沃 - 沃兹涅先斯克的罢工证明工人的政治成熟性已经达到出人意料的高度。在这次罢工以后，整个中部工业区的不满情绪已经不断地加强和扩大起来。现在这种不满情绪已经爆发出来，正在变成起义。"[16]

据列宁统计，在革命前的 10 年间，俄国平均每年的罢工人数为 4.3 万人。而仅仅在 1905 年 1 月，罢工人数就达到 44 万人。

农民运动日益壮大：它在 1905 年夏天席卷了 90 个县，到秋天时又波及 240 个县，从中央省份蔓延到波罗的海沿岸、高加索和外高加索。在一些缺

И. Н. 涅菲奥多夫
城市广场集会（1905 年）
1960 年
伊万诺沃博物展览中心

K.Г.多罗霍夫
“波将金”号装甲舰起义（1905年6月）
1952年
国立中央俄罗斯现代史博物馆

少耕地和存在租佃盘剥的地方，农民决定捣毁庄园、烧掉森林、夺取粮食和牲畜。

1905 年 6 月 14 日，“波将金 · 塔夫里切斯基公爵”号装甲舰水兵举行起义。列宁派布尔什维克米 · 伊 · 瓦西里耶夫 - 尤任从日内瓦前往敖德萨，任务是登上装甲舰、让舰员登陆、夺取城市并尽可能夺取整个舰队。从瓦西里耶夫 - 尤任的笔记看，他并没有指望能够轻易夺取黑海舰队。但是，“我完全赞同伊里奇的意见，行动要果断、勇敢和迅速。‘波将金’号的起义必须尽量加以利用。我盘算要是不能夺取敖德萨的话，就随‘波将金’号开赴高加索沿海一带去，首先去巴统地区。巴统的卫戍部队和要塞已为我们的宣传鼓动所牢牢控制。”[17]

米哈伊尔 · 伊万诺维奇 · 瓦西里耶夫 - 尤任
俄罗斯国家社会政治历史档案馆

瓦西里耶夫 - 尤任来到敖德萨，当时“波将金”号已经离港。11 天后，没能得到其他军舰舰员支援的装甲舰水兵们，以政治移民的身份在康斯坦察登岸。不过他们的起义是俄国军队历史上第一次大规模起义。

1905 年 7 月末，在日内瓦出版了列宁的小册子《社会民主党在民主革命中的两种策略》。小册子阐述了俄国资产阶级民主革命应当由无产阶级来领导的论点，因为“对工人阶级更有利的是要资产阶级民主方面的种种必要的改革恰恰不是经过改良的道路，而是经过革命的道路来实现，因为改良的道路是一条迁延时日的、迟迟不前的、使人民机体的腐烂部分慢慢坏死而引起万般痛苦的道路”。[18]

1905 年 8 月 6 日，俄国颁布了沙皇关于设立国家杜马的诏书。孟什维克的《火星报》提出社会民主党参加杜马选举的计划。尤 · 奥 · 马尔托夫在

И. Е. 列宾
1905 年 10 月 17 日
1907—1911 年
国立俄罗斯博物馆

瓦茨拉夫·瓦茨拉沃维奇·沃罗夫斯基
俄罗斯国家社会政治历史档案馆

H.M. 科尔恰金
对第 30 号工人集体宿舍的大屠杀
20 世纪 50 年代
奥列霍沃－祖耶沃方志史博物馆
莫斯科州

奥地利的《工人报》上发表《俄国无产阶级和杜马》一文。克鲁普斯卡娅说，弗拉基米尔·伊里奇读过该文后，情绪“异常激动”。

列宁在《做君主派资产阶级的尾巴，还是做革命无产阶级和农民的领袖？》一文（载于9月5日的《无产者报》）中写道：“专制政府接受了沙皇和人民‘协商’的理论。专制政府一方面希望和那些在警察监视下筛选出的一小撮地主和商人进行协商，另一方面开始疯狂镇压革命。”[19]

党中央委员会作出抵制布里根杜马（以内务大臣亚·格·布里根命名）的决定。列宁派老党员、政论家瓦·瓦·沃罗夫斯基前往柏林，责成他与德国社会民主工党就协助向彼得堡运送武器和书籍一事进行谈判。

10月，俄国发生了全国政治罢工。罢工由莫斯科铁路员工发起，席卷了彼得堡、莫斯科、里加、梯弗利斯、顿河畔罗斯托夫、雷瓦尔、敖德萨等所有大工业中心。高呼“打到专制制度！”、“民主共和国万岁！”口号的罢工者人数几乎达到 200 万。在这些天里，涌现出 60 多个工人、士兵和农民代表苏维埃。

10月17日傍晚，弗拉基米尔·伊里奇得知尼古拉二世颁布了由谢·尤·维特起草的《关于完善国家制度的宣言》。宣言许诺赐予公民以各

种自由——人身不可侵犯和信仰自由、言论自由、集会自由和结社自由。

签署宣言的消息在当时正在彼得堡召开的立宪民主党成立大会上获得一片欢呼声。由帕·尼·米留可夫教授担任领袖的立宪民主党很快就在自由派贵族、知识分子和小市民中间受到欢迎，并在杜马选举前夕（1906年4月）发展到7万人。

帕维尔·尼古拉耶维奇·米留可夫

亚历山大·伊万诺维奇·古契柯夫

当时还成立了一个大地主、大资产阶级和大官僚的党——由亚·伊·古契柯夫领导（自1906年起）的“十月十七日同盟”（十月党人）。

半个月后，宣言向自己“开了枪”。弗拉基米尔省奥列霍沃（1917年起为莫斯科省奥列霍沃-祖耶沃）的莫罗佐夫工厂的工人们宣布在10月20—21日举行政治罢工，要求召开立宪会议、改善劳动条件。工厂的工作时间长达12个小时，使用女工和童工，工人集体宿舍的小房里挤住着几家人。工人战斗队和在第30号集体宿舍中构筑工事自卫的罢工指挥部坚持了一个多月。11月底，集结在工人集体宿舍附近的军队和哥萨克部队用子弹和军刀镇压了罢工者。

……弗拉基米尔·伊里奇在寄往彼得堡的给党中央委员玛·莫·埃森的信中写道：“起义的时间吗？由谁来确定呢？我个人希望把它拖到春天，拖到在“满洲”的军队回来的时候，在我看来，把时间拖一拖整个说来对我们是有利的。不过，反正不会有人来问我们的。”[20]

堡垒

彼得堡—塔墨尔福斯—莫斯科

1905年11月初，列宁动身前往斯德哥尔摩，在那里领取证件后再秘密返回俄国。11月5日，他抵达赫尔辛福斯（今为赫尔辛基），11月8日回到彼得堡后立刻拜谒位于普列奥布拉任斯基墓地的“流血星期日”殉难者墓。

弗拉基米尔·伊里奇被安排住在莫扎伊斯克街8号布尔什维克H.E.布勒宁的姐姐的家里，随后又秘密搬到位于第十罗日杰斯特沃街1/41号的党中央委员彼·彼·鲁勉采夫家里。他在这里等待娜·康·克鲁普斯卡娅的到来。十天后，娜捷施达·康斯坦丁诺夫娜从日内瓦来到这里。

据帕·格·达乌盖回忆，早在1905年夏天，风暴就日益迫近，“武装起义的口号还没有提出来。但布尔什维克的土地纲领已经清晰成型。共同的基本政治协议当时是这样号召的：‘分开走，一起打’，即首先打倒沙皇制度。随着12月的临近，无产阶级的政治路线越来越清晰，领导权也一天比一天明确地转移到布尔什维克手中。到处都能感受到列宁的指引。”[21]

M.Г.斯列皮扬
夜宴
下塔吉尔造型艺术博物馆
斯维尔德洛夫斯克州

从 10 月底起，合法日报《新生活报》开始在彼得堡出版，发行量达 8 万份。该报的出版者是马克西姆·高尔基的妻子玛·费·安德列耶娃，编辑是俄国象征派诗人尼·马·明斯基（维连金）。

“起初这份报纸的人员编制是异常奇特的”，被列宁从日内瓦召到彼得堡的党的著作家、新闻工作者阿·瓦·卢那察尔斯基讲述了自己的所见所闻。“在编辑部里同我们布尔什维克一起工作的大多数是与明斯基直接交往的朋友——带有颓废派气质的诗人、泡在咖啡馆里的无政府主义者以及各种各样生活浪漫的艺术家，他们自命为‘非凡的极左派’，并且认为同布尔什维克合作是件耸人听闻的事情……弗拉基米尔·伊里奇对待明斯基，甚至对待任何一个来给《新生活报》工作的知识分子中不大起眼的小人物，所持的态度是非常有分寸、有礼貌的。同时，对个别编辑人员那些使我们感到很不寻常的狂妄行动，他也会乐得哈哈大笑，并且常常反复说道：

‘这真是历史上的天大笑话！’”[22]

从 11 月起，列宁开始主持《新生活报》编辑部工作，该报实际上是党中央的机关报。列宁常在这里召开会议，与人会面。11 月 10 日，报纸开始连载他的系列文章《论党的改组》，他在文章中写道：“集会、结社、出版的自由已经争取到了。当然，这些权利是极不稳固的，如果指靠现有的自由，即使不是犯罪，也是愚蠢的。决定性的斗争还在后面，因此，必须把这个斗争的准备工作提到首要地位。党的秘密机关必须保存。”[23]

《新生活报》一共发表过署名为尼·列宁的 14 篇文章。

弗拉基米尔·伊里奇在编辑部里同从莫斯科来的作家马克西姆·高尔基首次会面。俄国散文家、剧作家、社会活动家阿列克谢·马克西莫维奇·高尔基（彼什科夫）出身于市民阶层，并成为“市民阶层”的亲身揭露者。他很早就成了孤儿，小小年纪便“在人间”做过许多苦工，还酷爱读书。1884 年，他报考喀山大学未果。他结识的人里有贫民区居民、小客栈住客，还有一些宣传民粹主义思想的小组成员。

19 世纪 90 年代末，马克西姆·高尔基进入彼得堡的《生活》杂志编辑部，该杂志发表过一些马克思主义者的文章，并刊载了他的第一部长篇小说《福玛·高尔杰耶夫》。被搬上俄国和国外舞台的剧本《小市民》，特别是《在底层》，使他成为著名的剧作家。作家自 1902 年秋天起为布尔什维克提供资助，1906 年受托前往美国为革命筹集经费，在那里创作完成描写工人革命者的长篇小说《母亲》。

……玛·费·安德列耶娃回忆道：“列宁从里边的房间走出来，向我们迎面走来，他快步走到阿列克谢·马克西莫维奇跟前。他俩久久地握着手。列宁高兴地笑着，而高尔基在这种场合总是显得十分腼腆，他竭力用庄重而低沉的声音不断地重复说：

‘啊，您是这样的……好啊，好啊！我真高兴，真高兴！’”[24]

M.B. 涅斯捷罗夫
阿·马·高尔基像
1903 年
国立中央俄罗斯现代史博物馆

阿纳托利·瓦西里耶维奇·卢那察尔斯基

玛丽亚·费多罗夫娜·安德列耶娃

Г.К. 萨维茨基
1905 年 10 月全俄铁路罢工
1925 年
国立中央俄罗斯现代史博物馆

弗拉基米尔·伊里奇经常在位于英格兰大街的 O.K. 维特梅尔私立中学办公。在这里，以及在马·高尔基、知识出版社经理康·彼·皮亚特尼茨基和俄国社会民主工党中央委员列·波·克拉辛的住所里，举行过几次党的中央委员会和彼得堡委员会的会议。

娜捷施达·康斯坦丁诺夫娜这段时间秘密居住在大莫尔斯卡亚街 16/8 号穆欣娜的带家具的房子里。11 月底，弗拉基米尔·伊里奇租下了涅瓦大街 90 号“圣雷莫”的几个房间，使用的是别人的名字。几天后，他们公开登记居住在 П.Г. 沃罗宁（玛丽亚·伊里尼奇娜的熟人）的位于希腊大街 15/8 号的住所里。由于这座房子开始受到更加严密的监视，他们再次转入地下状态，在维特梅尔家和布龙尼齐街 7 号布尔什维克彼得堡委员会战斗组织成员 И.И. 巴甫洛夫的家里住了几晚。

1905 年 12 月初，警察查抄了彼得堡工人代表苏维埃，查封 8 家报纸，其中包括《新生活报》。后来又公开出版了由列宁负责编辑工作的布尔什维克报纸《前进报》，但该报于 1906 年 7 月被当局禁止出版，遂转入秘密状态。

12 月 10 日，列宁和克鲁普斯卡娅动身前往芬兰城市塔墨尔福斯（今为

A.B.莫拉沃夫
塔墨尔福斯代表会议决议起草委员会（1905年）
坦佩雷列宁博物馆

彼得堡 涅瓦大街
图片选自Г.多布森《圣彼得堡》一书，伦敦1910年版

列昂尼德·波里索维奇·克拉辛

约瑟夫·维萨里昂诺维奇·斯大林（1913—1914年）
俄罗斯国家社会政治历史档案馆

B.C.斯瓦罗格
街垒战
1935年
诺夫哥罗德文物保护区博物馆旧鲁萨分馆

坦佩雷）。12月12—17日在当地民众文化馆*里举行了俄国社会民主工党第一次代表会议。弗拉基米尔·伊里奇主持会议并作了两场报告。代表会议通过了关于抵制第一届国家杜马、恢复党的统一的决议，提出了没收全部国家的、教会的、寺院的、皇族的、皇室的和私有的土地的要求。在塔墨尔福斯，列宁结识了俄国社会民主工党高加索联合会的代表约·维·斯大林。

由于莫斯科和其他一些城市发生的革命事件，代表们提前返回各地。克鲁普斯卡娅表达了会议代表共同的心情：“这次会议开得多么热烈啊！那正

* 1946年此处开设了列宁博物馆。——俄文编者注

是革命热火朝天的时候，每个同志都充满了无比的热情，大家都准备着参加战斗。在休息的时候，就学习射击。”[25]

返回彼得堡后，弗拉基米尔·伊里奇使用别人的护照住在纳杰日金斯卡亚街 28/13 号。

在莫斯科，12 月 7 日开始的总罢工两天时间便发展为武装起义。在普列斯尼亚、莫斯科河南岸区以及市内多数工人区展开了街垒战。彼得堡布尔什维克战斗小组试图通过炸毁铁路并夺取奥赫塔的武器库来阻止向莫斯科运送援军，但是没有成功。由于双方力量对比悬殊，政府军队于 12 月 17 日摧毁了普列斯尼亚的防御。

根据列宁的提议，中央委员会向莫斯科委员会下达了停止行动的指示，认为彼得堡战斗组织不发挥作用，没有向莫斯科人提供援助。克鲁普斯卡娅写道：“伊里奇对莫斯科起义的失败感到非常难受。显然，工人没有很好地武装起来，组织薄弱，甚至彼得堡同莫斯科都没有很好地联系起来。我记得伊里奇听了安娜·伊里尼奇娜的叙述。她在莫斯科火车站上遇到一个莫斯科女工，这个女工沉痛地责备彼得堡人说：‘彼得堡人，谢谢你们，你们支援了我们：给我们派来了谢苗诺夫分子*。’”[26]

弗拉基米尔·伊里奇后来在《莫斯科起义的教训》一文（1906 年 8 月）中写道：“工人群众曾经想方设法要得到关于采取积极的群众性行动的指示，

* 谢苗诺夫近卫团的士兵。——俄文编者注

ТРАКТИРЪ

Е. И. 杰沙雷特

英雄的普列斯尼亚

（1905 年）（透景画）

1982 年

国立中央俄罗斯现代史博物馆

Ю. Е. 维诺格拉多夫
索尔莫沃街垒战（1905年12月）
1955年10月
国立中央俄罗斯现代史博物馆

可是没有得到。

由此可见，普列汉诺夫的那个得到一切机会主义者支持的观点是再近视不过的了。他认为，本来就用不着举行那次不合时宜的罢工，‘本来就用不着拿起武器’。正好相反，本来应该更坚决、更果敢和更富于进攻精神地拿起武器，本来应该向群众说明不能单靠和平罢工，必须进行英勇无畏和毫不留情的武装斗争。”[27]

据阿·瓦·卢那察尔斯基回忆，在瓦西里耶夫岛上举行了一次规模很大的党的会议，“在这次会议上，列宁第一次在演说中谈到了必须以游击战来对付政府；谈到组织英勇的五人小组和十人小组，去破坏国家的生活，并且就这样通过分散的队形去开展广泛的后卫战，以此来架设通向革命新高涨的桥梁。”[28]

1906年1月上半月，列宁秘密住在莫斯科，去看了进行过街垒战的地方，会见了街垒战的参加者。

加甫里尔·达维多维奇·莱特伊仁

返回彼得堡后，弗拉基米尔·伊里奇退掉了纳杰日金斯卡亚街的住所，换乘了3辆出租马车，同克鲁普斯卡娅一起搬到中央委员彼·彼·鲁勉采夫家里。他通常在其他地方过夜，偶尔同娜捷施达·康斯坦丁诺夫娜在“维也纳”餐厅或“北方”旅馆的餐厅见面。从1月底起，他们持不合法护照一起住在潘捷列伊莫诺夫街5号。

2月底，由于发现再次被跟踪监视，列宁又搬到芬兰的库奥卡拉镇（今

И. Б. 斯特列布洛夫
列宁在"维也纳"餐厅（1906年）
"斯莫尔尼宫"历史纪念馆

为圣彼得堡郊区列宾诺）布尔什维克加·达·莱特伊仁居住的"瓦萨"别墅。弗拉基米尔·伊里奇经常从这里去彼得堡参加中央委员会的工作和布尔什维克报刊编辑部的工作。

3月上半月，列宁再次来到莫斯科参加俄国社会民主工党郊区委员会会议。此时正在进行第一届国家杜马选举，莫斯科的布尔什维克尽管进行过抵制，但在很多情况下还是支持选举的。

"在这次会议上我们对自己所犯的错误作了沉痛检讨"，尼·列·美舍利亚科夫回忆道。"弗拉基米尔·伊里奇在一旁细心静听，默不作声。有一个同志开玩笑地对他说：'最好您把我们骂一顿吧！'列宁回答说：'同志们，已经晚了，应该早一些把你们狠狠地骂一顿，可是看来谁也没有这样做，现在事情已经糟到用任何骂人的话都无可挽回的地步了。目前应该考虑的是，今后如何来纠正你们的错误。'"[29]

弗拉基米尔·伊里奇同莫斯科的同志们一起讨论了准备向即将召开的俄国社会民主工党斯德哥尔摩代表大会提交的关于工人代表苏维埃的决议草案。据美舍利亚科夫说，当时他感到，"列宁不仅把苏维埃看做是进行斗争的机构，而且也把它看做是权力机构。"[30]

风暴过后

斯德哥尔摩—彼得堡—库奥卡拉—伦敦

革命在资产阶级中间引起了慌乱。在革命高潮时期，银行停业，邮电通信联系中断，铁路运输停止。向俄国工业投入大量资金的法国最为不安，于是它向沙皇政府提供 22.5 亿法郎的借款，用于帮助恢复“秩序”和拯救金融。

工人运动在极度高涨（10 月和 12 月罢工者超过 40 万）之后逐渐衰退。1906 年 2—3 月，参加罢工的人数不超过 5 万人，农民运动在临近 1907 年秋天时几乎停止。

列宁多年后写道（《远方来信》，1917 年），第一次俄国革命“暴露了沙皇君主制的全部实质，使它达到了‘极限’，揭露了它的全部腐败和丑恶，揭露了以穷凶极恶的拉斯普廷为首的沙皇匪帮的极端厚颜无耻和放荡淫逸，揭露了罗曼诺夫家族的全部兽行，正是这些大暴行制造者使犹太人、工人和

B. M. 西比尔斯基
列宁在芬兰（在赫尔福斯参议院广场的集会上争取普选权，1906 年 4 月中旬）
M. Б. 格列科夫军队美术家画室

斯德哥尔摩

革命者的鲜血洒遍了俄国，正是这些**占有几百万**俄亩*土地的‘头号’**地主**为了保全自己**和本阶级的**‘神圣的私有制’而无恶不作，无罪不犯，任意摧残和扼杀国民”。[31]

1906年4月初，弗拉基米尔·伊里奇赴斯德哥尔摩参加党的第四次（统一）代表大会，途中经停赫尔辛福斯，在那里会见了前往国外购买武器的格鲁吉亚革命者。

斯德哥尔摩代表大会于4月10—25日在民众文化馆举行，有134名代表出席，大会讨论了当前形势、武装起义、党的土地纲领、对待杜马的态度等问题。

格·瓦·普列汉诺夫及其追随者不同意列宁在报告中提出的土地国有化的思想，提议实行土地地方公有化——将土地转交给地方自治机关或地方自治局。列宁在总结发言中反驳道：“我们应当直截了当地、明确地告诉农民：如果你们想把土地革命进行到底，你们就必须把政治革命也进行到底；没有彻底的政治革命，就根本不会有土地革命或者不会有比较巩固的土地革命。”[32]

由于在代表大会上占有票数优势（62张表决票对42张表决票），孟什维克通过了自己提出的赞成土地地方公有、支持杜马、拒绝武装起义等决

* 1俄亩相当于1.092公顷。——俄文编者注

В. В. 波利亚科夫
国家杜马开幕
1907 年
俄罗斯政治史博物馆

议案，使自己的 7 名代表（一共 10 个名额）入选中央委员会。《社会民主党人报》成为党的机关报，该报在孟什维克把持下于 1906 年在彼得堡出版了 7 号。

出席代表大会的代表——前布尔什维克派——通过了《告全党书》。《告全党书》中说：俄国社会民主工党统一代表大会已经开过了，分裂现象已不复存在，但"代表大会的三项重要决议就明显地暴露了在代表大会上占多数的前'孟什维克'派的错误观点"。[33]

会后，尽管布尔什维克和孟什维克形式上统一起来了，但双方依然保持着各自独立的组织。

1906 年 4 月 27 日，第一届国家杜马召开。立宪民主党人在杜马 478 个席位中取得 179 个席位，构成杜马中最大党团。

"干吗要斗争呀，干吗要内讧呢？犹杜什卡式的立宪民主党人时而举目望天、时而用责备的眼光看看革命的人民，又看看反革命的政府"，弗拉基米尔·伊里奇在小册子《立宪民主党人的胜利和工人政党的任务》中写道。"弟兄们！彼此相亲相爱吧！既要狼吃饱，又要羊完好，让君主制和参议院既不受侵犯，'人民自由'又得到保障吧。"[34]

他总结道："立宪民主党人是革命的坟墓中的蛆虫。革命被葬送了。蛆虫正在蛀蚀革命。"[35]

杜马开始工作时，萨拉托夫省省长彼·阿·斯托雷平刚刚被任命为内务大臣（后来又担任大臣会议主席，身兼两职）。几年后，列宁在《斯托雷平与革命》一文（1911 年 10 月）中写道："1902 年，在普列韦当权时代，一个地主兼贵族代表因残酷迫害和折磨农民（在萨拉托夫省）而博得沙皇及其黑帮奸党的'青睐'，当上了省长；1905 年，组织了黑帮匪徒和大暴行（巴拉绍夫大暴行）；1906 年，当了内务大臣，并从解散第一届国家杜马起成了大臣会议主席。简略地说，斯托雷平的政治经历就是如此。反革命政府首脑的这个经历，也就是在我国从事反革命活动的那个阶级的经历，斯托雷平只不过是这个阶级的代表或奴仆。"[36]

返回彼得堡后，列宁在一些秘密会议上作了关于斯德哥尔摩代表大会的报告。5 月 9 日，列宁化名卡尔波夫在帕宁娜伯爵夫人民众文化馆 3000 人集会上发表演说，揭露立宪民主党人同专制政府的幕后谈判。"他沉默地站了约一分钟，脸色非常苍白"，娜·康·克鲁普斯卡娅回忆道。"他身上的血都涌上心窝了。立刻使人感到，讲演者的这种激动已经感染了听众。突然，大厅里掌声雷动——党员们认出了伊里奇。"[37]

П.Н.斯塔罗诺索夫
列宁化名卡尔波夫在帕宁娜伯爵夫人民众文化馆发表演说（1906 年）
1936 年

弗拉基米尔·伊里奇在彼得堡郊区萨布林诺母亲家里短期休假时，得知了 7 月 9 日杜马被沙皇解散的消息。这届杜马只存在了 72 天。

党的中央委员会委员和彼得堡委员会委员、工厂代表们经常去库奥卡拉。娜·康·克鲁普斯卡娅住在这里，她的母亲伊丽莎白·瓦西里耶夫娜和玛丽亚·伊里尼奇娜也住过一段时间。通信员每天送来报纸和邮件。罗莎·卢森堡从华沙监狱获释后也来过库奥卡拉，她被隐藏在彼得堡的一所装有白色玻璃的秘密住宅里。

列宁担任了停刊 8 个月后重新出版的《无产者报》

Г. 日沃托夫
库奥卡拉“瓦萨”别墅

责任编辑，当时在维堡依托“东方芬兰”印刷厂秘密出版该报（1—20号）。从事该报排版工作的是一批格鲁吉亚排字工人，他们在《火星报》巴库秘密印刷厂被查封后带来了300公斤铅字。

就在维堡的这个地方，在列宁的领导下，布尔什维克的报纸《前进报》也在继续秘密出版（一直到1908年1月）。

第二届国家杜马选举日益临近。孟什维克提议同立宪民主党结成选举联盟，1906年11月初在塔墨尔福斯举行的俄国社会民主工党第二次代表会议上，这个提议得以通过。弗拉基米尔·伊里奇提出了“特别意见”，声明只有在绝对必要的情况下才能达成临时协议，而且只能同那些接受布尔什维克基本口号的政党达成临时协议。

第二届杜马于1907年2月20日召开第一次会议，这届杜马共有518个席位，立宪民主党人获得98个席位，社会民主党党团获得65个席位。

1907年4月中旬，列宁动身前往哥本哈根出席俄国社会民主工党第五次代表大会。他在途中去了趟柏林，在那里会见了马克西姆·高尔基并收到其赠送的长篇小说《母亲》。他们一起去了卡尔·考茨基和罗莎·卢森堡那里。

丹麦警察禁止在丹麦举行代表大会并要求代表们离开哥本哈根。在瑞典的马尔默也发生了同样的情况。代表大会于4月30日—5月19日在伦敦举行，会址安排在英国社会党人选的兄弟会教堂，出席大会的共有336名代表，布尔什维克在人数上略占优势。马克西姆·高尔基、罗莎·卢森堡、英国社会民主联盟代表哈里·奎尔奇受邀参加了代表大会。

列宁主持了七次会议，并且就代表大会的主要议题——对待资产阶级政党的态度问题作了报告。弗拉基米尔·伊里奇指出，无产阶级已经开始联合成一个独立的阶级组织，“因此，在最好的情况下，即在革命达到最大的高潮的时期，资产阶级也仍然是动摇于革命和反动之间的成分（这不是偶然的，而是必然的，是由资产阶级的经济利益决定的）。可见，资产阶级不可能是我国革命的领袖”。[38]

代表大会通过了列宁的决议并认为，为了进行反对立宪民主党人的斗争，可以同劳动派（动摇于立宪民主党人与社会民主党人之间的杜马代表）达成临时协议。

代表们的频繁辗转使得代表大会的预算经费捉襟见肘。他们分散居住在英国社会党人的家里、伦敦东部便宜的旅馆里。经俄国侨民费·阿·罗特施坦介绍，制皂厂厂长约瑟夫·费尔兹提供了1700英镑借款，条件是俄国社会民主工党必须在1908年1月1日之前归还；德国社会民主党借给了300英镑。

在休会期间，弗拉基米尔·伊里奇和代表们参观了伦敦的名胜古迹。高尔基回忆道：

"在海德公园，几名第一次见到列宁的工人谈论起他在代表大会上的举动。其中一个人的话很有代表性，他说：

'也许我不知道，在这里，在欧洲，在工人中间，还有另外一个像倍倍尔或者其他什么人那样聪明智慧的人。但是，要说再有另外一个能像此人那样让我立刻喜欢上的人，打死我也不信！'

另外一个工人笑着补充道：'此人是我们的人。'

大家反驳他：'普列汉诺夫也是我们的人。'

我听到一个准确的回答：

'普列汉诺夫是我们的导师，我们的主子，而列宁是我们的领袖和同志。'

一个年轻的小伙子幽默地说道：

'紧身的常礼服总是勒挤束缚着普列汉诺夫。'"[39]

代表大会闭幕后，弗拉基米尔·伊里奇连续几天在英国博物馆图书馆工作。5月24日，列宁在伦敦举行的拉脱维亚边疆区社会民主党第二次代表大会上作了关于无产阶级在资产阶级民主革命现阶段的任务的报告。

A.A.梅利尼科夫
列宁在维堡*
20世纪70年代
"维堡城堡"文物保护区博物馆

* 据推测，画中为列宁和克鲁普斯卡娅于1906年8月与俄国社会民主工党中央委员会驻芬兰代办员亚·格·施利希特尔（最左）、《火星报》巴库印刷厂前领导人T.T.叶努基泽（最右）和格鲁吉亚印刷工人会面的场景。——维堡列宁故居博物馆注

踏过薄薄的冰层

斯图加特—库奥卡拉—斯德哥尔摩

1907 年 5 月底，列宁返回库奥卡拉。6 月 3 日，沙皇尼古拉二世宣布解散第二届杜马，而这届杜马只召开过一次会议。社会民主党人的报纸被查封，“镇压”队伍开赴农村。

娜捷施达·康斯坦丁诺夫娜送走了前去斯季尔苏坚灯塔（在今列宁格勒州维堡区奥泽尔基镇）附近的尼·米·克尼波维奇别墅的弗拉基米尔·伊里奇。她回忆道：“当我到了斯季尔苏坚的时候，伊里奇已经好些了。人们告诉我说：伊里奇初到这里的那些日子总是昏昏入睡——他坐到枞树下面，过一分钟就睡着了。孩子们都喊他‘睡迷’。在斯季尔苏坚我们过得很好——森林、大海，一片自然景色……”[40]

7 月下旬，列宁参加了在芬兰城市科特卡召开的俄国社会民主工党第三次代表会议，在会上作了关于第三届国家杜马选举的报告。代表会议通过了列宁提出的关于取消对选举的抵制的决议。德国社会民主党拨出 5000 马克，作为布尔什维克参加杜马选举运动的经费，孟什维克和社会革命党人也得到

M.Г.罗伊特尔
列宁在俄国社会民主工党第三次全国代表会议上作关于第三届国家杜马中社会民主党党团的策略的报告（1907 年）
1947 年
国立中央俄罗斯现代史博物馆

了同样数目的钱款。

З.О.维泽尔
侨居国外的列宁（1905—1907年）
20世纪20年代
国家历史博物馆

费利克斯·柯恩

马克西姆·马克西莫维奇·李维诺夫

1907年8月初，列宁作为俄国社会民主工党代表团成员抵达斯图加特，出席国际社会党第七次代表大会（这是第一次有列宁亲自参加的国际社会党代表大会）。列宁以社会党国际局委员的身份进入大会主席团。代表大会讨论了“殖民地”问题，荷兰社会党人亨利克·范科尔就此问题作了报告。他维护资本主义的“传播文明的使命”并号召各社会党投身于这一使命。

波兰社会党活动家费利克斯·柯恩回忆道：“在斯图加特代表大会上，大卫和范科尔之流的公开的机会主义者放肆透顶。这一次，这些老爷们甚至在全会上坚持文明民族有‘权’压迫并剥削不文明民族。大会以多数票（127票赞成，108票反对，10票弃权）通过一项决定，重申以往历次代表大会关于殖民地问题的决议是正确的。要不是俄国人和波兰人参加这次投票，暗藏的和公开的伯恩施坦分子恐怕会得到多数票。”[41]

代表大会通过了由奥古斯特·倍倍尔提出，列宁、罗莎·卢森堡和俄国代表团共同修改的关于军国主义和国际冲突的决议。

数年后，由孙中山领导的“中国同盟会”和其他革命组织完成了中国辛亥革命（1911年），推翻了大清帝国，列宁随即在《亚洲的觉醒》一文（载于1913年5月的《真理报》）中写道：“中国不是早就被公认为是长期完全停滞的国家的典型吗？但是现在中国的政治生活沸腾起来了，社会运动和民主主义高潮正在汹涌澎湃地发展。继俄国1905年的运动之后，民主革命席卷了整个亚洲——席卷了土耳其、波斯、中国。在英属印度，动乱也在加剧……

世界资本主义和俄国1905年的运动终于唤醒了亚洲。几万万受压制的、由于处于中世纪的停滞状态而变得粗野的人民觉醒过来了，他们走向新生活，为争取人的起码权利、为争取民主而斗争。”[42]

孙中山

……费利克斯·柯恩描述了为代表大会与会者在郊外举行的宴会的场景："热情款待我们的葡萄酒和啤酒来了劲……马克西姆·马克西莫维奇·李维诺夫，如今*是誉满全球的红色外交家，那时候是一个最闲不住嘴的布尔什维克，他突然挡住了倍倍尔的路，问了一个令倍倍尔感到很意外的问题：'Warum lieben Sie uns nicht?（为什么您不喜欢我们？）'伟大的倍倍尔慌了神。他明显地厌恶这种不讲礼貌、不守成规的行为……

目睹这个场面的人睁大了眼睛，有的看着提问者，有的看着倍倍尔……

倍倍尔沉默了片刻，然后不无尴尬地说，这种说法是不对的，他对大家都喜欢，一视同仁，不过布尔什维主义是一种'Kinder Krankheit（幼稚病）'。

我掉头一看，列宁正站在长椅旁，盯着倍倍尔，脸上浮着调皮的、讥讽的微笑，眼睛闪烁着熟悉的光芒；每当伊里奇看透了一个人，发现了那个人小心翼翼加以隐蔽的东西时，这样的光芒总会在他的眼睛里出现。"[43]

8月中旬，列宁返回库奥卡拉。他写了几篇有关斯图加特代表大会的文章，准备出版自己的三卷本文集《十二年来》。三卷中只出版了第1卷（1907年11月以弗拉·伊林的笔名出版）和第2卷第1分册（1908年初出版）。彼得堡高等法院查封了此书并没收了已经印好的书。

1907年11月初，在赫尔辛福斯召开的俄国社会民主工党第四次代表会议上，弗拉基米尔·伊里奇作了关于第三届国家杜马中社会民主党党团的策略的报告。

维堡省省长奉命立即搜捕列宁。在芬兰的避暑胜地泰里约基（今圣彼得堡附近的泽列诺戈尔斯克）开始了搜查，"瓦萨"别墅里的人料到要来搜查，于是便烧毁了文件。布尔什维克中央（"统一的"俄国社会民主工党布尔什维克派的领导机关）决定将《无产者报》转移到国外出版——该报在日内瓦和巴黎一直出版到1909年年底。

11月中旬，弗拉基米尔·伊里奇抵达赫尔辛福斯附近的一个小车站——奥盖尔比，住在芬兰人温斯滕两姐妹的家里。在临别时会见过彼得堡的布尔什维克之后，列宁启程去了奥布市（今为图尔库）。在距离到达站12公里时，他发现有人盯梢，便悄悄离开车厢。他提着一个不大的箱子步行到达奥布市，深夜才住进芬兰社会民主党人瓦尔特·博尔格（他负责安排列宁前往瑞典）的家里。

为了躲避奥布港的证件检查，列宁决定乘马车去纳古岛，再从那里乘轮船。路上花费了好几天时间：在几个不大的小村庄里等待冰面出现雪橇滑过的痕迹或者冰层冻结实。当弗拉基米尔·伊里奇由几个芬兰农民陪同，最后通过结冰的海峡时，冰层开始塌陷，他竟奇迹般逃生。他后来对娜捷施达·康斯坦丁诺夫娜说，他那一刻想的是："唉，死得多么愚蠢啊！"[44]

---

* 柯恩的回忆写于1934年。——俄文编者注

A. A. 李洛夫
路途艰难
1938 年
坦佩雷列宁博物馆

列宁从纳古岛乘轮船前往斯德哥尔摩，抵达时间是 12 月 13 日。他住在“马尔姆斯滕”饭店，在等待娜捷施达·康斯坦丁诺夫娜期间，化名“约翰·弗雷”在皇家图书馆进行研究工作。12 月 21 日，他与妻子一起离开斯德哥尔摩。他们前往日内瓦途中曾在柏林停留，在罗莎·卢森堡那里住了一晚。由于突然生病，他们在柏林又多待了两天，12 月 25 日到达日内瓦。

注 释

1. 《列宁全集》中文第二版增订版第 54 卷第 775—776 页。
2. 彼・伊・利亚先科：《苏联国民经济史》（三卷本），莫斯科 1947—1956 年版，第 2 卷第 250 页。
3. 《列宁全集》中文第二版增订版第 9 卷第 138 页。
4. 彼・伊・利亚先科：《苏联国民经济史》（三卷本），莫斯科 1947—1956 年版，第 2 卷第 253 页。
5. 《回忆列宁》，人民出版社 1982 年版，第 1 卷第 347 页。
6. 《列宁全集》中文第二版增订版第 9 卷第 164 页。
7. 《列宁全集》中文第二版增订版第 9 卷第 192 页。
8. 《回忆列宁》，人民出版社 1982 年版，第 1 卷第 348 页。
9. 《列宁全集》中文第二版增订版第 10 卷第 126 页
10. 《列宁全集》中文第二版增订版第 10 卷第 126 页。
11. 《回忆列宁》，人民出版社 1982 年版，第 2 卷第 248 页。
12. 《列宁全集》中文第二版增订版第 23 卷第 383 页。
13. 《回忆列宁》，人民出版社 1982 年版，第 1 卷第 350 页。
14. 《列宁全集》中文第二版增订版第 9 卷第 330 页。
15. 《回忆列宁》，人民出版社 1982 年版，第 1 卷第 350 页。
16. 《列宁全集》中文第二版增订版第 11 卷第 314—315 页。
17. 《回忆列宁》，人民出版社 1982 年版，第 2 卷第 229 页。
18. 《列宁全集》中文第二版增订版第 11 卷第 33 页。
19. 《列宁全集》中文第二版增订版第 11 卷第 190 页。
20. 《列宁全集》中文第二版增订版第 45 卷第 120—121 页。
21. 《回忆列宁》，莫斯科 1984—1985 年版，第 2 卷第 135 页。
22. 《回忆列宁》，人民出版社 1982 年版，第 2 卷第 238 页。

23. 《列宁全集》中文第二版增订版第 12 卷第 77 页。
24. 《回忆列宁》，人民出版社 1982 年版，第 2 卷第 271 页。
25. 《回忆列宁》，人民出版社 1982 年版，第 1 卷第 374 页。
26. 《回忆列宁》，人民出版社 1982 年版，第 1 卷第 376 页。
27. 《列宁全集》中文第二版增订版第 13 卷第 367 页。
28. 《回忆列宁》，人民出版社 1982 年版，第 2 卷第 243 页。
29. 《回忆列宁》，人民出版社 1982 年版，第 2 卷第 112—113 页。
30. 《回忆列宁》，人民出版社 1982 年版，第 2 卷第 113 页。
31. 《列宁全集》中文第二版增订版第 29 卷第 10 页。
32. 《列宁全集》中文第二版增订版第 12 卷第 329 页。
33. 《列宁全集》中文第二版增订版第 12 卷第 360 页。
34. 《列宁全集》中文第二版增订版第 12 卷第 257 页。
35. 《列宁全集》中文第二版增订版第 12 卷第 261 页。
36. 《列宁全集》中文第二版增订版第 20 卷第 326 页。
37. 《回忆列宁》，人民出版社 1982 年版，第 1 卷第 381 页。
38. 《列宁全集》中文第二版增订版第 15 卷第 328—329 页。
39. 《高尔基文集》（三十卷本），莫斯科 1952 年版，第 17 卷第 14—15 页。
40. 《回忆列宁》，人民出版社 1982 年版，第 1 卷第 389—390 页。
41. 《回忆列宁》，人民出版社 1982 年版，第 5 卷第 72—73 页。
42. 《列宁全集》中文第二版增订版第 23 卷第 160—161 页。
43. 《回忆列宁》，人民出版社 1982 年版，第 5 卷第 75—76 页。
44. 《回忆列宁》，人民出版社 1982 年版，第 1 卷第 392 页。

第六章

日食

（1908 年—1910 年 9 月）

弗·伊·列宁（巴黎 1910 年）
俄罗斯国家社会政治历史档案馆

君主制国家的报复

日内瓦

1908 年新年之前，列宁和克鲁普斯卡娅来到日内瓦后在双桥街 17 号租了一间不大的屋子。1 月中旬，弗拉基米尔·伊里奇在给玛丽亚·伊里尼奇娜的信中写道："我们在这个该死的日内瓦已经待了好几天了……这是个令人厌恶的偏僻地方，但是没有办法。将来会适应的。你们过得怎样？没冻着吧？妈妈身体好吗？"[1]

西蒙·阿尔沙科维奇（卡莫）·捷尔－彼得罗相
俄罗斯国家社会政治历史档案馆

娜捷施达·康斯坦丁诺夫娜这样描述俄国的情况："沙皇政府残酷地迫害革命者。监狱人满为患，监狱里实行最折磨人的制度，经常严刑拷打；死刑宣判一个接着一个。"她提到党内很多人不习惯于做秘密工作，然而，"整个密探组织体系都是设想得很周密的，而且遍布各地，包围着党中央机关。政府的谍报工作是很出色的"。[2]

瑞士人因为西·阿·捷尔－彼得罗相（卡莫）1907 年 6 月在梯弗利斯剥夺沙皇钱款的事感到不安。国外银行有被抢钞票的编码，几名革命者在试图换钱时被捕。和他们一起"顺便"被捕的布尔什维克尼·亚·谢马什柯写道："沙皇政府显然想抓住这个机会，要求把我引渡回国。由于我领导了

B.E.马科夫斯基
等候接见
1904 年
萨拉托夫国立 A.H.拉季舍夫艺术博物馆

1905 年的下诺夫哥罗德起义和索尔莫沃起义，还有以前的一些事件，当局想趁机同我算总账。”[3]

列宁给瑞士社会民主党人的《伯尔尼哨兵报》寄去一份声明，说谢马什柯不可能参与在梯弗利斯的行动，结果他在 2 月底被释放。

几年以后，列宁在巴黎见到了卡莫，他从梯弗利斯的精神病院逃出来以后辗转来到了巴黎。克鲁普斯卡娅写道：“他坐在我们巴黎的兼做会客室的厨房里，像在他的家乡一样，吃起杏仁来，讲述着在柏林被捕的情形，设想出处死出卖他的那个奸细的各种办法，讲述着装疯的那几年的情形，以及他在监狱里饲养的一只驯顺的麻雀。伊里奇听着他的讲述，感到非常怜惜这个奋不顾身的勇敢的人，这个人像孩子般天真，有一颗火热的心，立志建树丰功伟绩，从监狱里逃出之后，不知道该着手哪项工作。”[4]

弗拉基米尔·伊里奇建议卡莫去比利时治疗眼疾，然后走海路回高加索。

党的会计处没有钱了。侨居在伦敦的费·阿·罗特施坦提起为开伦敦代表大会欠下的债款，列宁回答他说：“加之这两年来大家失去了做地下工作的习惯，被公开的和半公开的工作‘宠坏’，党的财政状况就更惨了。几乎需要从头整顿秘密组织，这就得用一大笔钱。而知识分子和小市民都抛弃了党：知识分子大批退出……

应当说服那个英国人。钱他未必能拿到。吵闹也没有用。”[5]

1920 年，苏维埃俄国驻伦敦全权代表列·波·克拉辛把 1700 英镑还给了约瑟夫·费尔兹的继承人。

布尔什维克巴黎支部成员谢·伊·霍普纳尔描述了日内瓦的气氛：“同对新的革命丧失了一切信心的人相反，列宁满怀信心地指出，新的革命不仅一定会到来，而且它很快就会到来。工人和农民在第一次革命时期提出的问题，包括土地问题，八小时工作日问题，民主共和国问题等，一个也没有得到解决。因此爆发第一次革命的重要因素没有消除，它们还在继续起作用，这些因素不能不导致新的革命。”[6]

应列宁邀请来到日内瓦

尼古拉·亚历山德罗维奇·谢马什柯

谢拉菲玛·伊利尼奇娜·霍普纳尔
1906 年
俄罗斯国家社会政治历史档案馆

双桥街 17 号

П.Н.克雷洛夫

霍莫夫尼基的绞索（500余名1905年莫斯科武装起义参加者在霍莫夫尼基消防队辅助用房里被处决）

1932年

图拉艺术博物馆

的历史学家、布尔什维克弗·维·阿多拉茨基问列宁，新的革命何时将会发生，"弗拉基米尔·伊里奇回答说，'庄稼汉舔手指'，等他舔完了，革命就会来了。"[7]

弗拉基米尔·维克多罗维奇·阿多拉茨基
俄罗斯国家社会政治历史档案馆

为了恢复《无产者报》的出版，结束了在沃洛格达流放的医生亚·亚·波格丹诺夫和从彼得堡监狱出来的革命者约·费·杜勃洛文斯基（英诺森）来到日内瓦。据娜捷施达·康斯坦丁诺夫娜说，弗拉基米尔·伊里奇与杜勃洛文斯基关系密切："英诺森不是著作家，他常在工人大会上、在工厂里发表演说，他的演说鼓舞着工人们去进行斗争，但当然没有人记录和速记他的演说。伊里奇非常重视英诺森对事业的无限忠诚，对他到日内瓦来非常高兴。"[8]

在卡鲁日有排字车间，但排好的铅字版不得不穿过全城运到印刷厂去。2月13日用存的旧纸印出了第21号报纸。

这些天，彼得堡的种子出版社印刷厂正在为列宁的小册子《社会民主党在1905—1907年俄国第一次革命中的土地纲领》排版，列宁在侨居国外之前的几个月里一直在从事这部书的写作。印出来的书后来都被没收，这部著作直到1917年才得以面世。

H. H. 巴任
乡村的晚上 解冻
1898年
下塔吉尔造型艺术博物馆
斯维尔德洛夫斯克州

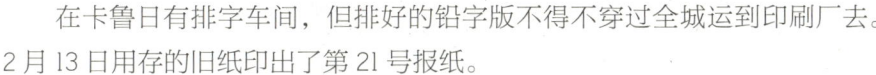

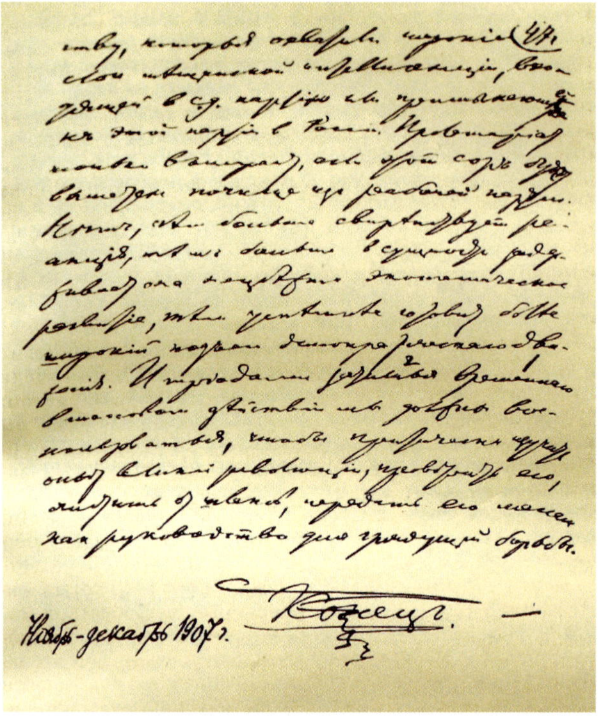
Конец.
Нояб.-декабрь 1907 г.

列宁的《社会民主党在1905—1907年俄国第一次革命中的土地纲领》一书手稿最后一页

弗拉基米尔·伊里奇认为，消灭农奴制残余有两条可能的道路——一条是通过有利于地主的改革，一条是通过有利于农民的革命。他选取28000万俄亩*适合进行农业生产的俄国土地的分布作为计算基准。破产的小农每户平均有7俄亩土地，中等农民有15俄亩，富裕农民和资产阶级每户有46.7俄亩，农奴主—地主有2333俄亩。

亚历山大·亚历山德罗维奇·波格丹诺夫

列宁提出这样一个问题，如果把大地主的土地转让给破产农民，甚至政府里也有这样的议论（“分地给穷人”），那将会怎么样呢？那时，中等农民、富裕农民和资产阶级每户将有21.4俄亩土地，而根本就不会有破产农民和地主了。

约瑟夫·费多罗维奇·杜勃洛文斯基

至于没有谈到剥夺的条件，并且使用了最接近于全面消灭地主土地占有制的口号——“土地平分”的数字，弗拉基米尔·伊里奇作了补充说明：“如果群众在斗争中获得胜利，群众就会为自己取得胜利的果实。至于这些果实以后会落到谁的手里，那是另一个问题。”[9] 他提到1906年俄国社会民主工党斯德哥尔摩代表大会上通过的土地纲领，该纲领既承认土地私有制的土地制度，也承认公有制的土地制度：“纲领起草人用什么理由来解释这种两重性呢？他们的主要理由就是要顾到农民的利益和要求，担心同农民分裂，担心引起农民反对无产阶级和反对革命。”[10]

……1908年2月13日，尼古拉二世接见了第三届杜马的307名代表。他声称，任何强制土地转让的念头都应该打消。列宁在《新土地政策》（1908年2月《无产者报》）一文中指出，“这一反对强制转让的严厉举动还有重大的意义，它表明地主的君主制最终走上了土地政策的**新**道路。”[11]

达尼埃尔·伊利
积雪覆盖的新广场（日内瓦）（右页图）
1910年

* 1俄亩相当于1.092公顷。——俄文编者注

斯托雷平的大地主们

日内瓦

新世纪伊始，政府就努力寻求能够避免自下而上的农民革命的危险的土地政策。致力于此的有中部地区衰落原因调查委员会（1901 年歉收以后）、内务部附属委员会、最后还有谢·尤·维特主持的特别会议。隶属于该特别会议的有 600 个地方委员会，参加会议的有 12000 个地主、官员和地方自治机关代表（农民占百分之二）。

И.Е.列宾
斯托雷平像
1910 年
萨拉托夫国立 А.Н.拉季舍夫艺术博物馆

随着 1905—1907 年革命被镇压，所有土地草案都变得多余了，甚至维特会议因其过“左”也被解散了。新任大臣会议主席（1906 年 7 月 8 日起）彼·阿·斯托雷平向沙皇递交了一份《关于农民土地占有和土地使用现行法律的若干补充决定》的命令草案，该草案于 1906 年 11 月 9 日获得批准。

自此之后，全部农民土地村社被分为两类。第一类——不重新分配土地的村社转为个体农户土地占有，土地作为私人财产归农户所有。第二类——重新分配土地的村社，准许在其成员之间重新分配共有土地，每一个农户都可以要求转给他新的土地归其所有。

法律对那些退出村社时占有多于人均数量土地的人予以鼓励。这些“多余土地”按照比市价低二分之一到三分之二的 1861 年的赎买价格作了认证。

在斯托雷平改革的 9 年间（至 1916 年），247.8 万农户（在欧俄约有五分之一到四分之一的农户）退出村社，1844.1 万公顷土地被认证为私人财产。[12]

在《政治短评》（1908 年 2 月《无产者报》）一文中，列宁直指立宪民主党教授们：“斯托雷平战胜你们不仅靠的是体力，而且靠的是他正确地理解到经济发展中最实际的需要，理解到要用暴力手段摧毁旧的土地占有制。已由革命不可逆转地完成的一

E. H. 季哈诺维奇
分地
1958 年
白俄罗斯共和国国家艺术博物馆

大‘变动’就是：从前黑帮专制政府可以依靠中世纪的土地占有制形式，而现在却**被迫**（完全地不可逆转地被迫）用飞快的速度破坏这种占有制。”[13]

新生的农民资产阶级阶层（“暴发户大地主”）改善经济，发展可盈利的经济作物和集约化种植作物的生产，施加肥料，使用雇佣劳动。在改革的几年间，欧俄和亚俄的播种面积增长了 10%。谷物仍为最主要的作物，但与此同时，马铃薯、向日葵、烟草、甜菜、棉花的播种面积显著扩大。牛的总头数保持不变。

有权买卖私有土地的是农民银行。通过农民银行，1908—1915 年间，120 万农户卖掉了份地，其中大部分就此成为无产阶级。购买这些土地的主要是独户农民和农庄主（78%），小部分（17%）是农村村社，还有无地的小铺老板、买卖人、市郊的小市民和其他富裕阶层。[14]

在斯托雷平改革期间（至 1913 年），迁到西伯利亚的农民有 127 万人，从前在建设穿越西伯利亚的铁路时，进行过规模大得多的移民，——当时打零工者和移民的人数超过 350 万。新来的居民通常从事小型畜牧业经营，平均占有土地约 17 公顷，或加入奶制品加工合作社。[15]

国家杜马 代表在讲坛上演讲
图片选自Г.多布松《圣彼得堡》一书 伦敦1910年版

И.Е.列宾
列夫·尼古拉耶维奇·托尔斯泰像（1828—1910年）
1887年8月
"亚斯纳亚波利亚纳"托尔斯泰故居博物馆
图拉州

1906—1910年，从西伯利亚运到欧俄和出口的多余粮食约120万吨，当时俄罗斯帝国的粮食总产量为6000万吨。

在俄罗斯的外贸总额中，农产品出口占绝对多的份额。控制在外国资本手中的银行——俄罗斯对外贸易银行、亚速海—顿河银行、彼得堡国际银行等等，掌握着南方各港口不少于半数的粮食出口。外国出口公司（如法国德雷福斯粮食贸易公司，德国、希腊和意大利的粮食公司，丹麦的蛋奶公司，英国的油乳肉类公司的办事处）不断扩大西伯利亚油乳、沃罗涅日鸡蛋和鸡肉、坦波夫熏肉和普斯科夫亚麻的交易量。

尽管产品总量有所增加，但俄罗斯农业的劳动生产率仍然较低。1909—1913年，粮食产量每公顷不到674公斤（法国——1352公斤、德国——2284公斤、丹麦——2930公斤）。俄罗斯人均粮食产量为425公斤（美国——786公斤、阿根廷——1113公斤、加拿大——1206公斤）。[16]

列宁在《社会民主党在1905—1907年俄国第一次革命中的土地纲领》中强调指出："要么是斯托雷平式的土地改革，要么是农民革命的国有化。**只有**这两种解决办法在经济上才是现实的。一切中间的办法，从孟什维克的地方公有化到立宪民主党人的赎买，统统是市侩的局限性，统统是对学说的愚蠢的歪曲，统统是拙劣的臆造。"[17]

除了改革之外，彼·阿·斯托雷平还在继续他向第三届杜马代表许诺的（在1907年11月16日的演讲中）同革命运动的斗争："现在对所有人来说

Л. В. 波波夫
冬日里的迁徙者（20 世纪初）
1900 年代
奥伦堡造型艺术博物馆

都显而易见的是，极端左翼政党创建的破坏性运动已经变成了公开抢劫，并且把一切反社会的犯罪因素推向前进，使诚实的劳动者们破产并教坏了年轻一代。”

1908 年 5—6 月，列夫·托尔斯泰对每天报纸上关于判处数十个“暴乱分子”绞刑的报道感触极深，写了《我不能沉默！》一文。该文刊登在彼得堡的几家报纸上并印成了小册子，其最初未发表的版本中说：“我呼吁在虚伪的法律名义下不断产生的罪行的所有参与者，呼吁你们所有人，从把人类兄弟、把妇女、把孩子送上绞刑架、给他们套上软帽和绞索的人开始，到你们，两个隐蔽的首要刽子手、放任所有这一切罪行的参加者的人：彼得·斯托雷平和尼古拉·罗曼诺夫。

醒悟吧，反省吧。想一想你们是谁，要明白你们在干什么。”[18]

维特在回忆录中写道：“对斯托雷平的未遂暗杀*，顺便说一下，对他产生了相当大影响。他在第一届国家杜马期间表现出的自由主义，成为他坐上主席位子的跳板，从那时起他开始逐渐飘飘然起来，最终，斯托雷平在其执政的最后两三年里在俄罗斯建立了真正的恐怖，把独断专行和警察裁定引入国家生活的所有方面。在专制统治的任何时期都没有出现过像斯托雷平时期的国家生活所有领域中出现的那么多的独断专行；而随着斯托雷平进入这种愚昧状态，他在其中越陷越深……”[19]

---

* 这里指的是 1906 年 8 月 12 日在彼得堡药房岛上对斯托雷平的未遂暗杀。——俄文编者注。

“哲学清理”

日内瓦—卡普里岛

侨居国外的生活结束多年后，列宁这样描述 1907—1910 年：“沙皇制度胜利了。一切革命党和反对党都失败了。消沉、颓丧、分裂、涣散、叛卖和色情代替了政治。追求哲学唯心主义的倾向加强了；神秘主义成了掩盖反革命情绪的外衣。”[20]（《共产主义运动中的“左派”幼稚病》，1920 年）

Л. B. 波波夫
真理究竟在哪里？（探求真理的人们）
1903 年
雷宾斯克文物保护区博物馆
雅罗斯拉夫尔州

卡尔·考茨基的《新时代》杂志宣传了奥地利物理学家和哲学家、维也纳大学教授恩斯特·马赫，他和德国哲学家理查·阿芬那留斯共同提出了一种新的哲学观念“批判的经验”——经验批判主义*，断定世界是“感觉的复合”，而科学的任务只是描述这些感觉。

马赫主义的俄国追随者宣传“文化复兴”，鼓吹独立的宗教唯心主义哲学。他们称 1905 年革命是“神的惩罚”，号召在“神的国度”寻求救赎。

---

* 源自希腊文“empeiria”（经验）一词。——俄文编者注

П. П. 别洛乌索夫
列宁在日内瓦图书馆写作《唯物主义和经验批判主义》一书
1937 年
国家历史博物馆

一批孟什维克（帕·索·尤什凯维奇、尼·弗·沃尔斯基－瓦连廷诺夫）和一些布尔什维克著作家拥护把社会主义和宗教结合在一起的“寻神说”。

1908 年冬春，弗拉基米尔·伊里奇阅读了在彼得堡出版的亚·亚·波格丹诺夫编辑的文集《关于马克思主义哲学的论丛》。

列宁早在舒申斯克村的时候就知晓亚·亚·波格丹诺夫（马林诺夫斯基）这位俄国革命活动家和百科全书式的学者，列宁当时读完了他的《经济学简明教程》一书（1897 年），称该书为“我国经济学著作中出色的作品”。波格丹诺夫在书中形成了自己对社会主义的认识：“新的社会不以交换经济为基础，而是以自然经济为基础。在产品的生产和消费之间没有市场、买卖，——只有自觉地、有计划地组织的分配。”[21]

波格丹诺夫从 19 世纪 90 年代起参加社会民主主义小组，俄国社会民主工党第二次代表大会以后加入布尔什维克。1905—1907 年革命后，反对社会民主党人参加“反动的”杜马。在哲学上，他试图建立一个作为主观唯心主

列宁在卡普里岛高尔基处做客时与亚·亚·波格丹诺夫下象棋（1908年4月中旬）（左图）
俄罗斯国家社会政治历史档案馆

马赖谢街61号（右图）
日内瓦图书馆

义的马赫哲学的变种的独立体系（《经验一元论》，1906年）。

1908年2月初，列宁请求在彼得堡的亲属寻找并寄来自己1906年写的批判经验一元论的哲学著作手稿，并开始写作《唯物主义和经验批判主义》一书。由于计划1909年6月召开《无产者报》扩大编辑部（实际上是布尔什维克中央）会议——和波格丹诺夫及其支持者论战，列宁抓紧时间写作。

2月底，由于波格丹诺夫的《关于马克思主义哲学的论丛》出版，列宁致信在卡普里岛的马·高尔基，谈到自己1904年和波格丹诺夫的相识以及他们之间越来越大的矛盾。

“现在《关于马克思主义哲学的论丛》已经出版。除了苏沃洛夫那篇文章（我正在看）之外，其余的我都看了，每篇文章都使我气得简直要发疯。不，这不是马克思主义！我们的经验批判论者、经验一元论者和经验符号论者都在往泥潭里爬。他们劝读者相信‘信仰’外部世界的真实性就是‘神秘主义’（巴扎罗夫），他们把唯物主义同康德主义混淆得不成样子（巴扎罗夫和波格丹诺夫），他们宣传不可知论的变种（经验批判主义）和唯心主义的变种（经验一元论），教给工人‘宗教无神论’和‘崇拜’人类最高潜在力（卢那察尔斯基），宣布恩格斯的辩证法学说为神秘主义（别尔曼），从法国某些‘实证论者’（主张‘符号认识论’的该死的不可知论者或形而上学者）的臭水沟里汲取东西（尤什凯维奇）！不，这太不像话了。当然，我们是普通的马克思主义者，对哲学没有研究，但是为什么要这样欺侮我们，竟要把这些东西当做马克思主义哲学奉送给我们！我宁愿受车裂之刑，也不愿加入宣传这类东西的机关报或编委会。”[22]

1908年4月中旬，列宁应马·高尔基和玛·费·安德列耶娃的邀请来卡

Г. В. 马拉科夫
意大利 卡普里岛的清晨
1972 年
乌里扬诺夫斯克列宁纪念馆

普里岛小住。他请求阿列克谢·马克西莫维奇不要试图让他与客居这里的波格丹诺夫、卢那察尔斯基和巴扎罗夫和解，但争论还是没能避免。

弗拉基米尔·伊里奇和高尔基一起参观了那波利博物馆、那波利近郊和庞贝城，攀登了维苏威火山，他还很关心卡普里岛渔民的生活。据安德列耶娃回忆，列宁听作家讲述关于下诺夫哥罗德、伏尔加河、童年和青年时代以及漫游俄国的故事，建议说：

"'老朋友，最好把这一切都写下来！这一切都是非常有教益的，非常有教益……'

高尔基马上中断了叙述，沉默起来，不好意思地清了清嗓子，忧郁地说：

'我以后要写的……'"[23]

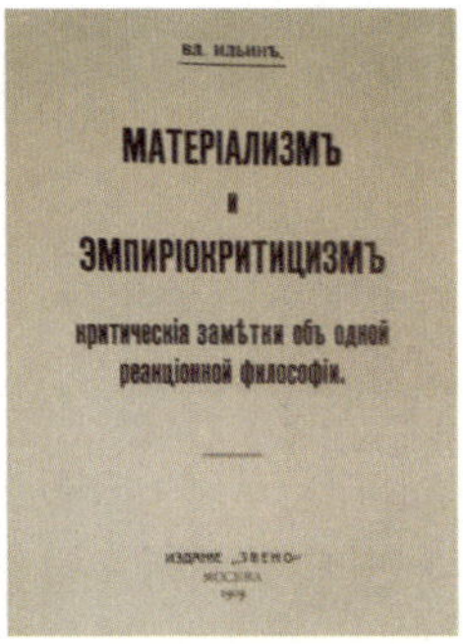
ВЛ. ИЛЬИНЪ.

МАТЕРІАЛИЗМЪ

И

ЭМПИРІОКРИТИЦИЗМЪ

критическія замѣтки объ одной реакціонной философіи.

ИЗДАНІЕ „ЗВЕНО“

列宁的《唯物主义和经验批判主义》一书第一版封面（1909年）

В.Е.马科夫斯基
永远的学生
伊尔库茨克 В.П.苏卡乔夫艺术博物馆

回到日内瓦后，列宁继续进行《唯物主义和经验批判主义》一书的写作。1908年5月初，他去了伦敦以便在英国博物馆图书馆工作，他在那里待了近一个月，住在城里他熟悉的那个区的塔维斯托克广场21号。

夏天，弗拉基米尔·伊里奇避开日内瓦嘈杂的争论，在瑞士一个叫费尔-勒格利斯的小山村住了几日。9月，他和娜捷施达·康斯坦丁诺夫娜离开双桥街上的房子，在普兰帕莱区的马赖谢街61号租了一套不大的两居室住宅。

《无产者报》1908年9月11日刊载了列宁的文章《列夫·托尔斯泰是俄国革命的镜子》，纪念作家诞辰八十周年。文章一开头就指出，鲜有俄国的合法报刊从革命的角度分析托尔斯泰的作品：

"请听《言语报》的那些立宪民主党的巴拉莱金*之流吧。他们对托尔斯泰的同情是最充分和最热烈的了。其实，有关这位'伟大的寻神派'的那种装腔作势的言论和冠冕堂皇的空谈不过是十足的虚伪，因为俄国的自由派既不相信托尔斯泰的上帝，也不赞成托尔斯泰对现行制度的批判。他们攀附这个极有声望的名字，是为了增加自己的政治资本，是为了扮演全国反对派领袖的角色。他们极力用吵吵嚷嚷的空谈来**淹没**人们要求对下列问题作直截了当答复的呼声：'托尔斯泰主义'的显著矛盾是由什么造成的，这些矛盾表现了我国革命中的哪些缺陷和弱点？"[24]

1908年秋天，列宁完成了《唯物主义和经验批判主义（对一种反动哲学的批判）》一书的写作并把手稿寄给了安娜·伊里尼奇娜。她开始对24个

---

* 指律师巴拉莱金，他是米·叶·萨尔蒂科夫－谢德林的讽刺小说《现代牧歌》（1880年）中的人物。——俄文编者注

印张进行校对。前一天，弗拉基米尔·伊里奇请玛丽亚·亚历山德罗夫娜"写信给莫斯科的熟识的著作家，看他们是否能找到地方出版。现在我在这方面找不到关系"。[25] 这部著作由环节出版社于 1909 年 5 月以笔名弗拉·伊林出版。

这本书发展了马克思主义哲学关于物质、意识、经验、空间和时间、因果性、包括感觉的地位和作用在内的认识论等基本论点。列宁确信："物质是标志客观实在的哲学范畴，这种客观实在是人通过感觉感知的，它不依赖于我们的感觉而存在，为我们的感觉所复写、摄影、反映。因此，如果说这个概念会'陈腐'，就是**小孩子的糊涂话**，就是无聊地重复时髦的**反动**哲学的论据。"[26]

列宁在分析亚·亚·波格丹诺夫的《经验一元论》一书时写道："凡是说物理自然界本身是派生的东西的哲学，就是最纯粹的僧侣主义哲学……如果自然界是派生的，那么不用说，它只是由某种比自然界更巨大、更丰富、更广阔、更有力的东西派生出来的，只是由某种存在着的东西派生出来的，因为要'派生'自然界，就必须有一个不依赖于自然界而存在的东西。这就是说，有某种存在于自然界**以外**、并且能**派生出**自然界的东西。用俄国话说，这种东西叫做神。"[27]

Ф. В. 瑟奇科夫
赞美基督的人们
1935 年
摩尔多瓦共和国 С. Д. 埃里贾造型艺术博物馆

日内瓦的康多尔街
日内瓦图书馆

这本书在侨居国外的俄国社会民主党人中间引发了激烈的争论。特别是在《无产者报》布尔什维克小组开展活动的巴黎，这样的争论接连不断。

尽管没有承担《唯物主义和经验批判主义》的出版工作，出版家帕·格·达乌盖仍然认为该书作者是一位重要的、严肃的哲学家：“列宁在哲学上有自己水晶般清晰的路线。他**本能地**捕捉别人的言论或学说中不确定、不坚定、能够把人从革命的道路引向别处的一切东西。”[28]

弗·威·林格尼克在回忆自己在西伯利亚流放地对康德的迷恋时写道，弗拉基米尔·伊里奇在他们关于哲学问题的通信中将马克思和恩格斯的哲学同康德的唯心主义作了比较：“他热情地指出，**人类的认识是无止境的，认识应当不断向前发展，应当随着革命工人运动的开展，扬弃唯心主义的、资产阶级的糟粕……** 读了弗拉基米尔·伊里奇的几封信以后，我完全动摇了。”[29]

“什么魔鬼把我们带到巴黎去了！”
法国

到1908年年底，在日内瓦的生活上了轨道。列宁和克鲁普斯卡娅在马赖谢街的寓所里置办了家什，等来了伊丽莎白·瓦西里耶夫娜，玛丽亚·伊里尼奇娜也在他们那里做过客。很多布尔什维克都携家眷在日内瓦安顿下来。但是，侨居的同志们开始劝说列宁搬到巴黎去。

据娜捷施达·康斯坦丁诺夫娜回忆，弗拉基米尔·伊里奇犹豫不决，因为他觉得日内瓦这座城市在生活上更便宜，在工作上也更方便。他听到了相反的理由：“第一，将来可以参加法国的运动；第二，巴黎是个大城市，那里的监视会少些。第二个理由说服了伊里奇。深秋时，我们迁到了巴黎。

在巴黎度过了侨居生活最艰苦的几年。伊里奇经常怀着沉重的心情回忆这几年。后来他不止一次地说过：‘什么魔鬼把我们带到巴黎去了！’”[30]

1908年12月2日，当时在索邦学习的玛丽亚·伊里尼奇娜在里昂车站迎来了弗拉基米尔·伊里奇、娜捷施达·康斯坦丁诺夫娜和伊丽莎白·瓦西里耶夫娜。他们在圣马赛尔林荫路上的旅馆里住了四天，之后租下了博尼埃街24号的寓所。

12月底，俄国社会民主工党第五次代表会议在巴黎举行。这次代表会议提出，党的基本任务之一是和取消俄国社会民主工党秘密组织的企图作斗争。在利用杜马讲坛的问题上通过的决议说：“投票赞成阶级国家预算中的个别项目，使那些用于压迫群众的工具（军队等）的支出合法化，也是不能容许的。

在投票赞成改革

A.M.纽伦堡
列宁在巴黎公社社员墙前
法国共产党档案馆

B.H.米纳耶夫

巴黎 娜·康·克鲁普斯卡娅 玛丽·罗斯街4号的寓所

20世纪70年代

乌里扬诺夫斯克列宁纪念馆

玛丽·罗斯街4号列宁家中的办公室

C.T.普斯托沃伊特
列宁在国立图书馆
乌里扬诺夫斯克列宁纪念馆

或赞成用于文化需要的支出项目时，应当遵循我们纲领中的这样一条原则，即社会民主党人应当反对同警察、官吏监护劳动阶级有关的改革。”[31]

1909年的冬天和春天，弗拉基米尔·伊里奇在巴黎作了几次关于哲学、俄国的政治局势和农民问题的讲演。3月，在巴黎的政治侨民会议上，他作了一场纪念巴黎公社的例行演说，强调谁也没有为公社作准备，公社是自发产生的。法国在对德战争中的失利、无产阶级的失业、部分小资产阶级的破产、国民议会的反动政策推动巴黎居民进行了3月18日的革命并把政权转到了国民自卫军和工人阶级手中，其政权很快被梯也尔总统的士兵镇压。

列宁在《纪念公社》(1911年)一文中写道：“巴黎的隆隆炮声惊醒了无产阶级中还在酣睡的最落后的阶层，到处推动了革命的社会主义宣传的开展。因此，公社的事业并没有消亡；公社的事业至今活在我们每个人的心中。”[32]

弗拉基米尔·伊里奇认识公社女社员、法国革命家和作家路易斯·米歇尔，第一次和她见面是在伦敦怀特查佩尔1903年举行的纪念公社的集会上。1905年米歇尔去世。

……从1909年2月起，在《无产者报》发表社论《不同路》后，同造神说的公开斗争开始了。克鲁普斯卡娅说：“我记得有一次伊里奇同召回派分子谈话后回家，面色如土，甚至连舌头都有些发黑了。我们决定让他到尼

电影《列宁在巴黎》（导演C.尤特克维奇）中的镜头：弗·伊·列宁（Ю.卡尤罗夫饰）在保尔·拉法格（П.卡多奇尼科夫饰）家做客。莫斯科电影制片厂摄制 1981年

斯去休息一个星期，远远离开纠纷，到那里去晒晒太阳。他去了，恢复过来了。”[33]

1909年5月的一号《无产者报》刊登了列宁的文章《论工人政党对宗教的态度》：“宗教是人民的鸦片，——马克思的这一句名言是马克思主义在宗教问题上的全部世界观的基石。”[34] 同时，“马克思主义不是停留在起码原则上的唯物主义。马克思主义更前进了一步。它认为必须**善于**同宗教作斗争，为此应当**用唯物主义观点**来说明群众中的信仰和宗教的根源。”[35]

1909年6月，在巴黎的卡皮特咖啡馆里举行了为期9天的《无产者报》扩大编辑部会议。当时，卡普里岛上波格丹诺夫（和阿列克辛斯基、卢那察尔斯基等人一起）为工人组织的学校已经成为“新的派别中心”，在这次会议上波格丹诺夫被开除出党。

后来，列宁在9月写的一封信里谈到自己对波格丹诺夫的新课程的意见：“被人赶出来后又往**别的**派别里钻，这是一种可耻的懦夫行为。现在没有什么比姑息更有害了。这次的**彻底决裂**和斗争，**要比同孟什维克的决裂**和斗争**更厉害**。这次斗争将使那些一直‘认识不清’的傻瓜很快地醒悟过来。”[36]

不知名画家
路易斯·米歇尔
法国共产党档案馆

1909年7月，列宁和克鲁普斯卡娅搬进了玛丽·罗斯街4号*的一套不贵的新两居室，有厨房和前厅，厨房也用做“会客室”。列宁的工作室，按照谢·伊·霍普纳尔的描述，“它根本不像办公室。靠墙放着几排没有上漆的书架，房间中间放着一张长长的桌子，也没有上漆，上面铺着纸，桌上堆满了报纸。还有两三把旧的很不值钱的椅子。这就是他的‘办公室’的全部摆设。”[37]

每天早餐后列宁去国立图书馆，中午回来。娜捷施达·康斯坦丁诺夫娜指出：“在巴黎从事研究工作是很不方便的。国立图书馆很远。弗拉基米尔·伊里奇一般是骑自行车到图书馆去的，但是，在巴黎这样的城市骑自行车不同于在日内瓦郊区，这里骑车要紧张得多。这样骑车伊里奇感到非常疲劳。午休时间，图书馆停止开放。预订几本需要的书籍，手续也非常麻烦，要第二天或第三天才能拿到。伊里奇大骂国立图书馆，顺便也骂巴黎。”[38]

克鲁普斯卡娅回忆说，在巴黎骑自行车老出事——弗拉基米尔·伊里奇

* 1955年，法国共产党在此开设了列宁博物馆。——俄文编者注

曾摔倒在电车、汽车下，最后自行车在图书馆附近被偷走了。

7月下旬，列宁与亲属——克鲁普斯卡娅、她的母亲和玛丽亚·伊里尼奇娜——去距离巴黎50公里的邦邦村休养，住在价格不高的膳宿寓所里。他们在这里一直住到8月底。

夏日里的一天，弗拉基米尔·伊里奇和娜捷施达·康斯坦丁诺夫娜骑自行车去德拉韦尔村拜访拉法格夫妇，受到了主人的热情接待。列宁把《唯物主义和经验批判主义》一书送给保尔·拉法格，见面时他们一直在谈论哲学。

从卡普里岛不断寄来党校工人学员们给列宁的信——邀请他前去讲课，但他拒绝了，建议卡普里岛学员们回俄国时顺道来巴黎。秋冬时节，他们所有人都去过弗拉基米尔·伊里奇家。布尔什维克中央支付了学员们在巴黎的交通和住宿费用。

1909年12月，列宁在彼得堡《新的一日报》上发表了《论〈路标〉》一文，以回应已经出版的《路标》文集，该文集的七位作者（尼·亚·别尔嘉耶夫、谢·尼·布尔加柯夫、彼·伯·司徒卢威等人）对俄国知识分子的历史作用作了自己的诠释。列宁称文集是**“自由派叛变活动的百科全书”**，他在文章的结尾写道：

“为了使人民和拜民主义者懂得自己对第三届杜马和第三届杜马的俄国的主宰者所负的‘责任’，必须同安东尼·沃伦斯基*一道向人民宣扬‘忏悔’（《路标》第26页），宣扬‘谦恭’（第49页），宣扬同‘知识分子的高傲’作斗争（第52页）；宣扬‘顺从’（第55页），宣扬‘古代摩西十诫这

拉法格夫妇的家

卡尔·马克思的曾外孙F.龙格（**卡尔·马克思的女儿燕妮的孙子**）作

* 原姓赫拉波维茨基，当时沃伦和日托米尔的主教。——俄文编者注

种简单粗糙的精神食粮'（第 51 页），宣扬同'钻进俄国巨人般躯体的群魔'作斗争（第 68 页）……

《路标》教导我们，俄国公民因此应该'为这个政权祝福，因为只有它才用刺刀和牢狱为我们<'知识分子'>挡开人民的狂暴'。"[39]

后来，列宁再次提到了革命后年代的哲学争论。1911 年 1—2 月，他在《思想》杂志上（《我们的取消派》一文）写道："正是对俄国的先进阶级来说，这种哲学上的'清理'是必不可少的，至于这种稍晚了些的'清理'，是在这个先进阶级完全成熟到在不久前的伟大事件中起了自己独立的历史作用之后才开始进行，那是不足为奇的。"[40]

……在巴黎时，弗拉基米尔·伊里奇尽量找时间下象棋（棋子还是父亲伊里亚·尼古拉耶维奇在车床上车出来的）、读法国文学作品、看上演的新剧。

娜捷施达·康斯坦丁诺夫娜回忆说，曾几何时 24 岁的乌里扬诺夫给她的印象是一个不读小说和诗歌的学者，后来让她吃惊的是弗拉基米尔·伊里奇并不比她读的少，在舒申斯克村时，普希金、屠格涅夫、莱蒙托夫、涅克

不知名画家
列宁在卢浮宫（左页图）
法国共产党档案馆

T. A. 米罗什金娜
诗篇
1974 年
克拉斯诺亚尔斯克国立 В. И. 苏里科夫艺术博物馆

加斯东·蒙泰居斯

拉索夫的大部头总是放在他的床边。

克鲁普斯卡娅写道："后来，晚些时候，在第二次侨居巴黎时，伊里奇喜欢读维克多·雨果献给1848年革命的诗《惩罚集》，这些诗是雨果在流放时写的，并秘密传入了法国。这些诗中有很多难免天真的华丽辞藻，但还是能从中感觉到革命的风尚。伊里奇喜欢去各个咖啡馆和市郊的剧院听革命歌手唱歌，他们在各工人区唱过各种内容的歌曲——有关于微醺的农民把路过的鼓动员选为议员的，有关于儿童教育的，还有关于失业的，等等。伊里奇尤其喜欢蒙泰居斯。公社社员的儿子蒙泰居斯在各工人区大受欢迎。"[41]

1910年年初，弗拉基米尔·伊里奇从巴黎写信给玛丽亚·伊里尼奇娜说："过节这几天，我们'游兴大发'：去了几个博物馆，看了一次戏，参观了蜡像陈列馆（这个地方使我非常满意）。今天我还打算到一家酒馆去，听'歌唱人'（译得不好，原词是chansonniers）唱革命小调。我很后悔，夏天没有利用和法国人闲谈的机会来**系统地**学习一下法语发音。现在我读了几本语音学的书，发觉我在这方面很差。"[42]

娜捷施达·康斯坦丁诺夫娜说明，剧院他们去的较少："有时我们也去，但空虚无味的剧本和矫揉造作的表演总是极少牵动弗拉基米尔·伊里奇的神经，通常我们去了剧院，第一幕结束后就走了。同志们嘲笑我们：白花钱。"[43]

多年之后，1920年秋天，弗拉基米尔·伊里奇在和克拉拉·蔡特金交谈时说，"像我国这样以百万计的人口，艺术对其中几百人甚或几千人的贡献也是不重要的。艺术属于人民。它必须深深扎根于广大的劳苦群众中间。它必须为群众所了解和爱好。它必须使群众的感情、思想和意志一致起来，并使他们得到提高。它必须唤醒群众中的艺术家并使之发展。"[44]

探母途中

巴黎—哥本哈根—斯德哥尔摩

1909 年年底到过巴黎的罗·萨·捷姆利亚奇卡发觉，“我从未见过伊里奇像当时那样的焦虑，那样的消瘦。孟什维克的诽谤，许多亲近者的离去，以及从俄国传来的坏消息使他过早地衰老了。我们这些十分接近他的人心疼地眼看这位巨人的背向前弯曲了，体力衰退了。巴黎的侨民对他进行诽谤，使他的周围只剩下为数不多的几个人。”[45]

尼·亚·谢马什柯描述了党内的情况：“那时必须同孟什维克取消派作斗争，因为他们力图消灭（‘取消’）无产阶级的秘密政党，而代之以合法的，即迎合当时的沙皇刽子手斯托雷平心意的政党。必须同来自左的方面的取消派，即‘召回派’作斗争，因为他们不懂得必须在秘密党的领导下，利用合法的条件（国家杜马的讲坛、合作社、工会等）去组织工人阶级。最后，还必须同布尔什维克内部的调和派作斗争，因为他们被取消派牵着鼻子走。”[46]

1910 年 1 月 2—23 日，在巴黎召开了“统一的”俄国社会民主工党中央委员会全体会议。与会的有各个派别和集团、各民族社会民主党组织的代

弗兰茨·梅林

根据目击者描述创作的列宁办公室素描
1968 年
法国共产党档案馆

C.T. 普斯托沃伊特
列宁在瑞维西
1985 年
国家博物馆展览中心

表。声称患病的格·瓦·普列汉诺夫、孟什维克护党派*没有到会，会上多数人站在调和派一边。

全体会议责成布尔什维克和孟什维克解散各自的派别，布尔什维克中央停止活动，《无产者报》和孟什维克的《社会民主党人呼声报》停止出版。布尔什维克的钱款移交给了德国“保管人”——卡尔·考茨基、左翼社会民主党人弗兰茨·梅林和克拉拉·蔡特金。

弗拉基米尔·伊里奇被选为俄国社会民主工党参加社会党国际局的代表，入选《社会民主党人报》编辑部，该报在布尔什维克的领导下从 1908 年起在维尔诺和巴黎出版。

列宁给马·高尔基写信时提到“长时间的全体会议”，会上“足足扯了 3 个星期，把人折磨够了，真是活见鬼！”[47]

伊涅萨·阿尔曼德

1910 年夏天，伊涅萨·阿尔曼德来到了巴黎。她因参加 1905—1907 年革命而被逮捕并被流放到俄国北部，她先从那里逃到彼得堡，然后去了瑞士和比利时。在她布鲁塞尔的寓所里，社会革命党人常常聚会，藏匿武器和秘

* 1908 年起由格·瓦·普列汉诺夫领导的孟什维克队伍中的一个派别，主张保存秘密的党。——俄文编者注

密书籍。伊·阿尔曼德带着两个女儿和儿子搬到巴黎后参加了布尔什维克支部的工作，担任列宁的特派员。

列宁和克鲁普斯卡娅有空时常去巴黎附近的奥尔日河畔瑞维西村的飞机场。当时已经有了飞行高度和飞行距离的纪录，飞越了拉芒什海峡，弗拉基米尔·伊里奇饶有兴致地关注着法国飞行员和俄国飞行员的成绩。娜捷施达·康斯坦丁诺夫娜说，他们还骑自行车去一个更远的飞机场，在那里“我们常常是唯一的参观者，因而伊里奇能够尽情地欣赏飞机的演习”。[48]

尤里约·西罗拉

1910 年，列宁和家人一起在比斯开湾沿岸小城波尔尼克度过了 7 月的假期。一开始他们想住在这里设立的法国党侨民区里，但由于法国人的封闭自傲，他们就在海关警卫的小房子里租了两间屋子。

弗拉基米尔·伊里奇直接从波尔尼克前往哥本哈根参加第二国际第八次代表大会（8 月 15—21 日），会上讨论了各政党对合作社运动的态度问题，与会的有俄国代表团。代表大会结束后，他在《哥本哈根国际社会党代表大会关于合作社问题的讨论》（《社会民主党人报》，1910 年 9 月）一文中写道：“工人大批加入合作社对他们同资本作斗争有好处，他们可以通过实例在一定程度上认清现存制度的矛盾消除以后建立起来的社会主义社会将是什么样子。”[49]

丹麦人在市政厅设宴招待同志们。芬兰社会民主党人、作家尤里约·西罗拉回忆说：“当细长颈的伏特加酒瓶传到我们这里的时候，我问列宁：

斯德哥尔摩

O. 韦列伊斯基
斯德哥尔摩政治侨民迎接玛·亚·乌里扬诺娃
1975 年

‘您要在餐前来一点吗？’

‘我的党对此并无禁令’，他回答。

我感到很尴尬。看来，他知道芬兰社会民主党在奥卢召开的代表大会上通过的严禁党的工作者饮酒的决议。我经常想起这个小小的插曲。一开始我感到吃惊的是他连这个微不足道的、顺便通过的决定都记在了心里。直到后来，当我成为共产党人以后，我才明白一件重要的事：他认为党和党所通过的决定至高无上。”[50]

在代表大会上，弗拉基米尔·伊里奇与普列汉诺夫的关系再次变得亲密起来。他们共同向德国社会民主党执行委员会发出抗议书，反对托洛茨基匿名刊登在德国社会民主党人《前进报》上的有关党的瓦解的文章。

尼·亚·谢马什柯的母亲是普列汉诺夫的亲姐姐，他见证了列宁一直以来对待格奥尔吉·瓦连廷诺维奇的恭敬态度：“我是普列汉诺夫的外甥。有一段时间常到他那儿去（后来我们产生了严重的分歧，就完全不见面了），我每次到他那儿去以后，弗拉基米尔·伊里奇总要详细地问我，他讲些什么，他的身体怎样，等等。同样，也是出于‘完全服从无产阶级阶级斗争的利益’，在普列汉诺夫背叛了工人阶级的事业以后，列宁抨击他，同他进行了殊死的斗争，把他从思想上消灭了。”[51]

1920 年，列宁指示对格·瓦·普列汉诺夫和维·伊·查苏利奇在彼得格勒沃尔科沃公墓内的墓地进行修整，并对雕塑家伊·雅·金茨堡塑造普列汉诺夫纪念像的工作给予了帮助。

1910 年 8 月 30 日，弗拉基米尔·伊里奇来到斯德哥尔摩和母亲见面。他上一次见到母亲是四年多以前在彼得堡郊区。行前他从巴黎写信说：“我们能在 8 月间见面，那真是太叫人高兴了，只是一路上不要把你弄得太累才好。从莫斯科到彼得堡必须买卧铺，从彼得堡到奥布也是。从奥布到斯德哥尔摩有‘布列’号轮船，设备很好，在大海上的航程约两三个钟头，若是好天，就像在内河航行一样。从彼得堡起有来回票。只要火车上不累，那

Н.П. 韦利奇科
列宁在斯德哥尔摩皇家图书馆里工作的地方
1976 年
全俄创作社会组织“俄罗斯艺术家联盟”

在斯德哥尔摩是可以很舒服地过上一个礼拜的！”[52]

当时 75 岁的玛丽亚・亚历山德罗夫娜决定这次旅行和女儿玛丽亚・伊里尼奇娜一起去。她在给安・伊・乌里扬诺娃 - 叶利扎罗娃的信中说：“轮船晚点了，到达斯德哥尔摩时已经 10 点了。我和玛尼亚就站在船舷旁边，很快就看见了瓦洛佳……我觉得他消瘦了很多，样子也变了，但他肯定地说他自我感觉很好。”

弗拉基米尔・伊里奇一早起就在斯德哥尔摩皇家图书馆工作，之后和亲人们在城里散步。他参加了斯德哥尔摩社会民主党各小组联席会议，并作了题为“关于哥本哈根国际社会党代表大会”的报告。在这次报告会上，玛丽亚・亚历山德罗夫娜第一次听到了儿子的公开演讲。

9 月 12 日，弗拉基米尔・伊里奇在码头送别母亲和妹妹。他不能进入俄国公司的轮船。斯德哥尔摩相聚是他和母亲的最后一次见面：玛丽亚・亚历山德罗夫娜于 1916 年去世。

这一天，列宁经哥本哈根前往巴黎。

注　释

1. 《列宁全集》中文第二版增订版第 53 卷第 286 页。
2. 《回忆列宁》，人民出版社 1982 年版，第 1 卷第 395 页。
3. 《回忆列宁》，人民出版社 1982 年版，第 2 卷第 335 页。
4. 《回忆列宁》，人民出版社 1982 年版，第 1 卷第 438 页。
5. 《列宁全集》中文第二版增订版第 45 卷第 156 页。
6. 《回忆列宁》，人民出版社 1982 年版，第 2 卷第 369 页。
7. 《回忆列宁》，人民出版社 1982 年版，第 2 卷第 209 页。
8. 《回忆列宁》，人民出版社 1982 年版，第 1 卷第 411 页。
9. 《列宁全集》中文第二版增订版第 16 卷第 196 页。
10. 《列宁全集》中文第二版增订版第 16 卷第 224 页。
11. 《列宁全集》中文第二版增订版第 16 卷第 406 页。
12. 彼・伊・利亚先科：《苏联国民经济史》（三卷本），莫斯科 1947—1956 年版，第 2 卷第 265—266 页。
13. 《列宁全集》中文第二版增订版第 16 卷第 400 页。
14. 彼・伊・利亚先科：《苏联国民经济史》（三卷本），莫斯科 1947—1956 年版，第 2 卷第 270—271 页。
15. 彼・伊・利亚先科：《苏联国民经济史》（三卷本），莫斯科 1947—1956 年版，第 2 卷第 522 页。
16. 彼・伊・利亚先科：《苏联国民经济史》（三卷本），莫斯科 1947—1956 年版，第 2 卷第 522 页。
17. 《列宁全集》中文第二版增订版第 16 卷第 248 页。
18. 列・尼・托尔斯泰：《我不能沉默！》，1908 年。HTTP//TOLSTOY.RU/ONLINE/ONLINE-PUBLICISM/NE-MOGU-MOLCHAT/ 国立托尔斯泰博物馆，“亚斯纳亚波利亚纳”庄园博物馆，ABBYY。
19. 谢・尤・维特：《回忆录》，莫斯科和彼得堡 1923 年版，第 2 卷第 295 页。
20. 《列宁全集》中文第二版增订版第 39 卷第 8 页。
21. 亚・波格丹诺夫：《经济学简明教程》，彼得堡 1922 年版，第 260 页。
22. 《列宁全集》中文第二版增订版第 45 卷第 175—176 页。
23. 《回忆列宁》，人民出版社 1982 年版，第 2 卷第 276 页。
24. 《列宁全集》中文第二版增订版第 17 卷第 181—182 页。

25. 《列宁全集》中文第二版增订版第 53 卷第 297 页。
26. 《列宁全集》中文第二版增订版第 18 卷第 130 页。
27. 《列宁全集》中文第二版增订版第 18 卷第 239 页。
28. 《回忆列宁》，莫斯科 1984—1985 年版，第 2 卷第 137 页。
29. 《回忆列宁》，人民出版社 1982 年版，第 2 卷第 75—76 页。
30. 《回忆列宁》，人民出版社 1982 年版，第 1 卷第 419 页。
31. 《列宁全集》中文第二版增订版第 17 卷第 306 页。
32. 《列宁全集》中文第二版增订版第 20 卷第 224 页。
33. 《回忆列宁》，人民出版社 1982 年版，第 1 卷第 422 页。
34. 《列宁全集》中文第二版增订版第 17 卷第 388 页。
35. 《列宁全集》中文第二版增订版第 17 卷第 391 页。
36. 《列宁全集》中文第二版增订版第 45 卷第 250—251 页。
37. 《回忆列宁》，人民出版社 1982 年版，第 2 卷第 362 页。
38. 《回忆列宁》，人民出版社 1982 年版，第 1 卷第 422 页。
39. 《列宁全集》中文第二版增订版第 19 卷第 175 页。
40. 《列宁全集》中文第二版增订版第 20 卷第 130 页。
41. 《回忆列宁》，莫斯科 1984—1985 年版，第 1 卷第 601 页。
42. 《列宁全集》中文第二版增订版第 53 卷第 359 页。
43. 《回忆列宁》，莫斯科 1984—1985 年版，第 1 卷第 602 页。
44. 《回忆列宁》，人民出版社 1982 年版，第 5 卷第 8 页。
45. 《回忆列宁》，人民出版社 1982 年版，第 2 卷第 97 页。
46. 《回忆列宁》，人民出版社 1982 年版，第 2 卷第 372 页。
47. 《列宁全集》中文第二版增订版第 45 卷第 313 页。
48. 《回忆列宁》，人民出版社 1982 年版，第 1 卷第 448—449 页。
49. 《列宁全集》中文第二版增订版第 19 卷第 341 页。
50. 《回忆列宁》，莫斯科 1984—1985 年版，第 5 卷第 252 页。
51. 《回忆列宁》，人民出版社 1982 年版，第 2 卷第 343—344 页。
52. 《列宁全集》中文第二版增订版第 53 卷第 368—371 页。

第七章

布拉格转折

（1910 年 9 月—1914 年 7 月）

弗·伊·列宁（扎科帕内 1914 年）
俄罗斯国家社会政治历史档案馆

工业的虚假繁荣

巴黎

1910 年 9 月中旬列宁回到法国，开始寻找出版新报纸的经费。党中央委员会在巴黎一月全会后分配的出版资助全部落入孟什维克取消派、召回派、最后通牒派和造神派的手中。托洛茨基用党的资金在维也纳出版派别的《真理报》。

“犹杜什卡·托洛茨基在全会上竭力表白自己是反对取消派和召回派的，”列宁在短评《犹杜什卡·托洛茨基羞红了脸》(1932 年出版）中写道，“他赌咒发誓，说自己是护党的。他得到了资助。

全会闭幕后，中央委员会削弱了，前进派*加强了，他们搞到了钱。取消派也巩固了，他们在《我们的曙光》杂志上唾骂秘密党，以取悦于斯托雷平。

犹杜什卡把中央代表赶出了《真理报》，而且在《前进报》上写了一些取消主义的文章。”[1]

格里戈里·李沃维奇·什克洛夫斯基

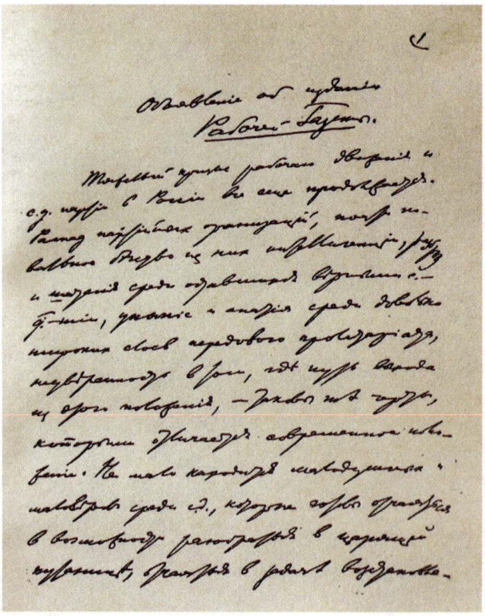

Объявление об издании «Рабочей газеты».

列宁的《关于出版〈工人报〉的通告》一文手稿第 1 页（1910 年 10 月）

弗拉基米尔·伊里奇曾致信身在伯尔尼的社会民主党人格·李·什克洛夫斯基：“我们完全同意普列汉诺夫的看法：不用去管托洛茨基。通俗的报纸或者由中央机关报出版，**或者单独**由布尔什维克**出版。普列汉诺夫答应撰稿。需要经费，可是我们的钱太少了。”[2]

此前，在 1910 年 8 月在哥本哈根举行的第二国际第八次代表大会上，一批布尔什维克、孟什维克护党派和社会民主党杜马党团代表发表声明，表示不再受

* 俄国社会民主工党内 1909 年 12 月由召回派、最后通牒派和造神派等组成的“前进”集团成员。——俄文编者注

** 指坚持调和主义立场的布尔什维克—中央委员会成员。——俄文编者注

С.Г. 普斯托沃伊特
列宁在《工人报》编辑部
1984 年
国家博物展览中心

巴黎全会上所达成的协议约束，决定出版“派别的”《工人报》。靠着筹集到的 400 法郎，该报第 1 号于 1910 年 10 月 30 日出版（到 1912 年 7 月，共出了 9 号，印数达 6000 份）。

弗拉基米尔·伊里奇将一份新报纸寄给马克西姆·高尔基，邀请他参与合作：“请旅居卡普里—那波利赞成这事（和赞成布尔什维克同普列汉诺夫“接近”）的侨民全力支持。”[3] 高尔基给予了编辑部物质支援。

由列宁起草的《关于出版〈工人报〉的通告》没能在别的出版物上刊载，通告中说：“俄国的自由派已经由一个抱有善良愿望的、温和的、充满幻想的、软弱无力的、不成熟的反对派变成一个受过议会活动锻炼的强大的知识分子资产者的政党，而这些知识分子资产者自觉地反对社会主义无产阶级，反对农民群众对农奴主老爷们实行革命镇压。”[4]

俄罗斯进入了 1909 年至第一次世界大战前夕的工业高涨时期。到 1913 年，同危机前的 1899 年相比，粮食总产量增长了 46%，原煤开采量——147%，炼铁量——72%，钢铁产量——70%。推动这种高涨的是粮食的连年高产（1911 年除外）和谷物的大量出口。1913 年帝国全部国家收入的 51% 来自于农业。[5]

弗拉基米尔·尼古拉耶维奇·科科夫佐夫

大企业通过成立辛迪加和达成辛迪加协定联合起来垄断了极为重要的领域——“俄罗斯冶金工厂产品销售公司”控制着 46% 的帝国钢轨生产和近

H. H. 萨普诺夫
小酒馆
1912 年
国立特列嘉科夫美术馆

80%的铁、轮胎、车轴生产，“俄罗斯炼铜工厂辛迪加”控制着75%的铜产品生产，“南俄矿石销售公司”控制着南方75%的煤产量，等等。控制石油开采的是一些相互竞争的联合公司——“俄罗斯石油总公司”（有英国和法国资本）、英国和荷兰托拉斯“壳牌石油公司”、“诺贝尔”公司（有德国资本）等。[6]

工业界心甘情愿地接受财政大臣弗·尼·科科夫佐夫（帝国历史上最后一位财政大臣）的政策，因为他关心工业的需求，支持以居民、殖民地区及“倾销”出口为来源的税收预算。在全部国家收入中，直接税（手工业的、货币资本的和土地的）占7.9%，而大众消费品的间接税（以及酒类专卖的税收）——47%。[7]

领导着俄国银行体系的国家银行有别于英国、法国或德国的中央银行。它与其说是交易个人和公司的存款，不如说是交易包括大量黄金储备在内的“国库闲置资金”。国家银行把信贷贴现业务总数一半的钱贷给其他的信贷机构，以此赚取不小的利润。

关于金融寡头统治工业（通常通过收购和再发行股票）的现象，列宁数年后在《帝国主义是资本主义的最高阶段》（1917）一书中写道：“资本主义

电影《列宁在巴黎》（导演 C. 尤特克维奇）中的镜头：列宁和来自俄国的工人亚历山大·特罗菲莫夫（B. 安东尼克饰）。莫斯科电影制片厂摄制 1981 年

的一般特性，就是资本的占有同资本在生产中的运用相分离，货币资本同工业资本或者说生产资本相分离，全靠货币资本的收入为生的食利者同企业家及一切直接参与运用资本的人相分离。"[8]

工业资产阶级的少数人物——阿·伊·普季洛夫、尼·斯·阿夫达科夫、亚·伊·曼塔舍夫、斯·格·利安诺佐夫、尤·彼·古容、诺贝尔石油兄弟，等等——同时也是银行的董事会主席、辛迪加和股份公司的董事长和董事。他们通过交易所的"成功"交易、股票的优惠认购、高薪职位的聘任等手段，拉拢高官，使其与他们狼狈为奸。与金融资本密不可分的还有世袭贵族、大公和皇族成员，他们对财政部的数百万补贴"赞不绝口"。

工业高涨引发了新的罢工浪潮，直至 1905—1907 年革命结束才平息下去。如果说 1910 年罢工工人的总数为 46000 多人的话，那么到 1912 年已达到 725000 人，而到 1914 年则达到 1330000 人。政治性罢工不断增加，1914 年已占罢工总数的三分之二。

列宁在载于《思想》杂志（1910 年 12 月—1911 年 1 月）的《论俄国罢工统计》一文中就已注意到一个逐渐形成的规律，即在罢工工人的经济要求日益强烈的同时，他们的政治要求也在不断增强："而这个'一般规律'同任何资本主义社会的基本特征存在着逻辑联系：资本主义社会中总会有一些很落后的阶层，只有运动达到白热化，才能唤醒他们，而且也只有提出经济要求，他们才能投入斗争。"[9]

弗拉基米尔·伊里奇后来在《俄国工人的工资和资本家的利润》（《真理报》，1912 年 8 月）一文中使用了工厂统计资料。他引用资本家的年利润总额——56870 万卢布，并用这一数额除以工人人数（男女工人共 225 万人），结果是，每个工人平均一年为资本家赚得 252 卢布的利润，与此同时工人自己领到的工资是 246 卢布。列宁得出结论："工人为自己工作**的时间不到半**天，而**半天多的时间**是在为资本家工作。"[10]

1913 年俄国人均国民收入为 102.2 卢布。当时在德国，人均国民收入已达到（换算成卢布）292 卢布，在法国——355 卢布，在英国——463 卢布，在美国——695 卢布。[11]

无产阶级讲坛

巴黎—隆瑞莫

关于过去的1910年，娜捷施达·康斯坦丁诺夫娜·克鲁普斯卡娅写道："取消派像雨后春笋一样，到处出现。每个立宪民主党人都对秘密的党加以蔑视。不能不同他们进行激烈的斗争。斗争的条件不是势均力敌的。取消派分子在俄国有一个强有力的合法的中心，他们能够在群众中进行广泛的取消主义的宣传，而布尔什维克却要在当时地下的、极其艰苦的情况下寸土必争。"[12]

尼古拉·古里耶维奇·波列塔耶夫

康斯坦丁·斯捷潘诺维奇·叶列梅耶夫

列宁和其他布尔什维克向俄国社会民主工党中央委员会国外局*提出将党的经费退还布尔什维克的要求。他们指出，党中央委员会的一月巴黎全会在接受布尔什维克财产的同时，也接受了他们的声明，该声明中写明："我们认为，如果孟什维克继续出版其指导性派别机关报，保留其派别会计处，拒不协助国内和国外的全党中心，那么我们将不得不要求保管人交还这笔钱。"[13]

弗拉基米尔·伊里奇经常同在彼得堡的第三届杜马布尔什维克代表尼·古·波列塔耶夫、弗·德·邦契－布鲁耶维奇通信，安排布尔什维克的合法报纸《火星报》的工作。他听说编辑部内发生争执后，曾劝说波列塔耶夫："您试图把取消派和取消主义区分开来，这是根本办不到的。我们从来不赞成作这种区分。只有诡辩家才这样做。"[14]

在列宁的坚持下，俄国社会民主工党中央委员会国外局拨付了2000卢布，用于出版《明星报》。该报由革命家—政论家康·斯·叶列梅耶夫负责筹备，并于12月16日出版了第1号。《明星报》一直出版到1912年4月22日，被《真理报》所取代。弗拉基米尔·伊里奇在《明星报》上发表过文章，还吸收马·高尔基、诗人杰米扬·别德内依、瓦·安·舍尔古诺夫和一些布尔什维克著作家参与报纸的工作。

1910年12月，布尔什维克的合法刊物《思想》杂志开始在莫斯科出版，但仅出了5期就被政府查封。在彼得堡出版的《启蒙》杂志成为它的续刊（一直出版到1914年6月）。

列宁曾几次前往德国商谈出版经费事宜。当时住在德国的弗·维·阿

---

* 在俄国社会民主工党中央国外局——中央委员会的国外代表机构中，自1910年以来，多数人属于取消派。——俄文编者注

C.T.普斯托沃伊特
列宁参加示威活动
1985年
乌里扬诺夫斯克列宁纪念馆

多拉茨基回忆了列宁1911年3月的一次出行："弗拉基米尔·伊里奇回来后，很生气地说，倍倍尔见他的时候很不客气，用弗拉基米尔·伊里奇的话说，'像猛兽般盯着看'。而考茨基给弗拉基米尔·伊里奇留下的印象也是很不尊重人的，他愤慨地说，考茨基对俄国的事情绝对没有能力去弄清楚，却要'插手'去解决问题。事实上，考茨基由于根本不懂俄语，他无论是对俄国的情况，还是对俄国党内的情况，都不可能了解清楚，所以他根本没有资格去'插手'解决问题。

弗拉基米尔·伊里奇离开柏林后，决定同考茨基打官司，通过法院向他追索钱款。"[15]

1911年5月，弗拉基米尔·伊里奇和娜捷施达·康斯坦丁诺夫娜搬到距巴黎15公里的小镇隆瑞莫，在大公街91号*一个制革工人的家中租下两间房。隆瑞莫的有利之处是没有移民和巴黎避暑者。1911年5月至8月中旬，在列宁的倡议下为俄国无产阶级政党各委员会的工作人员和侨居国外的革命者开办的学校就设在这里。

学员们住在伊涅萨·阿尔曼德——学校的教务主任租的房子里，这里还有食堂。租用大公街17号宽敞的木工作坊作为教室（有桌子、椅子、讲台）。

"来的人都是政治上开展的和先进的"，克鲁普斯卡娅讲道。"第一天晚

杰米扬·别德内依

* 1946年这栋房屋挂上了纪念标牌。——俄文编者注

С. 特罗菲莫夫
伊涅萨·阿尔曼德与儿子安德列（左侧）和制革工人的儿子
1987 年

上，他们一来，伊里奇就把他们领到一个咖啡馆去吃晚饭，我现在还记得，伊里奇是多么热情地同他们畅谈了一个晚上，打听彼得堡的情形，询问他们的工作；从来人的谈话里，伊里奇感觉到了工人运动高潮的征兆。”[16]

学校的 18 名学员中有 10 名布尔什维克，4 名孟什维克护党派，1 名前进派分子，1 名波兰社会民主党人和 2 名“无派别者”。经列宁建议，讲课人的组成也是“多党派的”，但是没有取消派。在隆瑞莫的 158 次课中，有 98 次课是布尔什维克讲的。

弗拉基米尔·伊里奇自己除了讲授首讲课程马克思和恩格斯的《共产党宣言》外，共讲课 56 次，内容包括政治经济学（兼述马克思的《资本论》）、土地问题理论、社会主义理论与实践。还代替不能前来的普列汉诺夫讲了三次唯物史观课。

课程结束后，所有学员（“列宁的代办员”）都前往俄国从事秘密工作，其中包括革命家谢尔戈·奥尔忠尼启则。“在这所学校当时的学员中，消瘦的、身材匀称而又漂亮的格鲁吉亚人谢尔戈非常突出。他以自己的求知若渴和办事认真而出众”，尼·亚·谢马什柯回忆道。“一些初次见到像巴黎这样世界闻名的大城市的学员，往往热衷于参观游览而放松学习。但谢尔戈总是极力反对他们这样消磨学习时间。他说：‘党派我们来是学习的，而不是让我们来玩乐的。’”[17]

离开隆瑞莫后，列宁动身前往苏黎世，出席 9 月 10—11 日在那里举行的

Т. И. 利夫希茨
隆瑞莫 曾是列宁党校教室的木工作坊
1968—1969 年
乌里扬诺夫斯克列宁纪念馆

l'Humanité

JOURNAL SOCIALISTE QUOTIDIEN

Directeur Politique : JEAN JAURÈS

UN DEUIL SOCIALISTE

LA DESTINÉE

LA PRÉPARATION DE LA MORT

DEUX INTERVIEWS

Paul et Laura Lafargue

1911年9月28日列宁从卢塞恩寄给在萨拉托夫的玛·亚·乌里扬诺娃的明信片（左图）

载有悼念拉法格夫妇文章的1911年11月28日《人道报》（右图）

社会党国际局会议。在会上他支持罗莎·卢森堡反对德国社会民主党内的机会主义和沙文主义的立场。

10天前，彼·阿·斯托雷平在基辅遭遇刺杀受重伤。9月13日，弗拉基米尔·伊里奇在苏黎世民众文化馆召开的俄罗斯侨民会议上，作了题为《斯托雷平与革命》的报告。他也曾以这个题目在伯尔尼和日内瓦作过报告，两地的听众各有150—200人。

去伯尔尼的途中，列宁在卢塞恩作短暂停留，登上海拔2122米的皮拉特山，还给在萨拉托夫的母亲邮寄去风景明信片。

10月初，弗拉基米尔·伊里奇回到巴黎，与安娜·伊里尼奇娜会面，她在玛丽·罗斯街住了两周。安娜·伊里尼奇娜回忆起勉强说服弟弟进商店购置冬季大衣的情形：“在买大衣时，他不肯买那些比较贵的，后来店员断言，说有一件大衣是‘inuisable’（‘穿不破的’），这才使他决定买下来。但我认为他也必须添置的短上衣，他坚决不同意买。”[18]

10月下半月，列宁外出去作题为《斯托雷平与革命》的多场次巡回报

卢塞恩和皮拉特山
日内瓦图书馆

A.M. 纽伦堡
资产者恶棍
1929—1930 年
国立特列嘉科夫美术馆

告，除巴黎外，还在布鲁塞尔、安特卫普、伦敦和列日作过报告。

11 月中旬，弗拉基米尔·伊里奇回到巴黎，得知拉法格夫妇逝世。克鲁普斯卡娅写道，当时她回忆起 1909 年他们夫妇两人到德拉韦尔时的一件小事："我们回到屋里的时候，拉法格和伊里奇在谈论哲学。劳拉说起她的丈夫：'他很快就会证明他的哲学信念是多么真诚。'他们两人有些奇怪地互相看了一眼。1911 年得到拉法格夫妇去世的消息时，我才懂得了这句话和这一瞥的意思。"[19]

在 11 月 20 日的葬礼上，列宁在墓前用法语发表了演说。法国社会党人的报纸《人道报》* 披露了两人自杀的动机：拉法格认为，人在衰老时会逐渐丧失革命斗争的力量。报纸刊登了他的遗书："我怀着无限欢乐的心情死去，深信我为之奋斗了 45 年的事业将取得胜利。"

"当时法国社会党是彻头彻尾的机会主义政党"，娜·康·克鲁普斯卡娅写道。"例如，1909 年春天发生了邮政员工大罢工。整个城市都沸腾了，而党却站在一边，说这是工会的事，不是他们的事情。我们俄国人对这种分工，对一个党这样放弃参加经济斗争的做法，感到简直不可思议。"[20]

据绥·伊·霍普纳尔的回忆："弗拉基米尔·伊里奇在同我们的同志谈话时讲了这样的想法：一个社会党人不是属于他自己的，而是属于党的。如果他还能为工人阶级做哪怕一点点有益的事，哪怕是写一篇文章或一份呼吁书，他就没有权利自杀。"[21]

---

* 1920 年起为法国共产党中央机关报。——俄文编者注

“不管取消派恶棍们怎样捣乱……”

巴黎—布拉格

1911 年 12 月中旬，列宁代表《工人报》出席在巴黎举行的为期三天的布尔什维克国外小组会议并主持会议。会上成立了筹备召开全党代表会议的组织委员会。在此之前，弗拉基米尔·伊里奇曾同捷克社会民主党人通信，请求协助在极为保密的条件下举行代表会议。

1912 年 1 月 5—17 日，俄国社会民主工党第六次代表会议在布拉格举行。弗拉基米尔·伊里奇在 1 月的头几天抵达，并在“观景殿”旅馆稍作停留，那里有人等他。

奥布霍夫工厂的工人叶·彼·奥努夫里耶夫回忆道：“我们洗过脸，吃完饭之后，就在一张矮脚的小棋桌旁坐了下来，两个人对弈，两个人观战。突然，耳边响起了熟悉的乡音：

‘喔唷，白棋完蛋了…… 该走王后。’

我们马上站了起来，围住了进来的那个人。

‘弗拉基米尔·伊里奇！’

列宁同我们热烈握手，并向我们提出了许多问题：关于个人的家庭、工资情况，工人的思想情绪，以及他们对代表会议有些什么期望，等等。”[22]

社会党性质的代表会议在那里是可以公开举行的，但是许多俄国代表没有出国护照，不能说出自己的名字。他们分乘不同的车厢前来（而有些人已

П. П. 别洛乌索夫

列宁在 1912 年布拉格代表会议上（左图）

1962 年

“斯莫尔尼宫”历史纪念馆

曾举行俄国社会民主工党第六次（布拉格）代表会议的民众文化馆小礼堂（右图）

马丁·斯拉德基
列宁在查理大桥上
1952 年
布拉格国家美术馆

被宪兵逮捕），散住在私人住宅。列宁和奥努夫里耶夫住在一个捷克工人家里，借用了其两居室中的一间。

会议在吉贝恩斯卡亚街 7 号民众文化馆二楼的小礼堂内举行，那里曾是捷克社会民主党的《民权报》编辑部所在地*。“我记得，我们是带着多么羡慕的心情走进民众文化馆大礼堂的”，谢马什柯写道。“在这里捷克工人可以自

* 1953 年 1 月 21 日，此处开设了列宁博物馆。——俄文编者注

由地谈论自己的需求，或者喝着啤酒看报消遣。同在沙皇俄国的地下状态的生活相比较，捷克工人的生活对我们来说就像是天堂。”[23]

ПРАВДА
Годъ изданія первый.
ЕЖЕДНЕВНАЯ РАБОЧАЯ ГАЗЕТА.
№ 1.
Воскресенье, 22 апрѣля 1912 г.
ЦѢНА 2 коп.
ОТКРЫТА ПОДПИСКА НА ЕЖЕДНЕВНУЮ РАБОЧУЮ ГАЗЕТУ „ПРАВДА“.
На гранн.

《真理报》第1号

布拉格代表会议代表了“所有在俄国活动的党组织”（彼得堡、莫斯科、萨拉托夫、伏尔加河流域、喀山、下诺夫哥罗德、叶卡捷琳诺斯拉夫、基辅、巴库的党组织，梯弗利斯小组、维尔诺小组、德文斯克小组，等等），是一次全党的、有权成立俄国社会民主工党领导中心的代表会议，实际上是一次党的代表大会。弗拉基米尔·伊里奇主持各次会议，起草决议草案，并作了题为“关于目前形势和党的任务”的报告。

“他愤怒地指出托洛茨基的两面派手段和背叛行径”，奥努夫里耶夫回忆道。“在嘲讽普列汉诺夫的立场时，他强调指出普列汉诺夫对布尔什维克的态度必然会使自己最终与取消派为伍。在批判考茨基时，他论证说，对工人运动来讲，中派主义要比伯恩施坦主义更加危险，因为考茨基的机会主义被一些‘美丽的’辞藻掩盖着，但是考茨基最终必然要滑到伯恩施坦的道路上去。”[24]

代表会议通过的决议提出了极为紧迫的任务：团结无产阶级群众，恢复俄国社会民主工党的秘密组织，利用一切合法机会，从各方面支持群众。“已使自己完全置身于党外”的取消派，被开除出党。国外反党集团被剥夺了享有俄国社会民主工党称号的权利。

关于中国人民反对帝国主义压迫的斗争的专门决议指出：代表会议“祝贺中国的革命共和派，表明俄国无产阶级怀着极大的热忱和深切的同情注视着中国革命人民获得的成就，并斥责俄国自由派支持沙皇政府掠夺政策的行为”。[25]

代表会议断绝了同托洛茨基的《真理报》的任何联系。自1911年12月起，列宁成为秘密报纸《社会民主党人报》的编辑，该报依然具有党的中央机关报的地位，而《工人报》则被宣布为中央委员会的正式机关报。代表会议选出了有权增补新委员的中央委员会，其成员有弗·伊·列宁、格·康·奥尔忠尼启则、巴库代表苏·斯·斯潘达良等人，后来又增加了约·维·斯大林和雅·米·斯维尔德洛夫。为了指导俄国的革命工作，成立了中央委员会俄国局。

叶·彼·奥努夫里耶夫记录了代表会议最后一天的情况：在告别晚会上，一位捷克同志开玩笑地说“俄国人的会多”。列宁反驳道：

“不对！……不，不！……俄国人讲得少，非常少！……可我们的条件就是这样，所以我们难得开会。可是我们又有多少问题亟待去解决啊！……”[26]

К. Ф. 尤翁
1912年4月4日勒拿枪杀
1939年
国立中央俄罗斯现代史博物馆

2月，弗拉基米尔·伊里奇写信给马·高尔基：

“亲爱的阿·马！

代表会议的决议很快就可以寄给您。不管取消派恶棍们怎样捣乱，我们终于使党和它的中央委员会恢复了生气。我想您会和我们一起为这件事情高兴的。”[27]

列宁从布拉格动身前往莱比锡，在那里作了关于列·尼·托尔斯泰的专题报告；之后前往柏林会见罗莎·卢森堡。

3月下半月，马克西姆·高尔基来到住在玛丽·罗斯街的列宁这里，建议成立新的文学和文化出版社。弗拉基米尔·伊里奇以书报检查和忙于实际工作为由，没有采纳这个计划。

高尔基写道：

“他站起来，用代表性的姿势将手插在两腋下的男式西装背心里，在狭窄的房间里踱步，眯着闪闪发光的双眼。

战争要来临了。不可避免。资本主义世界达到了腐烂发酵的境地，现在人民也已经开始受到沙文主义、民族主义毒素的毒害。我认为，我们还将看到全欧洲的战争。工人们为此会付出昂贵的代价，但是最后他们会胜利。这是历史的力量。”[28]

4月4日在俄国，在位于博代博市一带的勒拿金矿，因为不满残酷的剥削和微薄的工资，6000工人举行罢工。被调来的军队向没有武器的人群开枪，打死打伤约500人。汹涌的罢工浪潮波及到了无产阶级集中的大城市、农村和军队。

各个工厂开始为出版布尔什维克的新的群众性报纸集资。1912年4月22日凌晨，《真理报》第1号在彼得堡印出，该报的出版许可证是布尔什维克杜马代表尼·古·波列塔耶夫搞到的。社论中写道："工人阶级需要知道真理！工人的报纸《真理报》应该与自己的名称相符：它将以此来履行自己的使命。"

《真理报》每天的发行量达到6万份。该报于1914年7月，在第一次世界大战爆发前几天被禁止出版，此前它一直受到政府的迫害——诉讼编辑、处以罚款、没收报纸。《真理报》曾以其他的名称（《工人真理报》、《北方真理报》、《劳动的真理报》）出版。

布拉格代表会议后，克鲁普斯卡娅发觉弗拉基米尔·伊里奇"变成另一个人了，他立刻变得很少焦躁，而精力则更为集中，他更多地考虑着俄国工人运动所面临的任务。伊里奇的这种情绪，在他于5月初所写的关于赫尔岑的文章里可以说表露得最充分。这篇充满了伊里奇所特有的热情的文章，真是使人百读不厌，不忍释手"。[29]

5月8日，列宁在《社会民主党人报》上发表了《纪念赫尔岑》一文，纪念作家诞辰一百周年。

文章中说道："赫尔岑的精神悲剧，是资产阶级民主派的革命性**已在**消亡（在欧洲）而社会主义无产阶级的革命性**尚未**成熟这样一个具有世界历史意义的时代的产物和反映。这是现在那些用华丽辞藻大谈赫尔岑的怀疑论来掩盖自己反革命性并大唱俄国自由派高调的骑士们不理解而且也无法理解的。在这些出卖了1905年俄国革命、根本不再想到**革命家**的伟大称号的骑士们那里，怀疑论就是从民主派到自由派，到趋炎附势、卑鄙龌龊、穷凶极恶的自由派的转化形式，这种自由派在1848年枪杀过工人，恢复过已被摧毁的皇朝，向拿破仑第三鼓过掌，正是这种自由派遭到过赫尔岑的**咒骂**，尽管他还没有识破他们的阶级本质。"[30]

5月中旬，弗拉基米尔·伊里奇从母亲那里得知玛丽亚·伊里尼奇娜和安娜·伊里尼奇娜再次被捕的消息。

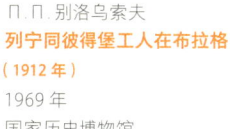

П. П. 别洛乌索夫
列宁同彼得堡工人在布拉格（1912年）
1969年
国家历史博物馆

战争的炮火

克拉科夫

列宁和克鲁普斯卡娅决定从到处是沙皇密探的巴黎迁往克拉科夫。娜捷施达・康斯坦丁诺夫娜写道："法国警察千方百计地协助俄国警察。波兰警察对待俄国警察也像对待整个俄国政府一样，是采取敌视态度的。在克拉科夫可以放心：寄来的信不会被拆开检查，来的人不会受到监视。"[31]

居住在克拉科夫的波兰和俄国革命家雅・斯・加涅茨基此前已告诉弗拉基米尔・伊里奇，奥匈帝国和德国正在准备同俄国的战争，所以奥地利政府不会帮助俄国政府*。

"我们把我们的住所转租给一个波兰人，克拉科夫教堂唱诗班指挥"，克鲁普斯卡娅回忆道。"他接收这所带家具的住所时，紧追着问伊里奇一些家务事情：'鹅什么价钱？小牛肉什么价钱？'伊里奇不知道说什么是好：'鹅？？……小牛肉？？……'伊里奇对家务管的很少，就连我也说不出鹅

Н.Ф.杰尼索夫斯基
在《真理报》编辑部（1912年）（桌后中间为编辑部秘书维・米・莫洛托夫，他的右侧为编辑部成员米・斯・奥里明斯基，左侧为尼・古・波列塔耶夫）
1940年
国立中央俄罗斯现代史博物馆

* 当时克拉科夫受奥地利管辖。——俄文编者注

梅奇斯拉夫·科斯切尔尼亚克
列宁与尤哈斯
1949 年
克拉科夫历史博物馆

值多少钱，小牛肉值多少钱，因为我们在巴黎这两样东西都没有吃过，而这位唱诗班指挥对马肉和凉拌菜的价钱却不感兴趣。”[32]

1912 年 6 月 9 日，列宁同家人抵达克拉科夫，下榻在“维多利亚”旅馆，两天后迁至兹韦日涅茨街 218 号。这里距车站前邮局远，8 月他又搬到柳博米尔斯基街 47 号。

弗拉基米尔·伊里奇搞到一本快速学习波兰语参考书。当加涅茨基问他如何做到很快就了解当地情况时，他回答道：

“这是我的秘密…… 您一直闷在家里，而我在假日里总要骑上自行车到郊区去游逛，与农民交朋友。这里的郊区很美丽，很吸引人。”[33]

雅柯夫·斯坦尼斯拉沃维奇·加涅茨基

列宁同《真理报》和俄国国内的布尔什维克组织建立了紧密的联系。已经安排好一条秘密过境通道：俄国方面由在卢布林讲授文学课的尼·瓦·克雷连柯从事此项工作。

弗拉基米尔·伊里奇要求《真理报》在第四届杜马选举前同孟什维克展开激烈的论战：“《光线报》没有原则，卑鄙，这不是报纸，而是‘诽谤’社会民主党候选人的‘专刊’，但是，他们善于战斗，他们灵活干练。而《真理报》现在在选举期间的表现倒像一个无精打采的老处女。《真理报》不善于战斗。它不进攻，不追击立宪民主党人，也不追击取消派分子。难道先进民主派的机关报在斗争激烈的时刻可以做一个**不**进行战斗的机关报吗？”[34]

尼古拉·瓦西里耶维奇·克雷连柯

6 月初，列宁收到了一份布鲁塞尔社会党人的报纸《人民报》，上面载有中华民国临时大总统孙中山的《中国革命的社会意义》一文。两周后，弗拉基米尔·伊里奇在布尔什维克《涅瓦明星报》上发表了《中国的民主主义

A M 鲁德涅夫
克拉科夫会议（1913 年 1 月）
1953 年
国立中央俄罗斯现代史博物馆

阿洛伊济·西韦茨基
列宁在克拉科夫（三连画之一 背景为兹韦日涅茨街 218 号）
1970 年
克拉科夫历史博物馆

和民粹主义》一文，指出中国领导人的战斗的民主主义归根到底就是宣传激进的土地改革，逐步消灭封建剥削，并期望中国避免走资本主义道路。

列宁认为，孙中山的通过征收某种统一税把地租转交给国家的想法，是马克思在《哲学的贫困》中就指出的彻头彻尾的资本主义："穷乡僻壤的地价与上海的地价的差别，是地租量上的差别。地价是资本化的地租…… 历史的讽刺在于：民粹派为了'防止'农业中的'资本主义'，竟然实行一种土地纲领，它的彻底实现会使农业中的资本主义得到最迅速发展。"[35]

弗拉基米尔·伊里奇在后来的一些著作中也指出，空想的"民粹主义"思想在许多亚洲国家在增强，尽管民族资产阶级无疑起着进步作用。他将密切关注中国的革命运动。

第四届杜马（于 1912 年 11 月 15 日召开）共有 442 名代表，有 14 名社会民主党人当选这届杜马代表，其中包括 6 名布尔什维克。列宁熟悉这些

П. Н. 斯塔罗诺索夫
列宁与斯大林在克拉科夫
1936 年

代表，帮助他们准备发言。他起草了布尔什维克代表的发言稿《论国民教育部的政策问题》：“美国黑人遭受压迫是美利坚共和国的一个耻辱，但是不管受到什么样的压迫，他们毕竟比俄国的农民要幸福些，这是因为美国人民在整整半个世纪以前就痛击了美国奴隶主，击溃了这些败类，在美国彻底废除了奴隶占有制和奴隶占有制的国家制度，彻底取消了奴隶主在政治上的特权。”[36]

在杜马会议上，阿·叶·巴达耶夫代表作了这一发言。在讲到“难道这个政府还不该被人民赶走吗？”这句话时，他被剥夺了发言权。后来巴达耶夫在同列宁的交谈时提到，工人们要求说明布尔什维克代表起到哪些实际作用：

“弗拉基米尔·伊里奇像通常那样大笑起来，他说：

‘黑帮分子的杜马是永远不会通过改善工人状况的任何法律的。工人代

表的任务是利用杜马的讲台，每天向黑帮分子表明：工人阶级是有力量的，是强大的；革命高潮重新到来的日子已经为期不远了；这个革命将把整个黑帮，连同他们的大臣和政府一起扫除干净。'"[37]

1912 年 10 月初，随着塞尔维亚、保加利亚、希腊（后来黑山也加入其中）为扩大各自领土对土耳其宣战，第一次巴尔干战争爆发了。俄国社会民主工党中央委员会发表了列宁起草（并被译成德文）的号召书《告俄国全体公民书》：

"整个欧洲都想插手巴尔干事件！大家都主张'改革'，甚至主张'斯拉夫人的自由'。而实际上俄国想从土耳其亚洲部分捞一把，占领博斯普鲁斯，奥地利对萨洛尼卡，意大利对阿尔巴尼亚，英国对阿拉伯，德国对安纳托利亚都虎视眈眈。"[38]

11 月 24—25 日，在瑞士巴塞尔举行了第二国际社会党非常代表大会。列宁相信代表大会会支持罗莎·卢森堡在战争与和平问题上的立场，并派列·波·加米涅夫率代表团前往巴塞尔。代表大会通过的宣言号召国际无产阶级反对战争及其罪魁祸首。但是，随着第一次世界大战的爆发，第二国际的多数政党采取了护国主义立场，支持本国政府。

1913 年新年前，在克拉科夫，在列宁的住所里，来自彼得堡、莫斯科、乌拉尔和高加索的党的工作者以及第四届杜马布尔什维克代表举行了为期四天的会议。与会者通过决议：在俄国专制制度条件下，党的唯一正确的形式是"秘密的党，它是有各种合法的和半合法的工人团体作外围的许多党支部的总和"。

1913 年 3 月，为纪念卡尔·马克思逝世 30 周年，弗拉基米尔·伊里奇在《启蒙》杂志上发表了《马克思主义的三个来源和三个组成部分》一文。文章中写道："马克思学说具有无限力量，就是因为它正确。它完备而严密，它给人们提供了决不同任何迷信、任何反动势力、任何为资产阶级压迫所作的辩护相妥协的完整的世界观。马克思学说是人类在 19 世纪所创造的优秀成果——德国的哲学、英国的政治经济学和法国的社会主义的当然继承者。"[39]

列夫·波里索维奇·加米涅夫

俄罗斯国家社会政治历史档案馆

阿列克谢·叶戈罗维奇·巴达耶夫

俄罗斯国家社会政治历史档案馆

B.H. 米纳耶夫

旧巴塞尔（左页图）

1978 年

乌里扬诺夫斯克列宁纪念馆

在塔特拉山麓

克拉科夫—波罗宁

上一年冬天，娜捷施达·康斯坦丁诺夫娜感觉身体不适，医生建议她去山区休养。1913 年 4 月下旬，列宁和克鲁普斯卡娅搬到了塔特拉山麓的比亚韦－杜纳耶茨村（波罗宁车站），附近就是扎科帕内山地疗养区。他们从一个叫捷列扎·斯库平的农妇那里租了一个有两间屋子以及凉台和阁楼的小房子 *。

泰奥多尔·科赫尔

谢尔盖·尤斯京诺维奇·巴戈茨基

俄罗斯国家社会政治历史档案馆

弗拉基米尔·伊里奇 7 点起床，去杜纳耶茨河里游泳，然后便工作一整天，中间稍作休息。一天去两次车站前邮局。俄国侨民经常在他家里聚会。

列宁的战友谢·尤·巴戈茨基医生建议，为了使娜捷施达·康斯坦丁诺夫娜康复，应当去找伯尔尼大学教授、外科医生泰奥多尔·科赫尔作诊治，他是治疗巴塞多氏病的专家。6 月 12 日，列宁同克鲁普斯卡娅抵达伯尔尼，在盖赛尔沙夫特街 4 号租了个房间。

7 月底，弗拉基米尔·伊里奇写信给玛丽亚·亚历山德罗夫娜："亲爱的妈妈：娜嘉在诊疗所里'准备'了两个星期，终于在星期三动了手术。看样子手术是成功的，因为昨天娜嘉的脸色已经很好，也开始想吃点流质了。看来手术很艰巨，娜嘉受了将近三个小时的折磨，没有用麻药，但是她勇敢地忍受了。星期四情况很不好，发高烧，说胡话，真把我吓坏了。不过昨天已经明显地好转，烧退了，脉搏也正常多了。"[40]

危险过去后，弗拉基米尔·伊里奇开始去图书馆查阅资料，在伯尔尼以及苏黎世、日内瓦和洛桑作题为《社会民主党和民族问题》的报告。

"过了一个半月，乌里扬诺夫夫妇回到了波罗宁，他们对这次出门的效果感到满意"，巴戈茨基讲述道。"娜捷施达·康斯坦丁诺夫娜的健康状况经过手术以后已有很大好转，心动过速的症状消失了，体力也得到了恢复。科赫尔叮嘱在初期要注意保养身体，但她不顾医嘱，立即全力投入了工作。"[41]

8 月 13 日，奥古斯特·倍倍尔因心脏衰竭，在疗养地逝世。列宁代表俄国社会民主工党中央委员会向德国社会党人表达慰唁，唁函刊登在《前进报》上。

1913 年 9 月底，22 名来自彼得堡、莫斯科、乌拉尔和高加索的党的工作

* 1948 年此处开设了列宁博物馆。——俄文编者注

** 1950 年此处开设了列宁博物馆。——俄文编者注

者，其中包括第四届杜马布尔什维克代表，装扮成山地旅游者汇集到波罗宁。他们住在农民古特·莫斯托维的膳宿公寓里**，为保密起见，在列宁住处开的会叫做“夏季会议”。

电影《列宁在波兰》（导演C.尤特克维奇）中的镜头：
弗·伊·列宁（**M.施特劳赫饰**）、娜·康·克鲁普斯卡娅（**A.利相斯卡娅饰**）、来自彼得堡的工人、克鲁普斯卡娅的母亲伊丽莎白·瓦西里耶夫娜（**A.帕夫雷切娃饰**）在波罗宁住所的阳台上。
莫斯科电影制片厂——“斯图季奥”电影制片厂（华沙）摄制
1965年

弗拉基米尔·伊里奇作了报告，指出布拉格代表会议制定的路线——恢复党中央俄国局，布尔什维克参加杜马选举，出版合法报纸，支持罢工运动——是正确的。

伊涅萨·阿尔曼德也来参加会议。“秋天，我们整个克拉科夫小组都同伊涅萨相处得十分亲密”，娜·康·克鲁普斯卡娅回忆道。“她为人开朗乐观，热情洋溢。我们是在巴黎时认识伊涅萨的，但在那里侨民太多，而在克拉科夫却生活在一个与外界隔绝的不大的同志圈子里。伊涅萨就在加米涅夫的女房东这里租了一间房子。我们的母亲很喜欢伊涅萨，伊涅萨经常到她那里聊天，同她坐在一起抽烟。”[42]

1913年9月，列宁在《启蒙》杂志上发表了《维·查苏利奇是怎样毁掉取消主义的》一文。这是他对查苏利奇“用广大阶层代替党”的论调的回答。列宁写道：“结论是：在一切国家里，无论什么时候什么地方，除了

阿洛伊济·西韦茨基
波罗宁会议
1960年
克拉科夫历史博物馆

阿洛伊济·西韦茨基
列宁在克拉科夫（三连画之一）（右页图）
1970 年
克拉科夫历史博物馆

‘党’**以外**，还有**靠近党的**‘广大阶层’和组成党、为党提供成员和养料的这一**阶级**的广大群众。取消派不懂这个简单明了的事情，因而重犯 1895—1901 年‘经济派’的错误；而‘经济派’是根本不能理解‘党’和‘阶级’之间的差别的。

党是阶级的先进觉悟阶层，是阶级的先锋队。这个先锋队的力量比它的人数大 10 倍，100 倍，甚至更多。

这是否可能呢？100 人的力量是否能够超过 1000 人的力量呢？

有组织的 100 个人，不但可以超过而且一定会超过。

组织能使力量增加 10 倍。”[43]

10 月初，列宁和克鲁普斯卡娅从波罗宁回到克拉科夫，回到柳博米尔斯基街。

对于列宁来说，新的一年，1914 年，是从穿梭于欧洲各个城市的出行开始的。1 月期间，他在柏林会见拉脱维亚布尔什维克，在巴黎出席布尔什维克会议，在布鲁塞尔同社会党国际局主席埃米尔·王德威尔得进行谈判，同比利时的海员讨论向俄国运送秘密书籍的问题。在列日和莱比锡作《民族问题》专题报告。

И.П. 科尔尼洛夫
俄国社会民主工党中央委员会在波罗宁举行会议的房屋
“斯莫尔尼宫”历史纪念馆

1914 年春，列宁一直在撰写《论民族自决权》一文，该文于 1914 年 4—6 月由《启蒙》杂志分三期刊发。他同罗莎·卢森堡进行了论战，他认为，卢森堡用民族经济独立自主问题偷换了民族政治自决问题。“毫无疑问，世

界上人口最多的亚洲，大部分或者处于‘列强’殖民地的地位，或者是一些极不独立和备受民族压迫的国家”，他写道。“可是，这种尽人皆知的情况难道能够丝毫动摇下面一件无可争辩的事实吗？这就是在亚洲只有日本，也就是说，只有这个独立的民族国家才造成了能够最充分地发展商品生产，能够最自由、广泛、迅速地发展资本主义的条件。这个国家是资产阶级国家，因此它自己已在压迫其他民族和奴役殖民地了……”[44]

列宁表明了自己对民族政策的看法：承认一切民族都有分离权，消除任何不平等、任何特权和任何特殊地位。他指出：“压迫其他民族的民族能不能获得解放呢？不能。”[45]

1914年的夏天，弗拉基米尔·伊里奇又是同家人一起在比亚韦－杜纳耶茨，在捷列扎·斯库平家度过的。

H. H. 茹科夫
卡尔·马克思在工作
1930年
俄罗斯国家社会政治历史档案馆

社会党国际局又一次提出布尔什维克同取消派统一的问题。列宁派以伊涅萨・阿尔曼德为首的代表团前往布鲁塞尔出席会议，此前曾写信给她："亲爱的朋友：你的同意使我万分感激。我完全相信，你将出色地完成你所承担的重要任务并给普列汉诺夫、罗莎・卢森堡和考茨基以及鲁巴诺维奇（无耻之徒！）以应有的回击。他们去布鲁塞尔，是指望造成一场示威，反对我们大家，特别是反对我个人。"[46]

《共产党宣言》（1888 年 英文版）封面

伊・阿尔曼德用法语向与会者宣读了俄国社会民主工党中央委员会的报告，其中提到，在俄国并不存在"派别斗争的混乱状态"，而只有马克思主义者同取消派的斗争。卡尔・考茨基在辩论中坚持认为"老的党已不复存在"，并提出关于俄国社会民主工党统一的决议案交付表决。除了布尔什维克代表团和拉脱维亚社会民主党的一名代表外，所有代表团都支持该决议案。

会后，列宁致信伊・阿尔曼德："这件事你做得比我所能做的要好。我除措辞激烈外，大概还会**大发雷霆**。对他们的装腔作势我是不会容忍的，非骂他们是下流坯不可。**而这正是他们所欢迎的**——他们进行挑衅就是要达到这个目的。

你们以及你却处理得冷静而又坚决。非常感激，向你致敬。"[47]

1914 年 7 月，列宁开始为格拉纳特百科词典撰写词条《卡尔・马克思》（11 月完成）。不久，由于工作太忙，他建议出版社寻找其他的作者。但是编纂者坚持要列宁做撰稿人并延长了期限。该词条经缩减后载于 1915 年出版的《格拉纳特百科词典》第七版第 28 卷，署名"弗・伊林"。鉴于当时的书刊检查情况，出版者删去了词条中《社会主义》和《无产阶级阶级斗争的策略》两节，并作了少量文字修改。

列宁在《阶级斗争》这一节中指出："马克思主义提供了一条指导性的线索，使我们能在这种看来扑朔迷离、一团混乱的状态中发现规律性。这条线索就是阶级斗争的理论。只有研究某一社会或某几个社会的全体成员的意向的总和，才能科学地确定这些意向的结果。其所以有各种矛盾的意向，是因为每个社会所分成的**各阶级**的地位和生活条件不同。马克思在《共产党宣言》中写道：'至今一切社会的历史 < 恩格斯后来补充说明，原始公社的历史除外 > 都是阶级斗争的历史。自由民和奴隶、贵族和平民、领主和农奴、行会师傅和帮工，一句话，压迫者和被压迫者，始终处于相互对立的地位，进行不断的、有时隐蔽有时公开的斗争，而每一次斗争的结局都是整个社会受到革命改造或者斗争的各阶级同归于尽。……从封建社会的灭亡中产生出来的现代资产阶级社会并没有消灭阶级对立。'"[48]

1914 年 7 月 19 日，弗拉基米尔・伊里奇在比亚韦 – 杜纳耶茨得知德国已对俄国宣战。他将一些布尔什维克召集到身边，向他们表明战争将加速革命的到来。

注 释

1. 《列宁全集》中文第二版增订版第 20 卷第 96 页。
2. 《列宁全集》中文第二版增订版第 45 卷第 344 页。
3. 《列宁全集》中文第二版增订版第 46 卷第 1 页。
4. 《列宁全集》中文第二版增订版第 19 卷第 400 页。
5. 彼・伊・利亚先科:《苏联国民经济史》(三卷本),莫斯科 1947—1956 年版,第 2 卷第 348,349 页。
6. 彼・伊・利亚先科:《苏联国民经济史》(三卷本),莫斯科 1947—1956 年版,第 2 卷第 298,325,327,329,339 页。
7. 彼・伊・利亚先科:《苏联国民经济史》(三卷本),莫斯科 1947—1956 年版,第 2 卷第 384,385 页。
8. 《列宁全集》中文第二版增订版第 27 卷第 374 页。
9. 《列宁全集》中文第二版增订版第 19 卷第 393 页。
10. 《列宁全集》中文第二版增订版第 22 卷第 27 页。
11. 彼・伊・利亚先科:《苏联国民经济史》(三卷本),莫斯科 1947—1956 年版,第 2 卷第 348 页。
12. 《回忆列宁》,人民出版社 1982 年版,第 1 卷第 442 页。
13. 《列宁全集》中文第二版增订版第 46 卷第 535 页。
14. 《列宁全集》中文第二版增订版第 46 卷第 10 页。
15. 《回忆列宁》,人民出版社 1982 年版,第 2 卷第 213 页。
16. 《回忆列宁》,人民出版社 1982 年版,第 1 卷第 444 页。
17. 《回忆列宁》,人民出版社 1982 年版,第 2 卷第 373 页。
18. 《回忆列宁》,人民出版社 1982 年版,第 1 卷第 80 页。
19. 《回忆列宁》,人民出版社 1982 年版,第 1 卷第 432 页。
20. 《回忆列宁》,人民出版社 1982 年版,第 1 卷第 430 页。
21. 《回忆列宁》,人民出版社 1982 年版,第 2 卷第 370 页。
22. 《回忆列宁》,人民出版社 1982 年版,第 2 卷第 375 页。
23. 《回忆列宁》,人民出版社 1982 年版,第 2 卷第 373—374 页。

24. 《回忆列宁》，人民出版社 1982 年版，第 2 卷第 379 页。
25. 《列宁全集》中文第二版增订版第 21 卷第 163 页。
26. 《回忆列宁》，人民出版社 1982 年版，第 2 卷第 379 页。
27. 《列宁全集》中文第二版增订版第 46 卷第 94 页。
28. 《高尔基文集》(三十卷本)，莫斯科 1952 年版，第 17 卷第 18 页。
29. 《回忆列宁》，人民出版社 1982 年版，第 1 卷第 456—457 页。
30. 《列宁全集》中文第二版增订版第 21 卷第 262—263 页。
31. 《回忆列宁》，人民出版社 1982 年版，第 1 卷第 457 页。
32. 《回忆列宁》，人民出版社 1982 年版，第 1 卷第 459 页。
33. 《回忆列宁》，人民出版社 1982 年版，第 2 卷第 408 页。
34. 《列宁全集》中文第二版增订版第 46 卷第 167 页。
35. 《列宁全集》中文第二版增订版第 21 卷第 430、431 页。
36. 《列宁全集》中文第二版增订版第 23 卷第 111 页。
37. 《回忆列宁》，人民出版社 1982 年版，第 2 卷第 416 页。
38. 《列宁全集》中文第二版增订版第 22 卷第 148 页。
39. 《列宁全集》中文第二版增订版第 23 卷第 41—42 页。
40. 《列宁全集》中文第二版增订版第 53 卷第 413 页。
41. 《回忆列宁》，人民出版社 1982 年版，第 2 卷第 397 页。
42. 《回忆列宁》，人民出版社 1982 年版，第 1 卷第 488 页。
43. 《列宁全集》中文第二版增订版第 24 卷第 38 页。
44. 《列宁全集》中文第二版增订版第 25 卷第 230—231 页。
45. 《列宁全集》中文第二版增订版第 25 卷第 244 页。
46. 《列宁全集》中文第二版增订版第 46 卷第 506 页。
47. 《列宁全集》中文第二版增订版第 46 卷第 519 页。
48. 《列宁全集》中文第二版增订版第 26 卷第 60 页。

第八章

给茅屋和平，对宫殿宣战

（1914 年 8 月—1917 年 3 月）

弗· 伊· 列 宁（苏 黎 世
1916 年）
俄罗斯国家社会政治历史档
案馆

第一次世界大战

波罗宁—新塔尔格

波罗宁俄国侨民协会经常在邮局附近集会，讨论新得到的消息。据谢·尤·巴戈茨基说，列宁对事件的进程作过预言："既然同日本人在远东打的那场规模比较小的战争在群众中都引起了这样的震动，那么现在的这场战争情况要严重得多，而且离俄国至关重要的中心地区较近，它就不可能不导致革命。"[1]

巴戈茨基描述了8月5日那天的情况，当时已经得知，德国社会民主党人投票赞成政府的军事预算："弗拉基米尔·伊里奇马上就估计到德国社会民主党的领导人背叛国际工人运动所产生的历史影响。

'这是第二国际的末日'，他又补充说道，'从今天起我不再是社会民主党的党员了，我要成为一名共产党员。'

我们当时对他脱口而出的这句话没有加以重视。到后来才明白，当时弗·伊·列宁就已经在酝酿第三国际即共产国际的问题了。"[2]

到20世纪初，大国对世界的瓜分已经结束。要重新划分殖民地，只剩下唯一的途径——战争。世纪之初俄国的经济利益在远东地区，现在很大程度上已转移到中东地区。土耳其是通往海洋的商路的必经之地，伊朗是西亚和中亚的门户。但俄国在这里遭遇了强劲的对手——英国、德国、奥地利、法国。

俄国对伊朗的渗透最为深入，俄国商品在这里销售量巨大。与之分庭抗礼的是把伊朗看做通往印度的捷径的英国，以及与俄国争夺利益的德国和法国。

俄国试图在经济上和政治上征服土耳其的做法引起了欧洲列强的极大不满。德国正在对土耳其的工业和金融加以控制，已开始建设从柏林经君士坦丁堡到巴格达的直通铁路。俄国的做法对德国在经济上完全征服土耳其以及伊朗、叙利亚和美索不达米亚造成了威胁。

在俄国协调了与英国之间的争议问题后，形成了三国协约。

1913年3月，德国国会批准了两个法令，一是关于征收用于军事开支的、总额为10亿马克的预算外一次性税的法令，二是关于将和平时期军队人数增加13.6万人的法令。作为回应，法国议会通过了将服役期限从2年增加到3年的法令。巴黎要求彼得堡扩充军队，尽快开始针对德国的军事行动。

阿尔图尔·康普夫
1914 年 8 月 1 日 * 在柏林
1914 年
德国历史博物馆

* 俄历 1914 年 7 月 19 日。——俄文编者注

“萨拉热窝枪声”——1914 年 6 月 28 日奥匈帝国皇储弗兰茨·斐迪南大公遇刺身亡——引发了第一次世界大战。7 月 15 日，奥匈帝国在德国的压力下向塞尔维亚宣战。4 天后，德国向俄国宣战，6 天后又向法国宣战。7 月 22 日，英国向德国宣战。日本加入协约国一方。

7 月 26 日，第四届国家杜马同意俄国参战。除布尔什维克以外的所有党团都支持“保卫祖国”的口号。

列宁开始写作小册子《社会主义与战争》，力争在国际社会党代表会议召开前出版。他用掌握的数据展示了大国对世界的瓜分。截至 1914 年，英国本土和殖民地共有 4.4 亿人口，俄国——1.694 亿，法国——0.951 亿，德国——0.772 亿，日本——0.722 亿，美国——1.067 亿。这总共是近 10 亿人口。根据弗拉基米尔·伊里奇的计算，从 1876 年到 1914 年，“6 个‘大’国

阿洛伊济·西维茨基
列宁在波罗宁
1981 年
“列宁的哥尔克”文物保护区博物馆

抢占了 2500 万平方公里的土地，即抢占了比整个欧洲大一倍半的面积！”[3]

在引用普鲁士军事理论家卡尔·克劳塞维茨将军的名言“战争是政治通过另一种手段〈暴力手段〉的继续”时，弗拉基米尔·伊里奇强调说，“马克思主义者一向公正地把这一论点看做考察任何一场战争的意义的理论基础。马克思和恩格斯一向就是从这个观点出发来考察各种战争的。”[4]

列宁指出：“尤其是在奥地利和俄国，无论平时的政治还是战时的政治都是奴役其他民族，而不是解放其他民族。相反，在中国、波斯、印度和其他附属国里近几十年来我们所看到的是一种唤起千百万人争取民族生存、摆脱反动‘大’国压迫的政治。在这种历史基础上进行的战争，即使在今天也可以是具有资产阶级进步性的、民族解放的战争。”[5]

……1914 年 7 月 25 日，列宁位于波罗宁的家里闯入一队宪兵，搜查并没收了可疑的手稿。宪兵向长官报告，因“乌里扬诺夫常与俄国人交往，所以他有可能向他们传递奥地利国家的有关消息”。列宁被勒令于第二天到新塔尔格警察局报到。列宁一到新塔尔格警察局就被审讯并被关进地方监狱第 5 号牢房。

波兰一些著名的社会活动家向奥地利当局提交了列宁无罪的声明。奥匈帝国国会议员、社会民主党人维克多·阿德勒和海尔曼·迪阿曼德前往内务部交涉，为列宁做担保。

娜捷施达·康斯坦丁诺夫娜每天乘坐早班火车去新塔尔格探望丈夫。据她讲述，弗拉基米尔·伊里奇“记起他在舒申斯克村农民中间的法律事务活动，他曾使那些农民摆脱了各种艰难困窘的处境，于是他在狱中组织了独特的法律咨询处，给同狱人写申诉状等。同狱人称伊里奇为‘硬汉’”。[6]

海尔曼·格罗伊利希

维克多·阿德勒

8月6日，根据克拉科夫军事检察长发来的电报，列宁被释放。但继续留在波罗宁很危险。两周后，弗拉基米尔·伊里奇、娜捷施达·康斯坦丁诺夫娜及岳母前往维也纳，他们在那里得到警察局的允许，乘坐军用列车前往瑞士。列宁会见了维克多·阿德勒，并收到了瑞士社会民主党人海尔曼·格罗伊利希的电报担保书。没有这份担保，列宁是不可能进入瑞士的。

1914年8月23日，列宁同家人抵达伯尔尼火车站，当地布尔什维克支部书记格·李·什克洛夫斯基前来迎接，并把他们送到自己家里。弗拉基米尔·伊里奇对这处住所很熟悉：每次一来伯尔尼都被领到主人的书房，并宿在沙发上。

第二天，布尔什维克在市郊的布雷姆公园集会。他们通过一项决议，认为这场战争是帝国主义的掠夺战争，第二国际领导人的立场是背叛的立场。这个决议为俄国社会民主工党中央委员会的宣言《战争和俄国社会民主党》奠定了基础。

几天后，弗拉基米尔·伊里奇及其家人搬到栋内尔比尔路11a号。10月初又搬到迪斯泰尔路11号两间带家具的屋子，这里是一个安静的角落，邻近伯尔尼森林。米·谢·克德罗夫、格·李·什克洛夫斯基、伊·费·阿尔曼德、弗·米·卡斯帕罗夫和其他布尔什维克都在附近租了住房。

弗拉基米尔·伊里奇着手进行曾在日内瓦出版的《社会民主党人报》复刊（中断一年后）工作。他托人给住在那里的布尔什维克出版人维·阿·卡尔宾斯基带信：“有**充分的**根据可以预料，瑞士警察局和军事当局（只要俄国或者法国以及其他国家的大使**一打手势**）会以破坏中立等罪名交付军事法庭审判或驱逐出境。因此您在来信中不要公开写什么东西。如果有什么事必须通知，请用化学药水书写。”[7]

列宁从事《社会民主党人报》的编辑工作长达6年，直到1917年，他在该报上发表了80多篇文章和短评。《社会民主党人报》印数达到3000份，不仅在俄国，还在瑞士，在巴黎、伦敦、斯德哥尔摩和纽约传播。

弗拉基米尔·伊里奇意外得知，格·瓦·普列汉诺夫采取了护国主义立场。列宁收到关于普列汉诺夫宣布将于9月28日在洛桑民众文化馆作专题报告的电报，立即动身前往。

大厅里挤满了人。普列汉诺夫在报告的第一部分批评了德国社会民主党人的背叛立场。据布尔什维克费·尼·伊林回忆，弗拉基米尔·伊里奇“微微眯着眼睛看，像是在催眠报告人。

普列汉诺夫也看向列宁，但试图遮掩，并采取了这样的方式：推了推夹鼻眼镜，几乎戴在了鼻尖上，装做在读提纲的样子。事实上，他的眼睛从镜片上面看着列宁”。[8]

普列汉诺夫在报告的第二部分支持法国社会党人的护国主义观点。娜·康·克鲁普斯卡娅讲道：“只有伊里奇一人登记讲话，再没有别的人去登记了。他端着一杯啤酒走到桌子跟前。他讲话时很镇静，只是他那苍白的脸色透露出他激动的心情。伊里奇说，现在爆发的战争不是偶然的，这是由资本主义社会发展的整个性质准备好了的。”[9]

10月中旬，列宁致函住在斯德哥尔摩的亚·加·施略普尼柯夫（他是俄国社会民主工党中央委员会国外局同俄国局之间的联系人）：“根据变民族战争为国内战争的精神来指导工作（顽强地、系统地、也许是长期地）——这就是整个实质。何时实行这种转变是另外一个问题，现在还不清楚。应当使这个时机成熟和有步骤地‘促使它成熟’。”[10]

列宁1914年整个10月都在瑞士活动，在洛桑、日内瓦、蒙特勒（靠近克拉朗）和苏黎世作关于战争的专题报告。列宁在苏黎世的报告安排在能容

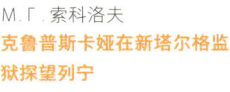

M.Г.索科洛夫
克鲁普斯卡娅在新塔尔格监狱探望列宁
1949年
克拉科夫历史博物馆

B.H.米纳耶夫
伯尔尼 迪斯泰尔路
1970 年
国家历史博物馆

纳 400 位听众的“和睦”文化馆大厅，当地布尔什维克支部成员拉·波·哈里东诺娃描述了这次报告的情形：“当弗·伊·列宁的报告一结束，大厅里就大声喧哗起来。反对者急忙地向讲台奔去。接着宣布开始讨论，这场讨论延长到当夜戒严开始之前，还把第二天的整个晚上都用上了。托洛茨基是第一个起来发言的主要反对者，他一开口就替考茨基辩护。他攻击列宁把考茨基称做工人阶级事业的叛徒！他还声色俱厉地反对‘使本国政府失败’的口号。”[11]

1914 年 11 月 1 日，《社会民主党人报》刊登了宣言《战争和俄国社会民主党》。

11 月 11 日，弗拉基米尔·伊里奇得知，在彼得格勒*近郊奥泽尔基参加党的代表会议的布尔什维克遭到逮捕，其中包括杜马代表阿·叶·巴达耶夫、马·康·穆拉诺夫、格·伊·彼得罗夫斯基、费·尼·萨莫伊洛夫和尼·罗·沙果夫。他们被指控进行失败主义宣传并被判处终身流放图鲁汉斯克边疆区。

列宁在《对俄国社会民主党工人党团的审判证明了什么？》一文（《社会民主党人报》，1915 年 3 月）中写道：“政府把俄国社会民主党工人党团成员流放到西伯利亚去，是想借此吓唬工人吗？它想错了。工人是吓不倒的，他们只会更清楚地理解自己的任务——与取消派和社会沙文主义者不同的工人政党的任务。工人们一定会学会把像俄国社会民主党工人党团成员这样的人选进杜马，让他们在群众中进行同样的活动，进行更广泛而又更**秘密的**活动。”[12]

---

* 1914 年 8 月圣彼得堡更名为彼得格勒。——俄文编者注

П. Н. 斯塔罗诺索夫
列宁发言反对普列汉诺夫（1914 年秋）
1936 年

И. А. 弗拉基米罗夫
前线联欢（1914—1918 年）
1926 年
国立中央俄罗斯现代史博物馆

1915 年 2 月初，协约国——英国、法国、比利时和俄国的社会党人在伦敦召开代表会议。布尔什维克未收到邀请。但列宁派俄国社会民主工党驻社会党国际局的代表马·马·李维诺夫参加会议，委托他在会上宣读俄国社会民主工党中央委员会要求各社会党退出资产阶级政府的宣言。李维诺夫的发言被打断，代表会议通过了支持本国政府的决议。

不久，布尔什维克各国外支部的代表在伯尔尼“瑞士人联盟”咖啡馆举行代表会议，通过了关于社会党与资产阶级政府决裂、支持各交战国士兵举行联欢和创建第三国际的决议。

……1915 年 3 月 10 日，弗拉基米尔·伊里奇和娜捷施达·康斯坦丁诺夫娜在伯尔尼布雷姆公墓安葬了享年 72 岁的岳母伊丽莎白·瓦西里耶夫娜。他们在墓旁种了一棵小树。克鲁普斯卡娅写道：“她是我们亲密的同志，她曾帮助我们做各种工作。在俄国，搜查的时候她收藏秘密文件，替同志们往狱中送东西，转达任务；在西伯利亚和国外，她都同我们一起住，帮我们做家务，照顾到我们这里来的同志们，缝制藏秘密文件的坎肩，给用化学方法写的信件写‘底子’，等等…… 她是个酷爱抽烟的人，却忘了买纸烟，正赶上那天又是个节日，到处都买不到烟。伊里奇看到这种情况，说：‘唉，糟糕，我这就去买。’于是他就挨家店铺去找，终于找到了，给母亲买了烟来。”[13]

俄国战场

伯尔尼—泽伦堡—齐美尔瓦尔德

俄国军队在各主要战场最初取得了一些战果，但随后就遭到了失败。1915 年春，俄军从加利西亚撤离，德国军队占领了波兰、波罗的海沿岸部分地区和白俄罗斯。

西方军队掌握的许多武器种类，俄国官营工厂都不能生产。没有高射炮（为保护大本营，从国外订购了 200 门）、航空发动机、掷弹炮和迫击炮，只能小批量生产机枪。到 1914 年，步枪储备量为 400 万支，但整场战争的需求量为 1770 万支。子弹的需求量（按日俄战争的“标准”）为 35 亿发，而实际储备量不超过 24 亿发。[14]

战争期间，政府安排了 32.2 亿卢布的国外订货。西方的大企业家——克虏伯、施奈德、斯柯达和维克斯等在大炮、无畏舰和炮弹的生产上攫取了巨额利润。就连最“俄国的”普梯洛夫工厂，经过曾在内阁办公厅任职的厂长阿·伊·普梯洛夫（与工厂创始人同姓）的努力，也在 1910 年被法国康采恩“施奈德－克勒佐”控制，1914 年又差点落于德国克虏伯公司之手。

尽管军队人数已达 500 万，但仍动员工人参军，从而导致工业领域从业人数从 1913 年的 231 万人减少到 1914 年的 196 万人。工业产品的产量下降

И. А. 弗拉基米罗夫
阵地上的士兵
20 世纪 20 年代

五分之一。军事运输打乱了运输业的经营，贸易额下降，价格上涨了一两倍。

为了给予政府“社会帮助”，在十月党人、原第三届杜马主席（1910—1912 年）亚·伊·古契柯夫的领导下，开始建立控制所有订货的军事工业委员会。索尔莫夫造船厂生产大炮，С. 莫罗佐夫的棉纺厂生产手榴弹。萨拉托夫的磨坊、下诺夫哥罗德的榨油厂、库尔斯克的制糖厂，甚至生产法贝热的珠宝厂都开始生产掷弹炮、炮弹、手榴弹、炊事车和辎重车。但军事工业委员会只能承接一半的军事订货，于 1917 年被解散。[15]

泽伦堡

由格·叶·李沃夫公爵领导的全俄地方自治机关和城市联合会军需供应总委员会宣布动员手工业。但该总委员会在中断诸如金属丝、斧头、锄头、马蹄铁等简单物品的生产后，也只能承担陆军部 60% 的订货。[16]

1915 年夏，成立了以陆军大臣阿·安·波利瓦诺夫为首的国防特别会议，它使军队的武器和弹药供应走上正轨。1916 年，有 84% 的注册企业为国防生产，但出现了民用消费品的短缺。尽管政府已经尝试按照省、县、村进行粮食收购“分摊”（事实上是余粮征集），但粮食状况直到战争结束也没能改善。

阿列克谢·安德列耶维奇·波利瓦诺夫

最高统帅部参谋长（从 1915 年 8 月起）米·瓦·阿列克谢耶夫将军上书沙皇尼古拉二世，说由于“军队自己的基本储备库几乎什么也没有，只能靠运输来补给，所以后方正常功能的丧失对军队来说是毁灭性的，军队中将会出现饥荒，并可能造成骚乱。一旦后方开始骚乱，那么俄国不可避免地会发生革命——这意味着战争将以我们的惨败而告终，并会给俄国带来一系列严重的后果”。[17]

1915 年 4 月初，列宁和克鲁普斯卡娅搬到伯尔尼瓦尔德海姆街 66 号的新住所——四楼一间宽敞的向阳的屋子。5 月中旬，由于娜捷施达·康斯坦丁诺夫娜需要呼吸山间空气，他们在海拔 1165 米的泽伦堡山村的马林塔尔饭店租了一个房间，去那里只能乘坐马车。

米哈伊尔·瓦西里耶维奇·阿列克谢耶夫

在泽伦堡，列宁撰写文章，与反对战争的欧洲社会民主党人——意大利社会党人、季米特尔·布拉戈耶夫领导的保加利亚革命的社会党人（紧密派）、塞尔维亚社会民主党人、荷兰左翼社会党人以及挪威和瑞典的青年组织通信。他欢迎以卡尔·李卜克内西、罗莎·卢森堡、克拉拉·蔡特金、弗

路德维希·卡赫
四国同盟（第一次世界大战中的同盟国：奥匈帝国、德国、保加利亚和土耳其）
1916 年
德国历史博物馆

兰茨·梅林、威廉·皮克为首的德国“国际派”（后称“斯巴达克联盟”）的勇敢的反战行动。

战争开始后的一年时间里，第二国际的领导人没有表明自己在战争与和平问题上的立场。瑞士社会民主党主席、《伯尔尼哨兵报》主编罗伯特·格里姆负责组织了一次国际社会党代表会议。会议于 1915 年 8 月 23—26 日在伯尔尼高原上的齐美尔瓦尔德小镇举行，来自 11 个欧洲国家的 38 名代表扮做游客来此出席了会议。

会议召开前夕，列宁抵达齐美尔瓦尔德，建立了由 8 人组成的国际主义的齐美尔瓦尔德左派。他们起草的宣言发出号召：“我们向所有受到战争伤害、饱尝战争恶果的人们发出呼吁：跨过国界的藩篱，穿过战场的硝烟，越过城镇和乡村的废墟——**全世界无产者，联合起来！**”

代表会议上的考茨基主义（中派主义）多数派否决了国际主义者关于

加利鲍尔·塔尼
卡尔·李卜克内西像
1920 年
国立中央俄罗斯现代史博物馆

战争的决议草案。经过辩论，通过了“妥协性的”宣言《告欧洲无产者书》。列宁认为可以签署这个宣言，因为它终究把战争定义为帝国主义战争，并且承认第二国际领导人的背叛。

弗拉基米尔·伊里奇在《第一步》一文（1915 年 10 月）中写道：“我们的中央委员会当时是否应当在这个不彻底的和畏首畏尾的宣言上签字呢？我们认为应当…… 在我们有充分的自由和充分的可能来批评不彻底性并争取得到更多收获的情况下，如果拒绝同处于少数的德国人、法国人、瑞典人、挪威人和瑞士人一道向前迈出这一步，那就是宗派主义。”[18]

在齐美尔瓦尔德，代表们得到了用俄文和德文出版的列宁的小册子《社会主义与战争》。

从俄国传来一个消息，尼古拉二世颁布了临时解散第四届国家杜马的命令。

9 月初，列宁返回泽伦堡。“伊里奇从齐美尔瓦尔德回来的次日，我们就到罗特霍伦山上去玩”，克鲁普斯卡娅回忆道，“我们‘兴致勃勃地’往山上爬。但当我们爬上山顶的时候，伊里奇突然往地上一躺，在一个很不舒服的地方，几乎就在雪地上呼呼地睡着了。刹那间乌云四起，过了不大会儿云散了，这时候从罗特霍伦山上能够望见阿尔卑斯山的奇异景色。但是伊里奇却

阿贝尔汉・卡斯捷耶夫
阿曼格尔德的战士（为反对尼古拉二世招募外族人到邻近前线地区服劳役的命令，1916年哈萨克人民在勇士阿曼格尔德・伊马诺夫领导下举行起义）
1970年
哈萨克斯坦共和国国立A. 卡斯捷耶夫艺术博物馆

一动也不动地酣睡着。睡了约摸一个多钟头。显然，齐美尔瓦尔德代表会议把他累坏了，耗费了他很多的精力。”[19]

1915年9月下旬，列宁和克鲁普斯卡娅从泽伦堡回到伯尔尼，在赛登路4a号施奈德夫人处租了一个陈设简单的房间。

整个10月弗拉基米尔・伊里奇都用来在伯尔尼、洛桑、日内瓦和苏黎世作关于齐美尔瓦尔德会议的专题报告。这些报告在一定程度上得到了党内经费的支持。维・阿・卡尔宾斯基证实，那时只有267法郎（96卢布）现金。他回忆说，“弗拉基米尔・伊里奇本人十分精明地‘算着用钱’。弗拉基米尔・伊里奇手里拿着铅笔计算着，一期报纸可容纳多少最小号字母，如果用小号字不能把全部稿件都排下的话，就太苦恼了。”[20]

据意大利社会党人弗朗契斯柯・米齐亚诺讲，列宁常去的苏黎世民众文化馆餐厅的“饭分为三等：1法郎25生丁——‘贵族级’；75生丁——‘资产阶级级’；50生丁——‘无产阶级级’。第三等是两盘饭菜：一盘是汤，一盘是一块面包和土豆。列宁老是吃第三等的，一顿饭花50生丁，也就是半个法郎（按当时的汇率，约合18戈比）。

同志们指给我看这个模样又像思想家又像地下工作者的怪人。他老是坐在餐厅角落里，看着书报，沉思着，在摊在他膝头上作为桌子使用的纸夹上作笔记”。[21]

“帝国主义……”

苏黎世—昆塔尔—弗吕姆斯

1915年10月底，列宁得到出版自己著作的编辑、历史学家米·尼·波克罗夫斯基的建议——给“战前和战时的欧洲”丛书写一本带导言性质的小册子，该丛书是根据马克西姆·高尔基的倡议，由彼得格勒孤帆出版社出版的。弗拉基米尔·伊里奇接受了这一建议，认为可以借此机会反驳卡尔·考茨基鼓吹的能够在资本主义体系内部（通过资本联合、国际合作和贸易自由）防止战争的超帝国主义论。

写书需要去苏黎世一些大图书馆查阅资料，也要增加出行开支。列宁询问布尔什维克苏黎世支部书记莫·马·哈里东诺夫：他的专题报告《两个国际》能有多少报酬，租住工人家庭的一个房间和在便宜的大学生食堂吃饭花费多少。

房东卡梅雷尔

1916年1月28日（或29日），弗拉基米尔·伊里奇和妻子轻装前往苏黎世，在盖格尔巷7号普列洛格夫人处租了一个房间。不久，他们又搬到市中心明镜巷14号社会民主党人、鞋匠卡梅雷尔家里，但仍然去普列洛格夫人家吃了两个月的饭，因为娜捷施达·康斯坦丁诺夫娜还没准备好在自家开伙。

B.H.佩雷尔曼

1914—1916年间列宁在伯尔尼图书馆（列宁——思想家）

1939年

国立中央俄罗斯现代史博物馆

新的住处在一幢老旧、昏暗的房子里，靠煤油灯照明，烧木柴取暖，但是，据克鲁普斯卡娅说，他们很看重这家房东：“这里闻不到一点沙文主义的气味。有一次，当整个‘妇女国际’聚集在煤气炉旁边时，卡梅雷尔夫人愤怒地喊道：‘士兵们应当掉转枪口去反对自己的政府！’从此以后伊里奇甚至连换房的话都不愿意听了。”[22]

邮件直接寄到卡梅雷尔

列宁和克鲁普斯卡娅住在明镜巷14号寓所时使用过的厨具和餐具

俄罗斯国家社会政治历史档案馆

弗里茨·普拉滕

格里戈里·叶夫谢耶维奇·季诺维也夫（1919年）

俄罗斯国家社会政治历史档案馆

的制鞋作坊，他马上就能转交给收件人。

1916年4月，弗拉基米尔·伊里奇前往山村昆塔尔参加11—17日举行的社会党代表会议（“齐美尔瓦尔德派代表会议”）。来自10个国家的43名代表聚集在当地的“贝伦”旅馆。列入议程的问题有争取结束战争、召集社会党国际局等。

会议不支持布尔什维克的变帝国主义战争为国内战争的口号，但通过了《告遭破产和受迫害的人民书》，其中强调，**“争取持久和平的斗争只能包含在争取实现社会主义的斗争之中”**。因在德国军队里散发这份文件，一些军官和士兵被枪毙。

昆塔尔会议之后，列宁和克鲁普斯卡娅决定留在苏黎世，尽管他们最初的计划是返回伯尔尼。经瑞士社会党人奥托·朗格和工人运动领导人弗里茨·普拉滕申请，警察局准许列宁以需要使用图书馆为由在该地居住。

准许居住期为半年。1916年12月底，弗拉基米尔·伊里奇再次向警察局提出申请，请求将居住期限延长至1917年12月31日，并按规定缴纳了政治流亡者保证金100法郎。

列宁和克鲁普斯卡娅加入了布尔什维克支部，但回避其他侨民聚会。据米·斯·奥里明斯基观察，弗拉基米尔·伊里奇“从来都不结交任何资产阶级的朋友，从不涉足任何资产阶级‘社会’。他们有时来找他，但他从不迎合他们。他除了在自己的房间里有一大堆书籍外，全部日常生活都是无产阶级式的……

由于弗·伊·列宁摆脱了资产阶级腐蚀的影响，所以他就同别的理论家

“贝伦”旅馆

丘季维泽

不一样，不受资产阶级观点的迷惑”。[23]

孟什维克还是坚持要见列宁。每逢周日，弗拉基米尔·伊里奇都在“和睦”文化馆大厅给全体苏黎世侨民作关于战争与革命的报告。齐美尔瓦尔德左派和紧密派成员索·戈尔德施泰因回忆说，“列宁把基本论断阐述得非常朴实，以致在战争和革命问题上的一个中派思想家、爱吵吵嚷嚷的达·波·梁赞诺夫当场叫了起来：

‘不能把复杂的历史性问题这样简单化！难道那么简单就能把银行拿过来？’

‘那你们去组织无产阶级夺取政权的斗争吧’，列宁平静地回答道，‘到那时，夺取银行要比你们想象的容易些、简单些。’”[24]

弗里茨·普拉滕曾有一次到列宁位于明镜巷的家中拜访，谈到了瑞士社会党人的纲领，他回忆起当时令自己感到惊讶的情形：“克鲁普斯卡娅同志听着我们的争论，但并没有插嘴。可以看出，住在这里的是两个亲近的人，境况极其窘迫拮据，但他们相互间的关怀减轻了他们共同生活中的艰难困苦。他的妻子了解党的生活和工作中的一切问题，她追随着丈夫的生活目

不知名画家
法国伤员途经瑞士（1914—1915年）
日内瓦图书馆

的，对丈夫不仅是敬佩，而且有深刻的理解，可是她在这场辩论中竟没有插一句话，虽然她有权像我捍卫我的观点那样坚决地反驳我。”[25]

1916年6月底，弗拉基米尔·伊里奇结束了《帝国主义是资本主义的最高阶段》这本小册子的写作。他把小册子的手稿寄给了在巴黎的米·尼·波克罗夫斯基，于7月初和需要治疗的娜捷施达·康斯坦丁诺夫娜前往丘季维泽休养所，位于阿尔卑斯山的小镇弗吕姆斯，通往此处的只有一条长达数公里的山间小路。

列宁在丘季维泽处理了大量信件，准备出版刊物《〈社会民主党人报〉文集》，撰写阐述布尔什维克在战争与和平问题上所持立场的文章。“我们决不是**笼统地**反对‘保卫祖国’，**笼统地**反对‘防御战’”，他给在瑞士黑尔滕斯泰恩的中央委员会委员格·叶·季诺维也夫写信说道，“不论在哪一个决议中（也不论在我的哪一篇文章中）永远也找**不**出这种无稽之谈。我们反对保卫祖国和自卫，是**就**1914—1916年的**帝国主义战争**以及其他对帝国主义**时代**说来是典型的**帝国主义**战争而言。”[26]

在弗吕姆斯，列宁收到了关于母亲玛丽亚·亚历山德罗夫娜于7月12日去世的电报。

3个月一直没有得到出版者那里的消息，列宁不得不再一次寄去小册子。波克罗夫斯基终于来信告知，高尔基作为手稿的第一批读者之一，在不知道作者真实姓名的情况下，对此书作了评价：“是的，伊林斯基的小册子确实

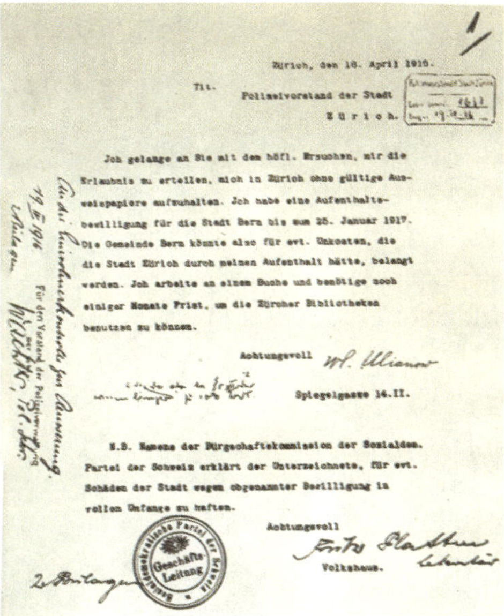
Zürich, den 18. April 1916.

Tit.
Polizeivorstand der Stadt
Z ü r i c h.

Joh gelange an Sie mit dem höfl. Ersuchen, mir die Erlaubnis zu erteilen, mich in Zürich ohne gültige Ausweispapiere aufzuhalten. Joh habe eine Aufenthaltsbewilligung für die Stadt Bern bis zum 25. Januar 1917. Die Gemeinde Bern könnte also für evt. Unkosten, die die Stadt Zürich durch meinen Aufenthalt hätte, belangt werden. Joh arbeite an einem Buche und benötige noch einiger Monate Frist, um die Züroher Bibliotheken benutzen zu können.

Achtungsvoll W. Ulianow

Spiegelgasse 14.II.

N.B. Namens der Bürgschaftskommission der Sozialdem. Partei der Schweiz erklärt der Unterzeichnete, für evt. Schäden der Stadt wegen obgenannter Bewilligung in vollem Umfange zu haften.

Achtungsvoll
Fritz Platten
Volkshaus.

列宁 1916 年 4 月 18 日关于延长在苏黎世居住期限的申请书（附有弗·普拉滕的申请书）

写得非常好，我完全同意您的意见：必须完整地出版……而不是分册出版……　伊林斯基是个多么出色的工作者、多么有智慧的人啊，家乡这里太需要这个神奇的人了！”[27]

弗拉基米尔·伊里奇的手稿中有一些标明用小号字体的附注，其中包括关于考茨基和马尔托夫机会主义理论的第 101 条附注。1916 年 12 月，在得知这些附注要被删掉后，列宁致信波克罗夫斯基：“您‘认为可以’从我的小册子里删掉对考茨基的批判……　可悲！真可悲。为什么？也许最好请求出版者们：亲爱的先生们，请你们干脆在书上注明：**我们**出版社删去了对考茨基的批判。真的，应当这样做……

好吧，我在另外的地方再跟考茨基算账。”[28]

据波克罗夫斯基回忆，令出版者为难的正是第 101 条附注：“如果说整个小册子是著名的《帝国主义论》一书的原型的话，那么这条附注就是那本同样著名的关于叛徒考茨基的小册子的雏形。这位从前的德国社会民主党左翼思想家的立场在这十行文字中间，首次被刻画得入木三分。”[29]

1917 年 4 月，孤帆出版社以单行本形式出版了列宁的这部著作，书名为《帝国主义是资本主义的最新阶段》。后来，此书又以《帝国主义是资本主义的最高阶段》为名出版。

书中总结了马克思的《资本论》面世后半个世纪以来世界资本主义的发展，论证了帝国主义时期资本主义社会固有矛盾激化的必然性，得出了帝国主义不能消除生产的无政府状态这一结论。列宁写道：“用卡特尔消除危机是拼命为资本主义涂脂抹粉的资产阶级经济学家的无稽之谈。相反，在**几个**工业部门中形成的垄断，使**整个**资本主义生产所特有的混乱现象更加厉害，更加严重。”[30]

列宁把垄断占统治地位看做帝国主义的典型特征：“在半个世纪以前马克思写《资本论》的时候，绝大多数经济学家都认为自由竞争是一种‘自然规律’。官方学者曾经力图用缄默这种阴谋手段来扼杀马克思的著作，因为马克思对资本主义所作的理论和历史的分析，证明了自由竞争产生生产集中，而生产集中发展到一定阶段就导致垄断。现在，垄断已经成了事实。”[31]

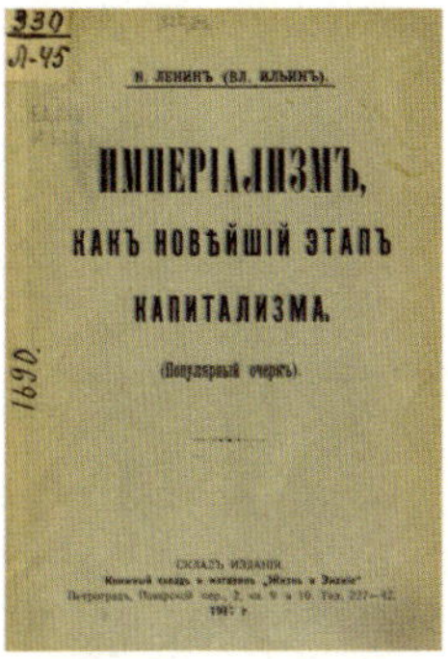

《帝国主义是资本主义的最新阶段》一书封面（1917 年）
俄罗斯国家历史公共图书馆社会政治史研究中心

列宁反对考茨基所持的超帝国主义能消除世界经济中的矛盾这一观点：

B.H. 米纳耶夫
苏黎世明镜巷 14 号
克拉斯诺亚尔斯克国立
B.И. 苏里科夫艺术博物馆

塞缪尔·哈里·汉库克
东家与佃户
曼彻斯特民间史博物馆

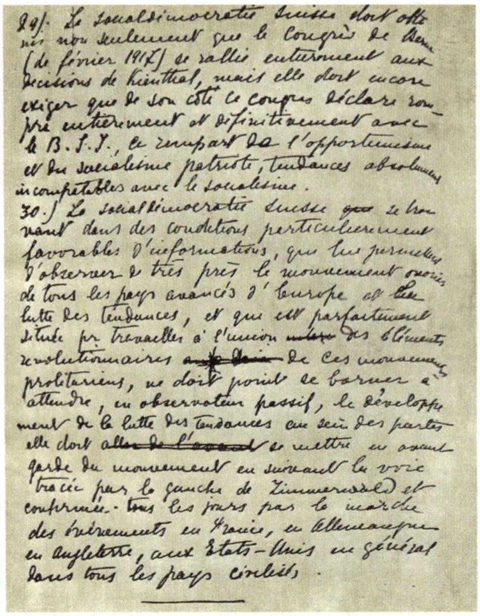
29/. La socialdémocratie suisse doit exiger non seulement que le Congrès de Berne [de février 1917] se rallie entièrement aux décisions de Kienthal, mais elle doit encore exiger que de son côté le congrès déclare rompre entièrement et définitivement avec le B.S.I., ce rempart de l'opportunisme et du socialisme patriote, tendances absolument incompatibles avec le socialisme.

30./ La socialdémocratie suisse se trouvant dans des conditions particulièrement favorables d'informations, qui lui permettent d'observer de très près le mouvement ouvrier de tous les pays avancés d'Europe et leur lutte des tendances, et qui est parfaitement située pour travailler à l'union des éléments révolutionnaires de ces mouvements prolétariens, ne doit point se borner à attendre, en observateur passif, le développement de la lutte des tendances au sein des partis; elle doit se mettre en avant-garde du mouvement en suivant la voie tracée par la gauche de Zimmerwald et confirmée tous les jours par la marche des événements en France, en Allemagne, en Angleterre, aux États-Unis, en général dans tous les pays civilisés.

列宁的《瑞士社会民主党内齐美尔瓦尔德左派的任务》一文法译文手稿最后几行（1916 年）

“金融资本和托拉斯不是削弱而是加强了世界经济各个部分在发展速度上的差异。既然实力对比发生了变化，那么**在资本主义制度下**，除了用**实力**来解决矛盾，还有什么别的办法呢？”[32]

“垄断，寡头政治，统治趋向代替了自由趋向，极少数最富强的国家剥削愈来愈多的弱小国家”，列宁写道，“这一切产生了帝国主义的这样一些特点，这些特点使人必须说帝国主义是寄生的或腐朽的资本主义。”[33]

列宁确信，帝国主义在政治上的特点是转向全面的反动。寡头在使国家政治机构依附于他们之后，会消除基本的民主权利和自由，镇压工人运动和民主运动。

列宁从经济上论证了社会主义革命的理论，从而证明，资本主义国家经济和政治发展的不平衡决定了社会主义可能首先在单独一个国家取得胜利。

……1916 年 8 月底，列宁和克鲁普斯卡娅从丘季维泽回到苏黎世，回到明镜巷。弗拉基米尔·伊里奇秋冬两季都在图书馆撰写理论文章。娜捷施达·康斯坦丁诺夫娜担任侨民储金会秘书，参加防治结核病的工作，当时许多侨民都深受此病之苦。

列宁是瑞士社会民主党党员，总是想方设法帮助该党。1916 年 10 月底—11 月初，列宁用俄文和德文撰写了《瑞士社会民主党内齐美尔瓦尔德左派的任务》提纲，瑞士左派和布尔什维克曾在会议上讨论这一提纲。1917 年 1 月 9 日，即“流血星期日”周年纪念日，弗拉基米尔·伊里奇在苏黎世青年工人大会上说：

“我们不要为欧洲目前死气沉沉的静寂所欺骗。欧洲孕育着革命。帝国主义战争的奇灾大祸，物价飞涨的痛苦使得到处都在产生革命情绪，而各国的统治阶级即资产阶级及其代办即各国政府愈来愈陷入绝境，如果没有极大的震动，它们是决不能找到出路的。”[34]

当月，海军上将亚历山大·米哈伊洛维奇大公向尼古拉二世上书：“最后我要说，今天的政府是一个孕育革命的机构，尽管这十分令人奇怪；人民不想要革命，但政府却在千方百计地制造尽可能多的不满，并且完全做到了。我们正处在一场自上而下、而不是自下而上的前所未有的革命中。”[35]

二月革命

苏黎世—伯尔尼—斯德哥尔摩—彼得格勒

1917 年 2 月 18 日，彼得格勒普梯洛夫工厂一个车间的工人宣布罢工。几天后，罢工蔓延到大部分大工厂。数万工人举着“打倒专制！”、“打倒战争！”的标语加入游行队伍，聚集到市中心。

2 月 25 日，所有工厂停工，商店关门，电话局停业。游行者解除警察武装，捣毁警察局。巴甫洛夫斯基团和沃伦斯基团近卫军部队向人群开枪，造成死伤。这激起了一些士兵的愤怒，他们也加入到起义队伍之中。

尼古拉二世从位于莫吉廖夫的大本营给彼得格勒军区司令谢·谢·哈巴洛夫发出电报，要求“制止骚乱”，而当时哈巴洛夫和一群军官已被围困在海军部大厦里。沙皇的大臣和军事当局被逮捕。军队完全转向革命的一方。

2 月 27 日，在塔夫利达宫举行了彼得格勒工兵代表苏维埃（彼得格勒苏维埃）第一次会议，苏维埃代表选举是在各工厂自发进行的。苏维埃选出了执行委员会，其中也有社会主义政党的代表。

И. А. 弗拉基米罗夫
二月革命 工人和士兵从纳尔瓦凯旋门向市中心行进（1917 年）
1926 年 10 月
国立中央俄罗斯现代史博物馆

И. А. 弗拉基米罗夫
将军们被逮捕
1926 年
国立中央俄罗斯现代史博物馆

在苏维埃第一次会议前，孟什维克取消派和一些杜马代表私下开会，宣布成立以第三和第四届杜马主席、十月党人米·弗·罗将柯为首的“恢复首都秩序、联络各方人士和机构”的苏维埃临时委员会。3 月 2 日凌晨，杜马领导人拟定了以第一届杜马代表格·叶·李沃夫公爵为首的临时政府成员名单。

3 月 2 日，尼古拉二世退位。

3 月 3 日，政府颁布宣言，承诺召开立宪会议、实行政治大赦和实现公民自由。形成了“两个政权”——临时政府和号召城市居民夺取政权的彼得格勒苏维埃。

波兰社会民主党人美·亨·勃朗斯基把革命的情况告诉了列宁：“您什么也不知道吗？！在俄国发生了革命！”弗拉基米尔·伊里奇和娜捷施达·康斯坦丁诺夫娜立即前往沿岸街，在那里的高台上宣读来自彼得格勒的电报。

通过合法途径回到俄国的路行不通了。作为著名的反战者，列宁不能取道俄国的盟国回国，而作为俄国的国民，也不能取道俄国的交战国——德国和奥地利回国。据克鲁普斯卡娅回忆，弗拉基米尔·伊里奇逐一考虑回国的秘密途径，甚至想搞到一本中立国聋哑公民的护照乘飞机或火车回国。她反对说：“一睡着，梦见孟什维克，骂起‘混蛋！混蛋！’来，全部秘密就会暴露出来了。”[36]

3 月份，列宁为《真理报》撰写了一组文章，总标题为“远方来信”（共

B.C. 斯瓦罗格
二月革命的日子
1929 年
诺夫哥罗德文物保护区博物馆旧鲁萨分馆

5 封信），主要内容是二月革命的推动力以及无产阶级政党对临时政府、对新的国家制度的态度。

列宁致函在奥斯陆的党的联系人亚・米・柯伦泰：“不过这没什么！这个‘第一次革命（由战争引起的革命中的第一次革命）的第一阶段’，既不会是最后一个阶段，也不会仅仅是俄国的革命。当然，我们要继续反对保卫祖国，反对盛加略夫 + 克伦斯基之流所领导的帝国主义大厮杀……

无论如何不再采用第二国际的形式！**无论如何**不跟考茨基同流合污！”[37]

亚历山德拉・米哈伊洛夫娜・柯伦泰

3 月 6 日，尤・奥・马尔托夫在俄国各政党中央机构的会议上提出一个计划：以遣返被拘留在俄国的德国和奥地利国民作为交换条件，让政治流亡者取道德国回国。列宁赞成这个建议，并给格里姆・罗伯特发电报告知此事。格里姆回电称需要得到临时政府同意。弗拉基米尔・伊里奇拒绝了格里姆的居间协助，开始与负责回国之行的整个组织工作的弗里茨・普拉滕商谈。

起草了一份考虑到取道德国回国途中各种情况的详细议定书。文件规定，所有侨民——无论持何种观点——都能走；未经普拉滕允许，任何人不能进入侨民车厢；不得检查侨民的护照和行李；此次回国者要在俄国进行宣传，以促成用遗漏的俄国侨民交换德国和奥地利被拘留人员。

3 月中旬，列宁写了《给瑞士工人的告别信》，他在信中对瑞士社会民主党内的状况作了评价，并对该党的热情相待表示感谢。

3 月 24 日，普拉滕告知，德国当局同意俄国政治流亡者依照布尔什维克

1977 年在萨斯尼茨的火车站附近开设的车厢博物馆（展出的是 1917 年样式的客车车厢）

的议定书取道德国回国。

列宁和克鲁普斯卡娅从卡梅雷尔的寓所搬到苏黎世库尔曼街 10 号的另外一处房子住了几天，在这里整理党的文件和个人资料。3 月 24 日，他们前往伯尔尼，住在民众文化馆的客房里。

第二天，弗拉基米尔·伊里奇同欧洲左派社会民主党人代表开会。他们传阅了议定书并签署了准备刊发的声明，声明中说："我们这些在下面署名的法国、瑞士、波兰和德国的国际主义者……认为，我们的俄国同志不仅有权利而且应当利用提供给他们的取道德国回国的机会。"在瑞典，瑞典和挪威的社会民主党代表也赞成这一议定书。

3 月 27 日，列宁和克鲁普斯卡娅回到苏黎世，告别了卡梅雷尔，把东西运到火车站。中午在"采林戈夫"餐厅举行了告别午宴。

下午3时10分，载有32名政治流亡者（其中有19名布尔什维克）的火车驶离苏黎世火车站。俄国和瑞士的社会民主党人、工人和青年都前来送行。在德国边境车站戈特马金根，为流亡者提供了一节车厢，三个门被打上铅封，只有第四个门可出入。最后面的包厢里是两位德军司令部的特派员。他们在走廊的地板上用粉笔画出一道线：除了普拉滕，任何人都无权越过这条线。

3月30日，政治流亡者抵达波罗的海沿岸的德国港口城市萨斯尼茨，当天又乘客轮前往瑞典的特雷勒堡，于下午6时抵达。两个小时后在小城马尔默与瑞典左派社会民主党人共进晚餐，深夜乘火车前往瑞典首都。3月31日早上，一行人抵达斯德哥尔摩中央车站。

为安顿俄国政治流亡者，在“雷吉纳”旅馆订了10个房间和早餐。瑞典社会民主党人、议会议员弗雷德里克·斯特勒姆安排了这次会面，他写道，客人们“穿着很寒碜，带着大包裹和破旧的手提箱。饭店的门童不想让他们进门，要把他们打发到克拉拉街区的一家旅馆。我提出了抗议并且保证一切费用照付不误，门童才让俄国人进来……”[38]

东道主劝说列宁在城里走一走。瑞典记者奥托·格林隆德回忆：“我们打算给他买套衣服。列宁同克鲁普斯卡娅走进一家大百货公司，买了一套衣服。

列宁（左边拿伞者）同俄国政治流亡者一行在斯德哥尔摩（1917年3月31日）

俄罗斯国家社会政治历史档案馆

Г. 日沃托娃
最后一道国界（驶向托尔尼奥）

这套衣服如今*陈列在莫斯科的列宁纪念馆。列宁嘟囔着，说是那套旧衣服他还能穿一阵儿。要给他再买些东西，根本就办不到。”[39]

下午6时37分，一行人离开斯德哥尔摩前往哈帕兰达，一座位于波的尼亚湾北岸的边境小城。列宁从这里的俄国领事馆拿到32张票和给这些政治流亡者的津贴300瑞典克朗。他们乘坐马车（套有雪橇的芬兰式马车）沿着河的冰面前往芬兰小城托尔尼奥，并于4月2日傍晚启程去彼得格勒。临时政府不允许弗里茨·普拉滕和社会民主党人、齐美尔瓦尔德派成员卡尔·拉狄克进入俄国。

当列宁途经芬兰时，他的《远方来信》开始在俄国发表。

娜·康·克鲁普斯卡娅这样描写返回俄国的情形：“不大好的三等车厢，俄国士兵，——现在一切都是自己的，亲切的。这使我们感到非常愉快……士兵们慢慢地聚集到车厢里，很快地就挤满了车厢。有些士兵还站在长凳上，以便更清楚地听一听和看一看，是谁把反对掠夺性战争的道理讲得这么透彻。”[40]

---

* 格林隆德写于1942年。——俄文编者注

C.M.斯库布科
列宁在回彼得格勒途中的火车车厢里（1917 年 4 月）
1951—1955 年
国立中央俄罗斯现代史博物馆

注 释

1. 《回忆列宁》，人民出版社 1982 年版，第 2 卷第 402 页。
2. 《回忆列宁》，人民出版社 1982 年版，第 2 卷第 403—404 页。
3. 《列宁全集》中文第二版增订版第 26 卷第 326 页。
4. 《列宁全集》中文第二版增订版第 26 卷第 327 页。
5. 《列宁全集》中文第二版增订版第 26 卷第 328 页。
6. 《回忆列宁》，人民出版社 1982 年版，第 1 卷第 499 页。
7. 《列宁全集》中文第二版增订版第 47 卷第 9 页。
8. 《列宁生平》（十卷本），莫斯科 1982 年版，第 3 卷第 183—184 页。
9. 《回忆列宁》，人民出版社 1982 年版，第 1 卷第 506 页。
10. 《列宁全集》中文第二版增订版第 47 卷第 16 页。
11. 《回忆列宁》，人民出版社 1982 年版，第 2 卷第 438—439 页。
12. 《列宁全集》中文第二版增订版第 26 卷第 175 页。
13. 《回忆列宁》，人民出版社 1982 年版，第 1 卷第 521 页。
14. 彼・伊・利亚先科：《苏联国民经济史》（三卷本），莫斯科 1947—1956 年版，第 2 卷第 584 页。
15. 彼・伊・利亚先科：《苏联国民经济史》（三卷本），莫斯科 1947—1956 年版，第 2 卷第 606—607、610、612 页。
16. 彼・伊・利亚先科：《苏联国民经济史》（三卷本），莫斯科 1947—1956 年版，第 2 卷第 610—611 页。
17. 《红色档案》，莫斯科—列宁格勒版，1927 年第 2（21）卷第 39 页。
18. 《列宁全集》中文第二版增订版第 27 卷第 46 页。
19. 《回忆列宁》，人民出版社 1982 年版，第 1 卷第 527 页。

20. 《回忆列宁》，人民出版社 1982 年版，第 2 卷第 433—434 页。
21. 《回忆列宁》，人民出版社 1982 年版，第 5 卷第 457 页。
22. 《回忆列宁》，人民出版社 1982 年版，第 1 卷第 534 页。
23. 《回忆列宁》，人民出版社 1982 年版，第 2 卷第 268 页。
24. 《回忆列宁》，人民出版社 1982 年版，第 5 卷第 87 页。
25. 《回忆列宁》，人民出版社 1982 年版，第 5 卷第 106 页。
26. 《列宁全集》中文第二版增订版第 47 卷第 396 页。
27. 《历史问题》杂志，1969 年第 2 期，第 30 页。
28. 《列宁全集》中文第二版增订版第 47 卷第 468 页。
29. 《回忆列宁》，人民出版社 1982 年版，第 2 卷第 456 页。
30. 《列宁全集》中文第二版增订版第 27 卷第 344 页。
31. 《列宁全集》中文第二版增订版第 27 卷第 336 页。
32. 《列宁全集》中文第二版增订版第 27 卷第 408—409 页。
33. 《列宁全集》中文第二版增订版第 27 卷第 436 页。
34. 《列宁全集》中文第二版增订版第 28 卷第 332 页。
35. 《尼古拉二世和大公们》，列宁格勒—莫斯科 1925 年版，第 122 页。
36. 《回忆列宁》，人民出版社 1982 年版，第 1 卷第 551 页。
37. 《列宁全集》中文第二版增订版第 47 卷第 542、543 页。
38. 《回忆列宁》，人民出版社 1982 年版，第 5 卷第 115 页。
39. 《回忆列宁》，人民出版社 1982 年版，第 5 卷第 109 页。
40. 《回忆列宁》，人民出版社 1982 年版，第 1 卷第 560 页。

第九章

权力归苏维埃！

（1917年4—10月）

弗·伊·列宁在拉兹利夫
（1917）
俄罗斯国家社会政治历史档案馆

四月惊雷

彼得格勒

1917 年 4 月 3 日晚上，弗拉基米尔·伊里奇抵达边境车站别洛奥斯特罗夫，40 分钟后到达彼得格勒芬兰车站。

“当伊里奇走上月台时”，娜·康·克鲁普斯卡娅回忆道，“一位大尉走到伊里奇面前，立正向他报告。这种意外的欢迎仪式，使伊里奇感到有些不安，他回了个举手礼。月台上排着仪仗队，伊里奇和全体归国的同志检阅了仪仗队，然后，当我们坐上汽车的时候，伊里奇被安排登上一辆装甲车，车子向克舍辛斯卡娅公馆开去。伊里奇向成千上万的人群高呼：社会主义世界革命万岁。”[1]

列宁领到的党证是维堡区第 600 号。

在克舍辛斯卡娅公馆的白色大理石大厅举行了欢迎茶话会。弗拉基米尔·伊里奇简要阐述了对当前局势的看法。他走上阳台，向聚集在公馆周围成百上千的工人和士兵们问候。

Д. Г. 奥波兹年科
1917 年 4 月 3 日（16 日）在芬兰车站迎接列宁
1987 年
俄罗斯政治史博物馆

清晨时分，列宁和克鲁普斯卡娅来到位于彼得格勒区的叶利扎罗夫家*。这一天，弗拉基米尔·伊里奇前往沃尔科沃墓地，祭扫母亲玛丽亚·亚历山德罗夫娜和妹妹奥丽珈的墓。

伊拉克利·格奥尔吉耶维奇·策列铁里

中午时分，列宁来到塔夫利达宫，出席全俄工兵代表苏维埃会议的布尔什维克代表正在这里举行会议。"我已经拟了一个提纲，现在准备再作一些说明"，他说。"由于时间不够，我不能作详细的系统的报告。

一个基本的问题是对战争的态度问题。读一读关于俄国的报道，再看一看这里的实际情况，就会看到最突出的一点就是：护国主义占上风，社会主义的叛徒占上风，群众受了资产阶级的欺骗。"[2]

列宁的 10 条提纲（后来的《四月提纲》）要求把全部政权转归无产阶级和农民，不给临时政府任何支持，"自下而上地"建立苏维埃共和国，而不是议会制共和国。列宁认为，苏维埃应对土地实行国有化，把俄国所有银行合并成一个全国性的银行，对生产和产品分配实行监督。

弗拉基米尔·伊里奇建议修改党的名称："'社会民主党'这个词不确切，不要死抓住已经完全陈腐了的字眼不放。要是你们愿意建立新的政党……那一切被压迫的人们都会靠拢你们。"[3] 从这一天起，党的名称改为俄国社会民主工党（布尔什维克）。

列宁在塔夫利达宫另一个大厅，在出席全俄会议的布尔什维克代表和孟什维克代表举行的联席会议上再次宣读了这个提纲，并将提纲文本交给了彼得格勒苏维埃委员、孟什维克伊·格·策列铁里。

"听报告的同志们起初有些惶惑不安"，娜·康·克鲁普斯卡娅回忆道。

Б. В. 谢尔巴科夫
1917 年《真理报》编辑部
1970 年
哈萨克斯坦共和国国立
А. 卡斯捷耶夫艺术博物馆

---

* 宽街 48/9 号。1927 年此处开设了列宁故居博物馆。——俄文编者注

A.Φ. 波洛佐夫
四月代表会议
1945 年
国立中央俄罗斯现代史博物馆

“许多人觉得伊里奇的问题提得太尖锐了，谈社会主义革命为时尚早。”[4]

列宁进入了彼得格勒苏维埃执行委员会，领到了塔夫利达宫通行证，开始履行《真理报》编辑的职责。《真理报》长期停刊后于 3 月 5 日复刊，成为党的中央委员会和彼得格勒委员会的机关报。

列宁在《真理报》位于莫伊卡 32 号的编辑部有一个常设工作地点，他有时晚上也睡在这里。报纸上面登载了许多前线来信。“‘德国间谍’、‘叛徒’之类的词语屡见不鲜。这些来信的结尾往往以威胁的口吻说，‘正在保卫祖国的士兵’从前线回来后，就要跟‘叛徒们’算账”，在编辑部工作的玛·伊·乌里扬诺娃回忆道。“但随着前方战士开始根据布尔什维克的书刊和《真理报》来判断布尔什维克，骂人的来信逐渐减少了；尽管困难重重，《真理报》仍运到了前线。”[5]

娜捷施达·康斯坦丁诺夫娜来到叶·德·斯塔索娃领导的中央书记处工作。她回忆说：“我在书记处的事总是理不顺。伊里奇没有私人秘书，工作起来自然会困难得多，但根据俄国当时的情况，我若是像以前那样做私人秘书的工作，就得既要跑编辑部，又要出席中央委员会的会议——真的不是很方便。”[6]

从 3 月底起，从瑞士回国的格·瓦·普列汉诺夫就住在彼得格勒。协约国政府帮助他的家人辗转通过了前线，希望借助这位著名的社会民主党人的威信来巩固临时政府的地位。普列汉诺夫看过《四月提纲》后称提纲是无政府主义、布朗基主义。

弗拉基米尔·伊里奇通过发表在4月9日《真理报》上的文章《论两个政权》作了回答:"觉悟的工人要取得政权,必须把大多数群众争取过来,因为**在**没有对群众使用暴力的**时候**,没有别的办法可以取得政权。我们不是布朗基主义者,我们不主张由少数人夺取政权。我们是马克思主义者,我们主张用无产阶级的阶级斗争来反对小资产阶级的狂热,反对沙文主义—护国主义,反对空谈,反对依赖资产阶级。"[7]

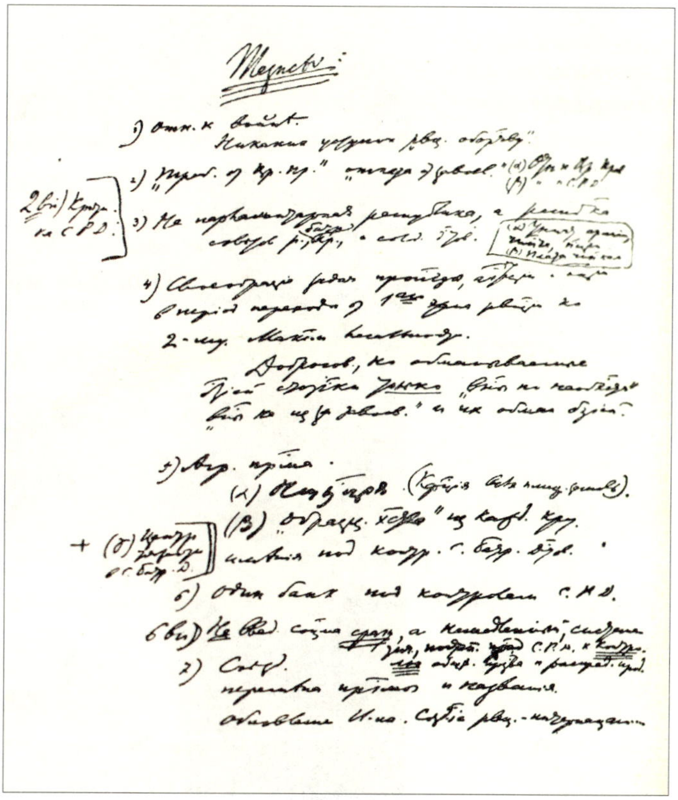

列宁的《四月提纲初稿》手稿(1917年4月3日)

俄国社会民主工党(布)彼得格勒市第一次代表会议(4月14—15日)以及后来召开的第七次(四月)代表会议(4月24—29日)一致赞同列宁对待临时政府的立场。

弗拉基米尔·伊里奇在4月24日的代表会议上作了关于目前形势的报告,他强调指出,"政策的关键"是把权力转到工兵代表苏维埃手中。应当推翻临时政府,但不是在这个政府目前在相当大程度上依靠彼得格勒苏维埃的信任的时候,而是在无产者的意识反对小资产阶级的动摇的时候。他反驳了将临时政府置于苏维埃监督之下的建议:"什么是监督呢?如果我写一个文件或决议,人家就会写一个反决议。要监督必须有政权。"[8]

四月代表会议通过了关于临时政府的决议和关于重新审议党纲的决议,选出了以列宁为首的中央委员会,并责成中央委员会发起成立第三国际。

临时政府迫于要求停战和把权力转归苏维埃的大规模示威的压力,给彼得格勒苏维埃让出六个部长职位,从而成为了"联合政府"。只有布尔什维克派对这一交易表示反对。

5月12日,列宁在普梯洛夫工厂发表演讲,普梯洛夫工厂的工人们,用工人B.B.瓦西里耶夫的话说,把农业部部长、社会革命党人维·米·切尔诺夫赶下了主席台:"厂里传遍了一个消息:'列宁来了!'轧钢车间(现在这里已设立了纪念牌)前的大广场很快挤满了工人,大约有2.5万人,甚至车间屋顶也坐上了人。"[9]列宁阐述了布尔什维克的立场:缔结不割地不赔款的和约,停止流血,消除贫困和饥饿。

A.И. 瓦西里耶夫
去游行！（"新列斯纳"工厂工人反对米留可夫 1917 年 4 月 18 日给同盟国照会的示威游行）
1958 年
国立中央俄罗斯现代史博物馆

《四月提纲》使弗拉基米尔·伊里奇的声望大增。5 月，他在海军部造船厂、在海军武备学校、在尼古拉铁路车辆总修配厂（有涅瓦关卡一些企业的工人参加）、在奥布霍夫工厂和制管厂、在工艺学院（向艾瓦兹工厂和维堡区其他一些企业的工人）、在莫斯科关卡的一些工厂，连续发表了演讲。

6 月 4 日下午，列宁来到全俄工兵代表苏维埃第一次代表大会（6 月 3—24 日）会场，当伊·格·策列铁里代表发言表示反对成立苏维埃政府，说"目前俄国没有一个政党表示说：把权力交给我们，你们走开，我们要占你们的位子"时，列宁走上主席台予以反驳："我回答说：'有的！任何一个政党都不会放弃这样做，我们的党也不放弃这样做，它每一分钟都准备掌握全部政权。'"[10]

当苏维埃成立时，列宁说，资产阶级民主纲领已是历史的昨天。只有实现工人监督，才能摆脱经济崩溃。据代表们回忆，会场的气氛相当活跃，列宁于是建议，公布有关资本家获得 500%—800% 的军火利润的材料，逮捕

50—100个最大的百万富翁。1090名代表中支持布尔什维克的只有105人，因此，代表大会没有通过将权力转归苏维埃的计划。

维克多·米哈伊洛维奇·切尔诺夫

尼古拉·谢苗诺维奇·齐赫泽

代表大会选出了主要由社会革命党人和孟什维克组成的全俄工兵代表苏维埃常设机构——以孟什维克尼·谢·齐赫泽为首的全俄中央执行委员会。

布尔什维克中央委员会号召工人和士兵参加6月10日的和平示威游行，但是示威游行遭到代表大会的禁止。第二天，弗拉基米尔·伊里奇在党的彼得格勒委员会会议上说："工人们应该冷静地考虑到，现在根本谈不上举行和平游行示威了。情况比我们预料的要严重得多。我们举行和平游行示威，是为了对代表大会作决定施加最大的压力，这是我们的权利，然而人们指责我们，说我们策划阴谋，要逮捕政府人员。"[11] 俄国社会民主工党（布）彼得格勒委员会推迟了游行示威，号召无产阶级保持镇静和加强组织性。

苏维埃代表大会随即指定在6月18日陆海军部长亚·费·克伦斯基下令在前线发起进攻时举行游行示威。据娜·康·克鲁普斯卡娅说，"结果却出乎"代表大会"的意料"。"参加示威的约有40万工人和士兵。百分之九十的旗帜和标语牌上都写着布尔什维克中央的口号：'全部权力归苏维埃！打倒10个资本家部长！'"[12]

在马尔斯校场，列宁站在游行示威队伍的最前列。

两个政权并存的局面结束

彼得格勒

娜捷施达·康斯坦丁诺夫娜写道，在记忆里，彼得堡的白夜总是与那些天召开的会议联系在一起：“我们房子的对面有一座院子，深夜一打开窗户，就能听到热烈的争论。一个士兵坐在那里，时常有一些女厨娘、邻屋的女仆人和青年人围着他。深夜1点，断断续续地听到：布尔什维克，孟什维克…… 3点，还能听到：米留可夫，布尔什维克…… 5点，又是政治啦，大会……”[13]

临时政府试图加强国家的经济机构，成立了发展生产力委员会、经济委员会、总经济委员会，这些委员会下设棉纺委员会、制呢委员会、皮革委员会等。从7月起，只剩下经济委员会，其职能是制定“旨在通过社会主义手段使私人经济利益服从于国家利益”的经济计划，但委员会连一个决议都没有制定出来。

工业生产下降。与1913年相比，1917年生铁冶炼以及熟铁和钢的生产下降三分之一，煤和石油开采下降四分之一。成百上千家企业倒闭，同时在交易所投机的风潮中，又出现了成百上千家新的股份公司，这些公司的总股本（20亿卢布）超过其固定资本的三倍。[14]

A.C.戈金
独裁者
20世纪70年代
坦佩雷列宁故居博物馆

尽管粮食总产量大幅下降（大约相当于战前产量的四分之三），但一些主要产粮区（乌克兰、西伯利亚、北高加索）的粮食仍有剩余，总量超过 980 万吨，与此同时，粮食歉收和粮食不能自给的省份的需求减少三分之二。1917 年 3 月，临时政府颁布了粮食专卖法，规定粮食生产者除自需的粮食外应按固定价格上缴面粉和谷物。但粮食持有者都把粮食存放在粮仓里，等待粮食涨价。

……6 月底，弗拉基米尔·伊里奇搬到叶·德·斯塔索娃的父亲——Д.В.斯塔索夫的家（富尔什塔茨卡亚街 20 号），又从那里与玛·伊·乌里扬诺娃一道去了弗·德·邦契－布鲁耶维奇在芬兰内沃拉村（今为列宁格勒州维堡区高尔基村）的别墅。休息时间不长，7 月 4 日凌晨，由于彼得格勒发生风潮，《真理报》来人把列宁接了回去。

上午，列宁来到中央委员会。他支持党的中央委员会和彼得格勒委员会关于将劳动群众大规模行动引上和平的、有组织的轨道的决定。他从克舍辛斯卡娅公馆阳台上向示威人群致敬，他说，“全部权力归苏维埃！”的口号一定会取得胜利。

弗拉基米尔·伊里奇又从中央委员会来到全俄中央执行委员会和彼得格勒苏维埃驻地——塔夫利达宫，一队队工人、士兵和喀琅施塔得水兵举着“全部权力归苏维埃！”的标语聚集到这里，总共有大约 50 万人。士官生和哥萨克部队等在这里。他们向示威游行的人群开枪，解除了工人和革命士兵的武装。在尼古拉车站附近，在涅瓦大街和花园街的拐角处，在环形河岸街，发生了武装冲突。布尔什维克中央和彼得格勒委员会号召示威者散开，回到工厂、军营和军舰上去。

雅柯夫·米哈伊洛维奇·斯维尔德洛夫

8 月，列宁在《只见树木不见森林》一文中写道：“7 月 4 日以后，不经过国内战争就不可能使政权转归苏维埃，因为从 7 月 4—5 日起，政权已经落到立宪民主党人和黑帮分子所支持的波拿巴主义军人集团手里。”[15]

此时，俄国的军费开支达 226 亿卢布，而且全部来自资本基金。全国到处是没有号码的国库券——面值为 20 卢布和 40 卢布的“克伦斯基票子”。对于中等收入工人的家庭来说，食品价格上涨了三倍。[16] 通过发行债券、向老百姓征税和发行纸币来弥补国库的赤字。

格里戈里·康斯坦丁诺维奇·奥尔忠尼启则

列宁在《大难临头，出路何在？》（1917 年 9 月）一文中写道：“革命（有人称之为伟大的革命，可是，暂时称之为腐朽的革命也许更公道些）半年来，既有民主共和制，又有许许多多傲然自命为‘革命民主的’团体、组织和机关，但是实际上根本**没有**采取任何认真的措施来消除灾难和战胜饥

A.M. 柳比莫夫

1917 年彼得格勒七月示威游行遭到枪击

20 世纪 30 年代

国立圣彼得堡历史博物馆

B．A．柳比莫娃
1917 年 7 月 4 日列宁发表演讲
俄罗斯政治史博物馆

荒，这难道还需要证明吗？”[17]

……7月5日早上，俄国社会民主工党（布）中央委员雅·米·斯维尔德洛夫来到列宁的住所并告诉他，士官生夜里捣毁了“劳动”印刷厂和《真理报》编辑部的场所。他们一起离开列宁的住所，晚上士官生又来这里搜查。安·伊·乌里扬诺娃-叶利扎罗娃记得，这样的搜查一共进行了八次：“他们不像过去那样翻寻书籍，甚至连看都不看。他们捅褥子，捅沙发，翻箱倒柜，仿佛要找的人会躲在里面似的。他们自然也搞不大清楚发生了什么事。”[18]7月9日，士官生逮捕了娜捷施达·康斯坦丁诺夫娜、女佣安努什卡和马·季·叶利扎罗夫（把他当成了列宁），但很快就把他们放了。

在这两天的时间里，弗拉基米尔·伊里奇躲藏在工人们的家中，躲藏在俄国雷诺工厂的工厂委员会（警卫室）里，躲藏在布尔什维克中央工作人员玛·瓦·福法诺娃位于谢尔多博尔街1/92号*的家里。7月7日，转移到老布尔什维克谢·雅·阿利卢耶夫位于罗日杰斯特沃10区17号**的家里。

临时政府发布了关于逮捕列宁、季诺维也夫和加米涅夫以及追究他们法律责任的决定。弗拉基米尔·伊里奇被法庭传讯。

A.M.加廖尔金
雅·米·斯维尔德洛夫建议列宁转入地下状态
“斯莫尔尼宫”历史纪念馆

* 1938年此处开设了列宁故居博物馆。——俄文编者注

** 1938年此处开设了列宁故居博物馆。——俄文编者注

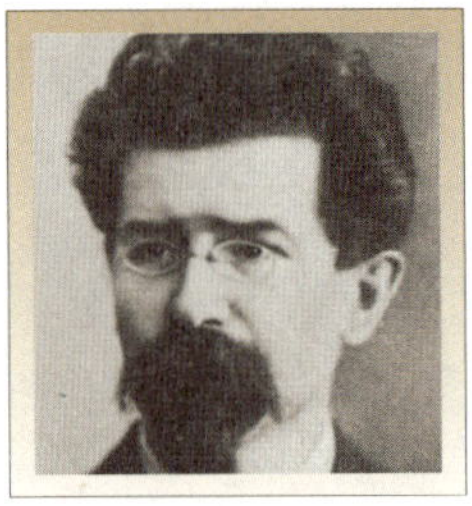

维克多·巴甫洛维奇·诺根

尼古拉·亚历山德罗维奇·叶梅利亚诺夫

策列铁里在回忆录中写道，临时政府对“布尔什维克与德国总参谋部的关系”进行调查，要求列宁接受法庭审理：“因为在战争最初的日子里，列宁所写的关于变对外战争为国内战争，关于失败主义，关于交战国的所有社会党人有责任去瓦解政府军事机器的提纲——所有这些思想均来自世界冲突之前时期布尔什维克的意识形态和反抗政策。”[19]

彼得格勒苏维埃执行委员会委员格·康·奥尔忠尼启则描述了塔夫利达宫那些天的情况：“我们有些同志提出意见，说列宁不应该隐藏起来，他必须出庭。‘否则，在广大的群众面前党就无法证实自己是正确的……’很多著名的布尔什维克也都这样议论着。”[20]

彼得格勒的布尔什维克在阿利卢耶夫的家里讨论了列宁是否应该出庭的问题，来到彼得格勒的莫斯科工人代表苏维埃主席维·巴·诺根分析了列宁可以出庭（“发起战斗”）的可能性。党中央委员约·维·斯大林表示反对：“还没等到把列宁押解到监狱，士官生半路上就会把他杀掉。”

两个政权并存的局面结束了。7月9日，全俄中央执行委员会宣布临时政府是“挽救革命的政府”并赋予其无限权力。社会革命党人、陆海军部长亚·费·克伦斯基成为政府主席，拉·格·科尔尼洛夫成为最高总司令。前线部队开进首都，部队里开始实行死刑，禁止集会。《真理报》、《战壕真理报》和布尔什维克《浪潮报》被查封，加米涅夫、托洛茨基和卢那察尔斯基被捕。

警察值勤队以写给弗拉基米尔·伊里奇的信件为线索，到邦契-布鲁耶维奇的别墅，到喀琅施塔得要塞去搜捕他。

中央决定把列宁转移到靠近芬兰的地方。7月9日晚，列宁作着出发前的准备：他剪掉长胡须，修剪成小胡子，穿上一件棕红色大衣，戴上一顶灰色鸭舌帽。晚上11时左右，斯大林、阿利卢耶夫和谢斯特罗列茨克的布尔什维克组织领导人维·伊·佐夫把弗拉基米尔·伊里奇送到滨海车站（今为新村站），谢斯特罗列茨克工厂工人尼·亚·叶梅利亚诺夫在那里迎接他们。

叶梅利亚诺夫说：“我沿着事先选定的路线把他们领到列车跟前。同志们只能用眼神同列宁告别，列车不久就开动了。弗拉基米尔·伊里奇就在车厢的踏板上坐了下来。

‘这可要摔下去的哟。’

‘我是故意这样坐的’，他答道。‘要是发生什么情况，我就跳下去！’”[21]

最后一段地下工作时期

拉兹利夫—赫尔辛福斯

尼·亚·叶梅利亚诺夫的家在滨海铁路拉兹利夫车站的附近*。弗拉基米尔·伊里奇被安顿在顶间的干草棚里，几天后，又乘船带他穿过拉兹利夫湖。在割草场上搭起一个窝棚，放上两截原木（“办公室”）、点上一小堆篝火并准备了几个小锅（“厨房”）**。格·叶·季诺维也夫也躲藏在这里。

当住在附近别墅的人过来时，弗拉基米尔·伊里奇就装做芬兰农民割草。叶梅利亚诺夫的妻子和儿子们用小船把食品和报纸运到这里来。

娜捷施达·康斯坦丁诺夫娜留在彼得格勒。她回忆说：“佐夫同志经常到我工作的维堡区来，还会带来一些伊里奇写给我的纸条，上面简单写着各种任务。每次看到纸条都特别想见到他，哪怕是只写几个字。”[22]

俄国社会民主工党（布）中央委员会委员费·埃·捷尔任斯基、格·康·奥尔忠尼启则、雅·米·斯维尔德洛夫、约·维·斯大林都到湖

B.C.尤尔琴科

1917年7月列宁藏身的板棚

1949年

拉兹利夫历史文化博物馆中心

费利克斯·埃德蒙多维奇·捷尔任斯基

* 1925年此处开设了列宁纪念馆。——俄文编者注

** 1925年此处开设了“列宁的窝棚”纪念馆。——俄文编者注

电影《列宁的故事》(导演 谢·尤特科维奇)中的镜头：弗·伊·列宁(马·施特劳赫饰)和费·埃·捷尔任斯基(奥·叶夫列莫夫饰)在拉兹利夫湖畔。
莫斯科电影制片厂摄制
1957 年

边来找过列宁。奥尔忠尼启则描述了他们晚饭后在篝火旁的一次会面：

“弗拉基米尔·伊里奇听我讲完后，提出了一连串的问题，他说道：

‘一些孟什维克苏维埃已经威信扫地。两个星期以前无需特别地费劲就能取得政权。而现在他们已不成其为政权机关了。他们的政权已被夺走。现在只有通过武装起义才能够夺取政权。而起义已是迫在眉睫了……’

有个同志说，最迟在 8 月到 9 月间政权就要转到布尔什维克手里，而列宁将要当政府主席。我把这些话讲给伊里奇听的时候，他神情庄重地回答说：‘是的，会这样的。’”[23]

列宁在地下状态中领导了 7 月 26 日—8 月 3 日召开的俄国社会民主工党（布）的第六次代表大会。到代表大会召开时，党员人数已达到 24 万，比 4 月份党员人数增加一倍多。约·维·斯大林受列宁的委托作政治报告。代表大会认为，革命和平发展的时期已经结束，因为权力事实上已经转到反革命资产阶级的手里，并宣布了武装起义的方针。任何让列宁出庭的要求均

А. Н. 古林、А. П. 科罗维亚科夫
俄国社会民主工党（布）第六次代表大会（1917 年 7—8 月）
1957 年
国立中央俄罗斯现代史博物馆

П. Н. 斯塔罗诺索夫
列宁在火车头上（1917年8月）
1936年

被拒绝。

职业革命家亚·瓦·绍特曼回忆道："当担任大会主席的、已故的雅·米·斯维尔德洛夫*把弗·伊·列宁手写的决议案提交表决时，他一时疏忽说道：虽然列宁不能亲自出席大会，但是他在无形之中也参加了大会，甚至领导了大会的工作。这时候所有的报纸就大肆叫嚣，使出加倍的劲头要求立即逮捕列宁。对大会代表的监视加强了，我作为大会代表必须相当谨慎地行事，去谢斯特罗列茨克时要采取特别的预防措施，以免被密探盯上。"[24]

党中央决定把列宁转移到芬兰。这件事交给了绍特曼，由芬兰工人埃诺·拉希亚和叶梅利亚诺夫协助他。他们给弗拉基米尔·伊里奇准备了一个证件，证件上的名字是谢斯特罗列茨克军工厂的工人康斯坦丁·彼得罗维奇·伊万诺夫，上面盖着真实的工厂印章，还有在湖边拍的照片。

亚历山大·瓦西里耶维奇·绍特曼

根据亚·瓦·绍特曼的计划，列宁将扮成司炉乘坐机车穿过边境，但是要先步行到芬兰工人埃米尔·卡尔斯克位于彼得格勒郊外列斯诺伊的家，然后从皇族车站到达芬兰的泰里约基村。叶梅利亚诺夫建议走近路，先到列瓦绍沃车站，然后坐火车到皇族车站。

夜幕降临（不晚于8月6日），列宁、叶梅利亚诺夫、拉希亚、绍特曼和季诺维也夫踏上了这条10公里长的路。他们避开大路，蹚过一条小河，还遇上了阴燃的泥炭地，差不多是摸索着来到车站，但不是列瓦绍沃车站，而是距边境7公里的季布内车站。亚·瓦·绍特曼回忆说："弗拉基米尔·伊里奇十分恼火地责备我们没有做好组织工作，应该讲这样的责备是公道的。他认为，要有一本1英寸比3俄里的地图，还问为什么事先没有研究好路线等事项。'侦察'的事也挨了批评：为什么说是'好像'，而不是确切地去打听清楚是什么车站。"[25]

埃诺·拉希亚

---

* 文章写于1924年。——俄文编者注

赫尔辛福斯

一行人坐上了开往彼得格勒方向的末班车，夜里才到卡尔斯克的家。第二天晚上，他们又来到皇族车站（此时已经没有季诺维也夫）。列宁在这里把一本蓝皮笔记本交给绍特曼，嘱咐他妥善保管，如他被逮捕，就把笔记本交给中央。这就是《马克思主义论国家》的手稿。

火车司机胡戈·雅拉瓦把弗拉基米尔·伊里奇接到机车上。他说，一个身穿彼得堡普通工人服装的人登上了机车司机室："列宁——他就是列宁啊——有礼貌地打了声招呼，便脱下大衣。他本想同我的副手说说笑话，但是看到他一句俄国话都听不懂，就开心地大笑起来；后来，他跳上了煤水车，友好地拍了一下我副手的肩膀，意思是告诉他，可以安心地坐在自己位置上抽烟。"[26] 这位新"司炉"熟练地把劈柴投到炉膛里去。

列宁很快就到了泰里约基村，又从这里乘马车到达亚尔卡拉村*芬兰工人П.Г.帕尔维艾宁的家**。

拉希亚留下来给列宁当办事员和警卫员，绍特曼去了赫尔辛福斯。找到新住处后，他派两个芬兰年轻人、人民宫表演爱好者去接列宁。他们把弗拉基米尔·伊里奇装扮成芬兰牧师，于8月8日夜里坐火车把列宁送到拉赫蒂市，社会民主党《工人报》工作人员阿克谢利·科斯基在这里迎接列宁。8月9日，芬兰议会议员卡尔·维克帮助列宁去了他们家位于马尔姆车站的别墅，8月10日到达赫尔辛福斯，不久前被工人们推选为赫尔辛福斯民警局局长的芬兰社会民主党党员古斯塔夫·罗维奥在这里迎接列宁。他把列宁安顿在位于哈格涅斯广场1号的他的家里。

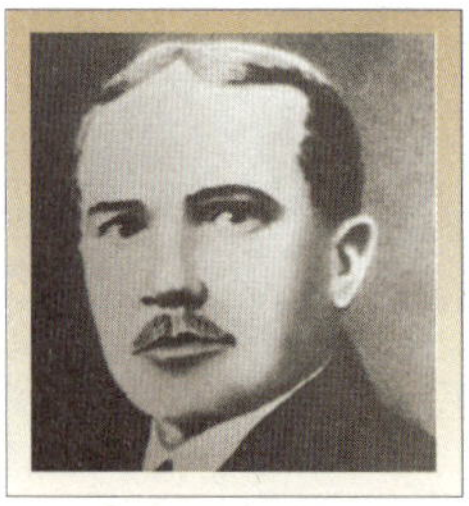

胡戈·雅拉瓦

"我觉得心情稍许有点紧张，因为我突然间成了列宁的房东"，罗维奥写道。"当然，当时的我决不会料到，4个月之后列宁会成为一位大国领导人，但是，由于每天都要看俄国资产阶级和妥协派的报纸，看到他们是那么注意列宁的'间谍活动'，所以我完全理解绍特曼的秘密活动，因此不能不感到有些紧张。"[27]

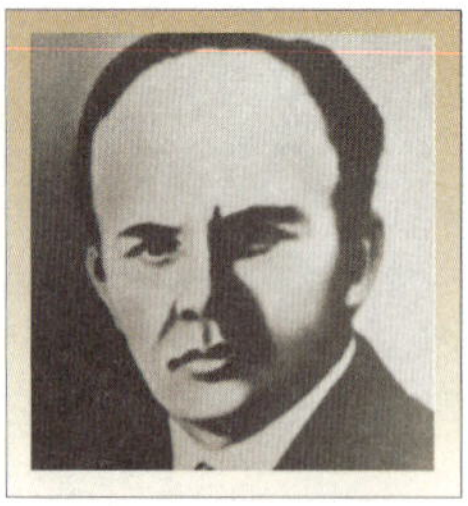

古斯塔夫·罗维奥

罗维奥每天完成列宁交办的事情：去车站取回俄国报纸，转交公文信件，购买食品。一个半星期以后，弗拉基米尔·伊里奇转到工人阿尔图

* 今为列宁格勒州维堡区伊里切沃镇。——俄文编者注

** 1940年此处开设了列宁故居博物馆。——俄文编者注

尔·乌塞尼乌斯家，后又搬回罗维奥家，再后来又搬到机车司机阿尔图尔·布卢姆奎斯特家。

列宁给布尔什维克报纸写文章，写《国家与革命》一书。用乌塞尼乌斯夫人玛丽娅的话说，克伦斯基驱散芬兰议会引发的芬兰骚动影响到弗拉基米尔·伊里奇的情绪："他不安地在房间里踱着步子，不时地问：'您没有听到城里的动静吗？城里没有枪声吗？'

列宁又接着说道：'现在开始行动是不理智的，还不是时候。'"[28]

机车司机布卢姆奎斯特的妻子艾米莉亚讲，有一次弗拉基米尔·伊里奇手上拿了一份俄国报纸，来到厨房里，读了一段密探在彼得堡跟踪列宁的文章："文章的最后一句是这样说的：'几天内即可擒获列宁。'列宁意味深长地笑了笑，讥讽调皮地眯起眼睛，说：'真可惜，真替列宁难过。多糟糕！'说罢又回到了他的房间。"[29]

O. 韦列伊斯基
列宁在皇族车站
1975 年

娜捷施达·康斯坦丁诺夫娜曾两次使用谢斯特罗列茨克的女佣的护照来找弗拉基米尔·伊里奇。她戴上头巾"扮成老奶奶"，以边境居民阿塔玛诺娃的身份越过边境，穿过森林走到火车站，再坐上运送士兵的列车来到赫尔辛福斯。

《士兵真理报》编辑尼·伊·波德沃伊斯基描述了那些日子里的首都："七月事变的结果是工人阶级被解除武装，赤卫队被迫转入地下。革命的部队被解散。工人阶级的胜利成果开始被夺走。工厂主开始解雇那些哪怕只有一点点革命情绪的工人，还唆使一部分工人去反对另一部分工人…… 弗拉基米尔·伊里奇看清了这一切，并且预先提醒了我们。他说，资产阶级在七月事变以后要向右急转。像以往那样，他的看法是正确的。"[30]

8月底，拉·格·科尔尼洛夫将军得到临时政府的认可，在反革命军官和协约国的支持下，将第3骑兵军派往首都，以"消除国内的无政府状态"。但由于担心失去政权，克伦斯基很快命令军队停止前进并对叛乱分子实施抓捕。

阿尔图尔·布卢姆奎斯特

列宁在《关于目前政治形势的决议草案》（1917 年 9 月）一文中写道：

“科尔尼洛夫叛乱向俄国证明了整个历史向各国证明了的事实：资产阶级只要能保住自己对人民的统治和自己的收入，就会出卖祖国和干出一切罪恶的勾当。”[31]

9月中旬，列宁写了《布尔什维克应当夺取政权》、《马克思主义和起义》等书信和文章。他在《马克思主义和起义》中写道：“起义应当依靠革命发展进程中的**转折点**，即人民先进队伍中的积极性表现得最高，敌人队伍中以及**软弱的、三心二意的、不坚定的革命朋友队伍中的动摇**表现得最厉害的时机。”[32]

据波德沃伊斯基回忆，列宁“建议10月20日（11月2日）召开苏维埃第二次代表大会，而起义将在大会之前举行。某些人认为，既然代表大会即将召开，并将表明自己的愿望，也许就不需要举行起义了”。

“弗拉基米尔·伊里奇毫不留情地嘲笑了他们的主张。

‘哪里见到过有人不经过战斗就会把政权交出来的’，他说道，‘政权总是通过战斗夺取的。它不会靠发表什么宣言就从一个阶级转到另一个阶级那里去的，而任何宣言也维护不了这个政权。’

他要求，不要等苏维埃代表大会召开就组织起义。”[33]

列宁把自己打算去维堡的决定告诉了罗维奥，让他帮自己弄一顶假发，找一处房子。临行前，他会见了芬兰社会民主党中央委员奥·威·库西宁，劝告左派社会民主党人支持芬兰与临时政府决裂，因为布尔什维克主张承认芬兰的独立。

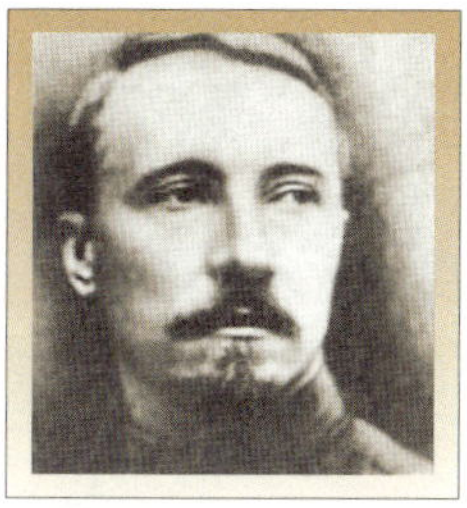

尼古拉·伊里奇·波德沃伊斯基

拉甫尔·格奥尔吉耶维奇·科尔尼洛夫

Ю.Ф.乌瑟片科
革命的彼得格勒
1984年
М.Б.格列科夫军队美术家画室

Е.А.基布里克
处于地下状态的列宁（左页图）
1947年
“列宁的哥尔克”文物保护区博物馆

“拖延等于自取灭亡”

维堡—彼得格勒

芬兰议会议员、维堡社会民主党报纸《劳动报》主编埃韦尔特·胡顿宁把列宁送到维堡。弗拉基米尔·伊里奇在他家里待了几个小时，晚上来到新闻记者尤卡·拉图卡及其夫人柳莉·玛丽娅位于阿列克桑杰林卡塔15号的家里*。

“刚到早晨七点钟，伊里奇就已经坐在书桌前”，尤·拉图卡回忆说。“我每天早上去上班时（我是本地工人报纸《劳动报》的工作人员），都要到他房间看看，因为伊里奇要求我，出去前都要跟他打个招呼。我回来时，他总要向我了解情况，要我把新闻等讲给他听…… 他从报纸上密切注视着俄国及其他国家的事变。他简直像个饿汉等饭吃一样，等着来自彼得格勒邮班的各种日报（维堡是上午十一点收到彼得格勒的日报）。看他读报很有趣。他一目十行，眼睛在报纸上一栏一栏地扫过，再短的消息也逃不过他的眼睛。他常问我：‘能不能弄到极右翼政党的报纸？’我就想方设法地去给他找。”[34]

列宁非常想去彼得格勒。据尤卡·拉图卡证实，亚·瓦·绍特曼好不容易拦住了他：“伊里奇倒是同意了，但是绍特曼要写一张字条，说明是绍特

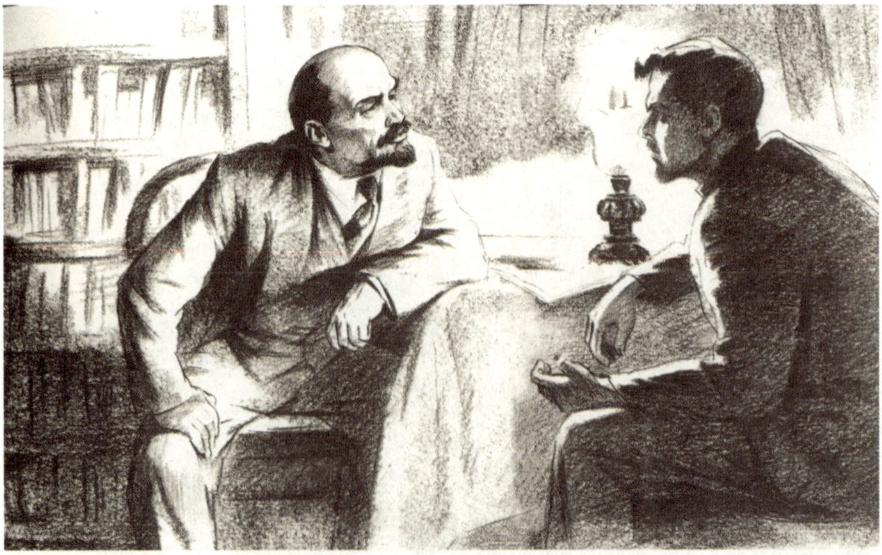

Д.博罗夫斯基
列宁和拉图卡
1964年

* 1958年此处开设了列宁故居博物馆。——俄文编者注

曼代表党中央不允许伊里奇擅自到彼得格勒的。‘签名呢？’伊里奇说，‘还得写上日期。’”[35]

列宁在维堡写了《危机成熟了》一文，在不准备发表、只分发给中央委员会委员、彼得格勒委员会委员、莫斯科委员会委员和苏维埃委员的第六节这样写道：“‘等待’苏维埃代表大会就是白痴，因为代表大会**不会有什么结果，也不能有什么结果！**……

我不得不提出**退出中央委员会的请求**，在此我提出这一请求，同时保留**在**党的**下层**以及在党的代表大会上进行鼓动的自由。”[36]

列宁——“牧师”
图片选自芬兰《新漫画》杂志
1957年

拉希亚来到维堡后看到，弗拉基米尔·伊里奇非常激动，于是决定到彼得格勒去。

“列宁同志同意我提出的出行计划”，拉希亚回忆说。“于是我们上了路。列宁同志装扮成芬兰牧师，鼻梁上架着眼镜，头上戴着帽子。到了火车站我买了去彼得堡的车票。我们没有进到车厢里面，就站在车厢过道里。那里一上来人，我就用芬兰话跟列宁同志打招呼，他就按照我们事先的约定，回答‘是’或者‘不’。有时该说‘不’的时候，他说‘是’，该说‘是’的时候，他回答‘不’。不过，总算是顺利到达了赖沃拉车站*。

在赖沃拉，雅拉瓦同志开着火车头去拉木柴。火车头周围有一些形迹可疑的人。事先约定：雅拉瓦同志去拉木柴，直到要发车的时候再开回来。我和列宁在车站散步，在火车头快开到火车跟前时，列宁快速登上火车头。一切都按计划进行，那些可疑的人没有上去火车，因为装木柴的地方离车站很远，火车头刚一到列车前头，信号员立即发出发车信号。**

现在，前面最危险的地方是瓦尔克阿萨里（别洛奥斯特罗夫车站），那里有一帮形形色色的间谍。

我坐在紧挨着火车头的那节车厢，揣着两把左轮手枪，以防不测。车厢

* 今为列宁格勒州维堡区罗希诺镇。——俄文编者注

** 1957年，芬兰将H2—293号火车头赠送给苏联，以增进睦邻关系，1964年火车头永久停放在列宁格勒的芬兰车站。——俄文编者注

不知名画家

列宁 1917 年到达彼得格勒

1960—1961 年

“维堡城堡”文物保护区博物馆

里坐满了去别墅的人，还有一些工人。乘客们在谈论着政治。在庸人看来，这些工人应该受到惩罚，因为他们反对战争，支持德国人派来的、拿着几百万回俄国谋划暴动的列宁。

工人们确信，列宁没有拿一分钱，他是一个在资产阶级面前保卫工人利益的人。市侩们则态度一致，说应当把列宁杀掉。有个人声称，要给列宁戴上镣铐拉到涅瓦河边，每个人都有权打他，往他的脸上吐唾沫。等大家高兴过后，把他处以绞刑，并把尸体烧掉。

这些可怜虫没有想到，这个被判绞刑的人就在眼前。

我们到了瓦尔克阿萨里车站，这里要查护照。我的护照没什么问题，列宁同志拿的是牺牲的红军军官 И. 沙捷维奇同志*的护照。我顺利通过了检查。雅拉瓦同志去加水，回来的时候已到发车时间，所以没来得及检查火车头。火车向彼得格勒开去。”[37]

列宁和拉希亚在距离彼得格勒苏维埃代表玛·瓦·福法诺娃家不远的兰斯卡亚车站下了车。“福法诺娃的家非常方便，夏天没有人住，甚至连女佣人也没有，玛格丽塔·瓦西里耶夫娜本人又是一个热情的布尔什维克，她为伊里奇交办的任务到处奔走。”[38]

据福法诺娃本人讲，列宁警惕性非常高，他从阳台开始研究地形，他说：“今天晚上，您拿把小锤子到院子里去，把这个栅栏（他指着把我们家院子同隔壁院子隔开的栅栏）对着排水管的两块木板敲掉，敲掉上面两块或是下面两块都可以，以防万一，一旦不能从家里走出去，会派上用场的。”[39]

10 月 8 日，弗拉基米尔·伊里奇写了《局外人的意见》和《给参加北方区域苏维埃区域代表大会的布尔什维克同志的信》两篇文章。他在后面这篇文章里谈到德国革命者眼中的布尔什维克：

“他们会向我们说：我们这里公开号召革命的只有李卜克内西一个人。而且他的呼声也被苦役监狱封锁住了。我们连一家能公开说明革命必要性的报纸都没有，我们没有集会自由。我们没有一个工人代表苏维埃或者士兵代表苏维埃。我们的呼声很难使真正的广大群众听到。尽管我们只有百分之一的可能取得胜利，我们还是作了起义的尝试！而你们俄国的革命的国际主义者，已经进行了半年的自由鼓动，你们有 20 来家报纸，你们有许多工兵代表苏维埃，你们在两个首都的苏维埃里取得了胜利，整个波罗的海舰队和驻在芬兰的全部俄国军队都站在你们一边。尽管你们有百分之九十九的可能取得起义的胜利，可是你们却不响应我们起义的号召，你们却不去推翻你们的帝国主义者克伦斯基！”[40]

“拖延等于自取灭亡。”[41] 列宁在文章的最后说。

玛格丽塔·瓦西里耶夫娜·福法诺娃

戴维·劳合－乔治

---

* 大概作者指的是 1917 年帮助建立芬兰革命赤卫队的一位布尔什维克指导员。——俄文编者注

M.M.杰维亚托夫
十月的风
1977 年
国立俄罗斯博物馆

1917 年 10 月 14 日，孟什维克报纸《日报》报道了就布尔什维克案件侦查结果在司法部召开的会议，司法部长 П.Н.马良托维奇在会上声称，他们的行为没有“恶意”。

亚·费·克伦斯基在回忆录里写道：“列宁在十月起义开始前仍在芬兰，但列宁的两位可靠的代理人——托洛茨基和加米涅夫以他的名义在彼得格勒采取了行动。托洛茨基负责起义的技术准备和在广大士兵、水兵和工人中间进行政治鼓动。加米涅夫的另一项任务则同样重要：在起义前夕，他要把各社会主义政党的注意力从列宁的真实目的上引开，给他们造成疑惑，从而使这些政党在托洛茨基采取行动的时候不给临时政府以积极支持。

加米涅夫出色地完成了这项任务。”[42]

英国首相劳合 - 乔治在回忆录中谈到临时政府时说：“仇视、竞争和不断的争吵将他们推向深渊。毫不奇怪，他们都跌入深渊，并且带走了他们带着爱所创立的事业。这些吉伦特分子互相猜忌，根本不了解这些真正威胁到他们所有人的危险人物。他们感觉，他们已经消灭了列宁。他们害怕的只是自己阵营中的改革派……　他们很快就被列宁那一往无前的坚定意志所征服。”[43]

起义

彼得格勒

10月10日，俄国社会民主工党（布）中央委员会在彼得格勒苏维埃执行委员会委员、记者尼·尼·苏汉诺夫的家里*举行会议。列宁在3个月之后重新主持会议。他说，苏维埃夺取政权的事业在政治上已经成熟，在军事技术上为起义作准备已成为当前的任务。10位中央委员赞同起义的决议。列·波·加米涅夫和格·叶·季诺维也夫表示反对。

深夜开完会再回维堡区实在太远，列宁就在位于彼得格勒区佩夫切斯克巷的拉希亚的家里过夜。他不睡床，索性以书代枕，睡到地板上。

10月16日，在俄国社会民主工党（布）中央委员会在列斯诺伊区召开的扩大会议（有党的彼得格勒委员会委员、彼得格勒苏维埃委员、军事组织和工会组织成员参加）上，赞成列宁主张起义的决议案的有19票，4票弃权，2票反对。在随后举行的中央委员会秘密会议上成立了军事革命总部。

第二天，彼得格勒苏维埃成立了以尼·伊·波德沃伊斯基为首的军事革命委员会，不经该委员会批准，部队不能执行司令部的命令。曾在委员会会议上通报芬兰局势的军事革命委员会委员弗·亚·安东诺夫-奥弗申柯回忆：

“弗拉基米尔·伊里奇打断说：

‘难道不能把整个海军都派到彼得堡吗？’

Ю. В. 别洛夫
列宁提出关于武装起义的决议案（左图）
1962年
“斯莫尔尼宫”历史纪念馆

П. В. 瓦西里耶夫
列宁（右图）
1943年
“列宁的哥尔克”文物保护区博物馆

* 卡尔波夫卡河沿岸街1/32号，1938年此处开设了列宁故居博物馆。——俄文编者注

B. C. 斯瓦罗格
十月革命司令部
1934 年
国家博物展览中心

‘这可不行。首先是航道条件不允许，其次是大船怕碰上潜艇和雷击舰。最后是水兵也不想使前线空虚。’

‘但是他们应该清楚，彼得堡的革命比波罗的海的革命面临的危险更大！’

‘他们不是十分清楚。’”[44]

为了组织起义，中央向顿巴斯、乌拉尔、赫尔辛福斯、喀琅施塔得、北方战线和西南战线派遣了特派员。彼得格勒各区和全国的许多城市都成立了革命委员会和工人赤卫队。

10 月 18 日，孟什维克国际主义者的报纸《新生活报》发表了季诺维也夫和加米涅夫的声明，完全暴露了预定的起义时间。列宁致信中央：

“这会造成什么结果呢？

两个‘知名的布尔什维克’在 10 月 20 日这一紧要关头的前夕，就最重要的战斗问题，竟在一家**非**党的而且正好在这个问题上**同资产阶级携手反对工人政党**的报纸上，抨击党中央**没有**公布的决定！”[45]

几天以后，中央接受了加米涅夫的辞职，禁止加米涅夫和季诺维也夫发表任何反对党的决定的声明。

在这段时间里，彼得格勒禁止上街示威游行和集会，军队接到制止武装

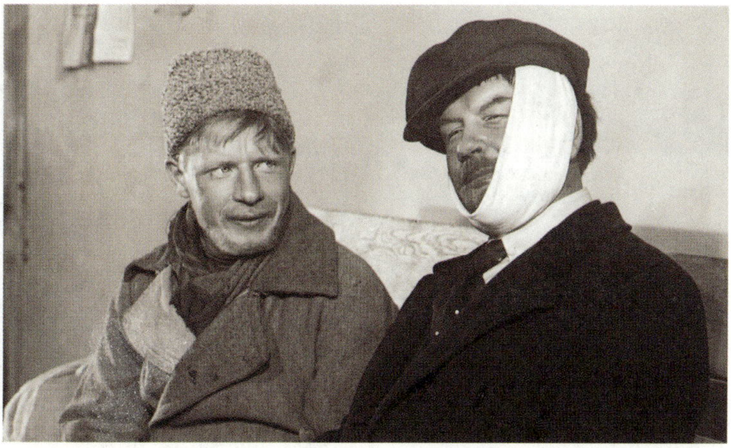

电影《列宁在十月》（导演 M. 罗姆）中的镜头：
一个士兵（Ф. 谢列兹尼奥夫饰）问旁边的人（Б. 舒金饰），他见过列宁没有。
莫斯科电影制片厂摄制
1937 年

行动的命令。克伦斯基就交出彼得格勒并撤出革命卫戍部队问题与德国人进行谈判。

列宁得知政府军队已拉起涅瓦河上的全部桥梁后，致信中央委员们说："我是 24 日晚上写的这封信，情况已经万分危急。非常清楚，现在拖延起义确实等于自取灭亡。

我力劝同志们相信，现在正是千钧一发的关头，目前提上日程的问题绝不是会议或代表大会（即使是苏维埃代表大会）所能解决的，而只有各族人民，只有群众，只有武装起来的群众的斗争才能解决。"[46]

党中央通过娜·康·克鲁普斯卡娅向弗拉基米尔·伊里奇转达了要他立即到斯莫尔尼宫的请求。

"出于安全的考虑，我们还是决定化装"，陪同列宁的拉希亚说。"我们设法给列宁换了衣服，用一条脏绷带把他的面颊包了起来，还给他歪戴了一顶破旧的鸭舌帽。"[47]

晚上 8 时，两个人出了门。有一段路他们坐的是电车，车上空无一人，然后他们绕过维堡区利季约桥边的赤卫队岗哨和另一头的克伦斯基的士兵（与工人对射引开的），沿着利季约大街和什帕列拉街来到斯莫尔尼宫。

列宁直接领导了起义。到 10 月 25 日早上，涅瓦河上的全部桥梁、电报局、通讯社、波罗的海火车站、国家银行和其他设施均被赤卫队和革命部队占领。只有临时政府躲藏的冬宫和军区司令部大楼没有攻下。午夜时分，在"阿芙乐尔"号巡洋舰的隆隆炮声中，临时政府所在的冬宫被攻克。士兵、水兵和红军战士向冬宫挺进，开枪射击并冲进大楼。弗·亚·安东诺夫－奥弗申柯以彼得格勒苏维埃的名义宣布临时政府被推翻，被捕的部长们被押解到彼得保罗要塞。

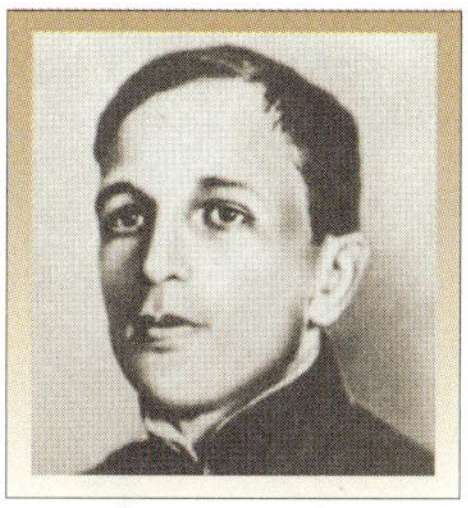

安德列·谢尔盖耶维奇·布勃诺夫

10 月 25 日上午 10 时，报纸上发表了《告俄国公民书！》："临时政府垮台了。国家政权转到彼得格勒工兵代表苏维埃机关——领导彼得格勒无产阶级和卫戍部队的军事革命委员会手中。"

"斯莫尔尼宫灯火通明，并且整个沸腾起来了。赤卫队员、工厂和士兵代表从各个地方来听取指示。打字机不住声地响着，电话铃闹成一片，姑娘们坐在那里埋头整理着一叠叠的电报，军事革命委员会一直在三楼开会。装甲车在斯莫尔尼宫前的广场上轰鸣，架起了 3 英寸口径的野炮，还堆着准备搭街垒的木柴，大门口架着机枪和大炮，门旁站着卫兵。"[48]

弗拉基米尔·亚历山德罗维奇·安东诺夫－奥弗申柯

在这一天，在斯莫尔尼宫召开了全俄苏维埃第二次代表大会。640 名代

P.P. 弗伦茨
进攻冬宫（草稿）
1931 年
国立俄罗斯博物馆

表中，390 人支持布尔什维克，160 人支持社会革命党人，72 人支持孟什维克，右翼社会革命党人、孟什维克和崩得分子提出了反对“军事阴谋”的声明，并退出代表大会以示抗议。

列宁没有出席代表大会的第一次会议。波德沃伊斯基说：“上午 11 点到晚上 11 点弗拉基米尔·伊里奇不断给我们写来字条。他说，我们正在破坏每一项计划；代表大会正在进行，可我们还没有攻下冬宫，也没有抓到临时政府成员。他警告我们，一旦延误，就把我们全部枪毙。他要求我们迅速攻下冬宫，把部长们都抓起来；要我们向苏维埃代表大会报告这件事。

……冬宫成了敌人在劳动人民夺取政权道路上设置的最后一道关口。

后来听人家告诉我，弗拉基米尔·伊里奇随时等候着攻占冬宫的消息，没有出席代表大会开幕式。他在斯莫尔尼宫的一个小房间里像笼子里的一头雄狮，焦急地走来走去。

但是临时政府不顾我们的两次最后通牒，负隅顽抗，不肯投降。”[49]

在那几个小时里，军事革命委员会委员安·谢·布勃诺夫常和列宁见面：“他在中央委员会会议上猛烈地抨击了动摇分子，毫不留情地把他们撇开。作为起义的领导者，他在办公室里专注地考虑着瞬息万变的局势，并且

坚定地引导起义走向胜利。在短暂的休息时间里，他双手紧紧地背在后面，一边在走廊里踱着步，一边跟同志们热烈地交谈着。

在这伟大变革的日子里，弗拉基米尔·伊里奇很活跃，很兴奋，他神采奕奕，不屈不挠，充满信心，坚定不移。”[50]

10月25日中午，彼得格勒工兵代表苏维埃在冬宫的大礼堂召开会议。军事革命委员会向代表们通报起义胜利的消息。根据亚·米·柯伦泰的描述，弗拉基米尔·伊里奇的一些战友不让他在苏维埃公开露面：

“列宁终于出现在大厅门口。

大厅里响起一阵叽叽喳喳的说话声：‘列宁！’代表们的热烈欢呼声使他久久不能开始讲话。

弗拉基米尔·伊里奇的报告非常有力，听报告的苏维埃代表们激动万分。

从会议厅回来的时候，伊里奇温和地嘲笑我们说：

‘你们看见代表们的反应了吧！可是你们当时还在怀疑。’他狡黠地瞅着身边辛勤的警卫员，表示责备地摇摇头。”[51]

10月25日，列宁两次召集出席代表大会的布尔什维克党团会议，会上

讨论了部分代表退出代表大会的问题。

10月26日凌晨2时左右，弗拉基米尔·伊里奇起草了苏维埃第二次代表大会《告工人、士兵和农民书！》，并由阿·瓦·卢那察尔斯基于4时予以宣布："苏维埃政权将向各国人民提议立即缔结民主和约，立即在各条战线上停战。苏维埃政权将保证把地主、皇族和寺院的土地无偿地交给农民委员会处置；将使军队彻底民主化，以维护士兵的权利；将规定工人监督生产；将保证按时召开立宪会议；将设法把粮食运往城市，把生活必需品运往农村；将保证俄国境内各民族都享有真正的自决权。"[52]

两夜没合眼的弗拉基米尔·伊里奇前往住在附近的弗·德·邦契－布鲁耶维奇的家里稍事休息。他在那里撰写了《土地法令》草案。

10月26日下午，以玛·亚·斯皮里多诺娃为首的左派社会革命党代表前来参加俄国社会民主工党（布）中央委员会会议，会上向他们提出了参加政府的建议。但是谈判代表只同意在新政府和退出代表大会的右派社会革命党之间进行调解。据娜·康·克鲁普斯卡娅回忆，弗拉基米尔·伊里奇尽管

Б. А. 尼基金
临时政府的末日
1986年
乌里扬诺夫斯克列宁纪念馆

Б. Я. 马鲁耶夫
彼得格勒 列宁（左页图）
（三联画《英雄篇章》之一）
下塔吉尔造型艺术博物馆
斯维尔德洛夫斯克州

В А 谢罗夫

列宁在全俄苏维埃第二次代表大会上发表讲话（1917年11月）

1955年

国家历史博物馆

ВСЯ

玛丽亚·亚历山德罗夫娜·斯皮里多诺娃

认为可以和左派社会革命党人合作，但他不相信谈判会取得成功：“我们夺取政权、进行革命的目的，并不是要把天鹅、梭鱼和龙虾都套到苏维埃的小车上去，并不是要建立一个意见纷纭、行动不灵的政府。”[53]

10月26日夜里（到27日凌晨5时），举行了苏维埃第二次代表大会的第二次也是最后一次会议。弗拉基米尔·伊里奇向代表们宣读了《和平法令》和《土地法令》的草案。代表大会通过了这两个法令并组成了“在立宪会议召开前的临时工农政府”——以列宁为首的人民委员会。代表大会还选出以列·波·加米涅夫为主席、由101人组成的新一届全俄苏维埃中央执行委员会并作出决定，全俄中央执行委员会可以增补农民苏维埃代表、军队代表以及那些退出代表大会的团体的代表。

苏汉诺夫后来写道：“我们走了，不知道去哪里，也不知道为了什么，从而与苏维埃分道扬镳，把自己混同于反革命分子，在群众的眼里威信扫地，葬送了自己组织和自己原则的整个未来。不仅如此：我们走了，让布尔什维克完全放开手脚，使他们成为掌控全局的主人，把整个革命舞台都让给了他们。”[54]

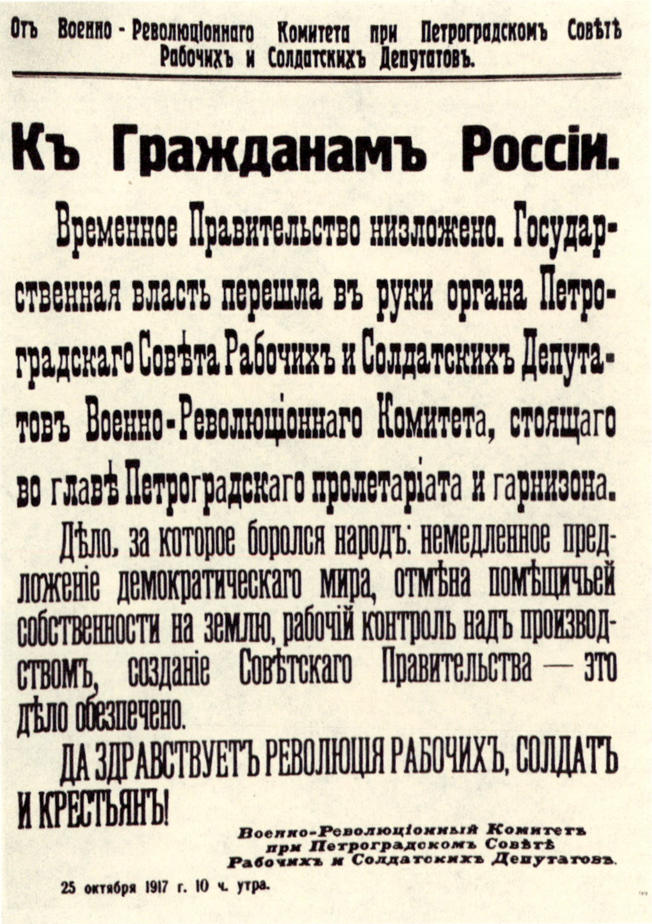

Отъ Военно-Революціоннаго Комитета при Петроградскомъ Совѣтѣ Рабочихъ и Солдатскихъ Депутатовъ.

Къ Гражданамъ Россіи.

Временное Правительство низложено. Государственная власть перешла въ руки органа Петроградскаго Совѣта Рабочихъ и Солдатскихъ Депутатовъ Военно-Революціоннаго Комитета, стоящаго во главѣ Петроградскаго пролетаріата и гарнизона.

Дѣло, за которое боролся народъ: немедленное предложеніе демократическаго мира, отмѣна помѣщичьей собственности на землю, рабочій контроль надъ производствомъ, созданіе Совѣтскаго Правительства — это дѣло обезпечено.

ДА ЗДРАВСТВУЕТЪ РЕВОЛЮЦІЯ РАБОЧИХЪ, СОЛДАТЪ И КРЕСТЬЯНЪ!

Военно-Революціонный Комитетъ при Петроградскомъ Совѣтѣ Рабочихъ и Солдатскихъ Депутатовъ.

25 октября 1917 г. 10 ч. утра.

彼得格勒工兵代表苏维埃军事革命委员会的《告俄国公民书》（1917年10月25日（11月7日））

B.A.谢罗夫
冬宫被攻克
1954年
国立特列嘉柯夫美术馆

注 释

1. 《回忆列宁》，人民出版社 1982 年版，第 1 卷第 561 页。
2. 《列宁全集》中文第二版增订版第 29 卷第 102 页。
3. 《列宁全集》中文第二版增订版第 29 卷第 111 页。
4. 《回忆列宁》，人民出版社 1982 年版，第 562 页。
5. 《回忆列宁》，人民出版社 1982 年版，第 191 页。
6. 《回忆列宁》，人民出版社 1982 年版，第 570 页。
7. 《列宁全集》中文第二版增订版第 29 卷第 133 页。
8. 《列宁全集》中文第二版增订版第 29 卷第 344 页。
9. 《回忆列宁》，人民出版社 1982 年版，第 2 卷第 492—493 页。
10. 《列宁全集》中文第二版增订版第 30 卷第 240 页。
11. 《列宁全集》中文第二版增订版第 30 卷第 301 页。
12. 《回忆列宁》，人民出版社 1982 年版，第 1 卷第 573 页。
13. 《回忆列宁》，人民出版社 1982 年版，第 1 卷第 565 页。
14. 彼·伊·利亚先科:《苏联国民经济史》(三卷本)，莫斯科 1947—1956 年版，第 2 卷第 678—679 页。
15. 《列宁全集》中文第二版增订版第 32 卷第 77 页。
16. 彼·伊·利亚先科:《苏联国民经济史》(三卷本)，莫斯科 1947—1956 年版，第 2 卷第 256—257、687—688 页。
17. 《列宁全集》中文第二版增订版第 32 卷第 182 页。
18. 《回忆列宁》，人民出版社 1982 年版，第 1 卷第 84 页。
19. 伊·格·策列铁里:《政权危机》，莫斯科 1992 年版，第 207 页。
20. 《回忆列宁》，人民出版社 1982 年版，第 2 卷第 514 页。
21. 《回忆列宁》，人民出版社 1982 年版，第 2 卷第 507 页。
22. 《回忆列宁》，人民出版社 1982 年版，第 1 卷第 581 页。
23. 《回忆列宁》，人民出版社 1982 年版，第 2 卷第 507 页。
24. 《回忆列宁》，人民出版社 1982 年版，第 2 卷第 524 页。
25. 《回忆列宁》，人民出版社 1982 年版，第 2 卷第 526 页。
26. 《回忆列宁》，人民出版社 1982 年版，第 2 卷第 532 页。
27. 《回忆列宁》，人民出版社 1982 年版，第 2 卷第 541—542 页。

28. 《回忆列宁》，莫斯科 1984—1985 年版，第 5 卷第 262 页。
29. 《回忆列宁》，人民出版社 1982 年版，第 5 卷第 124 页。
30. 《回忆列宁》，人民出版社 1982 年版，第 2 卷第 555—556 页。
31. 《列宁全集》中文第二版增订版第 32 卷第 144 页。
32. 《列宁全集》中文第二版增订版第 32 卷第 235—236 页。
33. 《回忆列宁》，人民出版社 1982 年版，第 2 卷第 558 页。
34. 《回忆列宁》，人民出版社 1982 年版，第 5 卷第 126、127 页。
35. 《回忆列宁》，人民出版社 1982 年版，第 5 卷第 129 页。
36. 《列宁全集》中文第二版增订版第 32 卷第 277、278 页。
37. 《自由报》，1924 年 1 月 26 日第 10 号，第 3 版。
38. 《回忆列宁》，人民出版社 1982 年版，第 1 卷第 586 页。
39. 《回忆列宁》，人民出版社 1982 年版，第 1 卷第 551 页。
40. 《列宁全集》中文第二版增订版第 32 卷第 377 页。
41. 《列宁全集》中文第二版增订版第 32 卷第 382 页。
42. 亚·费·克伦斯基:《历史转折中的俄国》，莫斯科 1993 年版，第 305 页。
43. 戴·劳合－乔治:《战争回忆录》，莫斯科 1938 年版，第 5 卷第 79 页。
44. 《列宁生平》（十卷本），莫斯科 1982 年版，第 3 卷第 268 页。
45. 《列宁全集》中文第二版增订版第 32 卷第 412 页。
46. 《列宁全集》中文第二版增订版第 32 卷第 430 页。
47. 《回忆列宁》，人民出版社 1982 年版，第 2 卷第 535 页。
48. 《回忆列宁》，人民出版社 1982 年版，第 1 卷第 596 页。
49. 《回忆列宁》，人民出版社 1982 年版，第 2 卷第 559 页。
50. 《回忆列宁》，人民出版社 1982 年版，第 2 卷第 568 页。
51. 《回忆列宁》，人民出版社 1982 年版，第 2 卷第 564 页。
52. 《列宁全集》中文第二版增订版第 33 卷第 5 页。
53. 《回忆列宁》，人民出版社 1982 年版，第 1 卷第 602 页。
54. 尼·尼·苏汉诺夫:《革命记事》，柏林—彼得堡—莫斯科 1923 年版，第 7 册第 219—220 页。

第十章

镰刀和锤子

（1917 年 11 月—1918 年）

弗·伊·列宁（彼得格勒 1918 年）

俄罗斯国家社会政治历史档案馆

以俄罗斯共和国政府的名义……

彼得格勒

在全俄苏维埃第二次代表大会会议间隙，讨论过苏维埃政府的新名称问题。列宁不赞同采用“部长”一词。列·达·托洛茨基回忆说，是他建议使用“委员”一词的，这一说法得到了尼·尼·苏汉诺夫的证实。

“‘人民委员？好吧，这个称呼倒是很恰当’，列宁表示赞同说。‘而整个政府又叫什么？’

‘当然叫委员会……叫人民委员会，怎么样？’

‘人民委员会？’列宁毫不犹豫地接受了这个名称。‘它好就好在具有浓厚的革命气息。’”[1]

在彼得格勒革命后的两三天里，苏维埃政权就在明斯克、弗拉基米尔、伊万诺沃-沃兹涅先斯克、叶卡捷琳堡、喀山、乌法、萨拉托夫、萨马拉、雅罗斯拉夫尔等大城市建立起来。不久，苏维埃政权又发展到塔什干、克拉斯诺亚尔斯克、巴库等昔日帝国的边远地区。

彼得·尼古拉耶维奇·克拉斯诺夫

П. С. 博尔特诺夫
红色勇士
1964年
下塔吉尔造型艺术博物馆
斯维尔德洛夫斯克州

Ю.Ф. 乌瑟片科
保卫革命
1982 年
М.Б. 格列科夫军队美术家画室

亚·费·克伦斯基逃到位于普斯科夫的北方面军司令部。他将彼·尼·克拉斯诺夫将军率领的哥萨克部队从那里调往彼得格勒。这支部队倚仗强大的炮兵力量占领了加特契纳，并威胁到皇村和巴甫洛夫斯克。

彼得格勒军区司令尼·伊·波德沃伊斯基描述了弗拉基米尔·伊里奇亲临军区司令部的情景：“列宁同志注视着地图。他以一个深谋远虑的战略家和统帅的敏锐眼光要求解释下面一些问题：为什么这个据点不防守？为什么那个据点不防守？为什么不采取那个步骤，而采取这个步骤？为什么不请求喀琅施塔得方面的支援？为什么不详细分析某个位置？为什么不切断某个通道？

列宁同志的这种深思熟虑的、严密的分析使我们明白，在一系列问题上我们确实是疏忽大意了……”[2]

列宁命令：立即调动在芬兰的波罗的海舰队的水兵、舰只及陆军部队；向各大工厂派驻政治委员。他建议俄国

尼古拉·尼古拉耶维奇·杜鹤宁

社会民主工党（布）彼得格勒委员会组织人力在城市周围挖掘战壕和设置铁丝网。

10月29日凌晨，尼古拉耶夫军校以及其他军校的士官生在彼得格勒发动叛乱。他们占领了米哈伊洛夫城堡、国家银行和电话局，并打算逮捕苏维埃政府成员。赤卫队和工人队伍很快平息了这次叛乱。列宁命令彼得保罗要塞的政治委员采取措施来保全包括部长在内的被逮捕者的生命。然而几百名士官生已经倒在炮火和枪弹之下。

社会革命党人不承认苏维埃第二次代表大会，要求解除工人武装、成立以社会革命党中派分子维·米·切尔诺夫为首的、由各社会主义政党组成的政府（“清一色政府”）。全俄铁路工会执行委员会支持社会革命党人，同时用举行总罢工相威胁。

11月1日，红海军战士解放了加特契纳。克伦斯基和他的司令部军官们逃离保罗一世宫。克拉斯诺夫将军的部队被击溃，这使得人民委员会在同社会革命党人、孟什维克和全俄铁路工会执行委员会的谈判中的地位得到加强。站在社会革命党人、孟什维克和全俄铁路工会执行委员会一边的季诺维也夫、加米涅夫、诺根等布尔什维克退出了中央委员会和人民委员会，以示抗议（但过了一段时间又回来了）。自11月8日起，雅·米·斯维尔德洛夫取代加米涅夫任全俄中央执行委员会主席。

王为政
列宁和中国卫士李富清
中央编译局

克鲁普斯卡娅认为，革命初期的做法过于宽容：“放走了克伦斯基，放走了许多部长，根据空口保证放走了保卫冬宫的士官生，把指挥克伦斯基部队进攻的克拉斯诺夫将军软禁在家里。有一次，我在斯莫尔尼宫的一间穿堂屋里坐在一堆军大衣上面等人，亲眼看到克雷连柯同志同被押解到彼得格勒的俘虏将军克拉斯诺夫谈话。两个人一起走进屋里，没有警卫人员跟着；他们靠着摆在这间大屋当中的一张孤零零的小桌坐下，心平气和地谈起话来。”[3]

克拉斯诺夫将军保证不再同布尔什维克作战，因此被放走。他逃到顿河流域地区，在那里组

А. И. 谢加尔
苏维埃政权第一个和平法令
（1917 年 10 月 26—27 日）
1954 年
国立中央俄罗斯现代史博物馆

织了一支十万之众的白军部队。

苏维埃政府在协约国尚未表示同意停战的情况下，决定同协约国的敌方德奥同盟谈判。最高总司令尼·尼·杜鹤宁将军从位于莫吉廖夫的大本营给列宁发来直达电报说："只有受到军队和全国拥护的中央政权，才可能具有在敌人看来足够的威望和作用，从而使谈判具有必要的权威性并取得结果。"

11 月 9 日凌晨，列宁、斯大林和人民委员会陆海军事务委员会委员尼·瓦·克雷连柯一道来到彼得格勒军区司令部。弗拉基米尔·伊里奇通过直达电报联系到杜鹤宁，向将军宣布：解除他的职务并任命克雷连柯为最高总司令。

陆海军广播电台立即播发了列宁给全体士兵的通电稿，列宁号召士兵们把和平的事业掌握在自己的手中，维持革命军事秩序，并且各团要推选全权代表同德军进行谈判。

11 月 10 日凌晨，士官生和孟什维克在莫斯科发动武装叛乱。6 天后，叛

电影《列宁在1918》（导演米·罗姆）中的镜头：
人民委员会主席弗·伊·列宁（**鲍·舒金饰**）和全俄中央执行委员会主席雅·米·斯维尔德洛夫（**列·罗伯塞夫斯基饰**）在斯莫尔尼宫。
莫斯科电影制片厂摄制
1939年

乱被镇压。

几乎整个1917年，列宁一直都是不带警卫在彼得格勒到处奔波。这使斯莫尔尼宫（后来是克里姆林宫）卫队长帕·德·马尔科夫十分担心，他说："好几次我想和弗拉基米尔·伊里奇谈谈这个问题，他只是挥挥手说：

'得了吧，我的老兄，还要这个干什么！'

与他争论是徒劳的。

雅柯夫·米哈伊洛维奇和费利克斯·埃德蒙多维奇也同弗拉基米尔·伊里奇谈过警卫一事，可同样毫无结果。"[4]

在斯莫尔尼宫的二层，给列宁和克鲁普斯卡娅安排了一个住处——原贵族女子学院班级训导员第88号房间。房间里有一道木隔板，一边放有写字台、沙发和两把椅子，另一边是两张铁床、两只床头柜和一个柜子。

马尔科夫回忆说："我把士兵热尔蒂舍夫调到伊里奇的'住宅'去工作，他收拾房间，生炉子，到食堂去取饭菜：稀汤、一块掺有麸皮的面包，有时有稀饭，——和所有的人配给的口粮一样。伊里奇经常晚上自己到食堂去取汤，我曾几次看见他手上拿着士兵用的饭盒。"[5]

11月初，列宁责成弗·德·邦契－布鲁耶维奇组建人民委员会机关。安排了弗拉基米尔·伊里奇、秘书和办事员的办公用房以及电话交换机室、会客室。

组建了各人民委员部。首先是外交人民委员部，紧接着是财政人民委员部。列宁命令国家银行拨给人民委员会1000万卢布的基金，用于特别开支。列宁知道银行的职员在怠工，因此将这一命令交给了人民委员会秘书尼·彼·哥尔布诺夫，并对他说："如果拿不到钱，就不要回来。"

钱被运到斯莫尔尼宫。哥尔布诺夫描述说："弗拉基米尔·伊里奇不在；在等他的时候，我就坐在钱袋上，拿着手枪，'担任警戒'。我特别慎重而高兴地将款子交给弗拉基米尔·伊里奇。弗拉基米尔·伊里奇在接收这些钱时，表面看来，似乎认为这是理所当然的事情，而实际上他是很满意的。"[6]

11月14日，全俄中央执行委员会通过了《工人监督条例》。条例规定，所有拥有雇工的企业都要对生产、财务以及产品和材料的买卖实行监督。企业主必须服从工人监督机构的各项决定。

11月22日，人民委员会发表《告俄国和东方全体穆斯林劳动人民书》。它宣布废除沙皇所签订的有关占领君士坦丁堡、瓜分土耳其、夺取土属亚美尼亚以及瓜分波斯等秘密条约。该文件强调说："从今以后，你们的信仰与习俗，你们的民族和文化设施都是不受限制的，不可侵犯的。你们可以自由自在、无拘无束地安排自己的民族生活。"

11月底，人民委员会颁布了《关于逮捕反革命内战祸首的法令》。法令指出："作为人民公敌的政党的立宪民主党的领导机关成员必须逮捕，并送交革命法庭审判。"列宁在12月1日的全俄中央执行委员会会议上解释说："革命阶级在同进行反抗的有产阶级作斗争时，对于他们的反抗应该加以镇压；我们也要用有产者镇压无产阶级的全套办法来镇压有产者的反抗，因为其他办法还没有发明出来。"[7]

Б. В. 科尔涅耶夫
1917年11月19日的伊尔库茨克（宣布把政权交给伊尔库茨克工兵代表苏维埃并成立军事革命委员会）
1973年
伊尔库茨克 В. П. 苏卡乔夫艺术博物馆

И. А. 弗拉基米洛夫
工人监督生产
1923 年
国立特列嘉柯夫美术馆

全俄中央执行委员会成立了最高国民经济委员会。该委员会有权采取任何措施，甚至对所有企业实行没收、征用、扣押和强制购销联营。

……从瑞士返回彼得格勒的尤·奥·马尔托夫在一封信中对安定下来的1917 年作了总结："我们无疑正在（从无政府状态）走向某种独裁制度，这种制度的基础是：全体人民都不再相信自我管理能力。"[8]

第一任教育人民委员阿·瓦·卢那察尔斯基当时也问道："新政权，十足的人民政权，在不断犯错误的情况下还能长久地坚持下去吗？

这取决于一百个理由。但是在大部分招人喜爱的左派社会革命党人轻易地被同化、里里外外都变得像个庄稼汉的情况下，我们就极有可能非常长久地坚持下去。我们在立宪会议占多数不是不可能的。

当然，形势极其危险，但革命者不会胆怯。而且机会很多。

胜利的底层群众所表现出的喜悦心情震撼着人们的灵魂。"[9]

解散立宪会议

彼得格勒—哈利拉

按照苏维埃政府下达的任务，彼得格勒的几家设计单位在绘制俄罗斯苏维埃联邦社会主义共和国国徽图案。弗·德·邦契－布鲁耶维奇把画家 A.H. 列奥的方案拿给列宁审阅。他回忆说：“从外观上看，国徽设计得很好。旭日在红色的衬托下闪耀着光芒，两边环绕着麦穗，中间是凸显的镰刀和锤子，镰刀上方的显要位置是一把锋利夺目的宝剑，似乎在警示人们……”

“‘有意思！’弗拉基米尔·伊里奇说。‘有思想，但是为什么放一把剑？’”邦契－布鲁耶维奇接着说道。“这时他看了看我们所有的人。‘只要我们的无产阶级专政还没有巩固，只要我们的国土上还有白卫军和入侵者，我们就要打仗，就要战斗，将来也一样。但这并不意味着战争、黩武主义和武力永远是我们工作的重心。我们不需要占领地，我们坚决反对侵略政策。我们不侵犯他人，但要反击国内外的敌人。我们的战争是防御性的，剑不是我们的象征。”[10]

俄罗斯苏维埃联邦社会主义共和国第一个国徽（1918 年）

列宁用铅笔将剑勾掉，并签上他的名字。1918 年 7 月，国徽得到了共和国第一部宪法的确认。

11 月 11—25 日，全俄农民代表苏维埃非常代表大会在彼得格勒举行。弗拉基米尔·伊里奇在会议的第四天向代表们发表了讲话。“会场疯狂了至少有 10 分钟”，美国作家约翰·里德在描述列宁来到礼堂的情景时说*。“‘叫他滚！’会场上咆哮着。‘不想听你们的人民委员讲话！不承认你们

去斯莫尔尼宫怎么走？（截自 Вл.А. 谢罗夫画作）
“斯莫尔尼宫”历史纪念馆

* 约翰·里德于 1918 年返回美国后，出版了关于十月革命的《震撼世界的十天》一书。——俄文编者注

В. Ф. 萨沃斯季亚诺夫
面交关于承认芬兰独立的法令
1987 年
“维堡城堡”文物保护区博物馆

的政府！’

列宁泰然自若地站着，双手扶着桌子，眯缝着眼睛，若有所思地扫视着疯了似的人群。最后，会场上的喧哗终于似乎停止了，只有右边的席位上还在继续发出叫喊声和口哨声。”[11]

弗拉基米尔·伊里奇要代表们明白，土地问题脱离了革命的其他问题是不可能得到解决的。据约翰·里德记录，列宁发出了警告：“谁企图破坏苏维埃，谁就是犯了反民主反革命的罪行。右派社会革命党人同志们，立宪民主党人先生们，我敢向你们指出，如果立宪会议企图破坏苏维埃，我们是决不答应立宪会议这样干的！”[12]

列宁接见的第一个外国代表团是由芬兰参议长佩·埃·斯温胡伍德率领的代表团。从 11 月初起，《俄国各族人民权利宣言》已经生效，芬兰参议院也批准了本国的独立宣言。12 月 18 日深夜，弗拉基米尔·伊里奇正在主持人民委员会会议。他得知芬兰代表团正在接待室等待接见后，当即签署了关于承认芬兰国家独立的法令，并离开会场来会见芬兰代表团成员。

代表团成员卡尔·易德曼回忆说：“他微笑着问我们满意不满意。‘甚至非常满意’，斯温胡伍德答道。……俄国承认芬兰独立一事，可能在很大程度上是列宁本人促成的。列宁对芬兰的态度，20 年来一直很友好。”[13]

娜捷施达·康斯坦丁诺夫娜劝说弗拉基米尔·伊里奇到郊外住几天。国家救济人民委员部的亚·米·柯伦泰在位于卡累利阿地峡的“哈利拉”疗养

И.И.布罗茨基
列宁在斯莫尔尼宫
1930年
国立特列嘉柯夫美术馆

院里安排了一所靠近松林的房子。列宁同意了，他决定在这个安静的环境里写几篇文章。据柯伦泰讲，列宁在火车上问，"'您说的房子是单独的，很暖和，林子里还可以打猎，是吗？那儿有兔子吗？'我回答说，有没有兔子我不能担保，大概松鼠是有的。'唉，打松鼠是孩子的玩意儿。'"[14]

列宁同娜·康·克鲁普斯卡娅和玛·伊·乌里扬诺娃一起在"哈利拉"度过了4天的时光。12月29日，他又在主持人民委员会会议了。

新的一年，1918年，弗拉基米尔·伊里奇和娜捷施达·康斯坦丁诺夫娜是同维堡区的工人和赤卫队员一起迎接的。1月1日，列宁来到马涅日广场，向奔赴西线的部队发表讲话。

在返回的路上，在经过丰坦卡河上的西梅奥诺夫桥时，列宁乘坐的汽车遭到枪击。当时玛·伊·乌里扬诺娃和弗里茨·普拉滕也在车上。玛丽亚·伊里尼奇娜回忆说："我们到达斯莫尔尼宫后，检查了一下车子，发现车身被子弹打穿了好几个洞，其中有几颗子弹是穿过前面的车窗飞出去的。我们还发现普拉滕同志的一只手在流血。显然，当他把弗拉基米尔·伊里奇的头推向一边的时候，有一颗子弹擦身而过，擦破了他手指上的一块皮。

当我们登上楼梯向伊里奇办公室走去时，大家都说：'真是万幸啊。'"[15]

立宪会议定于1918年1月5日召开。列宁在会议召开前为代表们起草了《被剥削劳动人民权利宣言》，宣言特别强调："立宪会议认为，如果它同苏维埃政权对立起来，即使从形式的观点来看，也是根本不正确的。"[16]

当天一大早，一队队的游行队伍举着“全部政权归全民立宪会议”的标语，涌向什帕列拉街上的塔夫利达宫。杜马大厅里聚集了410名代表，主要是中派社会革命党人。3时半，人民委员会的成员在厢座就座，弗拉基米尔·伊里奇朝着讲台走去，在铺着地毯的踏阶上坐下。

美国时事评论员阿尔伯特·威廉斯描述了会议场景：“他偶或抬起头，扫一眼万头攒动的人群；然后，手托住额头，闭上眼睛，仿佛是在暗自说：‘那么多的人在白白浪费精力，哪怕有一个人能养养神也好。’演说家的吼声和会场的喧闹在他头顶上回荡，可是他继续泰然自若地坐着。”[17]

会议拒绝采纳列宁起草的宣言。当天夜里，弗拉基米尔·伊里奇在人民委员会成员会议上，草拟了关于解散立宪会议的法令。列宁同意，会议代表应当在表达他们的意见后于次日早上各自回家。1月6日，全俄中央执行委员会批准了这个法令。

B.C.斯瓦罗格
农村的十月革命
1929年
诺夫哥罗德文物保护区博物馆旧鲁萨分馆

叶梅利扬·米哈伊洛维奇·雅罗斯拉夫斯基

几天后，全俄苏维埃第三次代表大会的代表齐聚塔夫利达宫礼堂。他们通过了被立宪会议拒绝的《被剥削劳动人民权利宣言》。代表大会开到第三天就与全俄农民代表苏维埃第三次代表大会合并进行了，而且后来的各届代表大会都是共同举行的。

1918年1月20日，人民委员会公布了“关于教会同国家分离、学校同教会分离”的法令。列宁早在1905年就在《社会主义和宗教》一文中指出：“如果无产阶级本身的反对资本主义黑暗势力的斗争没有启发无产阶级，那么任何书本、任何说教都是无济于事的。被压迫阶级为创立人间的天堂进行的这种真正革命斗争的一致，要比无产者对虚幻的天堂的看法的一致更为重要。”[18]

战斗的无神论者联盟主席、俄共（布）中央书记叶·米·雅罗斯拉夫斯基认为，1917年的革命证实了列宁对各个阶级和政党对待教会的态度的评述：

“在帝国主义战争期间，神职人员曾帮助胁迫士兵（‘为了信仰、沙皇和祖国’）去杀戮；浸礼派教徒甚至认为，必须支持军队中他们的教友并在基督圣像前称赞‘我们的兄弟’劳合·乔治*。1917年夏天，在莫斯科召开了高级神职人员会议，其目的是恢复牧首制，建立领导政治斗争的宗教中心。吉洪大牧首领导的教权组织就在我们眼前。这个组织同立宪民主党人白卫分子的政治中心有联系，社会革命党人和孟什维克都讨好和恭维它，地主和资本家就更不用提了。

这是一个好战的教会：它东争西斗，组建‘耶稣军团’和‘圣十字义勇兵团’等。它诅咒革命和布尔什维克，呼吁人们积极抵抗苏维埃政权。”[19]

法令中加进了弗拉基米尔·伊里奇写的一段话：“专供祈祷用的建筑物和物品，根据地方或者中央国家政权机关的专门决定，交相关宗教团体无偿使用。”

---

* 1916—1922年任英国首相。——俄文编者注

同德国人签订和约

彼得格勒—莫斯科

苏维埃俄国同德国的谈判于 1917 年 11 月底在布列斯特－里托夫斯克开始举行。12 月 4 日同四国同盟（德国、奥匈帝国、保加利亚和土耳其）签订了临时停火协议，于是交战国的部队都停留在各自的阵地上。苏维埃外交官向列宁报告，德国代表团坚持要签订将波兰、立陶宛全部以及拉脱维亚和白俄罗斯部分地区划归德国的条约。

弗里德里希·施瓦采
防御阵地（堑壕里的防御 第一次世界大战）
1944 年
德国历史博物馆

1918 年 1 月 8 日，列宁在会见党的中央委员时宣读了他的《关于立刻缔结单独的兼并性和约问题的提纲》。他说，苏维埃俄国已经无力再战，和约必定会为巩固新政权带来喘息时机。

弗拉基米尔·伊里奇催促陆军人民委员部起草关于将赤卫队改建为工农红军的法令，但他一一否定了提交给他的法案。“伊里奇只能亲自处理这件事”，俄国社会民主工党（布）基辅委员会主席弗·彼·扎东斯基回忆说。“列宁说，只有该法令获得通过，会议才能结束。他拿起笔，立即对法令进行修改。他对法案‘大动干戈’，一整节一整节地删除它的行文。”[20]

人民委员会于 1918 年 1 月 15 日通过的法令只有一页纸的篇幅。工农红军由 18 岁以上的劳动群众中最有觉悟

库克雷尼克塞
被打死的德国人（阿·托尔斯泰三部曲《苦难历程》的插图）
1956 年
图拉艺术博物馆

的分子组成，红军战士完全享受国家供给制，每月还可得到 50 卢布。他们的没有劳动能力的家属享有一切必要的保障。

1918 年 1 月底，鉴于德国和奥匈帝国革命运动的发展，列宁对自己的《关于立刻缔结单独的兼并性和约问题的提纲》作了补充，增加了可以把和平谈判拖延一定的时间这一条。

瓦尔特·乌布利希当时为斯巴达克联盟成员。他认为，李卜克内西—卢森堡派尽管同意列宁对战争的观点，“却没有从中为党和组织工作作出任何实际结论。后来列宁曾中肯地指出，德国工人运动最大的不幸是未能在世界大战前同修正主义决裂。整个德国工人阶级在战后德国革命的漫长而痛苦的时期内深受其害。”[21]

1 月 27 日，同德奥同盟的谈判在布列斯特－里托夫斯克恢复。第二天，代表团团长、外交人民委员托洛茨基给大本营发来电报说，从 1 月 29 日凌晨起停止同德国、奥匈帝国、土耳其和保加利亚作战，并复员俄国军队（“不战不和，解散军队”）。列宁得知这一情况后，指示要想尽一切办法扣押托洛茨基的电报并撤销克雷连柯给下一级发布的命令。

2 月 16 日，德国统帅部宣布恢复军事行动。3 天后，人民委员会给德国政府发去无线电报，同意签订和约。2 月 23 日，德国人提出更加苛刻的和约条件。列宁当天就在党的中央委员会会议上要求，立即接受这些条件。

列宁说：“我一秒钟也不能再忍受了。必须在这些条件上签字。如果你们不签，那么过 3 个星期你们就要在处决苏维埃政权的判决书上签字了。”[22] 赞成列宁建议的中央委员有 7 人，反对的 4 人，弃权的 4 人。2 月 24 日凌晨，全俄中央执行委员会和人民委员会开会通过了德国提出的条件。

瓦尔特·乌布利希

布列斯特－里托夫斯克和约于 1918 年 3 月 3 日签订。按照和约的新条款，德国军队的战线向东深入推进，德国将爱沙尼亚、拉脱维亚和波兰并入自己的版图。乌克兰宣布“独立”，紧接着就被占领。苏维埃俄国失去了乌

И.П.涅兹纳伊金
列宁和娜·康·克鲁普斯卡娅
20世纪70年代
“列宁的哥尔克”文物保护区博物馆

克兰的粮食和糖、顿涅茨的煤炭、克里沃罗格的矿石，向德国支付战争赔款。

3月6日，在彼得格勒紧急召开的党的第七次代表大会同意签订布列斯特和约。列宁在代表大会上作了关于修改党纲的报告。党确定了自己的新名称——俄国共产党（布尔什维克），简称俄共（布）。

……英国、法国和意大利共同决定对俄国进行武装干涉。1918年4月，日本和英国的军队在符拉迪沃斯托克登陆。5月底，原先同协约国军队作战的捷克斯洛伐克军在西伯利亚发动了反苏维埃政权的叛乱，切断了横跨西伯利亚的交通干线。8月初，英国、法国和美国的远征军在阿尔汉格尔斯克登陆。

德国从1918年春起就占领了克里米亚，后来又侵占了顿河畔罗斯托夫，但没有公开它的企图。德国军队驻扎在乌克兰及普斯科夫和纳尔瓦周边地带。

俄国首都所在地彼得格勒的处境越来越危险，弗·德·邦契-布鲁耶维奇曾向列宁报告过这一情况。弗拉基米尔·伊里奇同意将政府迁往莫斯科的建

Е.И.丹尼列夫斯基
列宁和斯维尔德洛夫在地图前
1970年
М.Б.格列科夫军队美术家画室

В.И.卡利亚宾
为赤卫队员送行
20世纪50年代
奥列霍沃－祖耶沃方志史博物馆
莫斯科州

议。3月10日晚10时，人民委员会成员、俄共（布）中央委员、列宁及其家属乘专列离开彼得格勒。

全俄工兵农代表苏维埃第四次（非常）代表大会（3月14—16日在莫斯科举行）批准了新的首都。代表大会还批准了布列斯特和约。

弗拉基米尔·伊里奇和娜捷施达·康斯坦丁诺夫娜迁到莫斯科后，先是在国民旅馆住了大约一周时间，后来住在克里姆林宫的“骑士楼”，自3月28日起一直住在克里姆林宫内原司法机关大楼。他们的隔壁住着玛·伊·乌里扬诺娃。列宁的办公室、全俄中央执行委员会和人民委员会的办公场所也都设在这幢楼里。

弗拉基米尔·伊里奇的住处是一个4间套房，他自己占用其中一间小屋，里面有一张写字台和一张铁床，床上铺着一块方格毛毯——这是玛丽亚·亚历山德罗夫娜在斯德哥尔摩送给他的。厨房（列宁常常在这里吃

列宁在克里姆林宫的办公室

午饭、吃晚饭，并喜欢同女佣奥·尼·茹拉夫列娃聊聊天）有时成了公共饭厅。

弗拉基米尔·伊里奇的办公室里放有一张写字台和一把普通的藤椅，给来访者坐的大皮圈椅、放有各类文件和书籍的活动书架以及挨着墙壁摆放的书柜。列宁自己养了一大株生长茂盛的棕榈树。

马尔科夫回忆说：“伊里奇的伙食不好，经常缺糖、缺茶、缺米，更不用说肉类和黄油了。他的午餐是由克里姆林宫食堂供给的，质量很差。稀汤，黍米粥，有一段时间有过咸肉和红鱼子——仅此而已。”[23]

国有化和粮食

莫斯科

1918 年 3—4 月间，列宁受党中央委员会的委托撰写了《苏维埃政权的当前任务》一文。文章指出："我们布尔什维克党已经说服了俄国。我们已经夺回了俄国——为了穷人，为了劳动者，从富人手里，从剥削者手里夺回了俄国。现在我们应当管理俄国。"[24]

列宁强调说，即使在签订布列斯特和约以后，共和国还拥有极大的矿石、煤炭、石油、泥炭、森林、水力和化学工业原料储藏量。

4 月底，弗拉基米尔·伊里奇起草了《科学技术工作计划草稿》，提出要建立大规模机械工业和实现电气化。尼·彼·哥尔布诺夫几乎把科学技术所有的创举都同列宁联系在一起，例如无线电话工程、油页岩利用、库尔斯克地磁异常研究、沃尔霍夫工程以及电力耕种等许多工程。

B. A. 茨韦特科夫
到人民委员会来见列宁
1986 年
乌里扬诺夫斯克列宁纪念馆

早在1911年就设计了沃尔霍夫水电站方案的动力工程师亨·奥·格拉夫季奥说："在那样困难的时刻，要着手进行大规模的经济建设，正需要列宁那种惊人的革命嗅觉。列宁是不屈不挠的。他通过人民委员会作出了关于建设沃尔霍夫电站的决定。"[25]

到1918年春，地主的土地全部被没收，私有银行、商船和铁路被收归国有，沙皇和临时政府发行的国债被废止。但是还有相当一部分工业企业仍然掌握在过去的企业主手里。最高国民经济委员会副主席格·伊·奥波科夫回忆说，列宁在同"左派共产主义者"的辩论中提出了"必须把自己的'国有化工作者的热情'和'消化'所有国有化的企业的可能性结合起来"的问题。[26]

奥波科夫认为加快国有化是

A. A. 杰伊涅卡
为巴黎国际展览会创作的巨型浮雕画稿
1937 年
彼尔姆国立美术馆

由外部因素决定的："一大批企业主出钱出力，帮助打内战。纯粹从政治的角度出发，我们也得坚决地走国有化的道路……"[27]

6 月 27 日，列宁要求在 24 小时之内列出应实行国有化的工厂名单。第二天，人民委员会通过了关于大工业全面国有化的法令，这一进程计划在 1918 年底完成。

莫斯科和彼得格勒面临发生饥荒的危险。人民委员会于 1918 年 4 月 2 日颁布法令，宣布实施以固定价格和同农民的商品交换为基础的国家粮食垄断。向农村调运了农机、鞋和糖等。然而粮食人民委员部用 600 车皮的货物只换到 6500 吨粮食，而不是预计的 327000 吨。[28]

粮食人民委员亚・德・瞿鲁巴向人民委员会报告说，农民没有得到布匹，他们对货币的购买力持悲观的态度，认为留着粮食比拿钱好。

全俄中央执行委员会 1918 年的"五月法令"确定了"粮食专政"——强制征收余粮。粮食人民委员部拥有特殊权力：所有持有粮食者，如不将余粮送到收集站，都将被宣布为"人民的敌人"。

5 月 24 日《真理报》发表了列宁的《论饥荒（给彼得格勒工人的信）》一文。文章指出："农村的财主，富农，土豪，鱼肉乡里几十年，现在宁愿靠投机、酿私酒来营利，因为这可以使他们发财，至于造成饥荒的罪过，他们就推到苏维埃政权身上。"[29]

彼得格勒和莫斯科开始组织工人征粮队——由大约 4 万人组成的统一的征粮大军。每支征粮队平均由 25 人组成（靠近前线地带为 70—75 人），配备两三支机关枪。征来的粮食一半运到征粮队组建地，另一半运到粮食人民委员部机关。

H. A. 卡萨特金
采煤工人
换班（习作）（左页图）
1923 年
国立中央俄罗斯现代史博物馆

Цѣна 15 к.
„Пролетаріи всѣхъ странъ, соединяйтесь!“
Ежедневная газета
БѢДНОТА
Изданіе Центральнаго Комитета Коммунистической партіи (большевиковъ).
УСЛОВІЯ ПОДПИСКИ
№ 1 СРЕДА, 27 (14) марта, 1918 г. № 1
Къ свѣдѣнію т.т. подписчиковъ.
Газета.
„БѢДНОТА“.

从1918年6月起，各地农村开始成立贫苦农民委员会（贫委会）——苏维埃政权负责征收粮食和为需要者分配粮食的机构。

征粮队遇到了富农的疯狂抵抗，他们把粮食藏在地窖和墙壁中，杀害征粮队员或将他们溺死在河里。列宁把乌克兰的女布尔什维克叶夫根尼娅·波格丹诺夫娜·博什派往奔萨省。当地的两个县发生了富农暴动，导致5名征粮队队员和库奇卡村3名村苏维埃委员牺牲。8月11日，弗拉基米尔·伊里奇给博什发电报说："对五个乡富农的暴动应予无情镇压。整个革命的利益要求这样做，因为现在到处都在同富农进行'最后的斗争'。应该拿出样板来。

（1）绞死（务必绞死，好让人们看到）不少于100个罪恶昭彰的富农、富人、吸血鬼。

（2）公布他们的名字。

（3）没收他们所有的粮食。"[30]

50名工人共产党员从彼得格勒来到奔萨省后，几乎没有动用军队就平息了富农暴动。13名暴动的组织者被枪决。

当月，人民委员会向各省苏维埃下发电报命令，要求制止对待中农的过火行为。据当时负责在伏尔加河流域建立苏维埃政权工作的弗·帕·安东诺夫-萨拉托夫斯基讲，弗拉基米尔·伊里奇在克里姆林宫同他谈话时，曾详细地了解有关情况：

"伊里奇问：'那么说，中农恼火了？'

我回答：'是的…… 中农对贫委会把他们和富农混为一谈很生气，对没收了富农的一切却什么也不给中农很有意见。'

弗拉基米尔·伊里奇说，贫委会已经完成了它们的使命，现在应当取消了。如果贫农愿意联合，那就让他们组织起来成立合作社，进行集体耕种。"[31]

到1918年年末，中农开始转向苏维埃政权一边。除了已有的16300万公顷革命后被没收的土地外，他们和贫农又共同获得了5000万公顷土地。贫委会并入村、乡苏维埃。后来，俄罗斯苏维埃联邦社会主义共和国共有1500个集体农庄（公社）。但是，共和国的32个省仍有96%以上的耕地由个体农民经营。

叶夫根尼娅·波格丹诺夫娜·博什

两颗子弹

莫斯科—哥尔克

7月4—10日，全俄苏维埃第五次代表大会在大剧院举行，大会通过了俄罗斯苏维埃联邦社会主义共和国第一部宪法。代表大会三分之二的代表为布尔什维克，其余为左派社会革命党人和其他党派人士。会场气氛很紧张，社会革命党人要求表达对政府的不信任，要求废除布列斯特和约和改变苏维埃政权的所有政策。列宁就是在这种情况下作了人民委员会报告。

弗拉基米尔·伊里奇说道："我们知道、感到并觉察到，现在我们还没有作好作战的准备，这是士兵们即实际经历过战争的军人们说的，而孟什维克、右派社会革命党人和克伦斯基的支持者立宪民主党人却在那里叫嚣，号召现在就摘掉布列斯特绞索。你们知道哪里还有地主、资本家的支持者，哪里还有右派社会革命党人、立宪民主党人的走狗。"[32]

约阿基姆·约阿基莫维奇·瓦采季斯

7月6日中午，弗拉基米尔·伊里奇得知德国大使馆遭到两颗炸弹袭击，德国大使威廉·米尔巴赫伯爵遇害。列宁命令立即封锁出事区域，卡住大剧院的所有出入口。之后，他同斯维尔德洛夫一起去德国大使馆，代表苏维埃政府表示哀悼。

威廉·米尔巴赫

晚上，事件搞清楚了，杀害米尔巴赫的凶手是两名社会革命党人，他们在全俄肃清反革命和怠工非常委员会（全俄肃反委员会）工作。刺杀决定是由正在举行的左派社会革命党人代表大会作出的："要用革命的方法撕毁对俄国和世界革命极为有害的布列斯特条约。"全俄肃反委员会主席费·埃·捷尔任斯基来到肃反委员会战斗队的驻地时，社会革命党中央委员会正在那里开会，他们扣押了捷尔任斯基并将其作为人质。

Н.Н.茹科夫
在大剧院演讲
1951年
萨马拉 П.В.阿拉宾方志史博物馆

电视剧《7月6日》（导演Ю·卡拉西克）中的镜头：
弗·伊·列宁（**Ю.卡尤罗夫饰**）和雅·米·斯维尔德洛夫（**В.塔托索夫饰**）在德国大使馆。
莫斯科电影制片厂摄制
1968年

由于莫斯科没有红军的正规部队，所以平息叛乱的任务就交给了驻扎在霍登卡教练场的拉脱维亚苏维埃步兵师，师长是约·约·瓦采季斯。深夜，列宁召见了拉脱维亚布尔什维克卡·克·达尼舍夫斯基和步兵师的其他几个政委。达尼舍夫斯基讲道："弗拉基米尔·伊里奇走出来了。由于劳累，他的脸色显得灰白。但是，他很快走到这几个军人面前，打了招呼，简要地谈了战争挑拨者、反革命暴乱分子、叛徒的情况，并说，为了使国家免遭新的战争破坏，必须立即毫不留情地把他们消灭。"[33]

7月7日凌晨，拉脱维亚步兵师开进莫斯科，将市中心团团围住，并炮击位于三圣巷的社会革命党人指挥部。中午，社会革命党人开始三五成群地沿着弗拉基米尔公路逃跑。列宁给莫斯科省各乡、村、县的苏维埃发去直达电报，要求捉拿和扣押社会革命党人。

白天，弗拉基米尔·伊里奇来到拉脱维亚步兵师士兵中间，感谢他们所采取的行动。这次叛乱的主要组织者之一玛·亚·斯皮里多诺娃被逮捕并被送到拘留所。1918年11月，全俄中央执行委员会最高革命法庭判处斯皮里多诺娃1年监禁，但考虑到她对革命的特殊贡献，对其实行赦免并予以释放。

全俄苏维埃第五次代表大会继续进行。代表们通过了关于赞同自己领导人观点的左派社会革命党人"不能再留在工农代表苏维埃内"的决定。

……7月16日，列宁收到丹麦《国民日报》编辑部的电报："莫斯科政府成员列宁　这里都在传说前沙皇已被打死。请告知真实情况。"弗拉基米尔·伊里奇立即回复说："传言不准确，前沙皇安然无事，所有传闻都不过是资本主义报刊编造的谎言。"[34]列宁的答复交给了电报局。由于通讯设施遭到破坏，所以电报没能发到哥本哈根。

7月17日中午，乌拉尔州苏维埃主席团向莫斯科报告，沙皇已于前一天夜里被枪决，他的家人已疏散出城。晚上又得到了确切的消息："沙皇全家人的命运同沙皇的命运是一样的。"这一消息是全俄中央执行委员会主席雅·米·斯维尔德洛夫在7月18日人民委员会会议上宣布的。

第二天，《真理报》和《消息报》报道说，全俄中央执行委员会主席团认为乌拉尔苏维埃的决定是正确的："近日，红色乌拉尔的首都叶卡捷琳堡受到严重威胁，捷克斯洛伐克部队日益追近；与此同时，还揭露了反革命分子的一个新阴谋，他们试图从苏维埃政权手里夺走这位戴着皇冠的刽子手。"[35]

8月30日，彼得格勒传来消息说，彼得格勒肃反委员会主席米·索·乌里茨基被杀害。列宁责成捷尔任斯基前去彼得格勒紧急调查此事。

当日，玛丽亚·伊里尼奇娜劝说哥哥不要去参加工人集会。弗拉基米尔·伊里奇半开玩笑地敷衍了过去，但断然拒绝妹妹与自己同行。晚上，他在原米歇尔逊工厂的榴弹车间发表了题为"两种政权"的讲话。会后，当列宁走到汽车跟前时，社会革命党人恐怖分子范·卡普兰用带毒的子弹向列宁

O.E.斯库尔梅
列宁同拉脱维亚步兵在克里姆林宫（1918年5月1日）
1957年

梅奇斯拉夫·翁托尔斯基
列宁和捷尔任斯基
1977 年
克拉科夫历史博物馆

M.Г.索科洛夫
1918 年 8 月 30 日列宁遇刺（米歇尔逊工厂）
1930 年
国立中央俄罗斯现代史博物馆

开了数枪。

《贫苦农民报》报道说："枪响后，列宁周围的工人立刻慌了……　已经受伤的列宁高喊：'同志们，请冷静！……不要乱……'"

弗拉基米尔·伊里奇被扶上车并送到了克里姆林宫。列宁在大家搀扶下回到自己的住处。他对玛丽亚·伊里尼奇娜说，手部受了点轻伤。

列宁康复后第一次在克里姆林宫院内散步（1918年10月）

俄罗斯国家社会政治历史档案馆

弗·尼·罗扎诺夫、亚·尼·维诺库罗夫等几名医生和 B.M.明茨教授前来参加救治列宁的工作。8月30日晚间的病历记录道："已确定两处未贯通枪伤：一颗子弹从左肩胛骨上方射入体内，钻进胸腔，伤及肺上部，引起胸膜充血，这粒子弹卡在脖颈右侧，位于右锁骨上方；另一颗子弹从左肩射入，造成了骨折，卡在左肩部皮下，有内出血症状。脉搏104。病人意识清楚。"

亚·尼·维诺库罗夫回忆说："第二处伤口特别危险。子弹擦过人体内最重要的地方：颈动脉、颈静脉以及保证心脏跳动的神经。这些器官只要有一处受伤，就必然造成死亡。但子弹居然没有碰伤它们，真是奇迹。"[36]

9月2日，全俄中央执行委员会宣布苏维埃共和国实行军事管制。为了领导前线和军事机关，成立了由列·达·托洛茨基领导的革命军事委员会。武装力量总司令由约·约·瓦采季斯上校担任，后来是谢·谢·加米涅夫上校，两人都曾是沙皇军队的军官。

马克西姆·高尔基从彼得格勒过来看望列宁。作家转述了弗拉基米尔·伊里奇当时说的话：

"'告诉知识分子，让他们到我们这里来好了。您不是认为他们在真心诚意地为正义的利益服务吗？这是怎么一回事？请他们到我们这边来吧：正是我们负起了唤起人民行动、向世界说明生活的全部真理这一巨大任务，我们给各族人民指出了一条能过上人的生活的康庄大道，一条摆脱奴役、贫困和耻辱的道路。'

他笑了起来，并无恶意地说：

'我还为此被知识分子狠狠地教训了一下。'

当谈话的气氛趋于常态后，他懊恼而又伤心地说道：

'难道我反对我们需要知识分子这一点吗？可是您看到他们是怎样充满了敌意，怎样不懂得当前的需要吗？他们也没有认识到，没有我们，他们就

弗拉基米尔·尼古拉耶维奇·罗扎诺夫

И. А. 弗拉基米罗夫
贫苦农民委员会里的审讯
20世纪20年代

没有力量，就不会被群众接受。所以，要是我们把坛坛罐罐打碎得太多，那也是他们造成的。'"[37]

9月16日，弗拉基米尔·伊里奇伤后首次参加俄共（布）中央委员会会议；9月17日，又主持人民委员会会议。

外科医生弗·尼·罗扎诺夫描述了列宁的治疗过程："手臂的接口长得极好，只是桡骨神经系统还微微作痛，这显然是由于一根折骨的碎片碰伤这根神经所致。臂上由假肢工厂做了一个带小夹板的皮质手托，既轻巧，又可拆卸，为的是便于按摩。所有的医生都坚持主张弗拉基米尔·伊里奇到乡下去住几个星期，他只好去了。"[38]

列宁的康复地选在莫斯科省波多利斯克县哥尔克村，这是 З. Г. 莫罗佐娃以前的庄园，非常适于疗养。9月25日至10月14日，弗拉基米尔·伊里奇一直住在这里，接受了医生的几次检查。罗扎诺夫问列宁，那两颗子弹是否使他感到疼痛？"'在颈中的那一颗很容易摸到'，他作了否定的回答，同时笑着说：'到1920年，对付了威尔逊*之后，我就同你们一起把它们取出

* 伍德罗·威尔逊，当时是美国总统。——俄文编者注

来。'"[39]

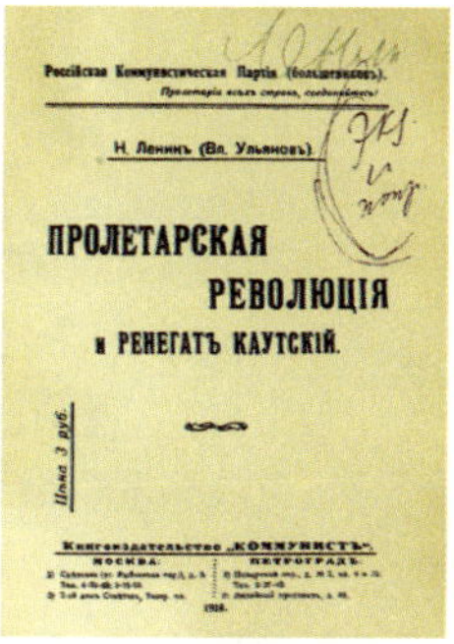

列宁的《无产阶级革命和叛徒考茨基》一书封面（1918年）

列宁在哥尔克继续撰写《无产阶级革命和叛徒考茨基》一书（于1918年底出版）。该书是为批判德国独立社会民主党领袖卡·考茨基的小册子《无产阶级专政》而写的。考茨基在他的小册子里将当代俄国的两个社会主义派别——"民主"派和"专政"派对立起来。

考茨基写道："可惜马克思没有更详细地指出，他是怎样理解这个专政的…… 按本义来讲，专政这个词意味着消灭民主。但是，就本义来讲，这个词自然还意味着不受任何法律约束的一个人的独裁。独裁和专制不同，它不是被看做经常的国家制度，而是被看做暂时的极端手段。"[40]

列宁的结论是："考茨基对无产阶级专政概念作了史无前例的歪曲，把马克思变成了庸俗的自由主义者，就是说，考茨基本人已经堕落到自由主义者的地步，因为只有自由主义者才会庸俗地说什么'纯粹民主'，粉饰和抹杀资产阶级民主的阶级内容，最害怕被压迫阶级的革命暴力。考茨基对'无产阶级的革命专政'这个概念的'解释'把被压迫阶级对压迫者的革命暴力化为乌有，他也就在对马克思的思想作自由主义的歪曲方面打破了世界纪录。叛徒伯恩施坦同叛徒考茨基比较起来，简直就是小巫见大巫了。"[41]

后来，在1920年，列宁责成在中央档案管理局工作的弗·维·阿多拉茨基筹备再版马克思和恩格斯的著作。阿多拉茨基回忆道："弗拉基米尔·伊里奇说：'倍倍尔和伯恩施坦把马克思和恩格斯的极为丰富的遗产埋藏在那厚厚的四大卷*里，只有你我这样的书呆子才会去看它。'必须把最重要的选编出来，以适应广大工人群众的阅读水平，使他们能读到真正马克思的著作。"[42]

1921年，根据列宁的倡议，在莫斯科成立了马克思恩格斯研究院（后来改为马列主义研究院）。1928—1946年，该研究院完成了《马克思恩格斯全集》（二十八卷本）俄文第一版的出版。

弗拉基米尔·伊里奇返回莫斯科后，于10月15日主持了人民委员会会议。第二天，他在弗·德·邦契－布鲁耶维奇陪同下在克里姆林宫散步，这一情景被拍摄成电影。《公社社员报》报道说："这就是我们的伊里奇，他正在和弗·德·邦契－布鲁耶维奇在克里姆林宫散步…… 伊里奇在炮王旁边停下来。他微笑着。他不喜欢参加诸如拍照片和拍电影这类活动。但没有办法…… 不拍不行……"

* 指1913年在德国出版的德文版四卷本《马克思恩格斯通信集》。——俄文编者注

斯巴达克派的警报

莫斯科

德国爆发革命的条件日臻成熟。1918 年 10 月 2 日，列宁从哥尔克致函全俄中央执行委员会和莫斯科苏维埃联席会议代表："战争前途无望，统治阶级得不到劳动群众的任何支持，一下子就看出来了。这一危机，即使不是表明革命已经开始，至少也是表明，群众已经清楚地看到，革命必然要爆发，而且即将爆发。"[43] 他在信中还提出扩大红军队伍的任务："我们原来决定到春天建立起一支 100 万人的军队，现在我们需要一支 300 万人的军队，我们能够有这样一支军队。**我们一定会有这样一支军队。**"[44]

10 月，乌克兰共产党（布）中央委员代表团拜访了列宁。列宁接见他们时，肩上还挂着黑色绷带，绷带上吊着受伤的手臂。当时乌克兰、罗斯托夫以及库班的一些地区已被不断向东挺进的德国人占领，此次会见是因围绕全乌克兰武装起义问题发生的争论而举行的。

据代表团成员、来自叶卡捷琳诺斯拉夫的绥·伊·霍普纳尔回忆："列宁再次强调，必须十分精心地和广泛地做好起义的准备工作。他的根据是我们很快就会发出起义的号召，'也许就是明天或者后天，但还不是今天。'列宁警告我们要反对革命急躁病。对于乌克兰工人和农民急于投入战斗的心情，他表示完全理解；他号召我们要沉着，不要提前行动。如果占领军迅速瓦解，那么，我们的力量就会占优势，这种优势将大大加速胜利的到来，并减少许多不必要的牺牲。"[45]

列宁在沃斯克列先斯克广场（今为革命广场）举行的卡·马克思和弗·恩格斯临时纪念碑揭幕典礼上发表讲话（1918 年 11 月 7 日）
俄罗斯国家社会政治历史档案馆

会见的前一天，弗拉基米尔·伊里奇同霍普纳尔进行了一次单独谈话：

"'请告诉叶卡捷琳诺斯拉夫的工人们，布列斯特和约并不是永久和约。德国革命是不可避免的，

列宁、雅·米·斯维尔德洛夫等人出席在莫斯科红场举行的烈士纪念碑揭幕典礼（1918年11月7日）
俄罗斯国家社会政治历史档案馆

而且已经临近了。革命会废除布列斯特和约。'

列宁又沉默几秒钟后，补充说：

'我们与德国无产阶级结成联盟，就将是不可战胜的……'"[46]

1918年11月6日，弗拉基米尔·伊里奇在大剧院作了关于国际形势的报告并就十月革命一周年发表讲话，当时全俄苏维埃第六次非常代表大会正在大剧院举行。第二天，他又参加了几个庆典活动——马克思和恩格斯临时纪念碑揭幕典礼、烈士纪念碑揭幕典礼、阅兵式和劳动群众游行等。

11月10日凌晨，从柏林发来了关于德国发生的革命事件的电报。白天，列宁和契切林签署了从莫斯科发出的通电："致各边境工人、农民和红军代表苏维埃 据最新消息，德国士兵扣留了前去进行停战谈判的德国将军代表团代表。德国士兵同法国士兵开始直接谈判。德皇威廉已经退位。首相巴登亲王提出辞职。新首相将由执政的社会民主党人艾伯特担任。德国南部所有大城市都在进行总罢工。德国海军全部站在革命方面。北海和波罗的海的所有德国港口都掌握在革命海军的手中。我们收到基尔士兵代表苏维埃向国际无产阶级发出的无线电报，说红旗已在德国舰队上飘扬，今天将给为自由而牺牲的烈士举行葬礼。东线和乌克兰的德国士兵很可能无法得知这些情况。你们应当利用自己掌握的一切工具把事实真相告诉德国士兵。"[47]

格奥尔格·施利希特
卡尔·李卜克内西宣布社会主义共和国成立
1950年10月
德国历史博物馆

列宁在克里姆林宫办公室里伏案工作（1918年）
俄罗斯国家社会政治历史档案馆

11月11日，在法国的贡比涅森林，协约国同德国签订了停战协定。11月13日，全俄中央执行委员会废除了布列斯特条约。

11月21日，主要由右翼社会民主党人和中派分子组成的德国新政府给苏维埃政府发来无线电报，请求苏维埃政府公开承认它。列宁责成契切林复电说，德国新政府要得到苏维埃政府承认，首先必须得到德国所有苏维埃的承认。

就在这一天，《真理报》发表了列宁的《皮季里姆·索罗金的宝贵自供》一文，文中谈到了知识分子在资本主义社会“决定性的力量”——无产阶级和资产阶级之间的摇摆不定。

马格努斯·采列尔
在战争中负伤者的游行队伍
1918年
德国历史博物馆

弗拉基米尔·伊里奇写道：“似乎是唯一的敌人的德帝国主义垮台了。似乎是‘梦想’（借用普列汉诺夫的著名用语）的德国革命成了事实。在小资产阶级民主派想象中的民主的朋友和被压迫者的

克劳斯·韦贝尔
1918年十一月革命 柏林街头的殊死搏斗（1918年12月6日）
德国历史博物馆

保护者——英法帝国主义，实际上是一只野兽，它强迫德意志共和国和奥地利人民接受比布列斯特和约更苛刻的条件，现在又利用‘自由’共和的法美两国的军队来充当扼杀弱小民族的独立和自由的宪兵和刽子手。”[48]

不久，倾向君主制的德国新任首相和第一位总统弗里德里希·艾伯特同军队的将领们达成了秘密协议，镇压了“斯巴达克联盟”的革命行动。1919年1月15日，卡尔·李卜克内西和罗莎·卢森堡被半军事组织——自由军团的青年成员杀害。

协约国军队总指挥部在结束同德奥同盟的战争后，制定了加快入侵俄国的计划。他们的目的是保持他们在东方的地位，把部队从北部调往彼得格勒方向、从里海地区调往伏尔加河流域，取道罗马尼亚和黑海占领俄国南部。

亚历山大·瓦西里耶维奇·高尔察克

人数众多的白卫军各兵团也来推波助澜。自称“俄国最高执政”的亚·瓦·高尔察克海军上将拥兵40万，占据着西伯利亚、奥伦堡省和乌拉尔州等地。安·伊·邓尼金将军将乌克兰和北高加索的志愿军、顿河哥萨克军和库班哥萨克军联合为“南俄武装力量”，人数达15万人。这些“保安部队”得到了大金融和工业资产阶级以及协约国军队的支持。

11月27日，列宁在莫斯科党的工作人员大会上指出：“事实证明，英国人和美国人是扼杀俄国自由的刽子手和宪兵，过去起过同样作用的有俄国刽子手尼古拉一世，还有充当刽子手来扼杀匈牙利革命的帝王们，现在这个角色由威尔逊的代理人来担任了。”[49]

安东·伊万诺维奇·邓尼金

11月30日，全俄中央执行委员会决定成立由列宁领导的工农国防委员会（国防委员会）。该委员会拥有动员人力和物力保卫国家的全权。

邦契-布鲁耶维奇描写了列宁的“军事”办公室：“办公桌上摆着呈来的信件，从前线发来的电报单放在一起。列宁扫了一眼桌面，迅速拿起电报卷宗读了起来，阅读速度之快，似乎让人感到不可能看清电报的内容。实际上他已经将所有电报背了下来，并能在后来一字不差地引证它们，而且他所引证的数字从来都准确无误，让人感到惊讶，例如，收发报的时间具体到几点几分，当然还有行军和推进的里程、红军官兵和敌军官兵的人数、枪支和火炮的数量、车皮和机车数量以及军需食品的数量。”[50]

娜捷施达·康斯坦丁诺夫娜引用列宁的话描述红军说：“‘……军队建立在**苏维埃同军队的密切关系——不可分割的密切关系**基础之上，这在历史上还是第一次。苏维埃团结着一切劳动者和被剥削者，而军队建立在捍卫社会主义的基础上，建立在社会主义觉悟的基础上。’

这种休戚与共的关系表现在成千上万的小事情上。对于红军战士来说，苏维埃政权是合乎他们心意的、自己的政权。

伊里奇喜欢开着窗户睡觉。因而每天早晨，克里姆林宫的红军战士的歌声就从院子里传进窗户。年轻的人们唱到：‘我们万众一心，不惜为苏维埃政权献身。’”[51]

А.И.孔斯秋琴科
列宁在察看祖国地图
1969 年
“维堡城堡”文物保护区博物馆

注 释

1. 列·达·托洛茨基:《我的一生》，柏林 1930 年版，第 2 卷第 60 页。
2. 《回忆列宁》，人民出版社 1982 年版，第 3 卷第 17 页。
3. 《回忆列宁》，人民出版社 1982 年版，第 1 卷第 606 页。
4. 《回忆列宁》，人民出版社 1982 年版，第 3 卷第 92 页。
5. 《回忆列宁》，人民出版社 1982 年版，第 3 卷第 89—90 页。
6. 《回忆列宁》，人民出版社 1982 年版，第 3 卷第 62 页。
7. 《列宁全集》中文第二版增订版第 33 卷第 137 页。
8. 《革命的俄国。卢那察尔斯基和马尔托夫 1917 年书信集》，莫斯科 2007 年版，第 305 页。
9. 《革命的俄国。卢那察尔斯基和马尔托夫 1917 年书信集》，莫斯科 2007 年版，第 297 页。
10. 《弗·德·邦契-布鲁耶维奇文选》(三卷本)，莫斯科 1963 年版，第 3 卷第 227—228 页。
11. 《回忆列宁》，人民出版社 1982 年版，第 5 卷第 136 页。
12. 《回忆列宁》，人民出版社 1982 年版，第 5 卷第 137 页。
13. 《回忆列宁》，人民出版社 1982 年版，第 5 卷第 178 页。
14. 《回忆列宁》，人民出版社 1982 年版，第 3 卷第 155 页。
15. 《回忆列宁》，人民出版社 1982 年版，第 1 卷第 204—205 页。
16. 《列宁全集》中文第二版增订版第 33 卷第 232 页。
17. 《回忆列宁》，人民出版社 1982 年版，第 5 卷第 147 页。
18. 《列宁全集》中文第二版增订版第 12 卷第 134 页。
19. 叶·米·雅罗斯拉夫斯基:《列宁关于宗教的思想》，莫斯科 1924 年版，第 48 页。
20. 《回忆列宁》，莫斯科 1984—1985 年版，第 3 卷第 437 页。
21. 《回忆列宁》，人民出版社 1982 年版，第 5 卷第 504 页。
22. 《列宁传》(下)，生活·读书·新知三联书店 1960 年版，第 433 页。
23. 《回忆列宁》，人民出版社 1982 年版，第 3 卷第 281 页。
24. 《列宁全集》中文第二版增订版第 34 卷第 155 页。
25. 《回忆列宁》，人民出版社 1982 年版，第 3 卷第 191 页。

26. 《回忆列宁》，人民出版社 1982 年版，第 3 卷第 145 页。
27. 《回忆列宁》，人民出版社 1982 年版，第 3 卷第 145 页。
28. 彼・伊・利亚先科：《苏联国民经济史》（三卷本），莫斯科 1947—1956 年版，第 3 卷第 55—56 页。
29. 《列宁全集》中文第二版增订版第 34 卷第 336 页。
30. 《不为人知的列宁文献（1891—1922）》，莫斯科 1999 年版，第 246 页。
31. 《回忆列宁》，人民出版社 1982 年版，第 3 卷第 207 页。
32. 《列宁全集》中文第二版增订版第 34 卷第 461 页。
33. 《回忆列宁》，人民出版社 1982 年版，第 3 卷第 520—521 页。
34. 《不为人知的列宁文献（1891—1922）》，莫斯科 1999 年版，第 243 页。
35. 《真理报》，1918 年 7 月 19 日（第 149 号），第二版。
36. 《回忆列宁》，人民出版社 1982 年版，第 3 卷第 364 页。
37. 《高尔基文集》（三十卷本），莫斯科 1952 年版，第 17 卷第 31 页。
38. 《回忆列宁》，人民出版社 1982 年版，第 3 卷第 370 页。
39. 《回忆列宁》，人民出版社 1982 年版，第 3 卷第 370 页。
40. 《列宁全集》中文第二版增订版第 35 卷第 235 页。
41. 《列宁全集》中文第二版增订版第 35 卷第 242—243 页。
42. 《回忆列宁》，人民出版社 1982 年版，第 2 卷第 216—217 页。
43. 《列宁全集》中文第二版增订版第 35 卷第 98 页。
44. 《列宁全集》中文第二版增订版第 35 卷第 100 页。
45. 《回忆列宁》，人民出版社 1982 年版，第 3 卷第 265 页。
46. 《回忆列宁》，人民出版社 1982 年版，第 3 卷第 261 页。
47. 《列宁全集》中文第二版增订版第 35 卷第 179 页。
48. 《列宁全集》中文第二版增订版第 35 卷第 187 页。
49. 《列宁全集》中文第二版增订版第 35 卷第 210 页。
50. 邦契－布鲁耶维奇：《回忆列宁》，莫斯科 1965 年版，第 216 页。
51. 《回忆列宁》，人民出版社 1982 年版，第 1 卷第 693 页。

第十一章

快把那炉火烧得通红，趁热打铁才能成功……

（1919—1920 年）

弗·伊·列宁（莫斯科 1920 年 7 月）
俄罗斯国家社会政治历史档案馆

军营

莫斯科—彼得格勒

国内战争进入了第二年。在五条战线（乌克兰战线、南方战线、里海－高加索战线、东方战线和单独的第六集团军）上，共有38.2万支刺刀和马刀*、6500挺机枪、1500门大炮参加战斗。而同期敌人的总兵力为51.1万支刺刀和马刀，这还没算上两个法国罗马尼亚师。在国内战争各条战线上参加战斗的红军中有一些由外国人组成的部队，其中有奥地利人、匈牙利人、中国人、德国人、波兰人、罗马尼亚人、塞尔维亚人、克罗地亚人、芬兰人、捷克人等。中国志愿军总数将近4万人，分别在滨海地区、阿穆尔河沿岸地区、西伯利亚、乌拉尔和乌克兰进行战斗。

1919年2月底，总司令约·约·瓦采季斯向共和国革命军事委员会报告称，“目前，我们以现有的不多的兵力，在长达8千俄里的各条战线上不断取得巨大的胜利，这是因为我们的敌人没有统一的领导，在物质上和精神上都未能协调一致地对我们采取行动，没有联合起来，在东部、西部和南部都没有来得及组织起来并形成正规的军队。”

И. Г. 布罗伊多
为了幸福生活 永垂不朽者
下塔吉尔造型艺术博物馆
斯维尔德洛夫斯克州

* 刺刀指步兵，马刀指骑兵。——俄文编者注

弗拉基米尔·伊里奇没有亲自上过前线，“那么他怎么进行远距离的领导呢，这在当时是那些文化水平较低的人无法理解的，因为封闭的生活状况限制了他们的眼界”，娜·康·克鲁普斯卡娅说。“于是就出现了很多关于列宁的传说。例如，在遥远的西伯利亚的贝加尔湖，渔民们说，10 年前*，正同白匪打得难分难解的时候，伊里奇乘飞机来帮他们战胜了敌人。”[1]

赵友萍 周上列

永生难忘（列宁与任辅臣的遗孀和孩子们）

1919 年 7 月，共和国武装力量总司令谢·谢·加米涅夫认为，列宁领导国内战争时，“前线和后方的界限完全消除了。实际上，后方根本不存在。之所以能做到这一点，是因为弗拉基米尔·伊里奇有一条规则，这个规则就是‘既然是战争，那么一切都应该服从于战争的利益，整个国内生活都应该服从于战争，在这一点上不容许有丝毫的动摇’[2]……在这种情况下，全国就是个军营。”[3]

粮食是最紧迫的问题。1919 年春，工人家庭每人每天可以凭票在国营商店和合作社商店购得 225 克粮食，在市场上再以高价购买同样数量的面包。

政论家伊·费·日加这样描述当时的彼得格勒：“整个彼得格勒都要饿死了。我们每星期只能领到一磅燕麦。燕麦要先在绞肉机里绞碎，然后加上土豆皮、咖啡渣、一把糠，再烤成饼。这种饼又苦又粗粝，难以下咽。油渣可是有钱的人才能吃到。有时候两三天什么也没得吃。有时一个星期都什么也不发，连燕麦都没有。于是，这时我们就‘洗劫了’彼得格勒。一切活的、健康的，都送到前线去了。”[4]

Ю. В. 别洛夫

列宁听共和国武装力量总司令谢·谢·加米涅夫汇报（1919 年）

1962 年

“斯莫尔尼宫”历史纪念馆

1919 年 1 月 11 日，人民委员会发布了《关于向各产粮省收集粮食和饲料的法令》。法令要求，根据余粮收集制，农村居民要在 6 月 15 日前按固定价格将粮食和饲料上交国家。没有上交的农民，粮食会被强制收缴，并被送交法庭审判。

---

* 故事刊登在 1938 年的《布尔什维克》杂志上。——俄文编者注

B.M. 马卡罗夫
富农
1935 年
楚瓦什国立艺术博物馆

孟什维克党中央委员尼·亚·罗日柯夫在给列宁的私人信件中劝说他不要将贸易垄断化："请您供应能供应的东西，但要允许完全自由的买卖，断然地给各地方苏维埃下令取消对运入和运出的一切禁令，撤销一切巡查队，必要的时候甚至可以动用武力。您以至于任何人不借助私人买卖的主动精神都克服不了不可避免的灾难。"[5]

最高国民经济委员会主席阿·伊·李可夫认为粮食垄断是"多余的"，他建议实行依托私人的贸易公司的收购制，提高粮食价格和对缴粮者给予奖励。

对此，1 月 17 日列宁在大剧院召开的全俄中央执行委员会、莫斯科苏维

Б. В. 约翰逊
1919 年的铁路枢纽站
国立特列嘉柯夫美术馆

埃和全俄工会代表大会联席会议上作出了回答，他宣布：“如果在关系人民死活的食物明明不够的情况下准许贸易自由，就一定会造成疯狂的投机，使食物价格暴涨，以至于出现所谓垄断价格或饥饿价格，按照这种疯涨的价格，只有那些收入大大超过中等水平的少数上层分子可以满足自己的需要，而广大群众只能挨饿。”[6]

亚·德·瞿鲁巴认为，列宁的“坚持使我党没有改变粮食政策，否则巨大的灾难不可避免，这点后来我们都很清楚”。[7]

余粮收集制涉及的首先是富裕农户，但如果收到的粮食不够，中等户和贫困户也要包括在内了。马铃薯、油、牛奶、酸奶油、家禽都要登记。所有农户人均留下的口粮标准都是一样的：196 公斤粮食，如果马铃薯存量多的话（294 公斤以上），可以留下 147 公斤。[8]

列宁认为粮食人民委员部的工作是最困难的。在彼得格勒逗留期间（参加马·季·叶利扎罗夫的葬礼），3 月 13 日列宁在彼得格勒民众文化馆群众大会上讲话说：“乌克兰的存粮很多。但是不能一下子全部运出来。我们已经把苏维埃的优秀力量派往乌克兰，他们异口同声地对我们说：‘存粮很多，但是不能一下子全部运走，因为没有机构。’德国人把乌克兰破坏得很厉害，所以那里才刚刚开始建立机构；那里的情况是一片混乱。十月革命后的最初几个星期里，我们在斯莫尔尼宫时也曾同经济破坏作斗争，但是那种恶劣的日子，同现在乌克兰经受的困难比较起来，是算不得什么的。”[9]

根据列宁的建议，从 3 月 18 日至 4 月 10 日，全国铁路取消了客运，这

И.А. 弗拉基米罗夫
余粮收集制
20世纪20年代

样就腾出了220台机车来运输粮食。乌法省内的伏尔加—布古利马铁路的仓库开始进行装卸作业，原先这里存放有将近100万吨粮食。

1919年秋，列宁起草俄共（布）中央在乌克兰的政策提纲的草案，建议粮食工作"首先要让哈尔科夫和顿涅茨煤田有粮吃"，"暂缓从乌克兰向俄国征集余粮，尽量往后退（也就是说，我们俄国的余粮现在基本够用）"，"总之，执行粮食政策要比在俄国更为慎重，当地的粮食政策原则对中农要体谅一些，少征一些余粮，等等"。[10]

中央委员会未经修改批准了这一提纲，并指出，"决不能违背我们粮食政策的原则"。

经过1919—1920年的余粮收集制，共收购了（包括西伯利亚）340万吨粮食和饲料，比之前的两年多了两倍。苏联工人和职员的供应标准增加到每天0.5公斤粮食、每月0.25公斤糖和1.8公斤肉。[11]

1921年2月初，列宁在克里姆林宫接见了西伯利亚农民О.И.切尔诺夫。这位农民读了自己用铅笔写的关于西伯利亚用税取代余粮收集制情况的便函。他回忆说，弗拉基米尔·伊里奇的表情刚开始"好像显出淡漠、倦怠的神情，似乎是说，您的报告让我讨厌。但随着我往下念，他的脸色明显有了变化，不时眯起左眼，突然转过来看着我，又眯起了眼睛。等我快念完的时候，我看到几分钟内他头脑里就在决定一个极其重要的问题……

列宁听取我的意见，不是因为我是一个不平凡的人，**而是要通过我听取全体农民的意见，通过我看到下层社会的复杂**"。[12]

列宁请求切尔诺夫再补充说说他如何理解累进税，并把信转给《真理报》发表。

共产国际第一次代表大会

莫斯科

列宁敦促外交人民委员格·瓦·契切林召集会议，以成立第三国际即共产国际，因为前一天英国工党提出了重建第二国际。

共产国际第一次代表大会于1919年3月2日在克里姆林宫开幕。与会的外国代表来自德国、瑞典、挪威、奥地利、瑞士、美国、英国、荷兰、芬兰等。代表们起立默哀，悼念卡尔·李卜克内西和罗莎·卢森堡。

美国社会主义工人党代表鲍里斯·雷恩施坦回忆说：“以列宁为首的上百位同志，于1919年3月2日下午聚集在克里姆林宫历史悠久的米特罗凡大厅。他们对英勇和忘我的德国共产党的热爱和尊敬，笔墨难以形容。这种感情也推及到与会的德国代表阿尔伯特同志（埃贝莱因）。除了主持会议开幕的列宁同志外，没有人比阿尔伯特同志更受人尊重，因为他所代表的党，全体代表对他的意见非常重视。”[13]

但与大家的期待相反，德国代表建议把这次大会只看做预备会。埃贝莱因说罗莎·卢森堡也支持这一立场，并说自己没有得到党的授权。

列宁认为必须立即成立第三国际，刻不容缓。晚上他邀请德意志奥地利共产党的领导人、因路途艰难而迟到的卡尔·施泰因哈特（格鲁别尔）来到自己的办公室。施泰因哈特回忆道：“可是，列宁说，由于我到会，形势就变了，因为我是直接有权投票赞成立即成立共产国际的。”[14]弗拉基米尔·伊里奇请他在次日上午的会上发言，建议再次提出成立共产国际的问题。

3月4日上午，施泰因哈特发言并宣读了部分代表的建议：“德意志奥地利共产党、瑞典左派社会民主党、巴尔干革命社会民主联盟和匈牙利共产党的代表建议成立共产国际……成立第三国际是职责所在，因为此时在伯尔尼，可能还有其他地方，都有人试图重建旧的、机会主义的国际，把所有不坚定的、还在动摇的无产阶级分子集合

卡尔·霍尔茨

1919年取得胜利的反革命

德国历史博物馆

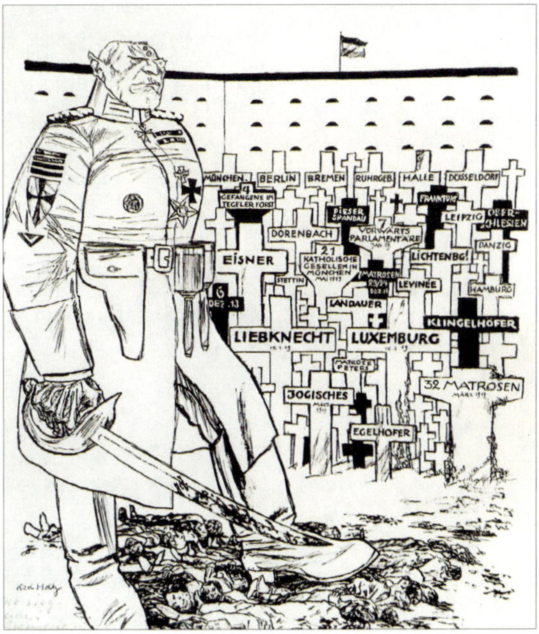

在克里姆林宫召开的共产国际第一次代表大会会议（1919年3月2—6日）
俄罗斯国家社会政治历史档案馆

起来。”[15]

这个建议博得热烈的掌声，几乎全票通过。

阿尔伯特本人在回忆录中写道，他当时试图让列宁知道，1919年初的德国共产党还不是布尔什维克意义上的党。弗拉基米尔·伊里奇回答说：“从策略上考虑，这些论点有不少正确的地方，然而还是必须立即着手成立共产国际。革命运动迅猛发展；俄国革命影响到无产阶级最先进的部分，工人群众认清了第二国际已彻底破产；尤其是**有必要引导并协调无产阶级的革命行动**。”[16]

夜里，列宁、阿尔伯特和格鲁别尔完成了代表大会宣言最终文本的修改，3月5日晚9时，在《国际歌》的雄壮歌声中，第三国际宣告成立。

从来就没有什么救世主，
也不靠神仙皇帝。
要创造人类的幸福，
全靠我们自己！
我们要夺回劳动果实，

让思想冲破牢笼。
快把那炉火烧得通红，
趁热打铁才能成功！

欧仁·鲍狄埃

《国际歌》（皮埃尔·狄盖特作曲，法国工人革命家欧仁·鲍狄埃作词）于1888年首次唱响。1902年，敖德萨一位港口装卸工的儿子、诗人阿尔卡季·科茨把这首歌译成俄语。从1905年起，俄国社会民主党人开始把这首歌作为党歌，从1918年至1944年，这首歌成为苏联的国歌。

在庆祝共产国际成立的仪式结束之后，列宁在克里姆林宫接见了英国作家、《每日新闻报》记者阿瑟·兰塞姆，这位记者讲述了西方对布尔什维克宣传的敌视态度。兰塞姆说，弗拉基米尔·伊里奇建议沿着边境修长城："即使俄国今天被大海吞没，或者完全从地球上消失，欧洲其他地方也会照样革命。你们可以把俄国藏到海底，即便如此，也不能片刻满足英国那些工长们的要求。"[17]

1919年3月16日，雅·米·斯维尔德洛夫去世。在他去世前一个小时，弗拉基米尔·伊里奇到他克里姆林宫的家里看望。3月18日举行了遗体告别仪式，这一天列宁在工会大厦圆柱大厅召开的全俄中央执行委员会临时会议上发表了讲话，他站在守灵队伍中，与送殡人群一起走到斯维尔德洛夫在红场的安葬地。

整整一年后，在大剧院召开的纪念斯维尔德洛夫逝世一周年大会上，列宁发表了讲话，对此捷克社会民主党报纸《人民权利报》记者伊万·奥尔巴赫叙述道："列宁说，雅柯夫·米哈伊洛维奇精心挑选并安排到各个岗位的

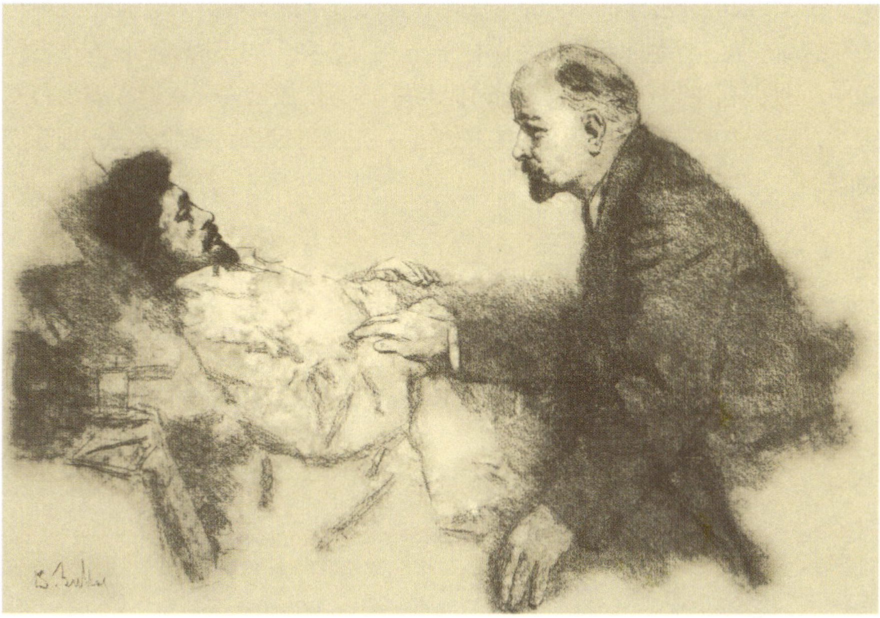

В.С.济诺夫
列宁看望病中的雅·米·斯维尔德洛夫
1967年
全俄创作社会组织"俄罗斯艺术家联盟"

B. C. 斯瓦罗格
国际歌
1930 年
诺夫哥罗德文物保护区博物馆旧鲁萨分馆

人，不是西方那样在沙龙和宴会上认识的，而是在监狱里、在押送过程中、在西伯利亚和地下工作中认识的…… 他提醒群众劳动必须要有组织，他平静生动的语言和坚决的手势好像在说：是的，是的，就是这样！他的语言很有说服力，奉承话是最少的，话里都是最根本的事实和经验。他不能忍受空话。革命会检验每一句‘话’，这就是他最厉害的才能…… 民众认真听列宁讲话。你看到的，似乎是那些静止不动的头和上半身组成的巨大铜雕。”[18]

列·达·托洛茨基在 1920 年写道：“马克思的一切都在《共产党宣言》中，在《〈政治经济学批判〉序言》中，在《资本论》中。即使他不是第一国际的奠基人，他也永远是现在的样子。相反，列宁的一切都在他的革命行动中。他的科学著作只是为了行动作准备。即使他过去一本著作都没有发表过，载入史册的他也永远是现在的样子：无产阶级革命领袖，第三国际的奠基人。”[19]

革命的火花

莫斯科

1919 年 3 月 18 日至 23 日，俄共（布）第八次代表大会在克里姆林宫召开。大会通过了列宁起草的新党纲，党纲要求加强社会主义民主，依靠全国性的计划和加强纪律来发展生产力，在国营农场和农业劳动组合基础上改造农业。

党纲的国际部分说：“帝国主义战争不仅没能由公正的和约而结束，而且根本没能由资产阶级政府缔结一个稍许稳定的和约而告终…… 在这种情况下，和平主义、在资本主义下的国际裁军、仲裁法庭等口号，不仅是反动的空想，而且是公然欺骗劳动人民，其目的是解除无产阶级武装，诱使他们放弃解除剥削者武装的任务。”[20]

在代表大会结束的前一天，大会收到了从布达佩斯发来的电报，电报说匈牙利发生了革命并建立了匈牙利苏维埃共和国，新政府提议与苏维埃政府结为防卫联盟。

列宁在红场检阅普遍军训的部队队列（1919 年 5 月 25 日）
俄罗斯国家社会政治历史档案馆

在红场检阅普遍军训部队时的列宁 萨穆利·蒂博尔在讲话（1919年5月25日）（左图）

俄罗斯国家社会政治历史档案馆

库恩·贝拉

欧根尼·莱维纳

翌日，列宁发电报给匈牙利共产主义运动领导人库恩·贝拉："请告诉我，为了使匈牙利新政府成为真正共产党人的政府，而不仅仅是普通社会党人的，即社会主义叛徒的政府，您有什么切实的保证？

共产党员是否在政府中占多数？什么时候召开苏维埃代表大会？社会党人承认无产阶级专政的实际表现是什么？"[21]

1919年5月匈牙利苏维埃共和国的军事委员萨穆利·蒂博尔来到莫斯科。5月22日他与列宁一起在红场检阅普遍军训的部队。弗拉基米尔·伊里奇在萨穆利·蒂博尔临行前请他带去《向匈牙利工人致敬》的信。

匈牙利苏维埃共和国在很大程度上实行了国有化，存在了4个多月。在协约国、匈牙利社会民主党人和保守党人的支持下，罗马尼亚军队进入匈牙利，并于8月6日占领布达佩斯。"白色恐怖"席卷全国，不经侦讯和审判就处以枪决和绞刑。

不知名作者

1919年的街头

德国

1919年4月13日，慕尼黑宣布成立巴伐利亚苏维埃共和国。在工厂和卫戍部队中选举出了以巴伐利亚共产党领导人欧·莱维纳为首的行动委员会和执行委员会，在企业中实行了工人监督、八小时工作制，组织了红军和肃反委员会。

4月27日列宁发表了《向巴伐利亚苏维埃共和国致敬》一文："恳请你们更经常更具体地告诉我们：你们采取了什么措施同资产阶级刽子手谢德曼*之流作斗争？各市区的工人和仆人苏维埃是否已经建立？工人是否已经武装起来？资产阶级是否已被解除武装？库存的衣服和其他物品是否已被用来迅速而广泛地救济工人，特别是救济雇农和小农？资本家在慕尼黑的工厂和财产以及慕尼黑郊区的资本主义农场是否已被没收？小农的押金和地租是否已经取消？雇农和粗工的工资是否已提高一两倍？是否已把所有印刷所和纸张没收，用来印刷通俗的传单和群众性的报纸？是否已实行用六小时工作、用两三小时管理国家的制度？是否已使慕尼黑的资产阶级住得挤些而使工人迅速迁入富人的住宅？是否已把所有银行拿到手里？是否扣留了资产阶级的人质？是否给工人规定了比资产阶级更多的口粮？是否已动员每个工人来担任保卫工作和郊区农村的思想宣传工作？"[22]

17天后，巴伐利亚苏维埃共和国覆灭。共和国政府的"独立社会民主党人"把共产党人排挤了出去，并为中央政府的军队让开了战线，中央政府的军队于5月1日占领慕尼黑，把红军的反抗镇压了下去。

4月底，列宁接见了来访的德国共产党使者阿尔弗雷德·库列拉。这位慕尼黑共产主义青年组织的领导人后来回忆道，当列宁试图弄清巴伐利亚农民的政治情绪时他是多么狼狈："我才说了几句'左派情绪'和'影响力增加'，列宁就惊奇地看着我。我开始讲'农民苏维埃'时，他的眉毛越扬越高；到后来我提到罗森海姆的农民苏维埃

电影《走向列宁》（导演金特·赖施）中的镜头：
列宁（米·乌里扬诺夫饰）和斯巴达克联盟盟员维克托·克莱斯特（戈·里希特饰）。（根据阿尔弗雷德·库列拉的回忆录《走向列宁》改编）
莫斯科电影制片厂和德发电影制片厂（民主德国）联合摄制
1969年

列宁在克里姆林宫里的录音设备前（1919年3月25日）
俄罗斯国家社会政治历史档案馆

* 菲力浦·谢德曼——时任魏玛共和国的联合政府总理。——俄文编者注

时，他打断了我的话：

‘罗森海姆？那不是在库夫施泰因的铁路线上吗？这是城市啊！……’

我想对我的话稍作更正，可是列宁立刻问我：‘同志，您的职业是什么？’我的答复不完全符合事实，我说自己是‘大学生’；列宁大声说：‘啊，这样啊！’他再也不问我巴伐利亚农民的情况了……

后来生活的经验让我明白了，为什么在俄国共产党内，以致后来在整个苏联，要尽可能了解一个人的观点和性格，就不仅要关注他现在的社会地位和职业活动，还要关注他的社会出身。”[23]

1919年春，弗拉基米尔·伊里奇用留声机片录了8篇讲话：《第三国际》、《告全体红军战士书》、《纪念全俄中央执行委员会主席雅柯夫·米哈伊洛维奇·斯维尔德洛夫同志》等。这些讲话是在克里姆林宫一个专门的房间或在中央出版物发行处的录音室录制的。录有列宁讲话的留声机片发行了数万份。

弗拉基米尔·伊里奇从不摆姿势让摄影师照相。1920年7月20日从彼得格勒请来的摄影师 П.С.茹柯夫是个例外。人民委员会办公厅主任索·波·布里奇金娜回忆说：“我建议摄影师作好‘战斗’准备，自己则去‘说服’弗拉基米尔·伊里奇，顶多用他5分钟。弗拉基米尔·伊里奇终于同意了，这样我们又多了一张列宁的照片。（见本书第332页。——译者注）

在这张照片上，列宁聚精会神，看着远方，就像凝视未来。”[24]

Е.И.丹尼列夫斯基
列宁在农民的小木屋里
1973年
М.Б.格列科夫军队美术家画室

凡尔赛和高尔察克叛乱的失败

莫斯科

1919年6月7日星期六，弗拉基米尔·伊里奇来到哥尔克村，在这里住到星期二。现在他定期来这个庄园待几天，从1923年5月开始长期住在这里，只有处理紧急事务时才去莫斯科。

1919年6月28日，第一次世界大战正式结束。战胜国（美国、英帝国、法国、意大利、日本、比利时等）与战败的德国在法国凡尔赛签署了和平条约。

同时高尔察克海军上将的军队推进到伏尔加河，邓尼金将军向莫斯科进发。列宁说这是革命的最危急的时刻。他在7月9日的《大家都去同邓尼金作斗争！》一文中指出，英国和法国用本国军队强占乌克兰和阴谋夺取彼得格勒的计划破产了，他们对高尔察克的援助也失败了，现在他们来帮助邓尼金进攻了：

“现在高尔察克（邓尼金和他是一对双生子）的真相已被完全揭穿了。枪杀几万工人；甚至枪杀孟什维克和社会革命党人；鞭挞成县成县的农民；公开毒打妇女；地主家庭出身的军官横行无忌；大肆掠夺。高尔察克和邓尼金的真相就是如此。”[25]

哥尔克村的庄园

Я. С. 尼古拉耶夫
高尔察克叛乱
1973 年
伊尔库茨克 В. П. 苏卡乔夫艺术博物馆

从中国传来了学生、知识分子和小资产阶级反对帝国主义的“五四运动”爆发，上海数万工人罢工的消息。7 月 25 日，人民委员会通过了《致中国人民和中国南北政府书》，宣布苏维埃政府放弃沙皇政府侵占的领土，包括从中国夺来的“满洲”及其他地区，废除沙皇政府为俄国资本家的利益而与日本、中国及前盟友签订的秘密条约，撤销俄国商人在中国开设的洋行。

不久，广州（广东）政府主席孙中山对此作出回应：“中国人民愿战斗牺牲实现自决。新中国和新俄罗斯将如亲善兄弟般挽手前进。”

罗斯塔社 8 月 28 日的电报说，瑞典《人民政治日报》刊登了英国陆军大臣温斯顿·丘吉尔关于 14 个国家将对苏维埃俄国进行武装干涉的讲话。列宁标出了电报中的一些句子，列出了这些国家的清单：“英国、美利坚合众国、法国、意大利、日本、芬兰、冰岛、拉脱维亚、立陶宛、波兰、乌克兰、格鲁吉亚、阿塞拜疆、亚美尼亚”，并在页边写了“高尔察克、邓尼金”。[26]

10 月 15 日，俄共（布）中央政治局会议决定，坚守图拉、莫斯科、彼得格勒和通往这些城市的要冲，从白海战线撤下尽可能多的军队来保卫彼得格勒地区，在乌拉尔和土耳其斯坦建立军事基地。

西北地区白卫军总司令尼·尼·尤登尼奇的军队占领了彼得格勒近郊的红谢洛、加契纳、维里察，并向托斯诺进军，还破坏了铁路线。10 月 17 日，国防委员会给彼得格勒发电报：必须守住阵地直到增援部队赶到。10 月中

A.M. 兹纳克
高尔察克叛乱失败
1977 年
克拉斯诺亚尔斯克国立 В.И. 苏里科夫艺术博物馆

旬，红军开始击退距市中心 28 公里的儿童村（原皇村）的敌人。

10 月 23 日，西伯利亚革命委员会告知莫斯科：高尔察克的军队被击溃，俘虏 4.5 万名士兵、290 名军官、10 名将军，缴获 300 万发子弹、150 万发炮弹、4000 节车皮、168 台蒸汽机车和 50 艘轮船。塞米巴拉金斯克省和阿尔泰省爆发了游击起义。

1919 年秋，列宁的小册子《为战胜高尔察克告工农书》面世。书中谈到了战胜高尔察克叛乱的主要经验，第一条就是巩固红军："最令人焦虑的是游击习气，是某些队伍的擅自行动和不服从中央政权的指挥，因为那会招致灭亡，乌拉尔、西伯利亚和乌克兰的情况都证明了这一点。

谁不全心全意地帮助红军，不用全力维持红军中的秩序和纪律，谁就是卖国贼和叛徒，就是高尔察克叛乱的支持者，谁就应该被无情地消灭。"[27]

到 1919 年 12 月，红军在从奥廖尔和沃罗涅日追击邓尼金军队的过程中，解放了哈尔科夫、基辅、波尔塔瓦、顿涅茨煤田，并向顿河畔罗斯托夫方向进发。英国人向摩尔曼斯克的进攻和波兰人在西线的进攻均被击退。拉脱维亚、立陶宛和爱沙尼亚政府都同意进行和谈。

11 月 7 日，列宁参加了在红场举行的十月革命两周年的庆祝活动和在大剧院召开的庆祝大会。

11 月 22 日，弗拉基米尔·伊里奇向出席全俄东部各民族共产党组织第二次代表大会的代表们发表了讲话。他描绘了世界共产主义运动原来没有遇到过的任务：把共产主义的一般理论运用于绝大多数农民，运用在不是反对资本而是反对中世纪残余的斗争中。弗拉基米尔·伊里奇说："这是一个困难而特殊的任务，但又是一个能收到卓著成效的任务，因为一些还没有参加过斗争的群众正被卷到斗争中来，另一方面，由于东部组织了共产党支部，你们就能够同第三国际保持最紧密的联系。"[28]

俄共（布）第八次代表会议（1919 年 12 月 2—4 日）对这两年保卫苏维埃政权的斗争进行了总结，弗拉基米尔·伊里奇在会上作了中央委员会政治报告，并就在乌克兰的错误（推广公社时不按照自愿的原则、从中农手里征集余粮）发表了讲话。代表会议通过了新党章。

随后召开的全俄苏维埃第七次代表大会（12 月 5—9 日）建议与英国、法国、美国、意大利、日本一起和分别进行和谈。

"工人反对派"在内部战线发起进攻，他们提出通过"民主集中制"（"民主集中派"有亚·加·施略普尼柯夫、谢·巴·梅德维捷夫、亚·米·科伦泰等人）管理国民经济和国民经济服从于"全俄生产者代表大会"的思想。

列宁、托洛茨基等人在红场游行时站在克里姆林宫墙边（1919 年 11 月 7 日）
俄罗斯国家社会政治历史档案馆

列宁坚持他早在 1918 年提出的一长制原则：**“苏维埃机关的管理工作问题一概通过集体讨论来决定，同时应当极其明确地规定每个担任公职的人对执行一定的具体任务和实际工作所担负的责任。”**[29]

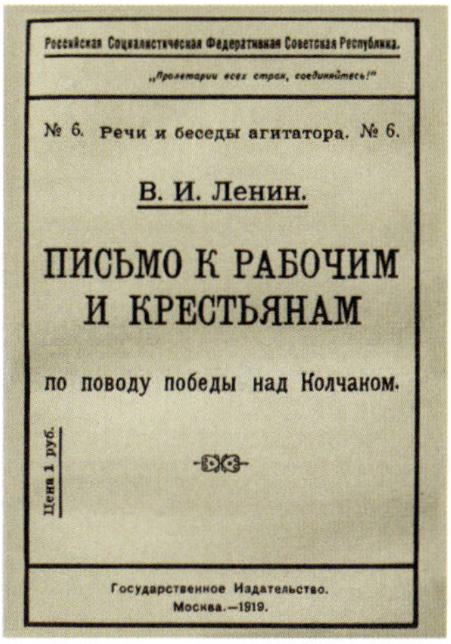
Российская Социалистическая Федеративная Советская Республика.
„Пролетарии всех стран, соединяйтесь!"
№ 6. Речи и беседы агитатора. № 6.
В. И. Ленин.
ПИСЬМО К РАБОЧИМ И КРЕСТЬЯНАМ
по поводу победы над Колчаком.
Цена 1 руб.
Государственное Издательство.
Москва.—1919.

列宁的《为战胜高尔察克告工农书》小册子封面（1919 年）

在俄共（布）第九次代表大会上（1920 年 3 月 29 日—4 月 5 日），弗拉基米尔 · 伊里奇不得不提到“布列斯特和约”：“这又是完全实行集体管理制的时期。这是无法跳过的历史事实，因为人们说集体管理制是学习管理的学校。但我们不能总是蹲在学校的预备班里！”[30]

代表大会通过了建立一长制基础上的坚强领导和吸收旧专家的决议。

1920 年 4 月初，工农国防委员会改组为劳动国防委员会。后来，直到 1937 年，这个委员会一直行使人民委员会的经济建设委员会的职权。

В. С. 斯瓦罗格
邓尼金被俘
1932 年
诺夫哥罗德文物保护区博物馆旧鲁萨分馆

共产国际第二次代表大会和波兰

莫斯科

列宁的五十岁寿辰过得很平静。1920 年 4 月 23 日，俄共（布）莫斯科委员会组织了一个晚会，但过了茶歇快到 8 时的时候，弗拉基米尔·伊里奇才来。他感谢在场的同志们："第一，感谢你们今天对我的祝贺；第二，更感谢你们让我免听祝词。"[31]

И.И. 布罗茨基
共产国际第二次代表大会
（共产国际第二次代表大会在乌里茨基宫（原塔夫利达宫）隆重开幕）
1924 年
国家历史博物馆

莫斯科党委委员波·米·沃林回忆说：“那时候国内不仅没有出版过最简短的列宁传记，甚至连叙述他生平和活动的小册子也没有。因此，许多同志，甚至莫斯科的党内积极分子都不知道，4 月 22 日是弗拉基米尔·伊里奇的五十寿辰。”[32]

列宁的《共产主义运动中的“左派”幼稚病》一书封面（1920 年）

3 个月前，从斯摩棱斯克省别利斯克县打猎归来的弗拉基米尔·伊里奇与弟弟德米特里、肃反委员会工作人员伊·巴·茹柯夫和革命法庭庭长尼·瓦·克雷连柯一起，在奥列尼诺车站被捕，并被押送到了县军事委员部。后来军事委员解释说，因为事先不知道列宁要来。

1920 年 6 月上半月，列宁的《共产主义运动中的“左派”幼稚病》一书出版。书中将布尔什维克的经验与各国共产党的统一普遍遭到破坏的情况下的国际共产主义策略作了对比。弗拉基米尔·伊里奇指出，从 1903 年起，布尔什维克就在两条战线战斗：既要与转向资本主义的公开的机会主义，还要与“左的”词句掩饰下的小资产阶级革命性进行斗争。

这本书分发给了 1920 年 7 月 19 日—8 月 7 日在彼得格勒—莫斯科召开的共产国际第二次代表大会的代表们。参加大会的有来自欧洲、美洲和亚洲的 67 个共产党和工人组织的 217 名代表。列宁作了关于国际形势和共产国际基本任务的报告。大会批准了《加入共产国际的条件》，这一文件把共产国际与机会主义的和中派的党和团体隔离开来。

乔治·寇松

大会开幕前，列宁接见了法国代表团。《人道报》社长马塞尔·加香回忆说，弗拉基米尔·伊里奇对《人道报》的每一号都十分了解，并批评了编辑部的做法：“有的人坚持机会主义，另一些人反对这种有害的立场。这些相互矛盾的说法，你们希望工人怎么分辨清楚？”[33]

米哈伊尔·尼古拉耶维奇·图哈切夫斯基

列宁还对法国代表说：“我们唯一的任务就是教育各国无产阶级，使他们在发生事变时不至于措手不及，一旦时机到来，就能领导

Б. М. 库斯托季耶夫
基辅的节日之夜（庆祝共产国际第二次代表大会在彼得格勒召开 1920 年）（上图）
1923 年
国立中央俄罗斯现代史博物馆

М. Б. 格列科夫
红军的机枪车冲出阵地（下图）
1933 年
全俄创作社会组织“俄罗斯艺术家联盟”

这些事变。你们跟我们说人手不够！我们的人手也不够。但我们继续前进，人就会成长起来。”[34]

列宁在《女共产党员》杂志（1920 年 8—9 月）上对这次大会进行了总结：“工人群众愈来愈倾向共产主义，迫使第二国际内最主要的欧美政党——法国社会党、德国和英国的‘独立’党、美国社会党退出了第二国际，从这一事实就可以看出，一年来我们取得了多么大的成就。”[35]

代表大会结束后，弗拉基米尔·伊里奇接见了此前就已相识的中国旅俄华工联合会会长刘泽荣。刘泽荣请列宁帮忙让中国政府使团入境苏维埃俄国，中国政府害怕西方的干涉，让使团打的旗号是为西伯利亚的中国侨民提供粮食援助。

文国璋
无限关怀（列宁和刘泽荣）
中央编译局

刘泽荣回忆说：“我把我的想法说给列宁听。列宁认为没有北京的正式通知也可以让使团来莫斯科。他当场给外交人民委员部写了一张便条，请外交人民委员部安排让中国使团来莫斯科。列宁同志的决定再一次说明了他对中国的态度，并说明列宁多么重视同中国政府建立关系的可能性。”[36]

1920 年 9 月使团来到莫斯科。使团收到了外交人民委员格·瓦·契切林关于苏维埃政府愿意同中国建立友好关系的正式信函。

在共产国际第二次代表大会期间，苏波战场上的战斗还在进行。夏天，亚·伊·叶戈罗夫的西南方面军部队和米·尼·图哈切夫斯基的西方面军部队把占领乌克兰的波兰元帅约·皮尔苏茨基的部队击退了 500 多公里，并直逼华沙。7 月 12 日，英国外交大臣乔治·寇松以国际联盟*的名义发来电报，建议苏俄派代表到伦敦与波兰政府谈判。他要求停止进攻波兰，并与盘踞克里木的弗兰格尔签订和约。

列宁与参加共产国际第二次代表大会的代表座谈

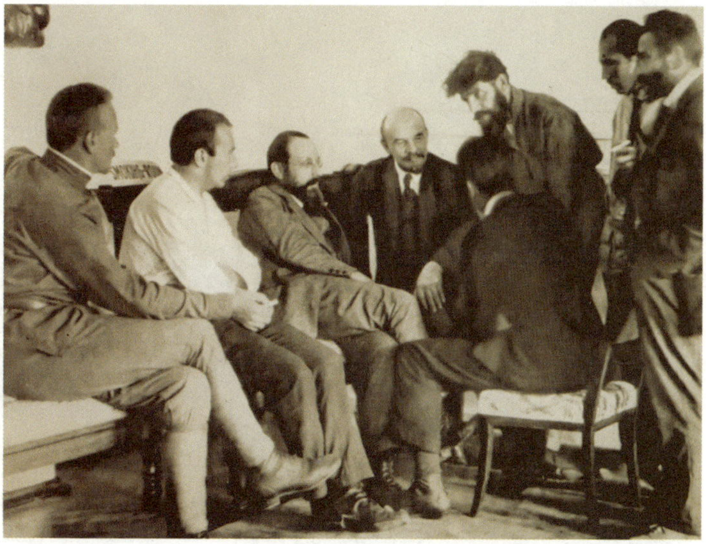

* 国际联盟是第一次世界大战的战胜国在 1919 年召开的巴黎和会上成立的。——俄文编者注

亚历山大·伊里奇·叶戈罗夫

1920年9月22日，列宁在俄共（布）第九次代表会议讨论与波兰签订和约时对这件事作出了回应："当时我们答复寇松说：'你们提到了"国际联盟"。可是"国际联盟"算什么东西？简直不值一提。还有一个问题，波兰的命运谁说了算。问题的解决不是看"国际联盟"说什么，而是看红军战士说什么。'如果把我们的照会译成大白话，那么这就是我们对寇松的答复。"[37]

经常见到列宁的德国共产党中央委员雅各布·瓦尔歇写道："苏维埃政府决不会同意寇松照会中提出的建议。由于列宁态度坚决，终于拒绝了西方列强的建议，并决定继续进攻。此后不久，前线战局急转直下，红军后退了一百多公里。苏俄同波兰签订和约时，不得不同意把边界向东移了很多。"[38]

5个月后，列宁在莫斯科苏维埃全会上（1921年2月28日）承认了苏维埃领导人的战略失误："在对波战争中我们的红军勇敢顽强，但是我们前进得稍微远了一些——一直打到了华沙城下，后来一退就几乎退到了明斯克。"[39]

早在1920年，约·维·斯大林就在《协约国对俄国的新进攻》一文中反对"向波兰进军"，他写道："同高尔察克和邓尼金的后方不同，波兰军队的后方是单纯的，民族方面是团结的。因此，它的后方是统一的和坚固的。后方居民的普遍情绪——'祖国情感'通过很多条线传到波兰前线，在部队中造成了民族团结和坚定精神。因此，波兰军队是坚强的。"[40]

И. А. 弗拉基米罗夫
资产阶级逃离新罗西斯克
1926年
国立中央俄罗斯现代史博物馆

И.В.苏沃洛夫
娜·康·克鲁普斯卡娅像
“列宁的哥尔克”文物保护区博物馆

到1920年末，随着彼·尼·弗兰格尔（邓尼金的继承者）的军队被击溃，国内战争在俄国大部分地区都已经结束。在西伯利亚和远东还有一些日本干涉者的军队。

此前，英国陆军大臣温斯顿·丘吉尔在备忘录中提醒政府：“如果盟国及时和协商一致采取的措施能够轻松地支撑住高尔察克、帮助邓尼金取得全胜和让尤登尼奇与爱沙尼亚人和芬兰人一起占领彼得格勒，那么现在布尔什维克距离在各条战线取得全面的军事胜利也就不远了……

因此，通过正确协商一致的各项措施且不多费人力财力，努力建立一个反布尔什维克的、文明的和对协约国友好的俄国，这是我们原来完全可以做到的，而现在，我们很快就要与一个军国主义的布尔什维克的俄国打交道了。”[41]

列宁在谈到第一次世界大战中1000万人丧命和2000万人残废时，把这次战争的意义归结为：“是为了解决是德国资本家还是英国资本家发大财的问题。这是实情，无论怎样掩盖，它总会暴露出来。”[42]（1920年3月6日在莫斯科苏维埃庆祝第三国际成立一周年大会上的讲话）

……10月11日，弗拉基米尔·伊里奇和娜捷施达·康斯坦丁诺夫娜在喀山火车站迎候运送在纳尔奇克去世的伊涅萨·阿尔曼德灵柩的火车。十月革命后，阿尔曼德领导党中央妇女部，1918年列宁派她去法国，以便把协约国中的数千名俄罗斯远征军士兵带回国。她在法国被逮捕，但在列宁威胁要枪决莫斯科的全部法国使团人员后，她被释放。

列宁和克鲁普斯卡娅领养了阿尔曼德年纪较小的孩子安德烈和因娜（年纪大的儿子们在军队中），安排他们住进莫斯科郊外的“海鸥”疗养院。

同年秋天，克拉拉·蔡特金在克里姆林宫的列宁家中拜访了列宁：“我可以发誓，列宁穿的那件朴素干净的上衣，还是1907年在第二国际斯图加特代表大会上我初次见他时他穿的那件。当时，像艺术家一样眼光敏锐的罗莎·卢森堡指着列宁对我说：‘好好看这个人，这就是列宁。看他那固执倔强的头。’”[43]

克拉拉·蔡特金有5年没有见到娜捷施达·康斯坦丁诺夫娜了，她这样描述后者：“她把头发往后梳得很整齐，在脑后挽了一个发髻，她穿着朴素的衣服，就像一位老惦记着抓紧干活、生怕浪费时间的劳累的工人的妻子。”[44]

温斯顿·丘吉尔

加电气化

莫斯科—卡希诺

到1920年末，苏维埃俄国的工业已经基本完成了国有化。国家掌握了34.7万家正常运营的企业，其中一半企业拥有机械发动机。一半以上的工人集中在大型企业（有31名以上工人的企业）中。[45]

列宁早在1894年就描述过没有企业主的社会："那时调节生产的就不像现在这样是市场，而是生产者自己，是工人社会本身；那时生产资料就不属于私人而属于全社会。"[46]（《什么是"人民之友"以及他们如何攻击社会民主党人？》）1917年他在《国家与革命》一书中重申了这一思想："整个社会将成为一个管理处，成为一个劳动平等和报酬平等的工厂。"[47]

但他在后面解释说，这种"工厂"纪律"决不是我们的理想，也决不是我们的最终目的，而只是为了彻底肃清社会上资本主义剥削制造成的卑鄙丑恶现象和为了继续前进所必需的一个阶段"。[48]

Н. Ф. 科尔尼洛夫
十月的赞歌
1987年
克拉斯诺亚尔斯克国立
В. И. 苏里科夫艺术博物馆

И. А. 加拉加诺夫
顿涅茨克冶金工厂（原约·休斯冶金工厂）
顿涅茨克共和国艺术博物馆

在列宁昔日的战友中，既有反对国有化的，也有支持国有化的。1921年，过去的合法马克思主义者彼·伯·司徒卢威写道："取消私有制和城市中的经营自由，这种取消经历了不同的阶段，但不可改变地导致同样的结果，不断地破坏生产力、破坏生产。"[49]

另一位合法马克思主义者米·伊·杜冈－巴拉诺夫斯基早在1919年就认为资本主义阻碍生产力发展，因为资本主义"使教育被少数富有阶级的人所垄断。知识是人类最强大的生产力。但在现有条件下，只有极少数人充分发挥了自己的智力，大多数人都被迫长期从事繁重的体力劳动"。[50]

1920年10月初，弗拉基米尔·伊里奇接见了英国作家赫伯特·威尔斯。威尔斯在《黑暗中的俄罗斯》一书中写道："我们的整个谈话都贯穿两个（姑且这样说）主题。一个主题是我问的：'您认为未来的俄罗斯是什么样的？你们正在努力建设什么样的国家？'第二个主题是列宁问的：'为什么英国没有发生社会革命？为什么你们不做进行革命的任何准备工作？为什么你们现在不消灭资本主义、不建立共产主义国家？'"[51]

列宁与英国作家赫伯特·威尔斯谈话（1920年10月6日）
俄罗斯国家社会政治历史档案馆

对于威尔斯关于资本主义制度会变成全世界范围的集体主义制度的断言，列宁进行了反驳。威尔斯说："因此列宁必须证明，现在的资本主义制度是极其贪婪和挥霍无度的，完全不理会理性的声音，只要资本主义没有被消灭，它就会不可理喻、漫无目的地剥削人用双手创造出来的一切，资本主义将永远反对为了公共福祉而利用自然资源，资本主

A. A. 安德列耶夫
列宁和斯大林讨论俄罗斯电气化计划
1938 年
"斯莫尔尼宫"历史纪念馆

义将不可避免地引起战争，因为追逐暴利是资本主义的基本原则。"[52]

在革命后的这段时间，苏维埃俄国的工业生产减少到战前水平的七分之一，工人数量减少到三分之一。格·马·克尔日扎诺夫斯基写道："十月革命使苏维埃俄国的经济工作者成为真正的开拓者。革命刚刚把辽阔的国家从世纪的沉睡中唤醒。准确地说，对于我国的自然资源，我们仅仅知道一点毛皮。"[53]

1920 年 10 月 27 日，工程师罗·爱·克拉松在克里姆林宫的米特罗凡大厅作报告，并放映了在莫斯科省的沙图拉泥炭沼泽用水力开采泥炭的电影。弗拉基米尔·伊里奇把自己的意见转给了最高国民经济委员会："泥炭开采的机械化可以使俄罗斯联邦国民经济的恢复和全国电气化的整个事业以现在无法比拟的高速度、更扎实地、更广泛地向前发展。因此必须立即在全国范围内采取一系列措施以发展这项事业。"[54]

应莫斯科省卡希诺村农民的邀请，11 月 14 日弗拉基米尔·伊里奇和娜捷施达·康斯坦丁诺夫娜前来参加当地电站的落成典礼。人们在路边埋了一根柱子并挂上电灯，搭了主席台，弦乐队演奏了《国际歌》。

当地农民库·瓦·梅沙尔金说："我们选了村里最好的一座房子——玛丽亚·尼基季奇娜·卡什金娜的家。大家都想把客人请到自己家去，但玛丽亚·尼基季奇娜家的房子有两个房间，窗子很多，屋里镶着薄板，房檐还雕了花纹……有人给他和娜捷施达·康斯坦丁诺夫娜每人端来一杯家酿啤酒。

'劲儿大吗？'他问。

瓦西里萨·马拉费耶娃和玛丽亚·卡什金娜马上说，酒里没有放啤酒花。他喝了酒，擦了擦浅色的胡子。娜捷施达·康斯坦丁诺夫娜也把酒喝了。

我们在他们面前摆上了肉冻和切成块的面包。

'块儿可真大'，他一边说一边用刀切肉冻。

他跟我们说话很随便，好像他是农民的儿子。”[55]

俄罗斯国家电气化委员会的十年计划在全俄苏维埃第八次代表大会（1920 年 12 月 22—29 日）上得到了批准。计划的第一阶段将建设 30 个地区电站，总功率为 174 万千瓦，今后工业将比 1913 年有明显的增长：钢产量增长 0.5 倍，生铁和煤产量增长 1 倍，铜产量增长 1.5 倍。[56]

弗拉基米尔·伊里奇在代表大会上作报告时说：**“共产主义就是苏维埃政权加全国电气化。”**[57]

苏维埃第八次代表大会在农业政策方面没有作出决议，但当时农村实行的余粮收集制受到一些代表的批评。列宁解释说：“我们承认欠了农民的债。我们用纸币从他们那里换来粮食，我们是向他们借的，我们应当偿还这笔债务，恢复了我们的工业以后，我们一定要偿还。”[58]

在农村的木屋里，在人民委员会的办公室里，在卡希诺，都有农民向列宁询问余粮收集制的情况。农民梅沙尔金回忆说：“他说，战争即将结束。情况将会好转。到那时候，苏维埃政权将会稳固、经济状况会好转、工厂将恢复生产。会有布匹、粮食，还有让庄稼人用机器耕地、让庄稼获得丰收的东西（他指的是拖拉机）。他说，国家从农民那里拿走的东西，到了和平时期将会成百倍地偿还。”[59]

列宁和克鲁普斯卡娅在电站落成典礼上在卡希诺村的农民中间（1920 年 11 月 14 日）
俄罗斯国家社会政治历史档案馆

政府主席

莫斯科

“时钟的大指针离开会时间还差半圈儿呢。房间里这时只有一个人，即将召开的会议的主席——列宁。这是他的习惯——不让别人等他。
我们惊讶地看到，世界上最辽阔的国家的最权威的领袖，竟在充当自己办公室的普通工作人员，在召集基层的委员会。
他对最早来开会的几个人欢迎说：
‘同志，请！请进，请坐！’”[60]

西伯利亚革命委员会委员 B.H. 索柯洛夫回忆了他奉命参加的哈萨克斯坦边界委员会会议的情况。

“大概，列宁是经常而不仅是在个别情况下才担负起委员会的直接领导工作”，索柯洛夫继续说道。“有了他参加，到会的人数比往常多，比往常全。而在会场上，乱哄哄的场面却反而少了，一切都变得有条不紊，很有成效。有列宁在，似乎任务本身与完成任务的时间都非常紧凑。”[61]

在最初几个月，人民委员会几乎天天开会，会议议程上有多达 60 个问题。1918 年，在列宁的坚持下，通过了一个专门决定：“设立一个‘琐碎的’

H.H. 茹柯夫
列宁在看《真理报》
“列宁的哥尔克”文物保护区博物馆

委员会来研究一些小的、‘琐碎的’事务”。后来这个委员会被称为小人民委员会，由各人民委员部部务委员会委员及其主席组成。

1919年，列宁给司法人民委员德·伊·库尔斯基写道：“是建立人民委员会一般议事规程的时候了。

1. 给报告人的时间是十分钟。

2. 给发言人的时间，第一次五分钟，第二次三分钟。

3. 发言不得＞两次……”[62]

在列宁主持的300多次人民委员会会议和100多次国防委员会会议上，这个规程都得到严格的遵守。

1920年，人民委员会每星期二晚6时开一次会。《真理报》编委尼·列·美舍利亚科夫描述了会议开始时的情况：“弗拉基米尔·伊里奇说：‘同志们，这不是开群众大会，没必要进行鼓动，只需要谈实质问题。’因此，列宁的左手总是拿着一块表……弗·伊·列宁在听发言的同时，还浏览外国报纸或者校样。他有时也拿起一张纸，给某人写个便条，然后再看一些回复的便条。在整个这段时间里，他又能仔细地倾听每个人的发言。他在作总结时，能够把大家发言中最主要的东西出色地进行归纳，并且作出深思熟虑的决定。”[63]

Н. Н. 茹柯夫

时间到了

1952年

“列宁的哥尔克”文物保护区博物馆

当人民委员会的会议进行到半夜时，小人民委员会主席格·莫·列普列夫斯基发现，“到了10时，弗拉基米尔·伊里奇已经感到非常疲劳了。他主持会议时，由于思想一直处于高度紧张的状态，因此在会议结束时就显得体力不支了。这明显地反映在他的脸上，也反映在他语调丰富的语气和声音上。”[64]

人民委员会秘书莉·亚·福季耶娃写道：“列宁比任何人更懂得时间的价值，因而珍惜时间。他不会白白浪费一分钟的时间。每天早晨，他在家里吃完早饭，总是在同一时间来到办公室，阅读报纸和文件，给秘书作指示，接见同志们，主持会议，4时整回家吃午饭。午饭后休息一会儿，在6时前精力充沛地回到办公室，一直工作到深夜。”[65]

弗拉基米尔·伊里奇每天都接见两三个人（用半个小时到一个半小时），而会见代表团则用去8—10个小时。最高国民经济委员会的工作人员

A. B. 莫拉沃夫
德・伊・乌里扬诺夫
1942 年
乌里扬诺夫斯克列宁纪念馆

伊・卡・叶若夫回忆了自己因为给工人发放冬衣的手续拖拉来找列宁的事：

“他回答说：

‘那就拿起笔，给我写信，我来做些必需的工作，就这么办。’

我就是这么办的……

弗拉基米尔・伊里奇总是什么都能照顾到，鞭策所有人，给每个人明确而切合实际的指示。直到弗拉基米尔・伊里奇病倒了，我们才明白，列宁为国家生活的各个领域所做的工作太繁重了，我们没有考虑这会多么消耗他的精力。列宁自己也完全不遗余力。”[66]

弗拉基米尔・伊里奇有时在休短假时，会在弗拉基米尔省的亚历山德罗夫县，莫斯科省的克林县、谢尔普霍夫县、博戈罗茨克县和波多利斯克县，斯摩棱斯克省的韦利斯克县打猎。他经常在小木屋或草棚里过夜，与农民交谈，有时就坐货运列车的取暖车厢返回。

列宁曾与德米特里・伊里奇在哥尔克村附近打猎，据德米特里的讲述，有一天在猎捕黑琴鸡雏时，弗拉基米尔・伊里奇穿着蓝色的竖领衬衫和旧夹克，就像一个钳工一样，当地的猎人米哈伊尔・普列沙科夫骂这位“钳工”没有及时开枪：

“有个猎人拧了他一下，低声说：‘别骂，这是列宁’……

伊里奇去世后，一个画报刊登了米哈伊尔・普列沙科夫的照片，下面写着：‘列宁的打猎向导’。

普列沙科夫把这期画册一直珍藏在自己的手提箱里。”[67]

列宁也曾亲自派同志们去休息。在发生了粮食人民委员瞿鲁巴饿晕的事后，列宁发布命令，“因不认真对待国有财富（两次晕倒），现对亚·德·瞿鲁巴**提出第一次警告，并命令他立即回家……　列宁**”。[68] 弗拉基米尔·伊里奇在得知费·埃·捷尔任斯基工作到咳血后，用中央委员会决定的形式把他送到纳罗福明斯克附近的一个国营农场休息两周并加强营养，因为列宁知道那里没有电话。

高尔基写道：“在艰难困苦、忍饥挨饿的1919年，列宁不愿意吃地方的同志、士兵和农民们给他寄来的食品。当邮包送到他那不算舒适的家里时，他会皱眉、为难，并把面粉、糖、黄油送给因吃不饱而生病和身体虚弱的同志们。”[69]

……应该说说有关木柴的一件事。美舍利亚科夫证明，冬天有农民来找弗拉基米尔·伊里奇，他们问：“‘弗拉基米尔·伊里奇，您这儿怎么这么冷？’列宁说：‘是啊，没有木柴，得省着用。’过了些日子，这些农民们往莫斯科运来一车厢木柴给列宁，还送来一封信，信中说：‘……我们给您送来一车木柴，请您把火炉生起来，如果没有砌炉匠，请写信来，我们可以派一个去，我们农村有人会砌。’”[70]

列宁和全俄中央执行委员会主席米·伊·加里宁与在工会大厦举行的全俄哥萨克劳动者第一次代表大会的代表们（1920年3月1日）
俄罗斯国家社会政治历史档案馆

注 释

1. 《回忆列宁》，人民出版社 1982 年版，第 1 卷第 692 页。
2. 《列宁全集》中文第二版增订版第 39 卷第 109 页。
3. 《回忆列宁》，人民出版社 1982 年版，第 3 卷第 546—547 页。
4. 《回忆列宁》，人民出版社 1982 年版，第 3 卷第 435 页。
5. 《不为人知的列宁文献（1891—1922）》，莫斯科 1999 年版，第 268 页。
6. 《列宁全集》中文第二版增订版第 35 卷第 408 页。
7. 《回忆列宁》，人民出版社 1982 年版，第 3 卷第 425 页。
8. 彼·伊·利亚先科：《苏联国民经济史》（三卷本），莫斯科 1947—1956 年版，第 3 卷第 58 页。
9. 《列宁全集》中文第二版增订版第 36 卷第 61 页。
10. 《不为人知的列宁文献（1891—1922）》，莫斯科 1999 年版，第 307 页。
11. 彼·伊·利亚先科：《苏联国民经济史》（三卷本），莫斯科 1947—1956 年版，第 3 卷第 105、107、112 页。
12. 《回忆列宁》，人民出版社 1982 年版，第 4 卷第 376、377 页。
13. 《回忆列宁》，人民出版社 1982 年版，第 5 卷第 227 页。
14. 《回忆列宁》，人民出版社 1982 年版，第 5 卷第 220 页。
15. 《共产国际第一次代表大会》，莫斯科 1933 年版，第 118 页。
16. 《回忆列宁》，人民出版社 1982 年版，第 5 卷第 211 页。
17. 《回忆列宁》，人民出版社 1982 年版，第 5 卷第 235 页。
18. 《回忆列宁》，人民出版社 1982 年版，第 5 卷第 289—290 页。
19. 阿·卢那察尔斯基、卡·拉狄克和列·托洛茨基：《政治人物剪影》，莫斯科 1991 年版，第 112 页。
20. 《列宁全集》中文第二版增订版第 36 卷第 403 页。
21. 《列宁全集》中文第二版增订版第 36 卷第 205 页。
22. 《列宁全集》中文第二版增订版第 36 卷第 311 页。
23. 《回忆列宁》，人民出版社 1982 年版，第 5 卷第 257 页。
24. 《回忆列宁》，人民出版社 1982 年版，第 3 卷第 483 页。
25. 《列宁全集》中文第二版增订版第 37 卷第 42—43 页。
26. 《列宁文集》1933 年俄文版第 24 卷第 197 页。
27. 《列宁全集》中文第二版增订版第 37 卷第 148 页。
28. 《列宁全集》中文第二版增订版第 37 卷第 328—329 页。
29. 《列宁全集》中文第二版增订版第 35 卷第 359 页。
30. 《列宁全集》中文第二版增订版第 38 卷第 291 页。
31. 《列宁全集》中文第二版增订版第 38 卷第 360 页。
32. 《回忆列宁》，人民出版社 1982 年版，第 4 卷第 113 页。
33. 《回忆列宁》，人民出版社 1982 年版，第 5 卷第 303 页。
34. 《回忆列宁》，人民出版社 1982 年版，第 5 卷第 304 页。
35. 《列宁全集》中文第二版增订版第 39 卷第 269 页。

36. 《回忆列宁》，人民出版社版 1982 年版，第 5 卷第 280 页。
37. 《列宁全集》中文第二版增订版第 39 卷第 288 页。
38. 《回忆列宁》，人民出版社 1982 年版，第 5 卷第 338—339 页。
39. 《列宁全集》中文第二版增订版第 40 卷第 369 页。
40. 《斯大林全集》中文版第 4 卷第 292 页。
41. 温·丘吉尔：《我与俄罗斯作战》，莫斯科 2011 年版，第 68—69 页。
42. 《列宁全集》中文第二版增订版第 38 卷第 227 页。
43. 《回忆列宁》，人民出版社 1982 年版，第 5 卷第 2 页。
44. 《回忆列宁》，人民出版社 1982 年版，第 5 卷第 5 页。
45. 彼·伊·利亚先科：《苏联国民经济史》（三卷本），莫斯科 1947—1956 年版，第 3 卷第 72 页。
46. 《列宁全集》中文第二版增订版第 1 卷第 212 页。
47. 《列宁全集》中文第二版增订版第 31 卷第 97 页。
48. 《列宁全集》中文第二版增订版第 31 卷第 97 页。
49. 彼·伯·司徒卢威：《共产主义经济的结果和本质》，柏林 1921 年版，第 9 页。
50. 米·伊·杜冈－巴拉诺夫斯基：《社会主义是一种有益的学说》，彼得格勒 1918 年版，第 118 页。
51. 赫·威尔斯：《黑暗中的俄罗斯》，莫斯科 1958 年版，第 70 页。
52. 赫·威尔斯：《黑暗中的俄罗斯》，莫斯科 1958 年版，第 75 页。
53. 《回忆列宁》，人民出版社 1982 年版，第 4 卷第 38 页。
54. 《列宁全集》中文第二版增订版第 49 卷第 548—549 页。
55. 《回忆列宁》，人民出版社 1982 年版，第 4 卷第 331—333 页。
56. 彼·伊·利亚先科：《苏联国民经济史》（三卷本），莫斯科 1947—1956 年版，第 3 卷第 89、91 页。
57. 《列宁全集》中文第二版增订版第 40 卷第 159 页。
58. 《列宁全集》中文第二版增订版第 40 卷第 149 页。
59. 《回忆列宁》，人民出版社 1982 年版，第 4 卷第 334—335 页。
60. 《回忆列宁》，人民出版社 1982 年版，第 4 卷第 278—279 页。
61. 《回忆列宁》，人民出版社 1982 年版，第 4 卷第 283 页。
62. 《列宁全集》中文第二版增订版第 48 卷第 489 页。
63. 《回忆列宁》，人民出版社 1982 年版，第 2 卷第 114 页。
64. 《回忆列宁》，人民出版社 1982 年版，第 4 卷第 158 页。
65. 《回忆列宁》，人民出版社 1982 年版，第 4 卷第 148 页。
66. 《回忆列宁》，人民出版社 1982 年版，第 4 卷第 148 页。
67. 《回忆列宁》，人民出版社 1982 年版，第 1 卷第 149 页。
68. 《列宁文集》1933 年俄文版第 21 卷第 280—281 页。
69. 《高尔基文集》（三十卷本），莫斯科 1952 年版，第 17 卷第 35—37 页。
70. 《回忆列宁》，人民出版社 1982 年版，第 2 卷第 113 页。

第十二章

赶走沙皇比较容易

……

（1921年）

弗·伊·列宁（莫斯科 1921年1月底）

俄罗斯国家社会政治历史档案馆

新政策

莫斯科—哥尔克

1921 年 2 月 28 日，莫斯科苏维埃的代表们邀请列宁出席他们的有关粮食状况的会议。弗拉基米尔·伊里奇在讲话时指出了粮食人民委员部犯下的错误——1920 年通过余粮收集制收集了 384 万吨余粮，但是仅上半年就用去了三分之二："在解决温饱问题时我们夸大了自己的力量，没有很好地估计自己的力量。我们没有估计到我们的物资一下子就会用完；我们没有计算清楚储备的物资有多少，因此我们没有留下一点东西来应付困难的日子。"[1]

上一年歉收后出现的饥荒席卷了 31 个省，危及大约 2500 万人口。[2] 过度实行的余粮收集制导致的农民暴动遍及整个秋明省，阿尔泰边疆区的起义也愈演愈烈。彼得格勒到处张贴着孟什维克号召罢工的传单。莫斯科到处都在散布着近期要举行反苏维埃示威游行的传闻。

列宁几乎每天都致电各省，要求向中央上交谷物、燕麦等粮食，运出木柴，采购燃料，保障种子供应。3 月 2 日，他签署了人民委员会关于喀琅施塔得孟什维克和社会革命党人叛乱的报告，那里的卫戍部队和一些舰船的水兵因对余粮收集制不满，提出"没有政党和共产党人参加的苏维埃"的口号，逮捕了舰队指挥人员。

全俄肃反委员会的领导人和一些党的高级工作者给中央委员会送来报告说："几

个最重要的中心城市（莫斯科、彼得格勒等）的无产阶级群众当前正处于这样一种状态：如果党不对他们施加最有效的、革命的影响，那么他们不仅不能以自己的组织性来抵制逐渐摆脱无产阶级国家影响的农民，而且，随着经济状况继续恶化，自身也不可避免地会摆脱俄国共产党的影响。”

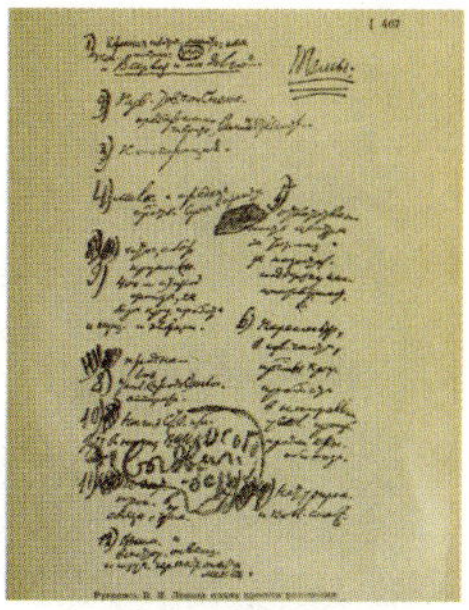
列宁起草的关于新经济政策问题的决议草案手稿（1921年）

弗拉基米尔·伊里奇向《贫苦农民报》编辑维·阿·卡尔宾斯基索要关于农民来信的综合报告。卡尔宾斯基回忆说，这种做法一年前就形成了：“当时弗拉基米尔·伊里奇向我提出了一连串的问题。

‘请看，信里写着，苏维埃政权比沙皇政权还坏’，我说道。

‘比沙皇政权还坏？’弗拉基米尔·伊里奇微微眯起眼睛笑着问道。‘谁写的？富农？中农？’”[3]

列宁又向《贫苦农民报》询问了农村的情绪，收到了数十封关于余粮收集制的信。

关于新经济政策的建议，列宁最初是在1921年2月8日召开的俄共（布）中央政治局讨论农村形势的会议上考虑成熟的，他当时就在会上写了《农民问题提纲初稿》，提出四点建议：

“1. 满足非党农民关于用粮食税代替余粮收集制（即收走余粮）的愿望。

2. 减低粮食税额，使其低于去年征粮数。

3. 同意根据农民积极性的高低来调整粮食税的原则，即农民积极性愈高，税率愈低。

4. 如果农民能迅速交足粮食税，应扩大他们将纳税后的余粮投入地方经济流转的自由。”[4]

Ю. А. 布勃诺夫
1921—1924年切博克萨雷的政治委员们（左页图）
1987年
楚瓦什国立艺术博物馆

П. Н. 克雷洛夫
集会
图拉艺术博物馆

И.А.弗拉基米罗夫
餐馆里的服务员领班
1922年
国立特列嘉柯夫美术馆

2月初，五金工人扩大代表会议在莫斯科举行。应代表们的请求，列宁为他们作了关于“农民问题”的讲话。他说：“必须竭尽全力处理好工农关系，农民——这是另一个阶级；只有阶级不存在了，全部生产工具归劳动者所有，社会主义才会到来。在我国阶级还存在，要消灭阶级还需要经过很长很长的时间，谁答应很快可以做到这一点，谁就是骗子。农民过着个体的生活，他们自己当家，单独经营，他们有粮食，可以靠粮食来盘剥所有的人。武装的敌人在窥伺着我们，为了不让敌人推翻我们，必须处理好工农关系。”[5]

1921年3月8—16日举行了俄共（布）第十次代表大会。列宁在俄共（布）中央政治工作报告中强调了无产阶级在俄国占少数这一特点：“必须振兴工业，但是，要振兴工业就要有燃料，要燃料就要有木柴，要木柴就要靠农民和他们的马匹。在危机深重、饲料缺乏、牲畜大批死亡的情况下，农民不得不把东西贷给苏维埃政权来恢复暂时还不能向他们提供任何东西的大工业。”[6]

列宁也谈到了喀琅施塔得事件：“当然，你们都知道，白卫将军们在这里也起了很大的作用。这是已经完全证实了的。在喀琅施塔得事件发生以前两个星期，巴黎的报纸就已经发表了喀琅施塔得发生暴动的消息。十分明显，这里有社会革命党人和国外白卫分子在活动，而归根到底这个运动是小资产阶级反革命势力和小资产阶级的无政府主义自发势力造成的。”[7]

党的第十次代表大会通过了以实物税代替余粮收集制的决议。紧接着，也就是在 3 月 21 日，全俄中央执行委员会颁布了《以实物税代替余粮和原料收集制》的法令。实物税与余粮收集制相比减轻了中农的负担，而且不触及贫苦农民的利益，对于其他农民而言，也是一种进步。

还颁布了其他一些法令，允许从事私营商业、成立交易所和租让企业、租赁小企业和土地。新经济政策没有触及国民经济的主要领域：95%—100% 的石油、煤炭、铁矿和制铁、泥炭、水泥工业的企业和运输机械制造业的企业，仍然归国家所有。私营工业中，大多是皮革、烟草、磨面企业。私营商业营业额占整个商业营业额的 40%。

《真理报》曾引用英国的《国民》杂志上的一段话。该杂志写道：“无论列宁作出多么大的改变，我们都绝对不会看到他放弃自己的原则路线。列宁懂得什么时候应当作出暂时的让步，而且，他在放弃一种做法时，会先去寻找另一种更好的做法。他坚定不移地追求自己的主要目标——根据集体主义原则安排俄国的整个经济。”[8]

原谢斯特罗列茨克的军械工尼·亚·叶梅利亚诺夫（他在拉兹利夫掩护过列宁）1921 年 10 月去过列宁在克里姆林宫的办公室，他后来讲道：

“他看了看我说：

‘你怎么了？病了？’

‘没什么，弗拉基米尔·伊里奇。’

‘你怎么这么瘦？’

‘我是国营农场场长嘛……’

弗拉基米尔·伊里奇和我聊了 40 分钟左右农业问题。他说：

‘粮食不足妨碍我们的工业发展。我们需要尽可能多的粮食，但是小农经济阻碍着我们的发展。现在还不是时候，但是我们很快就会着手建设大规模的农业。我们夺回了很多可耕种的土地，但是被侵吞光了。我们国家小偷和骗子还多得很。’”[9]

铁锤出版社宣传画

1922 年

A. 拉达科夫

“让别人在那里读文学作品吧，我们干的可是有油水的事，利润相当可观。”

19 世纪 20 年代

党的第十次代表大会

莫斯科

党的第十次代表大会（3月8—16日）的选举是分派别进行的，这些派别有："工人反对派"（亚·加·施略普尼柯夫、亚·米·柯伦泰），民主集中派（瓦·瓦·奥新斯基、季·弗·萨普龙诺夫），列·达·托洛茨基纲领（"整刷"工会、劳动军事化）的拥护者以及尼·伊·布哈林的力图缓和一切矛盾的"缓冲派"，这在党的历史上还是第一次。

列宁在代表大会上是《十人纲领》的代表（除他以外，还有格·叶·季诺维也夫、列·波·加米涅夫、约·维·斯大林、米·伊·加里宁等），该纲领支持"劳动军事化的合理形式"，但是谴责"集中制和军事化的工作方法蜕变为官僚主义、恣意妄为和因循敷衍的现象"。

代表大会召开前夕，亚历山德拉·柯伦泰出版了小册子《工人反对派》，对苏维埃经济机关的官僚进行了言辞激烈的批评："这些先生们对我们的上层制定的'清醒的'国家政策的影响很大，大到了很不应有的程度。他们的影响还表现在确立和维护官僚制度方面（在'改善'上作出让步，但不改变制度本身）。"[10]

列宁在俄共（布）第十次代表大会晚间会议上作报告（1921年3月8日）
俄罗斯国家社会政治历史档案馆

Н.Н.切巴科夫
列宁在国立高等美工实习学校大学生中间
伊尔库茨克 В.П.苏卡乔夫艺术博物馆

列宁在关于俄共（布）中央政治工作报告的总结发言中对这种指责予以了回应："我们自己知道，我们这里确有官僚主义的脓包，我们同这些官僚机构打交道最多，因而深受其害。我们可以签发一纸公文，但是怎样在实际工作中加以贯彻呢？官僚机构这样庞大，我们怎样进行检查呢？你们知道怎样减少这种机构，那么亲爱的同志们，请教给我们吧！你们希望辩论，但是你们除了泛泛而论，什么也没有提出来。"[11]

对于官僚主义问题，列宁在《国家与革命》一书（1917年）中就已谈到，从理论上阐述了官僚主义问题的解决办法："工人在夺得政权之后，就会把旧的官僚机构打碎，把它彻底摧毁，彻底粉碎，而用仍然由这些工人和职员组成的新机构来代替它；为了防止这些人变成官僚，就会立即采取马克思和恩格斯详细分析过的措施：（1）不但选举产生，而且随时可以撤换；（2）薪金不得高于工人的工资；（3）立刻转到使所有的人都来执行监督和监察的职能，使所有的人暂时都变成'官僚'，因而使任何人都不能成为'官僚'。"[12]

代表大会召开一年后，也就是1922年3月5日，《消息报》刊登了弗·弗·马雅可夫斯基的诗《开会迷》：

一百层楼梯爬上了好几回，
真叫人倒胃。

P. P. 弗伦茨
喀琅施塔得暴动
1935 年
国立俄罗斯博物馆

可又对你说：
“叫你一小时后再来。
正在开会：
省合作社
要买一小瓶墨水。”

第二天，也就是 3 月 6 日，弗拉基米尔·伊里奇在会见全俄五金工人代表大会共产党党团代表时谈到了马雅可夫斯基，他说：“我不是他的诗才的崇拜者，诚然我完全承认自己在这方面是个外行。但是我很久没有感到这样愉快了，这是从政治和行政的角度来说的。他在这首诗里尖刻地嘲笑了会议，挖苦了那些老是开会和不断开会的共产党员。诗写得怎样，我不知道，然而在政治方面，我敢担保这是完全正确的。”[13]

最高国民经济委员会工作人员雅·伊·金丁写道，列宁经常对庞大的编制问题感到不安：“那时莫斯科的国家机关共有职工 30 万人，这个数字使弗拉基米尔·伊里奇感到震惊。”[14]

娜捷施达·康斯坦丁诺夫娜讲述了1921年2月她同弗拉基米尔·伊里奇一起来到国立高等美工实习学校大学生中间的情况。他问大学生们说："'你们在读什么书？读普希金的作品吗？''哦，不是！'不知谁说了一句，'要知道，他可是资产者。我们读马雅可夫斯基的作品。'伊里奇笑着说：'我觉得，普希金的作品好一些。'"[15]

伊·费·阿尔曼德的女儿、曾在共产国际执行委员会工作的因娜写道："我从娜捷施达·康斯坦丁诺夫娜那里听说，这次看望大学生后列宁会见了教育人民委员阿·瓦·卢那察尔斯基，列宁责备他说：'您那里的青年人真棒，棒极了，可您教了他们些什么啊！'"[16]

不过，克鲁普斯卡娅发现，"伊里奇已经变得对马雅可夫斯基有些和善了。听到这个名字，他就想起了国立高等美工实习学校的青年人，他们充满活力和喜悦，愿意为苏维埃政权而献身，他们在现代语言中找不到表达自己心情的词汇，于是就去马雅可夫斯基的让人费解的诗歌中寻求这种表达。"[17]

……列宁在第十次代表大会上还对"工人反对派"提出的经济服从于上层政治的建议也作了回应："总之，柯伦泰同志和施略普尼柯夫同志以及追随他们的'实现了阶级团结'的人们……要使各个国民经济委员会、总管理局和中央管理局，即李可夫们、诺根们和其他一些'无名之辈'全都服从他们的必不可少的领导，他们还要向这些机构提出理论上的任务！同志们，对这些话难道能够当真吗？既然你们有一些'理论上的任务'，那你们为什么过去不提出来呢？我们宣布辩论自由为的是什么呢？我们并不是只为了交换空话才宣布的。"[18]

代表大会休会期间，列宁同一些代表举行了关于中央委员会选举的会议。俄共（布）下诺夫哥罗德省委书记阿·伊·米高扬转述了弗拉基米尔·伊里奇的话："最重要的是要保证中央委员会中的绝大多数——三分之二票属于《十人纲领》的坚定拥护者。其他位置留给托洛茨基纲领支持者、'工人反对派'以及'民主集中派'的一些代表，因为反对派的拥护者中有党的许多重要的活动家，他们在工作中很能干，在国内广为人知。"[19]

列宁同参加平息喀琅施塔得暴动的俄共（布）第十次代表大会代表在一起（1921年3月22日）

俄罗斯国家社会政治历史档案馆

代表大会批准了列宁起草的两个决议：要求解散一切派别集团的《关于党的统一的决议》和《关于我们党内的工团主义和无政府主义倾向的决议》。

1921年3月18日，由米·尼·图哈切夫斯基指挥的红军部队镇压了喀琅施塔得暴动。几年后，列·达·托洛茨基写道，如果“资产阶级政党当时推翻了执政的苏维埃那帮人的话，它就会在现在这些官僚、行政管理人员、技术人员、企业和机关领导者、党的书记——总之是在享有特权的上层人物中找到不少现成的仆从”。[20]

美国的《纽约先驱报》发表了列宁在代表大会期间同该报记者的谈话，3月26日的《彼得格勒真理报》摘要刊登了这个谈话：

“喀琅施塔得的某些疯子和叛徒却谈论什么立宪会议。但是，一个神志清醒的人在俄国目前所处的不正常的状况下恐怕连想也不会想到立宪会议。现在要开立宪会议，只能开成一个被沙皇将军们牵着鼻子走的笨蛋们参加的会议。”[21]

……代表大会闭幕后，列宁给外交人民委员部工作人员M.Ф.索柯洛夫回信说：“可以赶走沙皇，赶走地主，赶走资本家。这我们已经做到了。但是，在一个农民国家中，却无法‘赶走’、无法‘彻底消灭’官僚主义。只能慢慢地经过顽强的努力减少它。”[22]

命脉

莫斯科—哥尔克

到 1921 年初，俄罗斯苏维埃联邦社会主义共和国主要工业部门（黑色和有色冶金部门、采矿部门、化工部门）的指标跌到战前规模的百分之几，甚至百分之零点几。补充企业的流动基金需要 3 亿金卢布。[23] 交通运输遭到破坏，货币体系瘫痪。

不久前，列宁在苏维埃第八次代表大会上说："我们无疑学会了政治，这方面我们不会受人迷惑，这方面我们有基础。而经济方面的情况却不好。今后最好的政治就是少谈政治。"[24]

2 月，国家计划委员会成立。该委员会主席格·马·克尔日扎诺夫斯基给列宁发来了自己 4 月 5 日在国家计划委员会第一次会议上的发言速记记录。弗拉基米尔·伊里奇答复说：

"它的主要缺点是：关于电气化谈得太多……

列宁在俄共（布）第十次全国代表会议代表中间（1921 年 5 月 28 日）

俄罗斯国家社会政治历史档案馆

B. A. 茨韦特科夫
费·埃·捷尔任斯基和流浪儿童
19 世纪 80 年代
乌里扬诺夫斯克列宁纪念馆

可是国家计划委员会现在应当做的不是这个，而是立刻用一切力量抓当前的经济计划。

在今天，在 1921 年，现在，春天要抓燃料。

收集废品、下脚料和呆滞材料。把这些东西利用起来，以便换取粮食。”[25]

据弗·德·邦契－布鲁耶维奇回忆，4 月中旬，列宁把费·埃·捷尔任斯基请到了自己那里：

“‘您必须把交通人民委员部管起来’，弗拉基米尔·伊里奇像往常一样，同他所器重和尊敬的捷尔任斯基和悦而友好地打过招呼后说。

‘发生了什么事，弗拉基米尔·伊里奇？为什么要我当铁路人民委员？’

他们马上就谈了起来。”[26]

邦契－布鲁耶维奇描述了捷尔任斯基（他还兼任着内务人民委员和全俄中央执行委员会改善儿童生活委员会主席的职务）首次巡视铁路的情况：“白卫军、破坏分子、匪徒和盗贼抢劫车站、仓库和装载货物的车皮。在莫斯科查获了专门收购盗窃物资的秘密商业机构。这里买卖仓库提货单，凭这些提货单仓库里的货物整车整车地被运走。这里还伪造不受贿赂的人的签名和受理贵重物品的机关的签字和印章。”[27]

1921 年 5 月底，俄共（布）第十次代表会议讨论了实施新经济政策的进

M. B. 克利昂斯基
“你们说我们是幻想家？走着瞧！”
1960 年
顿涅茨克共和国艺术博物馆

程。列宁在自己 5 月 26 日作的报告中指出，为了有计划地恢复大工业，必须收集约 4 亿普特*的粮食：“我认为，根据党的报刊和会议上的讨论来看，在理论上已经完全证明了：只要我们把运输业、大工厂、经济基础连同政权一起保持在无产阶级手里，我们就能够完成这个任务。”[28]

讨论新经济政策的实施期限时，副农业人民委员瓦·瓦·奥新斯基说了一个数——25 年。列宁回应说：“我不那么悲观。我不想预测依我看究竟要多长时间，但是我认为，他说的多少有点悲观。我们能估计到 5—10 年的情况，就谢天谢地了，通常我们连 5 个星期的情况也估计不准。”[29]

1921 年 12 月，列宁在全俄苏维埃第九次代表大会上表明，新经济政策“我们要认真地和长期地（当然，正如我们已经正确指出的，并不是永远）执行”。[30]

苏维埃俄国驻伦敦全权代表列·波·克拉辛写道，随着新经济政策的实行，对外贸易的状况起了变化：“几乎每一个组织，包括经济的和许多非经济的人民委员部都储有亚麻、毛皮、猪鬃和其他出口物资。正在恢复的私人贸易和整个新经济政策开始向对外贸易人民委员部施加巨大的压力，企图冲破外贸垄断制的约束。”[31]

---

* 约 655 万吨。——俄文编者注

不知名画家
马尔托夫像
日内瓦图书馆

据克尔日扎诺夫斯基回忆，他在1921年经常同列宁谈到，要把对外贸易垄断制摆在与国民经济两大国有化命脉——土地和工业并列的位置：“只有给他解释明白，我们这个被敌人从四面包围的国家是通过对外贸易垄断制的方式才可以最有效地武装起来的国家时，他才不再反对把上述三个经济命脉相提并论。”[32]

1922年5月，弗拉基米尔·伊里奇向党中央委员会提交了关于实行对外贸易垄断制的建议，但直到秋天也未见动静。10月初，中央全会（列宁未能出席）根据第一副财政人民委员格·雅·索柯里尼柯夫的报告通过决议，“暂时准许”向俄国进口和从俄国出口某些类别的商品。

克拉辛认为，开放边境“必然会导致我国整个外贸体制垮台，就像如果有谁在气球上戳一个小洞，气球必然会掉落地面一样”。[33]

1922年10月13日，弗拉基米尔·伊里奇从哥尔克致函约·维·斯大林并转俄共（布）中央委员：

“亚麻在俄国值4.5卢布，在英国值14卢布。我们大家在《资本论》里都读到过，当利息和利润迅速增长时，资本会发生怎样的内在变化，胆子会更大。大家都记得，资本会很快达到用脑袋去冒险的地步，马克思在战前很久，在战争的‘飞跃’以前很久就看到这一点了……

俄国农村在这种问题上绝对不可能有任何‘法制’。同任何走私相提并论（据说，‘反正一样，走私也在大肆破坏垄断’）都是绝对不正确的，因为在边境上专门走私者是一回事，而全体农民则是另一回事，他们将全体出动来保护自己并同试图夺去他们‘自身’利益的政权作斗争。”[34]

列宁建议延期两个月即在下次全会召开之前解决这个问题。他责成副对外贸易人民委员安·马·列扎瓦向中央委员们、各人民委员部工作人员们解释清楚，要求托洛茨基支持对外贸易垄断，并再次致函斯大林：

“布哈林看不到，在帝国主义时代，在国与国之间贫富悬殊得惊人的时代，任何关税政策都不会有效果。这是他最令人吃惊的错误，而且是纯理论性的错误。布哈林几次提到关税保护，但没有看到，在上述条件下，任何一个富有的工业国都能够把这种关税保护完全摧毁。”[35]

1922年12月召开的党中央全会支持列宁的观点，1923年4月召开的俄共（布）第十二次代表大会确认“对外贸易垄断是确定不移的，不允许有任何的违背和执行时有任何动摇”。

……尤·奥·马尔托夫在 1917 年写道，当出现革命形势时，所有的阶级都会骚动起来，每一个政党都能够不靠本阶级的力量，而通过把其他阶级吸引到自己一边来获得政权。接着，他又指出了潜在的危险：“如果我们不是通过增强工人阶级的意识来壮大自己的力量，而是用农民的反抗和农民的所谓社会主义幻想来淡化无产阶级的、社会主义的革命性，那么我们最终将会削弱自己的力量……”[36]

1918—1921 年间经常同列宁见面的马克西姆·高尔基注意到，他在这几年间只听到列宁抱怨过一次：

“遗憾啊，马尔托夫没有站在我们这边，太遗憾了！多么好的一个同志！多么纯洁的一个人啊！”[37]

克鲁普斯卡娅注意到，列宁与一些人私交很好，同这些人的分裂使他感到无比痛苦：“记得在第二次代表大会上，当已经清楚地看到同阿克雪里罗得、查苏利奇、马尔托夫以及其他一些人的分裂不可避免时，弗拉基米尔·伊里奇是多么地难受啊。整个夜晚我和他坐在一起，一起瑟瑟发抖。假若弗拉基米尔·伊里奇对人的感情不是那样热烈的话，那么也许他不会那么早就心力交瘁了。”[38]

И. А. 弗拉基米罗夫
宣传员
20 世纪 20 年代

共产国际第三次代表大会

莫斯科—哥尔克

来莫斯科参加第三国际第三次代表大会（1921年6月22日—7月12日）的克拉拉·蔡特金在大会召开前夕会见了弗拉基米尔·伊里奇。

“‘世界革命的第一个浪潮已经平息。第二个浪潮还没有兴起’，列宁说。‘如果我们对它抱有任何幻想，那是危险的。我们不是用锁链来鞭挞大海的薛西斯。但难道指出事实就等于是按兵不动、放弃斗争吗？绝对不是。学习，学习，学习！行动，行动，行动！’”[39]

代表大会在大剧院和克里姆林宫安德列耶夫大厅举行，共有来自52个国家的605名代表参加。弗拉基米尔·伊里奇7月1日发表了未列入议程的《捍卫共产国际策略的讲话》。这一讲话是由德国、奥地利和意大利三国代表团对俄国代表团关于共产国际策略问题的提纲草案提出的修正案引起的。俄国代表团的草案中写道：“很多群众性的共产党已经成立，但是，不论在什么地方，这些党都还没有在真正的革命斗争中掌握对工人阶级的大多数的实际领导权。”

三国代表团都坚持在欧洲的左派中广泛流传的“进攻理论”。德国共产党中央委员、代表大会代表弗里茨·黑克尔特写道：“左翼独立派分子*多半仍然是这样一种意见：对于目前的革命，完全没必要争取无产阶级决定性阶层的大多数，只要有敢闯敢干的少数就够了。”[40]

大会召开前夕，意大利代表团前往弗拉基米尔·伊里奇在哥尔克村的住处做客，给他和娜捷施达·康斯坦丁诺夫娜各带了一双那不勒斯的鞋匠做的鞋和一瓶托斯卡纳的雇农酿的基昂蒂酒作为礼物。据代表

И.И.布罗茨基
列宁
1921年
“列宁的哥尔克”文物保护区博物馆

*　1920年12月加入德国共产党的德国独立社会民主党左翼的一些成员。——俄文编者注

翁伯托·特拉奇尼

列宁在克里姆林宫安德列耶夫大厅举行的共产国际第三次代表大会上讲话
俄罗斯国家社会政治历史档案馆

大会代表、意大利共产党创建人之一翁伯托·特拉奇尼讲，这引得主人笑出声来，说了一声“好”。在哥尔克村没有讨论政治话题。但是，据特拉奇尼回忆说，列宁用法语对代表大会代表们发表的讲话“把我们的一切都打乱了，彻底粉碎了我们用公式和概念搭起来的短命的理论”。[41]

“过去我们在俄国的确是一个小党，但是，全国大多数的工农代表苏维埃在我们一边”，弗拉基米尔·伊里奇说。“你们那里有这种事吗？俄国军队当时至少有1000万人，几乎有一半在我们一边。难道现在军队的大多数在你们一边？请告诉我哪一个国家是这样？既然特拉奇尼同志的观点还有三个代表团赞同，这就表明共产国际内部还有点乱。因此，我们必须说：‘不能这样下去了！应该作坚决的斗争！要不共产国际就完了。’”[42]

徐立森
幸福的会见（列宁与瞿秋白）
中共中央编译局

列宁认为，“进攻理论”是德国无产阶级1921年3月武装

列宁在共产国际第三次代表大会上（列宁右侧是画家И.И.布罗茨基）
俄罗斯国家社会政治历史档案馆

行动被镇压的原因。德国中部地区当局借口打击刑事犯，派遣普鲁士警察部队进驻了一些企业。德国共产党中央委员会号召工人“进行斗争”，举行全德总罢工。但是工人革命组织很快就被摧毁了。

据黑克尔特讲，列宁在自己的住所接见德国代表团时说：

“不是一清二楚明摆着是圈套嘛。你们本来应当为了防御的目的去动员工人群众反击资产阶级的进攻，从而向群众证明你们是对的，可是你们却炮制了毫无意义的‘进攻理论’，让所有警察、所有反动当局抓住了把柄，把你们说成是先发动进攻的人，而他们倒在保护人民免遭你们的攻击。”[43]

北京的《晨报》和上海的日报《时事新报》的记者瞿秋白（后来写了两本关于新俄国的书）在报道中写道：“……列宁出席发言三四次，德法语非常流利，谈吐沉着果断，演说时绝没有大学教授的态度，而一种诚挚果毅的政治家态度流露于自然之中。”[44]

干旱风

莫斯科—哥尔克

春季干旱和里海沿岸地区的沙漠干旱风（不仅使田野里长起来的绿苗枯萎，也使尚未浇灌的种子干死）导致的严重歉收再次降临。饥荒席卷了伏尔加河流域、农业中心、乌克兰和北高加索的大片地区，受灾人口达 3000 万。[45]

1921 年 8 月 6 日，列宁在《真理报》上发表了《告国际无产阶级书》："终生受资本压迫的人们是会理解俄国工人和农民的处境的，他们会理解到，或者凭被剥削劳动者的本能会感觉到必须帮助苏维埃共和国，因为它第一个担负起了推翻资本主义这一可望取得成果而又十分艰巨的任务。"[46]

弗里特奥夫·南森

在为 7 月 9 日召开的研究战胜饥荒措施的俄共（布）中央政治局会议准备的意见中，弗拉基米尔·伊里奇作了计算，估计乌克兰可以收获 980 万吨粮食，扣除必要的剩余，可以为俄国收集 240 万吨粮食。他建议从饥荒地区征召 50 万到 100 万青年入伍，派到乌克兰去，让他们"去加强粮食工作，他们同粮食工作有切身利害关系，会深切地认识到和感受到乌克兰富裕农民大吃大喝是多么不合理"。[47]

赫伯特·胡佛

8 月 9 日召开的中央全会批准列宁延长从 7 月 13 日起开始的假期，"具体时间和条件由医生规定"。但到 11 月底，弗拉基米尔·伊里奇只有两次去哥尔克村短暂休息。

1921 年 8 月，国际红十字会组织选举挪威科学家、诺贝尔奖获得者弗里特奥夫·南森为赈济俄国饥民的全权代表。但是他没有得到国际联盟在为俄国拨付贷款方面的支持，于是便向社会团体和个人募捐。南森成立的国际赈济饥民委员会为伏

A. A. 拉巴斯
在火车上
1969 年
奥伦堡造型艺术博物馆

列宁同帕利·克里斯坦森（居中者）会谈（1921年11月28日）

俄罗斯国家社会政治历史档案馆

尔加河流域各省的100多万人提供过食物和粮食。

1921年9月底，由赫伯特·胡佛领导、美国国会出资的美国救济署在莫斯科设立了机构。该机构是苏维埃俄国政府在马克西姆·高尔基斡旋下发起设立的，但苏维埃俄国政府知道，胡佛在十月革命前就同俄国资本有联系，美国救济署还帮助过尤登尼奇的部队，于是列宁要求在里加的苏维埃谈判代表不要作任何政治让步。他预先提醒俄共（布）中央委员会书记维·米·莫洛托夫说："要提出**最严格的**条件：只要一干涉内部事务，就予以驱逐或逮捕。"[48] 弗拉基米尔·伊里奇还建议正式告知美国救济署，苏维埃俄国可以在纽约银行寄存数额相当于美国全部粮食援助的120%的款项。

从1921年起，美国救济署的任务执行者——前美国军官和由他们在各地设立的委员会派出了3000辆炊事车。截至1923年，美国救济署共向俄国（苏联）提供了709500吨粮食。全部支出（交通、燃油、供水、人员配备、通讯等）的五分之一由苏维埃方面承担。

"列宁密切关注着美国救济署人员的工作"，全俄肃反委员会副主席约·斯·温什利赫特写道。"要求我们系统地汇报情况，下达严格的指示，提醒我们必须小心谨慎和要有分寸，不能无根据地随便逮捕人。"[49]

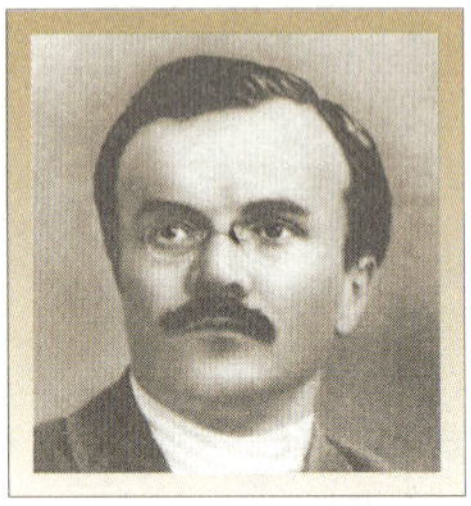

维亚切斯拉夫·米哈伊洛维奇·莫洛托夫

但在"自己人"中间进行了逮捕。8月，捷尔任斯基和温什利赫特转交给列宁一些证据确凿的材料，这些材料证实，全俄赈济饥民委员会成员普罗柯波维奇、他的妻子库斯柯娃以及基什金（这个委员会常常被人以这几人姓氏的前几个字母的组合称为“普罗库基什集团”）依托国外间谍网，准备在闹饥荒地区发动反苏维埃政权的暴动。弗拉基米尔·伊里奇昼夜研究这些材料，并于8月26日致信斯大林和政治局全体委员，建议逮捕普罗柯波维奇，解散该委员会，其成员“立即，就在今天，驱逐出莫斯科，尽可能放到不通铁路的县城里，一县一人，**进行监管**”。[50]

约瑟夫·斯坦尼斯拉沃维奇·温什利赫特

11月底，列宁接见了美国工农党代表帕利·克里斯坦森，就美国农场主不经过中间商直接提供粮食援助问题进行了会谈。克里斯坦森请求弗拉基米尔·伊里奇把这次会见的照片送给他。他回到美国后称：“他对合众国情况的了解令人吃惊……　他的谈话风格毫不逊色于他的渊博学识。我本想给他提很多问题，但是他自己却给我抛来一堆问题，我只顾得上去回答。”[51]

尽管歉收带来了严重的后果，但闹饥荒省份1921年秋季播种的秋播地还是多于上一年。马铃薯、亚麻、甜菜、棉花的种植面积扩大了。农业人民委员部再次想推行电力耕种，拟制造20台用于试验的电犁，每台每年耕作量为2000公顷。

10月22日，弗拉基米尔·伊里奇和娜捷施达·康斯坦丁诺夫娜应邀在莫斯科郊区布特尔田庄的农田里观看第一台电犁的试验。俄罗斯国家电气化委员会委员瓦·扎·叶辛回忆说，列宁迫不及待地跟在犁的后面，但是，“犁碰到坚硬的土地，即被踏实的小道时，就颤动起来，它的尾部刹那间就跳出了犁沟。弗拉基米尔·伊里奇生气地问道：‘为什么你们的犁尾会转动？！’”[52]不久，随着第一批国产50马力拖拉机的出现，电力耕种的想法便不再提起。

П.多勃雷宁
快要饿死的一家人 辛比尔斯克县
1922年
乌里扬诺夫斯克列宁纪念馆

П.多勃雷宁
耕地 辛比尔斯克县
1922年
乌里扬诺夫斯克列宁纪念馆

10月中旬，格·瓦·契切林告知列宁，由于解散“普罗库基什集团”、中断同英国承租商莱·厄克特的谈判，致使俄罗斯联邦同资本主义国家的关系逐渐趋冷，他建议采取一

电影《列宁的故事》（导演C.尤特克维奇）中的镜头：列宁（M.施特劳赫饰）同年轻的电工科利亚（A.别利亚夫斯基饰）在哥尔克交谈。莫斯科电影制片厂摄制1957年

些可以改善同资本主义国家关系的步骤，包括列宁和托洛茨基退出共产国际执行委员会、苏维埃政府宣布承认沙皇俄国的债务等。

弗拉基米尔·伊里奇表示反对："让我和托洛茨基退出共产国际执行委员会，这是根本谈不到的。

债务问题向克拉辛说明即可。"[53]

1921年10月初举行的19国代表布鲁塞尔会议提出，苏维埃政府承认沙皇俄国的债务是提供贷款的条件。呈给列宁的苏维埃政府声明草案中写道："任何民族都没有责任为自己戴了几世纪的枷锁付钱。但是俄国政府出于同其他大国完满达成协议的坚定决心，愿意在这一最重要的问题上作出让步。"

弗拉基米尔·伊里奇作了一些修改：

"（№2）不是'作出让步'，而是作出一系列的让步。

（№3）**主要的是**：要**婉转**而又确切地说出**我们**对他们的要求。"[54]

这份声明于10月28日送交英国、法国、意大利、日本和美国政府。

12月3日，列宁得到了10天的假期。全俄苏维埃第九次代表大会即将召开，中央政治局决定为列宁提供一个绝对安静的环境，以便他能够在代表大会上作哪怕半小时的讲话。12月6日，弗拉基米尔·伊里奇在出发去哥尔克村疗养之前给在柏林的高尔基写信说："非常抱歉，我写得很匆忙。疲倦得要命。失眠。我就要去治疗。

大家要我写信给您，问您是不是能给**肖伯纳**写封信，要他到美国去一趟，再给**威尔斯**写封信，据说他目前在美国，请他们两人帮助我们为救济饥民募捐。

如果您能给他们写信，就太好了。

那时，饥民就能得到更多的救济。

现在饥荒很严重。"[55]

这是列宁写给高尔基的最后一封信。据作家回忆，他同列宁的最后一次见面是在莫斯科叶·帕·彼什科娃的家中。当时，弗拉基米尔·伊里奇听完贝多芬作品的钢琴演奏之后说道：

"'真不知道还有什么曲子比《热情》更好听，我愿意每天都听一听它。真是美妙、非凡的乐曲。我常常自豪地，也可能是天真地想，人类竟能创造

出如此奇迹！’

他眯着眼笑了笑，然后忧郁地补充道：

‘但是我不能经常听音乐，这对神经有刺激，就想说一说好听的蠢话，夸赞那些生活在肮脏的苦难之地，却能够创造出如此美妙之作的人们。’”[56]

……全俄苏维埃第九次代表大会于1921年12月23日开幕。列宁在晚间会议上作全俄中央执行委员会和人民委员会的工作报告时，提到了自己会见克里斯坦森的情况：“他……告诉我，他在丹麦，在一些‘穿得像我这样的’（他话是这么说，但他穿得很讲究，一副资产阶级的派头）人士中间，刚一开口说布尔什维克不是罪犯，‘就差一点被人打死’。人们对他说，布尔什维克是恶魔，是篡权者，在体面的社会里怎么会想到谈论这种人呢？看，我们是处在怎样一种宣传气氛中啊！”[57]

据副对外贸易人民委员伊·伊·拉德琴柯证明，在那些日子里，经济部门负责人接连不断地给外交官列·波·克拉辛发来信件，要求取得进入国外市场的自主权，克拉辛“情绪激动地”表示反对，并最终申请辞去职务。拉德琴柯把这一申请转告列宁后，听到他回答说：

“工农政府里没有申请辞去职务，只有解职。就这样转告克拉辛。”[58]

П. П. 别洛乌索夫
在休息时
1969 年
乌里扬诺夫斯克列宁纪念馆

H. B. 奥夫钦尼科夫
第一道犁沟（列宁 1921 年 10 月在苏维埃俄国第一台电犁试验现场）
1978 年
楚瓦什国立艺术博物馆

注 释

1. 《列宁全集》中文第二版增订版第 40 卷第 369 页。
2. 彼・伊・利亚先科:《苏联国民经济史》(三卷本), 莫斯科 1947—1956 年版, 第 3 卷第 132 页。
3. 《回忆列宁》, 人民出版社 1982 年版, 第 4 卷第 343 页。
4. 《列宁全集》中文第二版增订版第 40 卷第 341 页。
5. 《列宁全集》中文第二版增订版第 40 卷第 318 页。
6. 《列宁全集》中文第二版增订版第 41 卷第 21 页。
7. 《列宁全集》中文第二版增订版第 41 卷第 18—19 页。
8. 《真理报》, 1921 年 5 月 14 日第 103 号, 第 1 版。
9. 《回忆列宁》, 人民出版社 1982 年版, 第 4 卷第 452—453 页。
10. 亚・柯伦泰:《工人反对派》, 莫斯科 1921 年版, 第 15 页。
11. 《列宁全集》中文第二版增订版第 41 卷第 39 页。
12. 《列宁全集》中文第二版增订版第 31 卷第 105 页。
13. 《列宁全集》中文第二版增订版第 43 卷第 12 页。
14. 《回忆列宁》, 人民出版社 1982 年版, 第 4 卷第 184 页。
15. 《回忆列宁》, 莫斯科 1984—1985 年版, 第 1 卷第 603 页。
16. 《列宁生平》(十卷本), 莫斯科 1982 年版, 第 3 卷第 503 页。
17. 《回忆列宁》, 莫斯科 1984—1985 年版, 第 1 卷第 603 页。
18. 《列宁全集》中文第二版增订版第 41 卷第 39 页。
19. 阿・伊・米高扬:《关于列宁的思想与回忆》, 莫斯科 1970 年版, 第 136 页。
20. 列・托洛茨基:《被背叛了的革命》, 莫斯科 1991 年版, 第 209 页。
21. 《列宁全集》中文第二版增订版第 41 卷第 118 页。
22. 《列宁全集》中文第二版增订版第 50 卷第 314 页。
23. 彼・伊・利亚先科:《苏联国民经济史》(三卷本), 莫斯科 1947—1956 年版, 第 3 卷第 119、148 页。
24. 《列宁全集》中文第二版增订版第 40 卷第 157 页。
25. 《列宁全集》中文第二版增订版第 50 卷第 210—211 页。
26. 《回忆列宁》, 人民出版社 1982 年版, 第 4 卷第 423 页。
27. 《回忆列宁》, 人民出版社 1982 年版, 第 4 卷第 434 页。
28. 《列宁全集》中文第二版增订版第 41 卷第 307 页。
29. 《列宁全集》中文第二版增订版第 41 卷第 324 页。
30. 《列宁全集》中文第二版增订版第 42 卷第 348 页。

31. 《回忆列宁》，人民出版社 1982 年版，第 4 卷第 219—220 页。
32. 《格·马·克尔日扎诺夫斯基文集》（三卷本），列宁格勒 1936 年版，第 3 卷第 107 页。
33. 《回忆列宁》，人民出版社 1982 年版，第 4 卷第 220 页。
34. 《列宁全集》中文第二版增订版第 43 卷第 224—225、225 页。
35. 《列宁全集》中文第二版增订版第 43 卷第 334 页。
36. 《革命的俄国。阿·卢那察尔斯基和尤·马尔托夫 1917 年书信集》，莫斯科 2007 年版，第 159 页。
37. 《高尔基文集》（三十卷本），莫斯科 1952 年版，第 17 卷第 41 页。
38. 《回忆列宁》，人民出版社 1982 年版，第 1 卷第 755 页。
39. 《回忆列宁》，人民出版社 1982 年版，第 5 卷第 21 页。
40. 《回忆列宁》，人民出版社 1982 年版，第 5 卷第 395 页。
41. 《回忆列宁》，人民出版社 1982 年版，第 5 卷第 453 页。
42. 《列宁全集》中文第二版增订版第 42 卷第 35 页。
43. 《回忆列宁》，人民出版社 1982 年版，第 5 卷第 398 页。
44. 《瞿秋白文集》，人民文学出版社 1953 年版，第 128—129 页。
45. 彼·伊·利亚先科：《苏联国民经济史》（三卷本），莫斯科 1947—1956 年版，第 3 卷第 132 页。
46. 《列宁全集》中文第二版增订版第 42 卷第 89 页。
47. 《列宁全集》中文第二版增订版第 42 卷第 77 页。
48. 《列宁全集》中文第二版增订版第 51 卷第 191 页。
49. 《回忆列宁》，人民出版社 1982 年版，第 4 卷第 97 页。
50. 《列宁全集》中文第二版增订版第 51 卷第 234—235 页。
51. 《新时代》杂志，1962 年第 19 期，第 7 页。
52. 《回忆列宁》，人民出版社 1982 年版，第 4 卷第 458 页。
53. 《列宁全集》中文第二版增订版第 51 卷第 447—448 页。
54. 《列宁全集》中文第二版增订版第 42 卷第 222 页。
55. 《列宁全集》中文第二版增订版第 52 卷第 105—106 页。
56. 《高尔基文集》（三十卷本），莫斯科 1952 年版，第 17 卷第 39—40 页。
57. 《列宁全集》中文第二版增订版第 42 卷第 335 页。
58. 《回忆列宁》，人民出版社 1982 年版，第 4 卷第 80 页。

第十三章

苏联

（1922年—1924年1月）

弗·伊·列宁（莫斯科 1922年10月）
俄罗斯国家社会政治历史档案馆

党的第十一次代表大会

哥尔克—科斯季诺—莫斯科

1922年1月上半月列宁住在哥尔克，此后被接回莫斯科，这次搬到了一处保密的新居所。全俄肃反委员会得到情报，说白卫流亡分子、社会革命党人“战斗组织”的领导人波·维·萨文柯夫潜回了俄国。

1月17日至3月1日，弗拉基米尔·伊里奇住在科斯季诺村的一所小房子里，这个村子位于雅罗斯拉夫尔公路边，靠近全俄肃反委员会的一处国营农场。他定期去莫斯科。给他帮忙的只有一位厨房女工和一名司机，司机用蓄电池提供微弱的照明。

1月下旬，列宁在克里姆林宫接见了在莫斯科举行的远东各国劳动者第一次代表大会的代表，中国的使者也参加了这次代表大会。在此期间他曾给契切林寄去一张便条：“您还记得您曾给我送来一封孙中山的信吗？他在信中还说了一些对我友好的话，您还曾问我认不认识他。”[1]——并让把这封信找出来。第二天，中国国民党领袖和广州政府首脑孙中山1921年8月写的这封信就送到弗拉基米尔·伊里奇手里。

孙中山写道：“我非常注意你们的事业，特别是你们苏维埃底组织、你们军队和教育底组织。我希望知道您和其他友人在这些事情方面、特别是在教育方面所能告诉我的一切。象莫斯科一样，我希望在青年一代——明天的劳动者们底头脑中深深地打下中华民国底基础。向您和我的朋友列宁以及所有为了人类自由事业而有许多成就的友人们致敬。”

契切林给孙中山回信说，列宁“同样注意地读了您的信，并很有好感地关注您的活动”。

当时中国共产党成立已有半年时间，它宣布最终目标是在中国建成共产主义。经共产国际执行委员会介绍，中国共产党人与国民党开始为建立民族革命统一战线而相互接近。孙中山提出三个政治目标：联俄、联共、扶助农工。1923年春天，中国共产党中央委员会迁到广州并展开合法工作。

列宁在科斯季诺起草了300份文件，包括与即将举行的俄共（布）第十一次代表大会和热那亚国际会议有关的文件，列宁被确定为热那亚会议苏俄代表团团长（格·瓦·契切林为拥有代表团团长全部权力的副团长）。

2月24日，列宁致信政治局委员，谈了自己对代表团任务的看法（中央决定草案）。他建议回避协约国最高会议提出的条件：“如果回避不成，如果

С. П. 巴利扎莫夫
列宁在工作
"列宁的哥尔克"文物保护区博物馆

直接向我们提出最后通牒，那就把克拉辛的方案提出来试一试：'所有国家都承认它们的国债，并负责赔偿由本国政府的行动造成的损失。'

如果这也不行，那就准备破裂，同时明确声明我们准备承认私人债务，但是我们不愿意躲躲闪闪，而要指出，我们认为这些债务，和我们的其他全部债务一样，已经被我们的反要求抵消了。"[2]

据苏俄报刊报道，各协约国关于支付俄国国债和返还外国产权人被收归国有的财产（或赔偿损失）的要求总计为 185 亿金卢布。俄罗斯联邦由于外国武装干涉和经济封锁而造成的损失总额达 390 亿金卢布。

1922 年 3 月 27 日至 4 月 2 日举行了俄共（布）第十一次代表大会，讨论了新经济政策的结果。列宁在政治报告中指出："虽然惊慌失措的喊叫，其中包括'工人反对派'的喊叫（他们最大的害处也就在这里！），使我们这里发生过局部的偏差，即违反纪律，不能正常地退却，但是总的说来，退却是相当有秩序的。退却时最危险的就是惊慌失措。"[3]

在新经济政策的头一年，大工业的生产总量增长了五分之一，但还没有超过战前 1913 年的三分之一。经济生活的非集中化导致最高国民经济委员会（"总指挥"）的作用削弱，取消了大多数总委员会，近 2000 家工厂交给

А.И. 萨哈诺夫
冬天的哥尔克（三联画之一）
1976—1977 年
"列宁的哥尔克"文物保护区博物馆

地方管理或租赁出去。出现了几百家经济实力薄弱的地方托拉斯，这些托拉斯设备和流动资金不足，费用过大。[4]

产品的高成本再加上消费合作社或商业企业 40% 的加价，使得工业产品的价格变得对农民来说无法承受。如果说在 1913 年农民能用 1 普特黑麦换 5.7 俄尺*印花布，那么在 1922 年只能换 1.5 俄尺。[5]

列宁在发言中提到党从前作出的容许国家资本主义的决定："如果容许是不对的，那是我们的过错，决不能推到别人身上！"[6] 他对中央委员会和人民委员会的财政委员会主席叶·阿·普列奥布拉任斯基提出的成立党中央委员会"经济局"来管理国民经济的建议进行了反驳："你们知道，过去有过这样的革命，那时，议会里的人写出文件，而执行的却是另一个阶级的人。结果碰了钉子，甚至让人赶跑了。把组织问题同政治分开是不行的。政治是集中了的经济。"[7]

一年后，即 1923 年，俄共（布）第十二次代表大会认为，"从战时共产主义向新经济政策的过渡在很大程度上是用战时共产主义的方式完成的"——由划分托拉斯和企业、分配资金和贷款的官僚们所完成。

党的第十一次代表大会是列宁参加的最后一次党代表大会。1922 年 4 月 3 日，中央全会选举他为中央政治局委员，并设立了党中央总书记的职务，约·维·斯大林被任命为党中央总书记。

* 一俄尺等于 0.71 米。——俄文编者注

“日理万机……”

莫斯科—哥尔克

1922年4月21日，医生们在列宁的克里姆林宫住所内就取出1918年受伤后留下的子弹问题举行了会诊。据弗·尼·罗扎诺夫医生讲述，来自柏林的格奥尔格·克列姆佩列尔教授认为，留在体内的子弹是弗拉基米尔·伊里奇头痛的原因。

“我说得很肯定。我认为头痛绝对不能归咎于这两颗子弹”，罗扎诺夫写道，“这不可能，因为子弹周围已经长了一层厚实的结缔组织，任何东西也不能透过结缔组织而侵入机体内。颈部的那颗子弹，在右胸锁骨关节之上，很易触及，要把它取出来并不是难事，我也不反对把它取出来。但我坚决反对取左肩的那颗子弹…… 弗拉基米尔·伊里奇同意这个意见，说：‘好吧，我们就取出一颗吧，免得老来纠缠我，免得大家再去想它。’”[8]

4月23日，在霍登卡广场的索尔达坚科夫医院，由柏林的外科医生尤利乌斯·博尔夏特教授和罗扎诺夫医生做了门诊手术。第二天，弗拉基米尔·伊里奇经过包扎后出院回家，4天后给他拆了线。

“列宁的身体是很结实的”，尼·亚·谢马什柯回忆说。“他那矮壮的身材，结实的肩膀，短而有力的手臂，这一切都显示出他具有过人的力量。在可能范围内列宁是善于注意自己的健康的。这里所说的在可能范围之内是指他的十分繁重的工作允许的范围之内。他不喝酒，也不抽烟。他是个名副其实的体育家，他喜欢而且珍惜新鲜空气，喜爱散步、滑冰、骑自行车，他游泳游得很好…… 弗拉基米尔·伊里奇如果没有钢铁般的强健身体就经不起由于社会革命党人行刺而受到的重伤。”[9]

Д. 莫拉
伊里奇痊愈了 列宁同志现身国际会议
1922年

列宁在准备术后休养

列宁在哥尔克村公园散步（1922年）
俄罗斯国家社会政治历史档案馆

时，与参加热那亚会议的苏俄代表团通了信，会议于1922年4月10日至5月19日举行。副外交人民委员马·马·李维诺夫发来电报说，如果苏维埃俄国同意满足私有者的要求，各协约国将愿意成立国际银行团来向它提供帮助。契切林建议政府发行10年后偿还的苏维埃国家债券。

弗拉基米尔·伊里奇紧急回复："鉴于这种动摇，我们命令代表团无条件地中断会议，愈快愈好，并且明确地说明中断的理由是不同意恢复私有财产，同时声明，只有在立即取得极其优惠的贷款的条件下，只有无条件地坚持在两种所有制体制之间签订平等的条约，我们才同意作出部分让步。"[10]

有28个资本主义国家和英国的5个自治领参加的热那亚会议没有通过关于俄罗斯联邦的任何决定。苏俄提出的普遍裁军和召集世界代表大会建立普遍和平的建议也没有得到讨论。但在会议期间，4月16日，在距热那亚40公里的小城拉帕洛，签订了苏德关于恢复外交关系和经贸联系、互相放弃提出要求的条约。

列宁与娜·康·克鲁普斯卡娅、安·伊·叶利扎罗娃在哥尔克村（1922年）（儿童为扫院人的女儿薇拉·布鲁索娃（左）和列宁的侄子维克多）
玛·伊·乌里扬诺娃摄
俄罗斯国家社会政治历史档案馆

列宁在克里姆林宫人民委员会会议上（1922 年 10 月 3 日）
俄罗斯国家社会政治历史档案馆

瓦尔特・乌布利希回忆说，列宁早在 1917 年底就曾向德国人民提出缔结和约的建议："如果当时接受了列宁的建议，那么，得到苏俄支持的德国便会取得公正的和平，人民的力量便会迫使威廉二世、兴登堡和军事巨头退出舞台。这就是说，不会有日后的屈辱的凡尔赛和约。"[11]

列宁在 1922 年 5 月下半月来到哥尔克，住进北厢房一个陈设简朴的房间：一张床，一张不大的写字台，一个书架和两三把椅子。5 月 27 日，他在这里由于脑血管硬化而第一次严重发病，导致右手和右腿活动不灵，出现了些微的言语障碍。

弗拉基米尔・伊里奇在 4 个月里一直处于教授和主治医生们的监护之下。6 月下半月，他同意从厢房搬到一座带露台的大房子。仲夏时他被允许在花园里散步，阅读报纸和文件，接见来访者。到哥尔克来过的人有加米涅夫、布哈林、斯大林、加里宁、李可夫、季诺维也夫、捷尔任斯基、奥尔忠尼启则、克拉辛等——从病初愈时起到这里来了有大约 30 人。

玛丽亚・伊里尼奇娜回忆说，医生和亲人们不让弗拉基米尔・伊里奇做多余的工作，而"他回答我的劝告说：'我没有任何别的事情要考虑。'**'没有任何别的事情要考虑'**——这是千真万确的。他把整个身心都投入了革命和革命工作，离开了革命工作，他感到自己就像是一条离开了水的鱼儿一样"。[12]

1922 年 9 月 24 日，《真理报》出版了题为《列宁同志在休养》的附刊。报纸编辑尼・伊・布哈林在这一号中写道："伊里奇被他所做的巨大工作累

列宁1922年11月8日给克林齐的斯托多尔制呢厂工人的信：

"亲爱的同志们：衷心地感谢你们的问候和礼物。我要秘密地告诉你们，不要送礼物给我。恳请你们把这个秘密请求广泛转告全体工人。十分感谢你们，向你们致敬，并致良好的祝愿。你们的

弗·乌里扬诺夫（列宁）"。

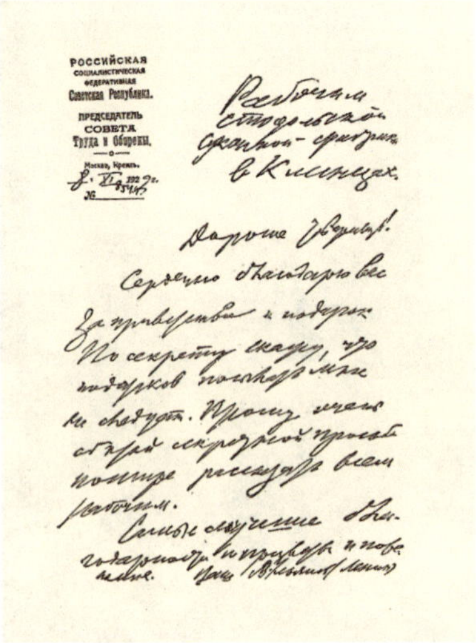

РОССИЙСКАЯ
СОЦИАЛИСТИЧЕСКАЯ
ФЕДЕРАТИВНАЯ
Советская Республика.
ПРЕДСЕДАТЕЛЬ
СОВЕТА
Труда и Обороны.
Москва, Кремль.
8.XI.1922 г.
№

Рабочим
Стодольской
суконной фабрики
в Клинцах.

Дорогие товарищи!

Сердечно благодарю вас за приветствия и подарок. По секрету скажу, что подарков посылать мне не следует. Прошу очень об этой секретной просьбе пошире рассказать всем рабочим.

Самые лучшие благодарности, и привет и пожелание.

Ваш В. Ульянов (Ленин)

"斯巴达克联盟"反对军国主义、资本主义、容克和君主制的宣传画

德国

20世纪20年代

倒了。我不知道还有谁能像伊里奇那样拼命工作。"[13] 季诺维也夫讲了列宁在波兰时的一件事："他轻而易举就说服了我们，从加利西亚的一个小村子骑自行车到100俄里以外的匈牙利去，为的是从那里作为战利品捎回来……一瓶匈牙利葡萄酒。"[14] 斯大林讲述了他和列宁在哥尔克的一次长谈："白卫报刊……侨民们……关于列宁已死的活灵活现的天方夜谭……

列宁同志笑着指出：'让他们编瞎话和自我安慰吧，别夺走垂死之人的最后安慰。'"[15]

杰米扬·别德内依在一首诗中写道：

说到我，我想在第一次见面时
郑重其事地告诉伊里奇：
"亲爱的伊里奇！您体贴
被斗争累坏了的朋友们，
却不知道珍重自己：
负轭千担，日理万机，
忘记了力气会有尽头。"

《真理报》的摄影记者B.B.洛博达拍了几张照片。

1922年9月中旬，医生允许列宁开始工作，于是他在10月2日回到莫斯科。第二天召开了人民委员会会议。"参加会议的人很多，有54人"，莉·亚·福季耶娃说道。"到会的不仅有人民委员会的各位委员和他们的副手，连那些勉强有权参加人民委员会会议的人也都来了。每一个人都想尽快地就近看到亲爱的伊里奇。"[16]

从10月中旬起应大夫们的请求，弗拉基米尔·伊里奇多了一个休息日——星期三。

1922年11月5日至12月5日，在彼得格勒和莫斯科举行了共产国际第四次代表大会。参加大会的有58个共产党、3个社会主义组织和5个工人组织。列宁领导了俄共（布）代表团的工作，并在11月13日的午间会议上作了题为"俄国革命的五年和世界革命的前途"的报告。

“我们为了美好的未来！”
（“青年斯巴达克派联盟”的明信片）
德国
20 世纪 20 年代

弗拉基米尔·伊里奇谈到一年前共产国际第三次代表大会通过的决议：“我觉得我们写出这样的决议是犯了一个很大的错误，就是我们自己给自己切断了今后走向成功的道路。我已经说过，决议写得很好，对它的 50 多节我都赞成。但是，我们不懂得，应该怎样把我们俄国的经验介绍给外国人。决议中所说的一切都成了一纸空文。”[17]

11 月 16 日，列宁应德国共产党代表团的请求在克里姆林宫会见了他们，他在会见时说，如果没有德国共产党人与工人——社会民主党党员和工会会员，与农业工人和劳动农民的合作，建立工人政府的想法便无从谈起。

代表大会代表、意大利共产党员路易吉·隆哥写道：“正在莫斯科进行着辩论的时候，法西斯在意大利捣毁共产党组织的房舍，以恐怖手段来对付任何反抗的企图。”[18]

共产国际第四次代表大会是列宁参加的最后一次共产国际代表大会，而在 1935 年召开的第七次代表大会结束了这一国际组织的历史。

11 月 20 日，弗拉基米尔·伊里奇在大剧院举行的莫斯科市和区苏维埃联席全会上最后一次公开发表讲话。“我感觉到他比上次在共产国际第四次代表大会上作报告时更显得疲惫了”，《莫斯科工人报》编辑波·米·沃林回忆说。“在这里，莫斯科苏维埃全会上，我第一次看到弗拉基米尔·伊里奇穿褐色的军便装，觉得很不习惯（在最近一次生病以前他从来没有穿过军便装）。列宁这次作报告，像往常一样，没有用打字机打好的现成的文稿：他手里拿着几页草草写就的发言提纲。”[19]

列宁在讲话中谈到与英国工业家莱·厄克特为期 99 年的租让合同破裂

Д.Н.卡尔多夫斯基
列宁主持的人民委员会会议
（列宁参加的最后一次人民委员会会议）
1927年
国家历史博物馆

的问题，厄克特在十月革命前几乎占有全部的乌拉尔铜矿厂和炼铜厂。尽管苏俄方面提出毁坏工厂的罪魁祸首是外国军队，厄克特却坚持让俄国资助2000万金卢布以恢复流动资金。在早些时候从哥尔克写给政治局委员的信中，弗拉基米尔·伊里奇建议否决这项租让合同："厄克特答应两三年后我们会有收入，而现在他却要从我们这里拿钱。这是完全不能容许的…… 似乎过X年我们会松快一些，但我们得马上就开始付钱！"[20] 人民委员会在10月6日否决了合同。

……1922年11月21日举行了由列宁主持的最后一次人民委员会会议。列入日程的有关于租让总委员会、研究马里自治州火烧地问题、为雅·米·斯维尔德洛夫共产主义大学贷款、食盐消费税打折扣、为泥炭水力开采管理局拨款等议题及其他十余个问题…… 3天后召开了列宁参加的最后一次劳动国防委员会会议。

11月底，医生们给弗拉基米尔·伊里奇开出全休一周的医嘱。12月7日他带上常用的材料去了哥尔克。12月12日他又回到克里姆林宫，但只工作了5小时。他要了关于粮食采购的资料后回到住所。这是弗拉基米尔·伊里奇在克里姆林宫办公室里的最后一个工作日。

平等的联盟

莫斯科—哥尔克

历史学家弗·维·阿多拉茨基是为数不多的在列宁的克里姆林宫住所内看望过他的人之一。“我把已经印出来的那本《马克思恩格斯书信集》的清样随身带去给他看”，他回忆说。“弗拉基米尔·伊里奇看了看集子，因为在导论的末尾有恩格斯写给马克思的一封信，信里恩格斯劝马克思喝点酒，这样可以保持旺盛的精力，他看后笑了起来。
弗拉基米尔·伊里奇看上去精神饱满，情绪很好，但他还是忧郁地对我说，他现在是个残废的人，已经不能全力以赴地工作了。但当时我不愿意去想，这是我最后一次见到他了……”[21]

12月13日上午弗拉基米尔·伊里奇发病，15日夜里再次发病，并且更厉害。医生劝他完全放下工作并且去哥尔克，但他决定留在莫斯科。

12月22日夜里，弗拉基米尔·伊里奇的右臂和右腿瘫痪。据玛·伊·乌里扬诺娃说，医生“决定对他放松一些限制，建议他跟同志们见见面，但有一个条件，那就是他们见面时不谈政治。弗拉基米尔·伊里奇坚决不同意这个条件。‘这些怪人’，医生离开后他对我们说，‘他们竟以为政治活动家在久别之后可以不谈政治，而去谈别的东西’”。[22]

Г.Г.里亚日斯基
女代表
1927年
国立特列嘉柯夫美术馆

Н. Н. 索洛明
履行国际的责任（三联画之一）
1987 年
М. Б. 格列科夫军队美术家画室

12 月 30 日在大剧院举行了苏联苏维埃第一次代表大会，选举列宁为名誉主席。列入日程的主要是关于成立苏联的问题。

列宁早在 1920 年草拟《民族和殖民地问题提纲初稿》时就提出了关于联邦制的思想。他根据过去的、尽管为时很短的芬兰*、匈牙利和拉脱维亚的经验，以及阿塞拜疆、乌克兰、巴什基尔和鞑靼的经验写道："既然承认联邦制是走向完全统一的过渡形式，那就必须力求建立愈来愈密切的联邦制联盟，第一，因为没有各苏维埃共和国最密切的联盟，便不能捍卫被军事方面无比强大的世界帝国主义列强所包围的各苏维埃共和国的生存；第二，因为各苏维埃共和国之间必须有一个密切的经济联盟……"[23]

从 1922 年 8 月起，在约·维·斯大林的领导下由中央委员会的一个专门委员会开始制定俄罗斯联邦和民族苏维埃共和国的相互关系原则。草案

* 1918 年 3 月 1 日在彼得格勒签订了芬兰社会主义工人共和国与俄罗斯联邦的条约。——俄文编者注

称："认为乌克兰、白俄罗斯、阿塞拜疆、格鲁吉亚、亚美尼亚各苏维埃共和国和俄罗斯联邦之间缔结关于它们正式加入俄罗斯联邦的条约是适宜的，关于布哈拉、花拉子模和远东共和国的问题留待以后解决，目前只限于同它们在关税、对外贸易、外交和军事等方面缔结条约。"

9月25日，草案分送给中央委员。第二天，弗拉基米尔·伊里奇同斯大林在哥尔克进行了3小时左右的谈话。之后他给自己在人民委员会的副手列·波·加米涅夫写信说：

"依我看，问题极端重要。斯大林有点操之过急。您曾经打算研究这个问题，甚至已经作过一些研究，您要好好考虑一下；季诺维也夫也一样。

斯大林已经同意作一个让步。在第1条中把'加入'俄罗斯社会主义联邦苏维埃共和国改成——

'同俄罗斯社会主义联邦苏维埃共和国一起正式联合成欧洲和亚洲苏维埃共和国联盟'。

我希望，这一让步的精神是明白易懂的：我们承认自己同乌克兰社会主义苏维埃共和国以及其他共和国是平等的，将同它们一起平等地加入新的联盟，新的联邦，即'欧洲和亚洲苏维埃共和国联盟'……

重要的是，我们不去助长'独立分子'，也不取消他们的独**立性**，而是再建**一层新楼——平等的**共和国联邦。"[24]

斯大林见大多数中央委员支持列宁的立场，便提出修改后的草案。草案规定"乌克兰、白俄罗斯、外高加索共和国联邦和俄罗斯联邦之间缔结关于联合成'社会主义苏维埃共和国联盟'的条约"，同时每一个共和国有退出联盟的权利，并成立"联盟中央执行委员会"和"联盟人民委员会"。

在召开研究民族问题的中央全会当天，即10月6日，弗拉基米尔·伊里奇再次给加米涅夫写信："我宣布要同大俄罗斯沙文主义决一死战……

要**绝对**坚持在联盟中央执行委员会中由

俄罗斯人

乌克兰人

格鲁吉亚人**等等**轮流**担任主席**。

绝对！"[25]

苏联苏维埃第一次代表大会批准了关于苏维埃社会主义共和国联盟成立的宣言和条约。选举了苏联中央执行委员会和中央执行委员会主席团。莫斯科成为苏联的首都。

遗嘱

莫斯科

1922年12月的最后几天，列宁说服医生 A.M. 科热夫尼科夫允许他和助手不时工作一小会儿，向秘书玛·阿·沃洛季切娃口授几封信。
“他躺在自己房间的床上”，沃洛季切娃回忆说。“他旁边放着一张小桌子，我就坐在桌子旁边记录。弗拉基米尔·伊里奇通常是很随便地，同志式地伸出左手高兴地向我问好，只是担心我值日的次数是否太多，为什么我脸色这么苍白，问我们是否确切遵守值日次序，并挥动手指吓唬似的说：‘您要当心，否则我……’”[26]

列宁在《给代表大会的信》中警告党有分裂的危险，建议把中央委员会的人数增加到50—100人：“这种改革会大大加强我们党的巩固性，会有助于它在敌对国家中间进行斗争，据我看，这种斗争在最近几年内可能而且一定会大大尖锐化。我想，采取了这样的措施，我们党的稳定性将增强千倍。”[27]

信的这一部分在当天，即12月23日，送交给斯大林。

列宁在《关于赋予国家计划委员会以立法职能》的信中强调指出，国家计划委员会被置于国家机关之外。他写道：“从这种科学机关的权威来看，

Н.Ф.科尔尼洛夫
伊里奇的声音 红色宣传车
1978年
克拉斯诺亚尔斯克国立
В.И.苏里科夫艺术博物馆

Д. К. 斯韦什尼科夫
过上定居生活
卡累利阿共和国造型艺术博物馆

国家计划委员会必须具有一定的独立性和自主性，而能否具有这种独立性和自主性取决于一点，这就是它的工作人员是否认真负责和勤勤恳恳地努力实现我们的经济和社会建设计划。”[28] 这封信由克鲁普斯卡娅在 1923 年夏天转交给党中央委员会，首次发表在 1956 年的《共产党人》杂志上。

12 月 31 日，弗拉基米尔·伊里奇向沃洛季切娃口授完《关于民族或“自治化”问题》的信，他在信中提出要警惕“伟大”民族的民族主义：“对无产者来说重要的是什么呢？对无产者来说，不仅重要而且极其必要的是保证在无产阶级的阶级斗争中取得异族人的最大信任。为此需要什么呢？为此不仅需要形式上的平等。为此无论如何需要用自己对待异族人的态度或让步来抵偿‘大国’民族的政府在以往历史上给他们带来的那种不信任、那种猜疑、那种侮辱。

我想，对于布尔什维克，对于共产党人，这是用不着再作详细解释的。”[29]

“而世界史的明天”，弗拉基米尔·伊里奇最后说，“将是这样一个日子，那时已经被唤醒的、受帝国主义压迫的各民族将彻底觉醒，并开始争取自身解放的长期艰苦的决定性的战斗。”[30]

1923 年 1 月列宁被允许每天工作 30—40 分钟。沃洛季切娃回忆说：“当娜捷施达·康斯坦丁诺夫娜担心弗拉基米尔·伊里奇超过了规定的工作时间而往房间里张望时，他这样开玩笑地为自己辩护说：‘要知道我是在读，不是在口授，读是 Herr Professor* 允许的！’”[31]

* 教授先生。——俄文编者注

К. Ф. 尤翁
村子里的合作社节
1928 年
塞瓦斯托波尔 M. П. 克罗希茨基艺术博物馆

1 月 1 日和 2 日记录了列宁的《日记摘录》一文。文中指出，每 1000 人中只有三分之一的人识字：“这是对那些一直沉湎于‘无产阶级文化’的幻想之中的人的一个严厉警告和责难。这说明我们还要做多少非做不可的粗活，才能达到西欧一个普通文明国家的水平。”[32]

几本关于合作社的书寄到列宁的住所，弗拉基米尔·伊里奇在 1 月 4 日和 6 日口授了《论合作社》一文，谈到了对经济进行社会主义改造的计划：“说实在的，我们要做的事情‘**仅有**’一件，就是要使我国居民‘文明’到能够懂得人人参加合作社的一切好处，并参加进去。‘**仅有**’这一件事情而已。为了过渡到社会主义，目前我们并不需要任何其他特别聪明的办法。”[33]

列宁没有对在柏林出版的尼·尼·苏汉诺夫（1917 年底转向孟什维克）《革命札记》一书的第 3 卷和第 4 卷置之不理。他在《论我国革命（评尼·苏汉诺夫的札记）》一文中同该书作者展开了论战：“你们说，为了建立社会主义就需要文明。好极了。那么，我们为什么不能首先在我国为这种文明创造前提，如驱逐地主，驱逐俄国资本家，然后开始走向社会主义呢？你们在哪些书本上读到过，通常的历史顺序是不容许或不可能有这类改变的呢？

Ю. Г. 罗布兹诺夫
库兹涅茨克建设工地（右页图）
1981 年
新库兹涅茨克艺术博物馆
克麦罗沃州

记得拿破仑这样写过：‘On s’engage et puis… on voit’，意译出来就是：‘首先要投入真正的战斗，然后便见分晓。’”[34]

列宁在1月和2月初口授了《我们怎样改组工农检查院》一文和它的续篇——《宁肯少些，但要好些》，他在这两篇文章中建议把党和国家的监察机关合为一体，成立中央监察委员会—工农检查院这一新的机构。

弗拉基米尔·伊里奇没能出席1923年4月17日至25日举行的党的第十二次代表大会。代表大会规定了工农业发展和建立联盟国家的途径。约·维·斯大林作了题为《关于党和国家建设中的民族问题》的报告。代表大会增加了中央委员会委员的人数，成立了中央监察委员会—工农检查院。

第十二次代表大会后，国民经济依靠那些实力雄厚、地理位置有利和不缺原料储备的企业，采取了生产集中化和规模化的方针。在几乎没有外国参与的情况下开始恢复有色冶金业和开采加工业，签订租让合同（在全部租让意向中仅实现7%）的必要性完全消失了。[35]

1925年工业总产值达到1913年的75%（生产资料的生产优先），发电量达到150%，日用消费品的生产达到72%。私人贸易额在整个贸易额中所占比例从44%（新经济政策鼎盛时期）下降到25%。工人工资比战前提高三分之一。[36]

孟什维克尼·瓦连廷诺夫在侨居期间为到1925年时的工人工资算过一笔账：“已接近战前，如果算上社会保障福利（1914年以前没有这么多的福利）和工作日缩短——则工人的状况大大好于1914年以前，好于十月革命以前。由于农业逐步恢复和大量运到城里来的面包、肉、牛奶，城市工人在1925年吃得比以前任何时候都好。”[37]

1925年苏联播种总面积（1.04亿公顷）和谷物总收获量（7600万吨）几乎与1913年的数字持平。但农业的基础仍是大约2400万的小农户和200万雇工。集体农庄占播种面积的百分之一。[38]

哥尔克，18 时 50 分

1923 年 5 月中旬，列宁在医生的陪同下来到哥尔克，住进一所大房子里的一间可以看到村子的屋子。言语矫正医生和娜捷施达·康斯坦丁诺夫娜同他一起做语言训练。入夏时弗拉基米尔·伊里奇的身体好转了，他可以独立上下台阶，去公园，试着拄杖行走，用左手写字。

8 月中旬起取消了医生日常值班，随即也取消了护士值班。弗拉基米尔·伊里奇出去采蘑菇，坐马车到哥尔克村外，下雪天则坐雪橇。

10 月 18 日，即农业展览会闭幕前夕，列宁要求回莫斯科。同他一起走的有娜捷施达·康斯坦丁诺夫娜、玛丽亚·伊里尼奇娜、罗扎诺夫医生和警卫队长。他在克里姆林宫上楼来到住所，翻了翻藏书。第二天挑选了几本书和笔记本，去了人民委员会驻地和自己的办公室，在克里姆林宫院子里走了走。但下雨影响了参观展览。

1924 年 1 月的头几天，弗拉基米尔·伊里奇常坐雪橇闲游，读上午的报纸，看带过来的电影。他口授了给“大婶”——亚·米·卡尔梅柯娃的信，

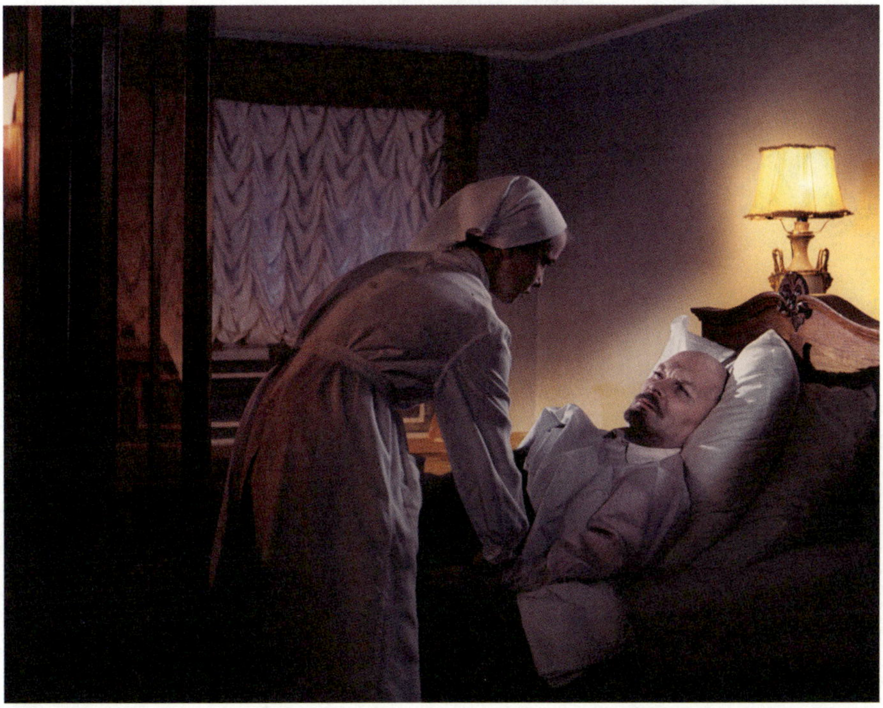

电影《列宁的故事》（导演 С.尤特凯维奇）中的镜头：
护士萨沙（Л.克雷洛娃饰）在列宁（М.施特劳赫饰）床前。
莫斯科电影制片厂摄制
1957 年

娜捷施达·康斯坦丁诺夫娜在信中补笔说，列宁“几乎完全好了，感觉身体不错，对报纸和新近出版的书刊，无论是我们的还是白卫分子的，都很关注，但还不能工作”。[39]1月7日在大厅为附近的孩子们举办了枞树晚会，弗拉基米尔·伊里奇也来到他们身边。

但1月20日早上他没下楼来吃早饭，不想去散步，说眼睛不舒服。

被叫到哥尔克来的米·约·阿韦尔巴赫教授为此行感到高兴：“我想，他轻易就同意让我去，只不过是由于我是一个最没有什么害处的医生，既不折磨他，也不进行治疗，最多也只不过用自己的那些玻璃片给他解解闷。”[40]

阿韦尔巴赫不止一次给列宁会过诊，他认为从神经学角度看，列宁的眼睛完全正常，如果不算左眼先天视力差的话。他告诉亲属们，早上的不适很可能是轻度头晕引起的。

А.И.萨哈诺夫
冬天的哥尔克（三联画之一）
1976—1977年
“列宁的哥尔克”文物保护区博物馆

这些天待在哥尔克的俄共（布）莫斯科委员会委员弗·戈·索凌回忆起1月21日这一天的情况：“是的，比平常略差，但仅此而已。没什么可担心的。12时（或更晚？）一位大夫从大房子里走进疗养院，在弗拉基米尔·伊里奇生病期间疗养院里只住着大夫，他告诉说，情况明显好转，‘老头这会儿睡着’。‘到春天一定医好他。’”[41]

1月21日16时起，神经学教授奥特弗里德·费尔斯特和В.П.奥西波夫在列宁身边值班。17时30分病人的状况急剧恶化，呼吸断断续续。18时50分，弗拉基米尔·伊里奇因呼吸中枢麻痹去世。

在哥尔克管电影放映设备的伊·尼·哈巴罗夫描述了这一时刻：“1月21日，星期一，傍晚，我被叫到屋子里去，我以为是

B.A.奥尔洛娃
哥尔克的圣诞节枞树晚会
1951 年
坦佩雷列宁博物馆

要谈放影片的事。走上二楼，我见到娜捷施达·康斯坦丁诺夫娜。我一看到她的脸色，就感到心头很沉重。她说：

‘列宁已经离开我们了……’

我立即意识到，世界上发生了极大的灾难。”[42]

弗拉基米尔·伊里奇的亲属和党中央委员晚上很晚赶到哥尔克。雕塑家谢·德·梅尔库罗夫从列宁脸上拓下石膏面模，并制作了手臂的石膏模制件。苏联中央执行委员会主席团在深夜成立了以费·埃·捷尔任斯基为首的治丧委员会。1 月 22 日早 6 时，电台广播了列宁逝世的消息。

从这一天起开始了递交入党申请书的群众性活动。截止到 1924 年 5 月中旬——中央全会规定的为纪念列宁而吸收入党的期限——俄共（布）新增党员 24.16 万人，主要是工人和贫苦农民。党员人数增至 78 万人，每 10 名工人中就有一名共产党员。

1 月 23 日一大早，亲属们、莫斯科代表团和全俄苏维埃第十一次代表大会代表团、附近村庄的农民到哥尔克向列宁告别。灵柩按军队礼仪移出门外，在到达格拉西莫沃车站前（大约 4 公里）由众人抬着，大约有 5000 人汇入护送灵柩的队伍。13 时灵车抵达萨拉托夫（今帕韦列茨）车站，队列从那里向停放灵柩的工会大厦行进。数十万莫斯科工人、农民、红军战士和职员，以及来自苏联各地和其他国家的代表团汇集到这里与列宁告别。

苏联中央执行委员会 1 月 24 日通过决定，“将弗·伊·列宁的灵柩存放在墓室中，墓室要方便瞻仰”，要将墓室建在克里姆林宫墙边，建在十月革命阵亡将士公墓中间。莫斯科苏维埃批准了临时的木制陵墓方案，这个陵墓

用了 3 天就建成了。

苏联苏维埃第二次代表大会 1 月 26 日决定将列宁去世的那一天定为苏联全国哀悼日，满足彼得格勒人关于把彼得格勒改名为列宁格勒的请求，在莫斯科和列宁格勒以及加盟共和国的首都哈尔科夫、梯弗利斯、明斯克和塔什干建立列宁纪念碑。

到 1 月 26 日午夜时，告别停止。1 月 27 日早晨，出殡行列从圆柱大厅走向红场。一队队的莫斯科人和赶来的各代表团在安放在底座上的列宁灵柩前通过，一直持续了几个小时。

孙中山与夫人宋庆龄在广州举行的列宁逝世追悼会上
中央档案馆（北京）

电台向世界转播了列宁葬礼的实况。在正在举行国民党第一次代表大会的遥远的广州，孙中山在哀辞中说："伊古迄今，学者千百。空言无施，谁行其实？惟君特立，万夫之雄。建此新国，跻我大同。并世而生，同洲而国。相望有年，左提右挈。君遘千艰，我丁百厄。所冀与君，同轨并辙…… 亘古如生，永怀贤哲。"

Вл.А.谢罗夫
1924 年 1 月 23 日 哥尔克列宁的葬礼（左页图）
1964 年
国立俄罗斯博物馆

第二天，娜捷施达·康斯坦丁诺夫娜在给伊·费·阿尔曼德的女儿因娜的信中写道："我亲爱的因诺奇卡：昨天我们安葬了弗拉基米尔·伊里奇。最后一次他病了没有多久。星期天，我们还在一起工作呢。我给他念了党代表会议和苏维埃代表大会的有关报道。在他弥留之际，医生们完全没有料到，而且根本不相信他会死去。他们说他处于昏迷状态之中，但现在我已确信，这些医生什么也不懂。剖检表明是严重的硬化所致。情况要坏得多，也许会再次瘫痪…… 灵柩停放在工会大厦，那儿一切都很好，庄严肃穆，不同往常。人们（有 75 万人）日日夜夜在灵柩前通过，瞻仰伊里奇的遗容，泣不成声……"[43]

哥尔克的电影放映员哈巴罗夫在 1924 年整个冬天走遍了多莫杰多沃乡的每个村子，放映影片《列宁逝世》："在人们的脸上我看到了许许多多真诚的眼泪！不仅是妇女，连老大爷都放声大哭——弗拉基米尔·伊里奇是大家都感到亲切的人。

人民对列宁的爱是无穷无尽的。"[44]

2014—2017 年

列宁墓前
20 世纪 80 年代
Э. 日盖洛娃摄

注 释

1. 《列宁全集》中文第二版增订版第 52 卷第 222 页。
2. 《列宁全集》中文第二版增订版第 42 卷第 447 页。
3. 《列宁全集》中文第二版增订版第 43 卷第 90—91 页。
4. 彼・伊・利亚先科:《苏联国民经济史》(三卷本),莫斯科 1947—1956 年版,第 3 卷第 151—153 页。
5. 彼・伊・利亚先科:《苏联国民经济史》(三卷本),莫斯科 1947—1956 年版,第 3 卷第 186 页。
6. 《列宁全集》中文第二版增订版第 43 卷第 120 页。
7. 《列宁全集》中文第二版增订版第 43 卷第 124 页。
8. 《回忆列宁》,人民出版社 1982 年版,第 3 卷第 373—374 页。
9. 《回忆列宁》,人民出版社 1982 年版,第 2 卷第 344 页。
10. 《列宁全集》中文第二版增订版第 43 卷第 169 页。
11. 《回忆列宁》,人民出版社 1982 年版,第 5 卷第 505 页。
12. 《回忆列宁》,人民出版社 1982 年版,第 1 卷第 222 页。
13. 《真理报》,1922 年 9 月 24 日第 215 号,第 4 版。
14. 《真理报》,1922 年 9 月 24 日第 215 号,第 2 版。
15. 《真理报》,1922 年 9 月 24 日第 215 号,第 5 版。
16. 《回忆列宁》,人民出版社 1982 年版,第 4 卷第 555 页。
17. 《列宁全集》中文第二版增订版第 43 卷第 290—291 页。
18. 《回忆列宁》,人民出版社 1982 年版,第 5 卷第 512 页。
19. 《回忆列宁》,人民出版社 1982 年版,第 4 卷第 124 页。
20. 《列宁全集》中文第二版增订版第 43 卷第 208 页。
21. 《回忆列宁》,人民出版社 1982 年版,第 2 卷第 219 页。
22. 《回忆列宁》,人民出版社 1982 年版,第 1 卷第 222 页。
23. 《列宁全集》中文第二版增订版第 39 卷第 165 页。

24. 《列宁全集》中文第二版增订版第 43 卷第 217—218 页。
25. 《列宁全集》中文第二版增订版第 43 卷第 220 页。
26. 《回忆列宁》，人民出版社 1982 年版，第 4 卷第 515—516 页。
27. 《列宁全集》中文第二版增订版第 43 卷第 341—342 页。
28. 《列宁全集》中文第二版增订版第 43 卷第 351 页。
29. 《列宁全集》中文第二版增订版第 43 卷第 356—357 页。
30. 《列宁全集》中文第二版增订版第 43 卷第 359 页。
31. 《回忆列宁》，人民出版社 1982 年版，第 4 卷第 516 页。
32. 《列宁全集》中文第二版增订版第 43 卷第 360 页。
33. 《列宁全集》中文第二版增订版第 43 卷第 367—368 页。
34. 《列宁全集》中文第二版增订版第 43 卷第 376 页。
35. 彼・伊・利亚先科：《苏联国民经济史》(三卷本)，莫斯科 1947—1956 年版，第 3 卷第 153、155、161—162 页。
36. 彼・伊・利亚先科：《苏联国民经济史》(三卷本)，莫斯科 1947—1956 年版，第 3 卷第 165—166、169、171 页。
37. 尼・弗・瓦连廷诺夫：《列宁的继承者》，莫斯科 1991 年版，第 140 页。
38. 彼・伊・利亚先科：《苏联国民经济史》(三卷本)，莫斯科 1947—1956 年版，第 3 卷第 133、134、138、145 页。
39. 苏共中央马列主义研究院中央党务档案馆，12 号全宗，1 号目录，778 号卷宗，第 12 张背面和第 13 张。
40. 《回忆列宁》，人民出版社 1982 年版，第 4 卷第 482 页。
41. 《列宁的一生》(十卷本)，莫斯科 1982 年版，第 3 卷第 529 页。
42. 《回忆列宁》，人民出版社 1982 年版，第 4 卷第 497 页。
43. 《回忆列宁》，人民出版社 1982 年版，第 4 卷第 414 页。
44. 《回忆列宁》，人民出版社 1982 年版，第 4 卷第 497 页。

译后记

本书是根据俄罗斯联邦共产党中央委员会组织编写、И.В.佩斯通主编的《十月的风——弗拉基米尔·伊里奇·列宁：事件与回忆》翻译的。

本书是一部图文结合的列宁传记，分章节记述和反映列宁的生平事业，包括引言以及第一至十三章。与其他版本的列宁传记相比，本书有以下五个特点：一、按照历史逻辑、编年顺序对列宁生平事业进行叙述，章节安排合理，标题新颖醒目，展现了列宁在各个时期的理论和实践活动。二、详细引用列宁同时期理论著作中的相关论述，突出了列宁的思想理论观点以及他同俄国革命运动和国际工人运动中的错误思潮及其代表人物的斗争。三、大量引用与列宁同时期的俄国革命家和国际工人运动活动家以及列宁的亲属、身边的工作人员、普通工人等回忆列宁的文章，有助于读者全面了解和认识列宁的伟大一生。四、在深入细致的历史考证基础上，对列宁在俄国和欧洲的落脚地及住所的历史沿革作了详细说明，弥补了以往列宁传记版本在这方面存在的欠缺。五、收录各类历史照片、影视截图、美术作品等450余幅，是迄今为止收载图片最多的列宁传记，有些图片是首次发表。此外，本书中文版还增收了涉及中国的内容。

本书涉及的重要历史事实、历史人物，中译文均采用我国约定俗成的译法，并与中央编译局最新编译成果相统一，同时尽量与中央编译局编辑出版的《列宁画传》（重庆出版社、中央编译出版社2012年版）中的文字表述和图片说明保持一致。对俄文版中个别段落和部分表述作了适当的增加、删减和调整。俄文版中节选自《马克思恩格斯全集》和《列宁全集》的引文，我们均采用中央编译局2009年出版的10卷本《马克思恩格斯文集》和2017年6月出版的60卷本《列宁全集》第二版增订版中的最新译文并标明出处；节选自《回忆列宁》的引文，参考了人民出版社1982年版《回忆列宁》中文版中的译文；节选自其他俄文著作的引文，凡有中译本的，我们也作了参考，在此对原译者表示感谢。

本书中人名、地名、机构名称、书报期刊、会议等的译名，均采用《列宁全集》中文第二版增订版最新资料库的统一译名；外文、数字、标点、符号等，也完全按照该版的标准处理。

本书中涉及中国历史事件的有关内容，我们也请郑异凡、何宏江及张海滨等同志做了审定。在此向他们表示感谢。

在本书翻译和出版工作中，我们得到中共中央宣传部和中共中央对外联络部的关心与支持，得到中共中央编译局局领导、办公厅有关职能部门及中央编译出版社有关同志的支持和协助。

参加本书翻译工作的有：李京洲（引言）、赵国顺（第一章）、侯静娜（第二章、第十三章）、彭晓宇（第三章、第十一章）、付哲（第四章、第十二章）、李宏梅（第五章）、李晓萌（第六章）、王昕然（第七章）、戢炳惠（第八章）、邢艳琦（第九章）、尹汾海（第十章）。

全书译文由李京洲、赵国顺同志审定，张海滨同志审读。

2017年11月

图书在版编目（CIP）数据

列宁生平画传：事件与回忆 / 俄罗斯联邦共产党中央委员会编；中共中央编译局马列著作编译部译. -- 北京：中央编译出版社，2020.12

ISBN 978-7-5117-3668-0

Ⅰ. ①列… Ⅱ. ①俄… ②中… Ⅲ. ①列宁（Lenin, Vladimir Ilich 1870–1924）－传记－画册 Ⅳ. ①A731-64

中国版本图书馆 CIP 数据核字（2020）第 261349 号

列宁生平画传：事件与回忆

责任编辑：李媛媛
责任印制：刘　慧
出版发行：中央编译出版社
地　　址：北京西城区车公庄大街乙 5 号鸿儒大厦 B 座（100044）
电　　话：（010）52612345（总编室）　（010）52612335（编辑室）
　　　　　（010）52612316（发行部）　（010）52612346（馆配部）
传　　真：（010）66515838
经　　销：全国新华书店
印　　刷：北京文昌阁彩色印刷有限责任公司
开　　本：787 毫米 ×1092 毫米　1/16
字　　数：275 千字
印　　张：30.75
版　　次：2021 年 3 月第 1 版
印　　次：2021 年 3 月第 1 次印刷
定　　价：128.00 元

网　　址：www.cctphome.com　　邮　　箱：cctp@cctphome.com
新浪微博：@ 中央编译出版社　　微　　信：中央编译出版社（ID：cctphome）
淘宝店铺：中央编译出版社直销店（http://shop108367160.taobao.com）（010）55626985

本社常年法律顾问：北京市吴栾赵阎律师事务所律师　闫军　梁勤

前环：列宁在俄国社会民主工党第二次代表大会（1903 年）上《就党章第 1 条进行辩论的笔记》手稿、列宁读路·费尔巴哈《论宗教的本质》一书的摘要

后环：列宁《马克思主义论国家》的手稿（1917 年）、1917 年 10 月 10 日（23 日）俄国社会民主工党（布）中央委员会会议通过的列宁关于武装起义的决议的手稿

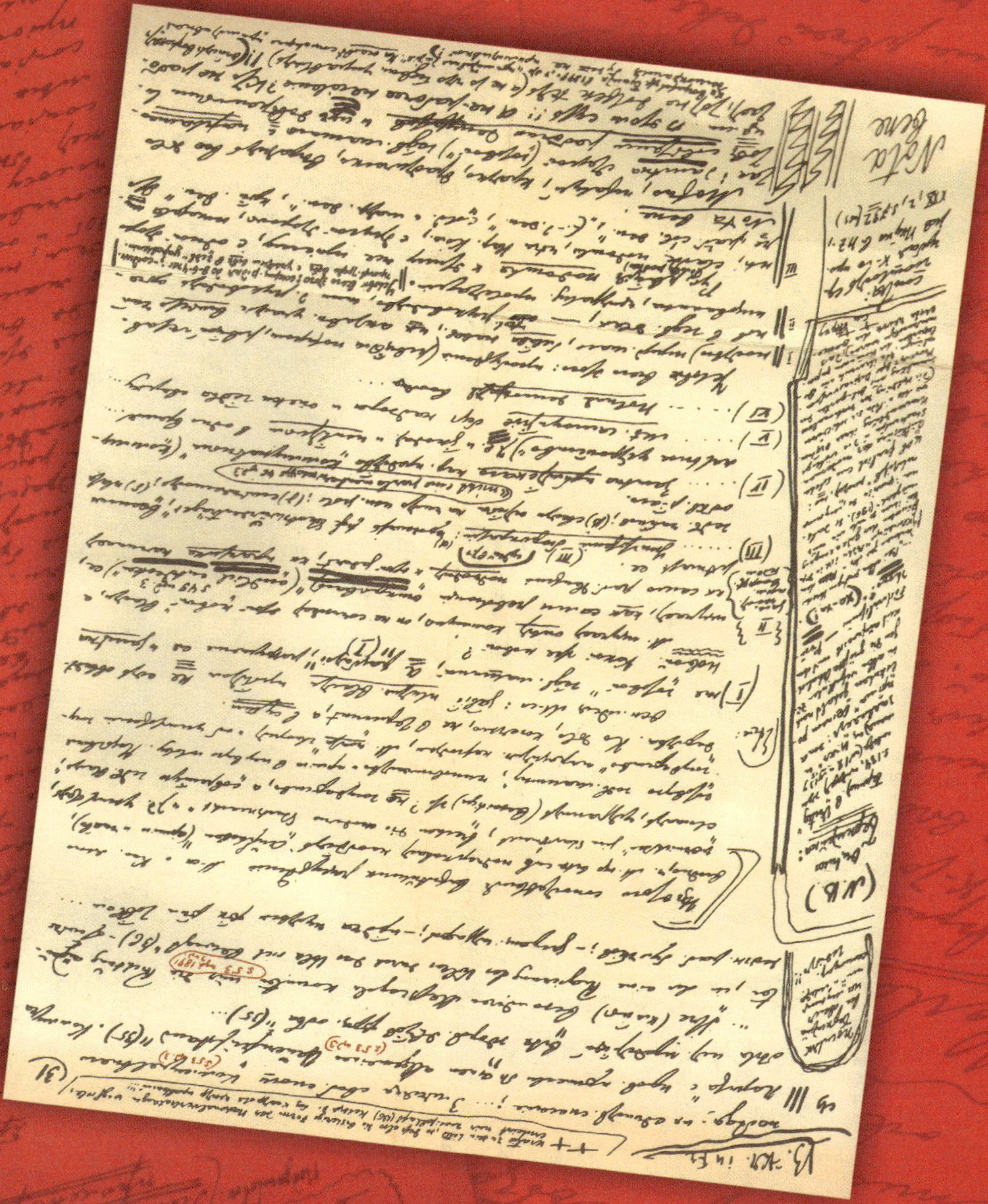

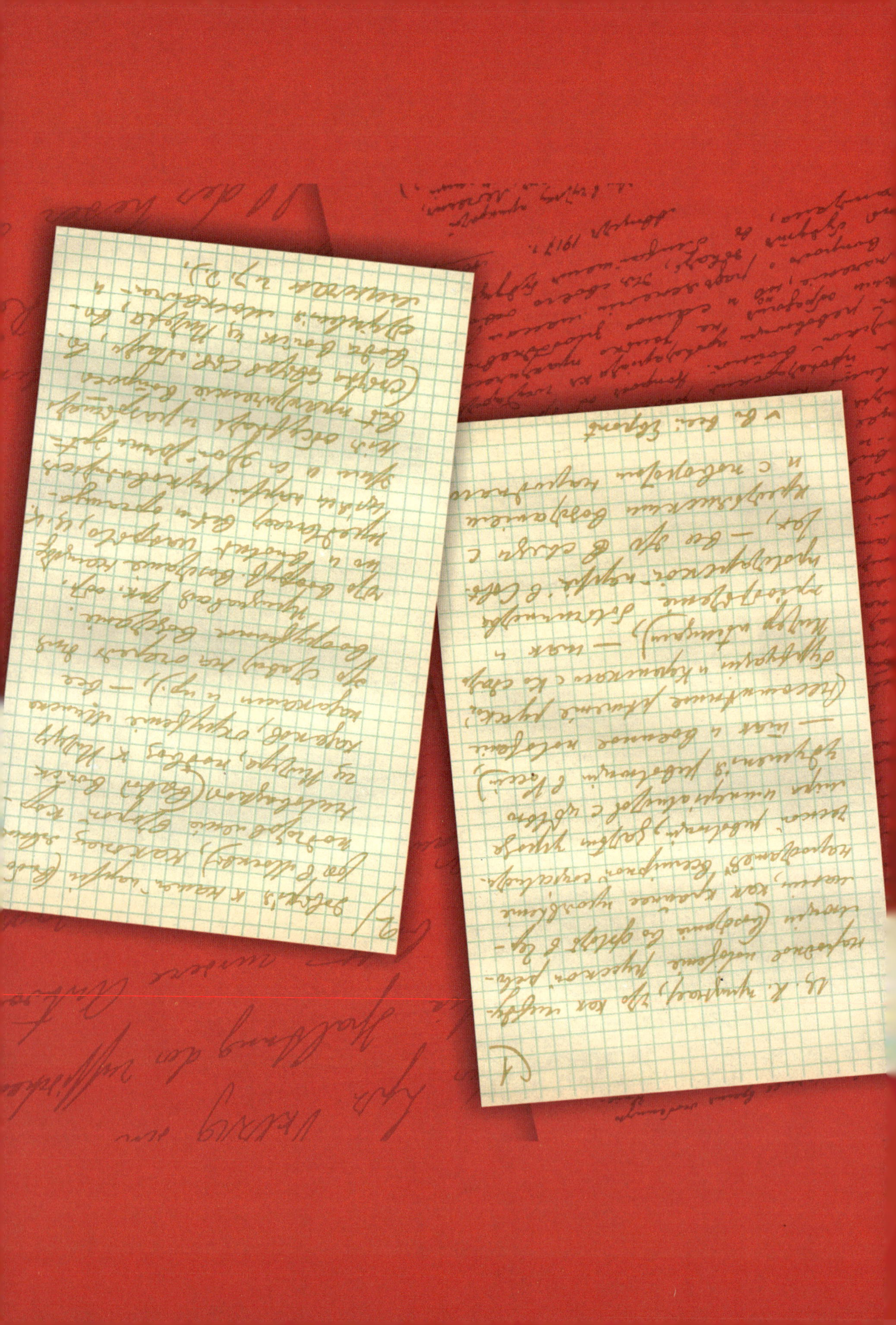